Verlag | ID: 128-50040-1010-1082

Dieses Buch wurde klimaneutral hergestellt. CO_2-Emissionen vermeiden, reduzieren, kompensieren – nach diesem Grundsatz handelt der oekom verlag. Unvermeidbare Emissionen kompensiert der Verlag durch Investitionen in ein Gold-Standard-Projekt. Mehr Informationen finden Sie unter www.oekom.de.

Bibliografische Information der Deutschen Nationalbibliothek:
Die Deutsche Nationalbibliothek verzeichnet diese Publikation in der Deutschen Nationalbibliografie; detaillierte bibliografische Daten sind im Internet unter http://dnb.d-nb.de abrufbar.

© 2015 oekom, München
oekom verlag, Gesellschaft für ökologische Kommunikation mbH,
Waltherstraße 29, 80337 München

Satz: Stefan Reicherz
Umschlaggestaltung: Elisabeth Fürnstein, oekom verlag
Umschlagabbildung: © alphaspirit – Fotolia.com
Druck: Bosch-Druck GmbH, Ergolding

Inauguraldissertation zur Erlangung des akademischen Grades Dr. rer. oec. im Fach Wirtschaftswissenschaften, eingereicht an der Schumpeter Business School, Bergische Universität Wuppertal unter dem Titel: »Strategische Frühaufklärung – Ganzheitlicher Ansatz zur Strategischen Frühaufklärung in Unternehmen«

Dieses Buch wurde auf 100%igem Recyclingpapier gedruckt.

Alle Rechte vorbehalten
ISBN 978-3-86581-722-8

Stefan Reicherz

Strategische Frühaufklärung

Ein ganzheitlicher Ansatz als Leitfaden für Unternehmen

Wuppertaler Schriften zur
Forschung für eine nachhaltige Entwicklung
Band 6

Vorwort der Herausgeber

Das Wuppertal Institut erforscht und entwickelt Leitbilder, Strategien und Instrumente für Übergänge zu einer nachhaltigen Entwicklung auf regionaler, nationaler und internationaler Ebene. Im Zentrum stehen Ressourcen-, Klima- und Energieherausforderungen in ihren Wechselwirkungen mit Wirtschaft und Gesellschaft. Die Analyse und Induzierung von Innovationen zur Entkopplung von Naturverbrauch und Wohlstandsentwicklung bilden einen Schwerpunkt seiner Forschung.

In dieser Buchreihe werden herausragende wissenschaftliche Qualifikationsarbeiten der Nachhaltigkeitsforschung vorgestellt. Sie sind in den Forschungsgruppen und im Dissertationsprogramm des Wuppertal Instituts entstanden und wurden in Kooperation mit Hochschulen betreut. Die in dieser Reihe veröffentlichten Schriften wurden als Dissertationen oder Habilitationsschriften an den betreuenden Universitäten angenommen und hervorragend bewertet.

Das Wuppertal Institut versteht die Veröffentlichung als wissenschaftliche Vertiefung des gesellschaftlichen Diskurses um den Übergang in eine nachhaltige Wirtschafts- und Lebensweise.

Wuppertal Institut für Klima, Umwelt, Energie GmbH
www.wupperinst.org

Inhaltsverzeichnis

Vorwort der Herausgeber				5
Geleitwort				11
Vorwort und Danksagung				15
1	**Einleitung**			**17**
	1.1	Motivation, Kontext und Problemstellung		17
	1.2	Zielsetzung und Forschungsfragen		20
	1.3	Aufbau der Arbeit		22
2	**Strategische Frühaufklärung in der Managementtheorie**			**25**
	2.1	Grundlegende Definitionen und Konzepte		25
		2.1.1	Strategisches Management	26
			2.1.1.1 Grundlagen des Strategischen Managements	27
			2.1.1.2 Strategie	29
			2.1.1.3 Strategieformulierung und Strategieimplementierung	33
		2.1.2	Technologiemanagement	45
			2.1.2.1 Definitionen und Grundlagen	45
			2.1.2.2 Technologiemanagementkonzepte	49
			2.1.2.3 Integriertes Technologiemanagement	53
		2.1.3	Innovationsmanagement	57
			2.1.3.1 Definitionen und Grundlagen	57
			2.1.3.2 Innovationsprozesse und Konzepte	60
			2.1.3.3 Disruptive Technologien und radikale Innovationen	64
	2.2	Strategische Frühaufklärung		68
		2.2.1	Überblick zur Zukunftsforschung	68
			2.2.1.1 Motivation und historische Entwicklung	68
			2.2.1.2 Environmental Scanning und Peripherial Vision	71
			2.2.1.3 Weak Signals und Strategic Issue Management	73
			2.2.1.4 Forecasting, Foresight und Planning	74
		2.2.2	Strategische Frühaufklärung	79
			2.2.2.1 Terminologische Abgrenzung und Definition	79
			2.2.2.2 Detaillierung des Konzepts	83
			2.2.2.3 Einsatz im Unternehmensumfeld	87
			2.2.2.4 Implementierungsbarrieren	91
		2.2.3	Technologische Frühaufklärung	95
			2.2.3.1 Terminologische Abgrenzung und Zielsetzung	95

		2.2.3.2	Einsatz in der Technologieentwicklung	96
	2.2.4	Business- und Competitive-Intelligence		99
2.3	Prozesse und Methoden der Strategischen Frühaufklärung			100
	2.3.1	Prozesse der Strategischen Frühaufklärung		100
		2.3.1.1	Generische Prozessmodelle	100
		2.3.1.2	Ziel- und Leistungskriterien	105
	2.3.2	Methoden der Strategischen Frühaufklärung		107
		2.3.2.1	Klassifikationen von Frühaufklärungsmethoden . .	107
		2.3.2.2	Frühaufklärungsmethoden	109
		2.3.2.3	Einflussfaktoren auf die Methodenwahl	113
	2.3.3	Szenarioansatz zur Verbindung von Prozessen und Methoden		120
2.4	Fazit und Folgerungen			124

3 Strategische Frühaufklärung in der Unternehmenspraxis 129

3.1	Forschungsdesign und Fallstudiendesign			130
	3.1.1	Forschungsdesign		131
		3.1.1.1	Forschungsansatz	131
		3.1.1.2	Forschungsstrategie	133
		3.1.1.3	Zusammenfassung und konkretes Forschungsdesign	137
	3.1.2	Fallstudiendesign und Vorgehen		138
		3.1.2.1	Fallstudienauswahl	138
		3.1.2.2	Datenerhebung und Vorgehen	142
		3.1.2.3	Fallstudienanalyse, Schlussfolgerungen und Sicherstellung der Ergebnisqualität	146
3.2	Fallstudien @ Siemens			150
	3.2.1	Überblick Siemens		151
		3.2.1.1	Überblick Siemens-Konzern	151
		3.2.1.2	Überblick Siemens-Energy-Sektor	158
	3.2.2	Fallstudie 1 – Konzernaktivitäten		160
		3.2.2.1	Fallstudienkontext	161
		3.2.2.2	Fallstudienteil – Open Innovation	163
		3.2.2.3	Fallstudienteil – Pictures of the Future (PoF) . . .	168
		3.2.2.4	Fallstudienteil – Corporate Innovation Process (CIP)	173
		3.2.2.5	Zusammenfassung und Einzelfallschlussfolgerungen	178
	3.2.3	Fallstudie 2 – CO_2-Reduktion in der fossilen Energieerzeugung		182
		3.2.3.1	Fallstudienkontext	182
		3.2.3.2	Fallstudie 2 – Entwicklung der Carbon-Capture-and-Storage-(CCS-)Aktivitäten in der fossilen Energieerzeugung	186
		3.2.3.3	Zusammenfassung und Einzelfallschlussfolgerungen	194
	3.2.4	Fallstudie 3 — Offshore Wind Power		199
		3.2.4.1	Fallstudienkontext	199
		3.2.4.2	Fallstudie 3 – Entwicklung des Offshore-Wind-Power-Geschäfts	203
		3.2.4.3	Zusammenfassung und Einzelfallschlussfolgerungen	214

3.2.5 Fallstudie 4 – Hochspannungs-Gleichstrom-Übertragung Plus (HGÜ Plus) 218
    3.2.5.1 Fallstudienkontext 218
    3.2.5.2 Fallstudie 4 – Entwicklung des HGÜ-Plus-Geschäfts 222
    3.2.5.3 Zusammenfassung und Einzelfallschlussfolgerungen 235
3.3 Cross-Case-Analyse 239
3.4 Fazit und Folgerungen 244

4 Ganzheitlicher Ansatz zur Strategischen Frühaufklärung in Unternehmen   247

4.1 Einführung und Übersicht über den ganzheitlichen Ansatz 248
    4.1.1 Herleitung und Begründung 248
    4.1.2 Übersicht und Aufbau 250
4.2 Detaillierte Darstellung des ganzheitlichen Ansatzes 253
    4.2.1 Strategische Ebene 253
        4.2.1.1 Phase 1 – Identifikation 254
        4.2.1.2 Phase 2 – Analyse 260
        4.2.1.3 Phase 3 – Entscheidungsvorbereitung 263
        4.2.1.4 Phase 4 – Implementierung 266
    4.2.2 Normative Ebene 269
    4.2.3 Operative Ebene 269
    4.2.4 Strukturelle und organisatorische Verankerung 271
    4.2.5 Unterstützende Unternehmenskultur 273
4.3 Zusammenfassung, kritische Überprüfung und Würdigung 274
    4.3.1 Überprüfung der aufgestellten Anforderungen an den ganzheitlichen Ansatz 274
    4.3.2 Überprüfung der aufgestellten Forschungsfragen 275
    4.3.3 Kritische Würdigung 277

5 Ausblick   279

Geleitwort

Die Strategische Frühaufklärung gehört zu den zentralen unterstützenden Instrumenten im Umgang mit der ‚offenen' Zukunft. Sie hilft Unternehmen, relevante Herausforderungen und Veränderungen in ihrem Umfeld rechtzeitig zu identifizieren, mit entsprechendem Vorlauf hierauf zu reagieren und so die kommenden Herausforderungen aktiv anzugehen sowie Risiken in Chancen umzuwandeln.

Eine kontinuierliche und systematische Strategische Frühaufklärung ist heute wichtiger denn je. Nicht nur grundlegende Trends wie die zunehmende Komplexität und Interdependenzen prägen das Unternehmensumfeld – auch der Wandel von Technologien, Geschäftsmodellen, gesetzlichen Rahmenbedingungen und der gesellschaftlichen Akzeptanz stellen relevante Veränderungen und Herausforderungen für Unternehmen dar, die eine rechtzeitige Identifikation und Reaktion erfordern. Ein gutes Beispiel für ein solches Umfeld stellt das Energiesystem dar: Nicht nur die grundlegenden Megatrends Klimawandel und Ressourcenknappheit prägen es, sondern auch die technologischen Veränderungen im Bereich erneuerbarer Energiequellen, die sich wandelnden Geschäftsmodelle hin zu einer dezentraleren Energieversorgung, die sich verändernden gesetzlichen Rahmenbedingungen und Subventionen und die sich wandelnde Akzeptanz einzelner Energiequellen verdeutlichen eindrucksvoll die nationalen und globalen Veränderungen in diesem Markt und die konkreten Herausforderungen für die darin operierenden Unternehmen. Die Fähigkeit, die zwangsläufig entstehende Unsicherheit in solch einem turbulenten Umfeld zu handhaben, ist ein wesentlicher Erfolgsfaktor für Unternehmen und die Strategische Frühaufklärung unterstützt sie dabei.

Mit dem vorliegenden Buch ‚Strategische Frühaufklärung – Ein ganzheitlicher Unternehmensansatz' greift Stefan Reicherz dieses wichtige und aktuelle Thema auf, das künftig einen noch höheren Stellenwert einnehmen wird. Das Buch richtet sich schwerpunktmäßig an zwei Zielgruppen, für die es jeweils einen eigenen Informationsnutzen liefert:

- Auf der einen Seite richtet es sich an die *theoretisch Interessierten*, beispielsweise Wissenschaftler in der Forschung oder Professoren und Studenten an Universitäten und Hochschulen, die sich mit Strategischer Frühaufklärung im Speziellen und mit Zukunftsforschung, strategischem Management sowie Technologie- und Innovationsmanagement im Allgemeinen beschäftigen. Für diese Zielgruppe bietet das Buch einen systematisch und klar gegliederten Überblick über den aktuellen Stand der Strategischen Frühaufklärung in der Managementtheorie. Dieser Überblick umfasst die konzeptionelle Einordnung in die Zukunftsforschung ebenso wie die detaillierte Aufbereitung relevanter

Methoden und Prozesse sowie die Verknüpfung mit Ansätzen grundlegender Managementkonzepte.

- Auf der anderen Seite adressiert das Buch die *praktischen Anwender*, insbesondere Technologie- und Innovationsmanager, Führungskräfte aus Strategie und Geschäftsfeldentwicklung sowie Geschäftsführer und Entscheidungsträger im Management. Für diese Interessierten sei erstens auf die praxisorientierte Aufbereitung der Erkenntnisse zu Personen und Prozessen, Methoden, Informations- und Wissensquellen sowie Endergebnissen und Entscheidungen hingewiesen. Zweitens helfen die vier detailliert beschriebenen Fallstudien dabei, um aus diesen Anwendungsbeispielen und ihrer Umsetzung zu lernen. Drittens erlauben die Zusammenfassungen am Ende der wesentlichen Kapitel dem Leser, sich schnell einen Überblick zu verschaffen und relevante Informationen einfach zu finden.

Die vorliegende Arbeit von Stefan Reicherz setzt auf vorhandenem Wissen aus der Literatur und der Praxis auf, erweitert diese um eigene Erkenntnisse und entwickelt diese hin zu einem ganzheitlichen Ansatz zur Strategischen Frühaufklärung.

Eine umfangreiche Literaturanalyse bildet hierbei die theoretische Basis. Die umfassende Analyse grundlegender Managementkonzepte, des aktuellen Forschungsstands zur Strategischen Frühaufklärung sowie relevanter Prozesse und Methoden liefert die wichtigsten Anforderungen und Erkenntnisse aus der Theorie. Der Praxisteil zeigt zum einen erfolgreiche Beispiele der Strategischen Frühaufklärung zur Bestätigung und Präzisierung der Erkenntnisse des Theoriekapitels auf, und zum anderen leitet er weitere Erkenntnisse ab, die die Theoriedefizite schließen und zusätzliche Empfehlungen für die Ausgestaltung des ganzheitlichen Ansatzes geben. Hierzu werden im Rahmen einer multiplen Fallstudienuntersuchung vier Beispiele aus der Siemens AG – ‚Übergeordnete Konzernaktivitäten', ‚CO_2-Reduktion in der fossilen Energieerzeugung', ‚Offshore Wind Power' und ‚Hochspannungs-Gleichstrom-Übertragung Plus (HGÜ Plus)' retrospektiv aufgearbeitet und analysiert. Hierbei hat Stefan Reicherz es geschafft, die erfolgreichen Fallstudien eines global agierenden Technologiekonzerns in solch einer Tiefe und Genauigkeit darzustellen, wie sie in vergleichbaren Arbeiten und in der Wissenschaft höchst selten zu finden sind.

Das Hauptergebnis der Arbeit stellt aber die Ableitung und Entwicklung eines ganzheitlichen Ansatzes dar, der die gewonnenen Erkenntnisse aus Theorie und Praxis miteinander verbindet und eine praxisorientierte Umsetzung der Strategischen Frühaufklärung in Unternehmen ermöglicht. Der ganzheitliche Ansatz liefert entlang einer Prozessstruktur und eingebettet in die verschiedenen Ebenen eines Unternehmens Schritt für Schritt alle wichtigen Punkte und Best Practices hinsichtlich der Nutzung, Einbindung und Abstimmung von Informationen, Personen, Methoden und Aktivitäten sowie zur organisatorischen Verankerung der Strategischen Frühaufklärung. Aufbauend hierauf kann der Nutzer des entwickelten Ansatzes sicher sein, dass die notwendigen Schritte von der Identifikation über die Entscheidung bis hin zur Implementierung durchgeführt werden.

Die Ergebnisse der Arbeit von Stefan Reicherz – insbesondere zusammengeführt im ganzheitlichen Ansatz zur Strategischen Frühaufklärung – ergänzen und entwickeln so zum einen bestehende Erkenntnisse aus Theorie und Praxis weiter, und zum anderen liefern sie einen Rahmen, der die vielen, bereits existierenden Einzelerkenntnisse einordnet, miteinander verbindet, Unternehmen praxisgerechte Antworten gibt und einen allgemeinen Erkenntnisgewinn herbeiführt.

Wuppertal, September 2014   Univ.-Prof. Dr.-Ing. Manfred Fischedick
Vizepräsident des Wuppertal Instituts

Vorwort und Danksagung

Wir leben in einer Zeit des Wandels. Unternehmen sind heutzutage mit einer Vielzahl von Herausforderungen und Veränderungen konfrontiert, die zugleich Chance und Risiko für ihre wirtschaftliche Weiterentwicklung darstellen. Die Auseinandersetzung mit der Zukunft gewinnt somit immer mehr an Bedeutung und stellt einem wichtigen Faktor für den langfristigen und nachhaltigen Erfolg eines Unternehmens dar.
Die Strategische Frühaufklärung – das Thema dieser Dissertation – unterstützt Unternehmen dabei, Herausforderungen und Veränderungen rechtzeitig zu identifizieren und darauf zu reagieren, sodass aus Risiken Chancen werden.

An dieser Stelle möchte ich mich herzlich bei meinem Doktorvater Univ.-Prof. Dr.-Ing. Manfred Fischedick für die Bereitschaft bedanken, dieses Promotionsvorhaben zu begleiten und zu unterstützen. Mein Dank geht auch an Univ.-Prof. Dr. rer. pol. habil. Ulrich Braukmann für die Zweitbetreuung. Ohne die hilfreichen und wertvollen Impulse meiner Betreuer würde die Arbeit nicht in dieser Form vorliegen. Zudem gilt mein Dank allen Mitarbeitern des Wuppertal Instituts für Klima, Umwelt, Energie sowie der Bergischen Universität Wuppertal für die gute Zusammenarbeit und ihren Rat.

Diese Arbeit wäre ohne die Unterstützung von Siemens so nicht möglich gewesen. Um die Herausforderungen der Strategischen Frühaufklärung in der Unternehmenspraxis zu verstehen, habe ich mit vielen Mitarbeitern Interviews geführt und Ideen diskutiert, ohne die diese Arbeit in der vorliegenden Form nicht zustande gekommen wäre. All diesen Menschen und meinen Vorgesetzten, die mir die notwendigen Freiräume für diese Arbeit neben meinen üblichen Aufgaben gegeben haben, gilt mein besonderer Dank.

Zudem danke ich Dr. Ansgar Geiger für seine vielfältigen und wertvollen Anmerkungen zu dieser Arbeit, Dr. Renate Oettinger für das Lektorat und LaTeX-Experte Kurt Lidwin für seine vielfältigen typografischen Anmerkungen und Hilfestellungen.

Abschließend möchte ich allen danken, die mich während der Zeit meines Promotionsvorhabens unterstützt haben und oftmals auf mich Rücksicht nehmen mussten, insbesondere meinen Eltern, meinem Bruder und meiner Frau.

Garching bei München, September 2014   Stefan Reicherz

1 Einleitung

1.1 Motivation, Kontext und Problemstellung

Unternehmen sind heutzutage mit einer Vielzahl von Herausforderungen und Veränderungen konfrontiert, die zugleich Chance wie auch Risiko für ihre wirtschaftliche Weiterentwicklung darstellen. Zu den Herausforderungen und Veränderungen zählen u. a. zunehmender und sich verändernder Wettbewerb (neue Wettbewerber aus Schwellenländern oder anderen Industrien, ...), höhere Marktvolatilität (komplexere Wertschöpfungsketten, fortschreitende Globalisierung, stärkere Vernetzung und Abhängigkeiten, ...) und gestiegene Veränderungsgeschwindigkeiten (kürzere Produktlebenszyklen, schnellere Produktionswandel, höhere Innovations- und Diffusionsgeschwindigkeiten, ...).

Nach Liebl (2000, S. 10) lässt sich „die Zunahme der Umfeldturbulenzen [Veränderungen im Unternehmensumfeld] über die Jahrzehnte hinweg [...] gemeinhin auf zwei Faktoren zurückführen: Komplexität und Dynamik. Steigende Komplexität des Umfelds bedeutet, dass immer mehr Facetten bzw. Umfeldbereiche relevant werden; erhöhte Dynamik äußert sich als Geschwindigkeit der Veränderung." Bleicher (1991, S. 19f.) verdeutlicht den damit einhergehenden Konflikt mittels einer Zeitschere: Auf der einen Seite steigt mit zunehmender Komplexität die benötigte Reaktionszeit, während auf der anderen Seite die vorhandene Reaktionszeit mit steigender Dynamik abnimmt. Die Schere weitet sich mit Zunahme der Umfeldturbulenzen. In einem solchen, durch starke Veränderungen geprägten Umfeld geraten die Unternehmen in einem stärkeren Maße in die Abhängigkeit von ihrer Umwelt (Nick 2008, S. 2); zugleich treten häufiger Diskontinuitäten, d. h. Strukturbrüche oder signifikante Veränderungen[1] auf, die einschneidende Reaktionen und Anpassungen von den Unternehmen erfordern.

Unternehmen jedoch streben eher danach, Kontinuität zu wahren. Dies kann teilweise historisch damit erklärt werden, dass sie vor allem auf die Herstellung von Produkten und Leistungen fokussiert waren und weniger auf die eigene Weiterentwicklung (Foster und Kaplan 2002, S. 45). Während in der Vergangenheit erworbene Wettbewerbsvorteile über viele Jahre, gar Jahrzehnte hinweg Stabilität garantierten, gelten diese Wettbewerbsvorteile heute nur noch kürzer (D'Aveni 1995, S. 255). So kann das Ende des 20. Jahrhunderts bzw. des vergangenen Jahrzehnts aufgrund der vielen (technologischen) Veränderungen als Ende des

---

1 Vergleiche hierzu Kapitel 2.1.3.3 für weitere Informationen und Definitionen.

Zeitalters der Kontinuität und als Beginn einer durch Diskontinuitäten geprägten Zeit bezeichnet werden.

Überlegungen zu Diskontinuitäten und kontinuierlichem Wandel sind in der Literatur nicht neu und finden sich bereits in Arbeiten wie z. B. von Schumpeter (1912), Kondratieff (1935), Drucker (1969) oder Marchetti (1980). Neu ist jedoch, dass die Häufigkeit von Diskontinuitäten zunimmt (Foster 1986).

Technologische Diskontinuitäten finden sich in allen Industrien (Floyd 1996, S. 6); die Halbleiterindustrie, die digitale und drahtlose Telekommunikation, die digitale Fotografie, die Nano- oder Biotechnologie oder die Gentechnik sind nur einige wenige Beispiele für technologische Diskontinuitäten, die entweder Unternehmen neue Chancen eröffnet oder sie aus dem Markt gedrängt haben (Lynn, Morone und Paulson 1996, S. 12f.).[2] Aber nicht nur technologische Diskontinuitäten stellen Chancen und Risiken für Unternehmen dar, sondern auch Veränderungen der Geschäftsmodelle, der gesetzlichen Rahmenbedingungen oder der gesellschaftlichen Akzeptanz eines Themas. Die Nuklearkatastrophe von Fukushima hat innerhalb kürzester Zeit die Energiewende in Deutschland eingeleitet, die zuvor geplante Laufzeitverlängerung deutscher Kernkraftwerke in einen Atomausstieg umgekehrt und den Ausbau erneuerbarer Energiequellen vorangetrieben. Verbraucherboykotte, wie z. B. im Jahr 1995 gegen das Mineralöl- und Erdgasunternehmen Royal Dutch Shell anlässlich der geplanten Versenkung der Brent Spar, stellen Umfeldänderungen dar, auf die Unternehmen reagieren müssen, um weiterhin erfolgreich im Markt agieren zu können.

Unternehmen stehen in diesem Zusammenhang grundsätzlich zwei verschiedene Möglichkeiten zur Verfügung, mit Diskontinuitäten und Veränderungen in ihrem Umfeld umzugehen (Ansoff 1975, S. 22):

- Effektives Krisenmanagement nach dem Ereignis
- *Identifikation und Vorbereitung vor dem Ereignis*

Die vorliegende Arbeit setzt sich mit der zweiten Möglichkeit auseinander. Ziel ist es, Diskontinuitäten und Veränderungen frühzeitig zu erkennen, um sich dann durch entsprechendes Handeln auf die möglichen Veränderungen vorzubereiten. In der Literatur ist dieses Konzept u. a. unter dem Begriff ‚Strategische Frühaufklärung' bekannt.[3]

Wenn man auf die Gründe für die Probleme der Unternehmen im Umgang mit Veränderungen in ihrem Umfeld eingeht, wird ein gemeinsamer Punkt klar: Etablierte Unternehmen haben meistens zu lange versucht, Bestehendes weiterzuentwickeln, anstatt Veränderungen zu akzeptieren und hierauf zu reagieren (Trauffler 2005, S. 6f.). Tushman und O'Reilly (1996, S. 13) formulieren es wie folgt: „Manager,

---

[2] Vergleiche auch hierzu Bower und Christensen (1995), Hamel und Prahalad (1996), Leifer u. a. (2006) oder Christensen (2008).
[3] Vergleiche hierzu Kapitel 2 für die theoretische Einordnung der Strategischen Frühaufklärung in der Managementliteratur und hier insbesondere Abschnitt 2.2 für ausführliche Informationen.

1.1 Motivation, Kontext und Problemstellung

die versuchen, mit inkrementellen Anpassungen auf Diskontinuitäten zu reagieren, werden wahrscheinlich keinen Erfolg haben."[4]

In der Reaktion auf Veränderungen haben Unternehmen mit zwei grundsätzlichen internen Schwierigkeiten zu kämpfen, der ‚Ignoranz in der Wahrnehmung' und der ‚Trägheit in der Reaktion'. Unternehmen agieren meistens mit einem kurzfristigen Zeithorizont, der es ihnen erlaubt, mit moderatem Risiko in existierenden Märkten mit bestehenden Lösungen die Erwartungen ihrer Aktionäre zu erfüllen (Clarke und Varma (1999), Trauffler (2005)); gleichzeitig vernachlässigen sie jedoch die Auseinandersetzung mit langfristigen Themenstellungen. Falls sie es tun, fällt es ihnen meistens schwer, die Informationen richtig einzuordnen und die entsprechenden Entscheidungen zu treffen; oder sie ignorieren sie einfach. Individuen probieren Unsicherheiten dadurch zu vermeiden, indem sie versuchen, ihre Umwelt mithilfe bekannter Strukturen, Ansätze oder Interpretationen zu deuten (Trauffler (2005, S. 8), Burkhardt und Brass (1990)). Bestehende Managementroutinen sind jedoch meistens nicht auf Diskontinuitäten ausgelegt, sodass sie in diesem Zusammenhang versagen. Gleichzeitig hemmen sich Unternehmen in der Reaktion auf Veränderungen durch ihre Trägheit selber. Christensen (2008) oder Leifer u. a. (2006) zeigen in ihren Fallstudien, dass das Management etablierter, führender Unternehmen wiederholt daran gescheitert ist, die Notwendigkeit radikaler Veränderungen im Unternehmen auf externe Umbrüche zu erkennen und die notwendigen durchzusetzen. Die fehlende Bereitschaft, eigene Geschäfte zu kannibalisieren, die Komplexität interner Strukturen und die Unterschätzung alternativer Technologien oder Marktmodelle haben die notwendigen Maßnahmen blockiert oder verzögert und so den langfristigen, nachhaltigen Erfolg der Unternehmen verhindert.

Die Auseinandersetzung mit der Zukunft ist ein entscheidender Faktor für den langfristigen und nachhaltigen Erfolg eines Unternehmens. Es ist hierbei egal, ob es sich um inkrementelle oder diskontinuierliche Veränderungen handelt; Unternehmen müssen sich auf beide Veränderungen einlassen, sich vorbereiten und reagieren. Die Strategische Frühaufklärung unterstützt Unternehmen dabei, indem sie Informationen bereitstellt, notwendige Strukturen für die Identifikation, Diskussion und Umsetzung schafft und vor allem aber Themen rechtzeitig identifiziert, sodass ausreichend Zeit existiert, zu reagieren.

Mithilfe der Strategischen Frühaufklärung[5] werden aus Risiken Chancen!

---

4   Übersetzt durch den Autor – vergleiche hierzu auch das Originalzitat: „Manager that try to adapt to discontinuities are unlikely to succeed." (Tushman und O'Reilly 1996, S. 13)
5   Vergleiche hierzu Kapitel 2 für die theoretische Einordnung der Strategischen Frühaufklärung in der Managementliteratur und insbesondere Abschnitt 2.2 für ausführliche Informationen.

1.2 Zielsetzung und Forschungsfragen

Der vorangegangene Abschnitt 1.1 hat die Auseinandersetzung von Unternehmen mit der Zukunft sowie mit Veränderungen in ihrem Umfeld als einen entscheidenden Faktor für langfristigen und nachhaltigen Erfolg unterstrichen. Trotzdem tun sich noch viele Unternehmen schwer mit der Identifikation solcher Veränderungen und der Reaktion hierauf. Kapitel 2 wird später zeigen, dass zwar viele theoretische Einzelerkenntnisse in der Literatur bereits existieren, jedoch ein ganzheitlicher Ansatz zur Strategischen Frühaufklärung, der diese Erkenntnisse verbindet und Unternehmen praxisgerechte Antworten gibt, fehlt.

Ziel und Forschungsgegenstand der vorliegenden Arbeit ist daher die Analyse der Bedeutung der strategischen Frühaufklärung für Unternehmen, die Identifikation von Erfolgsfaktoren und notwendigen Voraussetzungen sowie die Entwicklung eines ganzheitlichen Ansatzes für die Umsetzung in Unternehmen.
Die zentralen Forschungsfragen lauten daher:

1. **Wie sollte die Strategische Frühaufklärung organisiert sein? Wie sollte das Zusammenspiel der verschiedenen Komponenten geregelt sein?**

2. **Gibt es Prozesse und Methoden, die besonders geeignet sind? Welche Personen sollten wann und wie eingebunden werden?**

3. **Gibt es Faktoren und Erkenntnisse, die ein Unternehmen besonders gut Veränderungen erkennen und hierauf reagieren lassen?**

Der *erste Fragenkomplex* zielt auf die generelle Einordnung der Strategischen Frühaufklärung im Unternehmen. Dies betrifft sowohl die Managementsysteme als auch die organisatorische Verankerung im Unternehmen. Darüber hinaus bezieht er sich auf die generelle Struktur, die als Rahmen für das Zusammenspiel von Prozessen, Methoden, beteiligten Personen,... dient.

Nachdem die grundsätzliche Struktur und Verankerung der Strategischen Frühaufklärung betrachtet wurde, fokussiert der *zweite Fragenkomplex* auf die operativen Aspekte, die für eine erfolgreiche Durchführung und Umsetzung notwendig sind. Zu diesen operativen Punkten zählen u. a. die Prozesse, die Methoden, die beteiligten Personen oder hilfreiche Informationsquellen.

Der *dritte und letzte Fragenkomplex* beschäftigt sich mit Aspekten, die nicht direkt mit der Strategischen Frühaufklärung verbunden sind, sondern indirekt zu deren Erfolg beitragen. Hierunter fallen z. B. die Unternehmenskultur, aber auch weiche Erfolgsfaktoren, wie Mitarbeiterauswahl und -führung, sowie eine entsprechende Kommunikation und Visualisierung der Ergebnisse.

Neben den Anforderungen an den Forschungsgegenstand, die durch die Fragenkomplexe aufgezeigt werden, gibt es noch eine weitere wichtige Anforderung an die Ergebnisse dieser Arbeit: die *praktische Anwendbarkeit* der aus Theorie und Praxis gewonnenen Ergebnisse und des hieraus abgeleiteten ganzheitlichen Ansatzes.

1.2 Zielsetzung und Forschungsfragen

Die Ergebnisse dieser Arbeit – insbesondere zusammengeführt im ganzheitlichen Ansatz zur Strategischen Frühaufklärung[6] – ergänzen und entwickeln so zum einen bestehende Erkenntnisse aus Theorie und Praxis weiter, zum anderen liefern sie einen Rahmen, der die vielen, bereits existierenden Einzelerkenntnisse einordnet, miteinander verbindet, Unternehmen praxisgerechte Antworten gibt und einen allgemeinen Erkenntnisgewinn herbeiführt.

---

[6] Vergleiche hierzu Kapitel 4.

1.3 Aufbau der Arbeit

Dem Aufbau der Arbeit und dem Forschungsdesign fallen eine wichtige Aufgabe bei der Beantwortung der in Kapitel 1.2 aufgelisteten Forschungsfragen zu; Aufbau und Design wurden so gewählt, dass zum einen die Forschungsfragen möglichst genau beantwortet werden und zum anderen bereits existierendes Wissen berücksichtigt und effizient genutzt wird.

Die Arbeit setzt auf vorhandenem Wissen aus der Literatur[7] und der Praxis[8] auf und nutzt multiple Fallstudien mit induktiver, qualitativer und explorativer Ausrichtung als konkretes Forschungsdesign zur Beantwortung der Forschungsfragen. Das genaue Forschungsdesign wird in Kapitel 3.1 hergeleitet, im Vergleich zu anderen Designs diskutiert und begründet sowie in seiner konkreten Anwendung beschrieben. Der Aufbau der vorliegenden Arbeit folgt diesen Überlegungen und ist daher wie folgt strukturiert:

Kapitel 2 – Strategische Frühaufklärung in der Managementtheorie

Kapitel 2 bildet die theoretische Grundlage der vorliegenden Arbeit. Das erste Unterkapitel thematisiert grundlegende Definitionen und Konzepte der Managementtheorie und führt so auf das Thema hin. Im zweiten Unterkapitel werden der aktuelle Forschungsstand zur Strategischen Frühaufklärung sowie deren Entwicklung erläutert, bevor dann im dritten Unterkapitel vertiefend auf relevante Prozesse und Methoden eingegangen wird. Das letzte Unterkapitel fasst die wichtigsten Anforderungen und Erkenntnisse aus der Theorie an einen ganzheitlichen Ansatz zur Strategischen Frühaufklärung zusammen; hierzu gehört auch das Aufzeigen der Defizite der aktuellen Literatur in Bezug auf die Forschungsfragen.

Kapitel 3 – Strategische Frühaufklärung in der Unternehmenspraxis

Kapitel 3 verfolgt zwei Ziele, erstens das Aufzeigen von erfolgreichen Beispielen der Strategischen Frühaufklärung zur Bestätigung und Präzisierung der Erkenntnisse des Theoriekapitels aus einer Praxissicht sowie zweitens das Ableiten weiterer Erkenntnisse, die die Theoriedefizite schließen und zusätzliche Empfehlungen für die Ausgestaltung des ganzheitlichen Ansatzes geben. Zur Erreichung der beschriebenen Ziele ist das Praxiskapitel in vier Unterkapitel unterteilt. Im ersten Unterkapitel sind das Forschungsdesign und das genaue Vorgehen in der Fallstudienarbeit begründet und erläutert; dieser Abschnitt liefert die wissenschaftliche Basis des Praxiskapitels und zeigt, warum das gewählte Vorgehen besonders geeignet für das Promotionsvorhaben ist und wie die Qualität der Ergebnisse sichergestellt wird. Das zweite Unterkapitel umfasst die einzelnen Fallstudien inklusive deren Beschreibung, Analyse und Zusammenfassung der Einzelfallerkenntnisse. Im dritten Unterkapitel werden weitere Erkenntnisse durch die Cross-Case-Analyse und den Vergleich der Fallstudien untereinander gewonnen. Zum Schluss werden

---

7   Vergleiche hierzu Kapitel 2.
8   Vergleiche hierzu Kapitel 3.

die gewonnenen Erkenntnisse und die Empfehlungen für die Ausgestaltung des ganzheitlichen Ansatzes zusammengefasst und diskutiert.

Kapitel 4 – Ganzheitlicher Ansatz zur Strategischen Frühaufklärung in Unternehmen

Auf Basis der aus Theorie und Praxis gewonnenen Erkenntnisse wird in Kapitel 4 der ganzheitliche Ansatz zur Strategischen Frühaufklärung auf Unternehmensebene entwickelt und vorgestellt. Der Ansatz liefert entlang einer Prozessstruktur Schritt für Schritt alle wichtigen Punkte und Best Practices hinsichtlich der Nutzung, Einbindung und Abstimmung von Informationen, Personen und Aktivitäten. Das erste Unterkapitel führt in den Ansatz ein und liefert eine generelle Übersicht. Im zweiten Unterkapitel erfolgt die detaillierte Darstellung der Einzelaspekte des Ansatzes; so werden u. a. der Prozess, die strukturelle und organisatorische Verankerung und die unterstützende Wirkung der Unternehmenskultur vorgestellt. Das letzte Unterkapitel fasst alle wichtigen Punkte wiederum zusammen und diskutiert nochmals kritisch den entwickelten Ansatz. Im Rahmen dieser Diskussion werden zudem die Einhaltung der aus Theorie und Praxis abgeleiteten Anforderungen sowie die Beantwortung der Forschungsfragen überprüft und bestätigt.

Kapitel 5 – Ausblick

Kapitel 5 rundet die vorliegende Arbeit mit einem Ausblick ab. Es geht nochmals auf die Bedeutung der Strategischen Frühaufklärung und die Notwendigkeit, in diesem Bereich weiterzuforschen, ein, bevor es abschließend mögliche weitere Forschungsfelder aufzeigt, die nicht Bestandteil dieses Promotionsprojekts waren, aber aus Praxis- oder Theoriesicht für die weitere Forschung zur Strategischen Frühaufklärung sinnvoll erscheinen.

Die Struktur und der Aufbau der Arbeit sind in Abbildung 1.1 nochmals zusammengefasst.

1	Einleitung	Motivation, Kontext und Problemstellung	Zielsetzung und Forschungsfragen	Aufbau der Arbeit	Fazit und Folgerungen
2	Strategische Frühaufklärung in der Theorie	Grundlegende Definitionen und Konzepte	Strategische Frühaufklärung	Prozesse und Methoden der strat. Frühaufklärung	Fazit und Folgerungen
3	Strategische Frühaufklärung in der Praxis	Forschungsdesign und Fallstudien-Design	Fallstudien @ Siemens	Cross-Case-Analyse	
4	Ganzheitlicher Ansatz	Einführung und Übersicht über den Ansatz	Detaillierte Darstellung des Ansatzes	Zusammenfassung, krit. Überprüfung und Würdigung	
5	Ausblick				

Abbildung 1.1: Übersicht der Struktur der Dissertation

2 Strategische Frühaufklärung in der Managementtheorie

Kapitel 2 bildet die theoretische Grundlage der vorliegenden Doktorarbeit. Die Ergebnisse zeigen nicht nur den aktuellen Stand der Literatur und deren Lücken in Bezug auf den Forschungsgegenstand auf, sondern liefern zugleich durch die gewonnenen Ergebnisse einen wichtigen Input für das weitere Vorgehen im Rahmen dieser Arbeit und für die Entwicklung des ganzheitlichen Ansatzes zur Strategischen Frühaufklärung. Die gewonnenen Ergebnisse dienen hierbei zum einen der besseren Ausgestaltung des Praxisteils[9] und fließen zum anderen direkt in die Entwicklung des Ansatzes[10] ein.

Das erste Unterkapitel thematisiert unterschiedliche Definitionen und Konzepte der Managementtheorie, um so die Grundlagen für die Strategische Frühaufklärung zu schaffen. Das zweite und das dritte Unterkapitel gehen dann konkret auf die Strategische Frühaufklärung ein. Das zweite Unterkapitel ordnet zuerst die Strategische Frühaufklärung in die allgemeine Zukunftsforschung ein, bevor es auf den aktuellen Forschungsstand eingeht und von ähnlichen Konzepten abgrenzt. Das dritte Unterkapitel geht dann vertiefend auf relevante Prozesse und Methoden ein. Im letzten Unterkapitel werden die wichtigsten Anforderungen und Erkenntnisse aus der Theorie an einen ganzheitlichen Ansatz zur Strategischen Frühaufklärung zusammengefasst.

Ziel der einzelnen Theoriekapitel ist es nicht, ausschließlich einzelne, relevante Aspekte zu erörtern, sondern ein Grundverständnis zu vermitteln, das es erlaubt, das Thema und sein Umfeld in einem Gesamtkontext zu betrachten. Abbildung 2.1 zeigt nochmals die Struktur des Kapitels.

2.1 Grundlegende Definitionen und Konzepte

Das Unterkapitel 2.1 bildet die theoretische Grundlage für den später in Kapitel 4 entwickelten und vorgestellten ganzheitlichen Ansatz zur Strategischen Frühaufklärung. Hierzu gibt das Unterkapitel einen allgemeinen Überblick über die theoretischen Hintergründe des Strategischen Managements sowie des Technologie- und Innovationsmanagements. Durch das Aufgreifen dieser grundlegenden Konzepte können wichtige Anforderungen an den ganzheitlichen Ansatz abgeleitet und

---

9 Vergleiche hierzu auch Kapitel 3.
10 Vergleiche hierzu auch Kapitel 4.

Abbildung 2.1: Übersicht der Struktur von Kapitel 2

definiert werden. Das Konzept des Strategischen Managements liefert hierbei den späteren, allgemeinen Rahmen, während die beiden spezialisierten Teilkonzepte des Technologie- und Innovationsmanagements weitere Einzelanforderungen und Erkenntnisse einbringen werden.

2.1.1 Strategisches Management

Das Konzept des Strategisches Managements und damit einhergehend der ‚Strategiebegriff' stellen ein häufig diskutiertes Feld in der Managementliteratur dar. Beide Aspekte stellen wichtige Inputs für die vorliegende Arbeit dar.

Vor diesem Hintergrund geht der folgende Abschnitt zuerst auf die Grundlagen des Strategischen Managements und seine Einordnung gegenüber dem normativen und dem operativen Management ein. Das hieraus abgeleitete Verständnis liefert den allgemeinen Rahmen, auf dem der ganzheitliche Ansatz zur Strategischen Frühaufklärung basiert. In den beiden folgenden Abschnitten werden zuerst der Strategiebegriff sowie die beiden Unterpunkte Strategieformulierung und Strategieimplementierung eingegangen, bevor dann hieraus mithilfe einer Analyse unterschiedlicher Strategy-Schools-Anforderungen an den ganzheitlichen Ansatz abgeleitet werden.

2.1.1.1 Grundlagen des Strategischen Managements

„Der Zuwachs an Komplexität, dem sich das Management [eines Unternehmens] in der Gegenwart gegenübersieht, beschränkt sich nicht auf die zunehmende Internationalisierung der Wettbewerbsverhältnisse bei der Deckung eines weltweiten Bedarfs. Hinzu sind soziale, technologische und ökologische Veränderungen getreten, welche die Komplexität der durch die Führung zu bewältigenden Aufgaben erhöhen." (Bleicher 1991, S. 12) Pfeiffer und Dögl (1992, S. 250) kommen bei ihren Untersuchungen zu dem Ergebnis: „Umfang und Geschwindigkeit der Veränderungen in Markt, Gesellschaft und Technik, haben Dimensionen erreicht, die mit dem traditionellen Denken und konventionellen Methoden nur noch unzureichend bewältigt werden können." „Die Zunahme an Komplexität und Dynamik in unseren Systemen drückt sich in der Notwendigkeit aus, Probleme zunehmender Vernetztheit und Schwierigkeit lösen zu müssen." (Bleicher 1991, S. 26)

Vor diesem Hintergrund ist das *St. Gallener Management-Modell*[11] zu sehen; dieses Managementmodell liefert mit seinem ganzheitlichen und integrativen Managementbezugsrahmen einen Lösungansatz, mit dem die zuvor beschriebenen Probleme addressiert werden können. Diese integrative Sichtweise führt dazu, dass die generellen Funktionen der Unternehmensführung[12] *Gestaltung, Lenkung* und *Entwicklung* unterschiedlich betont werden (vergleiche hierzu Abbildung 2.2).

Die durch Bleicher geprägte neue Sichtweise stellt vor allem die *Gestaltungsfunktion* und die *Entwicklungsfunktion* heraus; die eher traditionelle Betonung der *Lenkungsfunktion* ignoriert den Umstand, dass die Selbstgestaltung und Selbstentwicklung von sozialen Systemen für eine flexible Anpassung von Unternehmen an veränderte Rahmenbedingungen besonders hilfreich sind. Zudem erfordert die zunehmende Veränderungsgeschwindigkeit der Unternehmensumwelt eine stärkere Berücksichtigung des Wandels des Unternehmens über die Zeit: diese Sichtweise wird zu einem zentralen Anliegen des Managements: Die Gestaltungsfunktion ‚gestaltet' die Rahmenbedingungen, die zum einen eine Unternehmensentwicklung erlaubt und zum anderen das Überleben innerhalb des Systems sicherstellt. Die Vorstellung von Unternehmensentwicklung bezieht sich zunehmend auf das Erlernen von Problemlösungsfähigkeiten und die Qualifizierung der Unternehmung in Bezug auf sich verändernde soziale, technologische und marktseitige Bedingungen und weg von den reinen ökonomischen Überlegungen zu Veränderungen im Zeitverlauf.

Um differenzierte Lösungen für die dargestellten Herausforderungen an das Management zu ermöglichen, empfiehlt Bleicher (1991) eine Unterscheidung in drei

---
11 Die Forschung zum St. Gallener Management-Modell startete bereits in den 1960er-Jahren an der Universität St. Gallen, die Urfassung wurde dann 1972 von Ulrich und Krieg (1972) veröffentlicht; wesentliche Weiterentwicklungen und Erweiterungen kamen dann 1991 durch Bleicher (1991) und 2004 durch Rüegg-Stürm (2004) hinzu. Große Bekanntheit erlangte das Modell 1991 durch die von Bleicher eingeführte Gliederung der Aufgaben der Unternehmensführung in drei Ebenen: normatives, strategisches und operatives Management. Für weitere Informationen siehe auch Brauchlin (2006) oder Spickers (2010).
12 Für weitere Ausführungen zu den Funktionen des Managements siehe auch Ulrich, Dyllick und Probst (1984, S. 99 ff.).

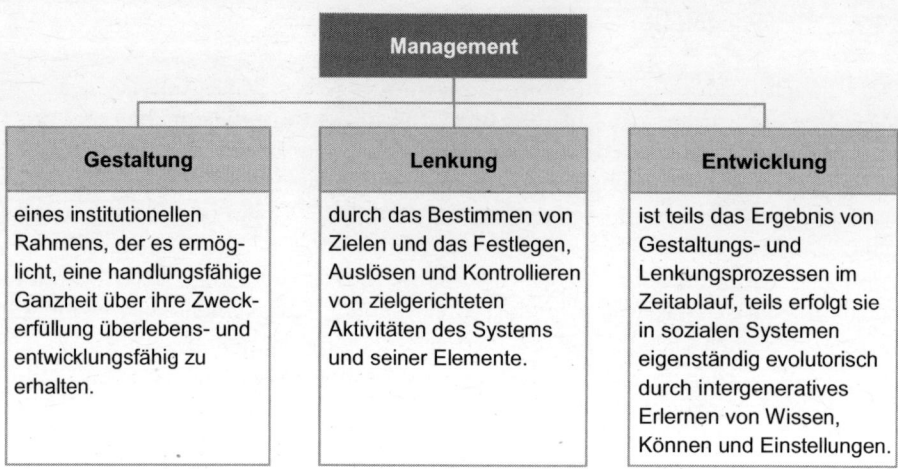

Abbildung 2.2: Funktionen des Managements (nach Bleicher (1991, S. 35))

Ebenen: eine *normative*, *strategische* und *operative* Ebene. Im Sinne der ganzheitlichen Managementbetrachtung sind die verschiedenen Ebenen nicht komplett voneinander trennbar, sondern sie durchdringen sich gegenseitig und weisen wechselseitige Abhängigkeiten auf. Die verschiedenen Ebenen charakterisiert Bleicher (1991, S. 53 ff.) wie folgt:

- Die Ebene des *normativen Managements* beschäftigt sich mit den generellen Zielen der Unternehmung, mit Prinzipien, Normen und Spielregeln, die darauf ausgerichtet sind, die Lebens- und Entwicklungsfähigkeit der Unternehmung sicherzustellen.

- *Strategisches Management* ist auf den Aufbau, die Pflege und die Ausbeutung von Erfolgspotenzialen gerichtet, für die Ressourcen eingesetzt werden müssen.

- Die Funktion des *operativen Managements* besteht darin, die normativen und strategischen Vorgaben praktisch in Aktivitäten umzusetzen.

„Normatives und strategisches Management einerseits und operatives Management andererseits bilden gleichsam die beiden Seiten einer Medaille. Auf Konzeptionen fußend sind Erstere auf die Rahmengestaltung ausgerichtet, in denen sich der operative Vollzug des situativen Führungsgeschehens im ‚day to day business' abspielt. Während dem normativen und strategischen eher eine Gestaltungsfunktion zukommt, ist es Aufgabe des operativen Managements, lenkend in die Unternehmensentwicklung einzugreifen." (Bleicher 1991, S. 52) Zusammenfassend lässt sich festhalten: Normatives und strategisches Management gestalten, operatives Management lenkt die Unternehmungsentwicklung. Abbildung 2.3 gibt noch einmal einen Überblick über die einzelnen Ebenen und deren Zusammenhang.

2.1 Grundlegende Definitionen und Konzepte

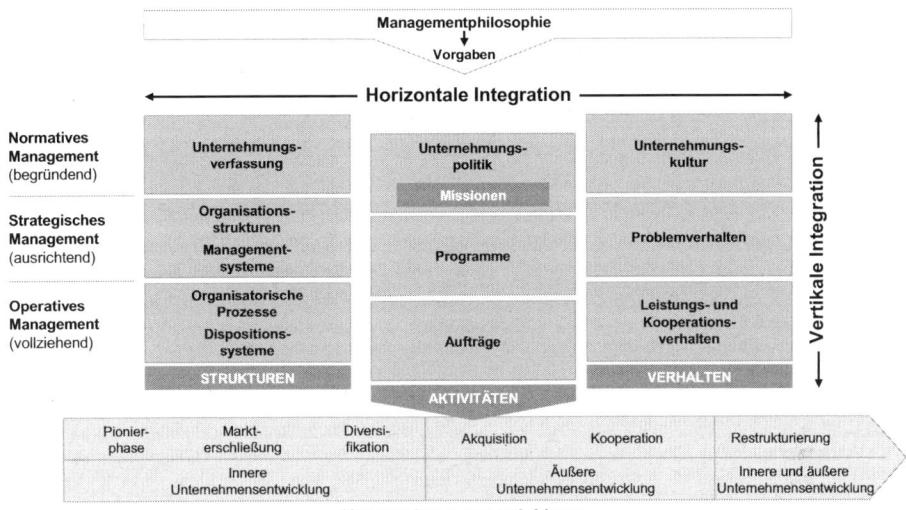

Abbildung 2.3: Zusammenhang von normativem, strategischem und operativem Management in horizontaler und vertikaler Sicht (nach Spickers (2010) in Anlehnung an Bleicher (1991))

Basierend auf diesem Verständnis des strategischen Managements wird in den folgenden Abschnitten auf die Begriffe Strategie sowie Strategieformulierung und Strategieimplementierung eingegangen.

2.1.1.2 Strategie

Strategie ist zwar ein häufig benutztes Wort in der Managementliteratur und im unternehmerischen Umfeld, dennoch existiert keine allgemein akzeptierte Definition; vielmehr variieren die Definitionen von Autor zu Autor und hängen auch stark vom Kontext ab, in dem sie genutzt werden.

Mintzberg (1987a) greift z. B. bewusst diese Mehrdeutigkeit auf und unterscheidet fünf Verwendungsarten, die er als die fünf ‚Ps of Strategy' (Plan, Ploy, Pattern, Position und Perspective) bezeichnet: *Plan* beschreibt das Ziel und den hierfür notwendigen Weg, während *Ploy* sich auf das Verständnis von Strategie als Folge von Spielzügen zur Erlangung von Vorteilen gegenüber Wettbewerbern bezieht. *Pattern* geht von wiederkehrenden Mustern und Regelmäßigkeiten in den Entscheidungen und Handlungen eines Unternehmens aus, die es zu erkennen gilt. *Position* bezieht sich auf die Positionierung eines Unternehmens in Bezug auf seine Umwelt. *Perspective* ist im Gegenzug zu dem nach außen orientierten Position nach innen gerichtet und bezieht sich auf die ‚Weltanschauung' und das Selbstverständnis eines Unternehmens.

Gleichwohl haben die meisten Strategiedefinitionen einen gemeinsamen Kern; sie basieren auf zwei Grundelementen: erstens das *Ziel*, das erreicht werden soll, und zweitens die Beschreibung des *Weges*, wie das Ziel erreicht werden soll. „Strategy can be defined as the determination of the basic long-term goals and objectives of an enterprise, and the adoption of courses of action and the allocation of resources necessary for carrying out these goals." (Chandler 1962, S. 3) Im Folgenden sind einige weitere Definitionen mit dem gleichen Verständnis exemplarisch aufgeführt[13]:

- „Strategy is the pattern or plan that integrates an organization's major goals, policies and action sequences into a cohesive whole." (Quinn 1980, S. 7)

- „Corporate strategy is the pattern of decisions in a company that determines and reveals its objectives, purposes, produces the principle policies and plans for achieving those goals, and defines the range of business the company is to pursue, the kind of economic and human organization it is or intends to be, and the nature of the economic and noneconomic contribution it intends to make to its shareholders, employees, customer, and communities." (Andrews 1987, S. 13)

- „Die Strategie trifft vor allem Aussagen über Ziele, Maßnahmen und Mittel zur Erreichung von dauerhaften Wettbewerbsvorteilen." (Hammer 1988, S. 53)

- „A strategy of a corporation forms a comprehensive master plan stating how the corporation will achieve its mission and objectives. It maximizes competitive advantage and minimizes competitive disadvantages." (Hunger und Wheelen 2009, S. 7)

Neben der angeführten Unterscheidung zwischen Weg und Ziel in den vorherigen Definitionen von Strategie empfiehlt Abell (1999) eine weitere Differenzierung anhand von Zeithorizonten. Hierfür fordert er von den Unternehmen, zwei Strategien parallel zu verfolgen, eine Strategie für die ‚Gegenwart' und eine für die ‚Zukunft'. „Die Unterscheidung in eine Orientierung auf die Gegenwart (‚today for today') und eine auf die Zukunft (‚today for tomorrow') ist nicht eine der normalen Unterscheidungen in ‚kurzfristig' oder ‚langfristig', wobei der kurzfristige Plan eine ausschließliche Detaillierung der Geschäftsaktivitäten und der Budgetplanungen vor dem Hintergrund der erhofften, langfristigen Marktposition ist. Kurzfristige Planung verlangt auch eine Strategie – eine Vision darüber, was die Firma jetzt tun muss (aufgrund ihrer vorhandenen Kompetenzen und des Zielmarkts) und was die Rolle jeder einzelnen Kernfunktion hierfür ist. Der langfristige Plan ist im Gegensatz hierzu das Schaffen einer Vision über die Zukunft, oder noch viel wichtiger, das Schaffen einer Strategie, wie man dorthin kommt." (Abell 1999, S. 74)[14] Durch das strategische Denken in verschiedenen Zeitdimension und das

---

[13] Für weitere Definitionen und ergänzende Erläuterungen zu Strategie siehe auch Chaffee (1985) oder Müller-Stewens und Lechner (2005).

[14] Übersetzt durch den Autor – vergleiche hierzu auch das Originalzitat: „The distinction between a present (‚today for today') and future (‚today for tomorrow') orientation is not the usual short-term, long-term distinction – in which the short-term plan is simply a detailed operations and budgeting exercise made in the context of a hoped-for long-term market

2.1 Grundlegende Definitionen und Konzepte

parallele Vorantreiben einer ‚kurzfristigen' und einer ‚langfristigen' Strategie werden verschiedene Aspekte adressiert, die alle zusammen notwendig sind, um den Erfolg eines Unternehmens zu sichern. Die kurz- bis mittelfristige Strategie steigert und sichert die Wettbewerbsfähigkeit und führt zu einer graduellen Veränderung der Organisation, während die mittel- bis langfristige Strategie radikalere Veränderungen herbeiführt, die über eine schrittweise Entwicklung nicht erreichbar gewesen wären. Hierzu zählen u. a. das Herbeiführen eines strukturellen Wandels des Unternehmens, nachhaltige Veränderungen der Unternehmenskultur und -werte sowie technologische Durchbrüche. Insbesondere das Initiieren radikaler Veränderungen bedarf anderer Prozesse und Herangehensweisen als das Verfolgen der kurzfristigeren Weiterentwicklung des Unternehmens. Dieser Aspekt muss insbesondere bei der Entwicklung des ganzheitlichen Ansatzes zur Strategischen Frühaufklärung in Kapitel 4 berücksichtigt werden.

Über die Unterscheidung in ‚Weg' und ‚Ziel' sowie die Berücksichtigung verschiedener Zeithorizonte hinaus kann man Strategie auch nach Organisationsebene und Feldern in einem Unternehmen unterscheiden. So unterscheidet Porter (1987, S. 43) zwischen Strategien auf Geschäftseinheits- und auf Unternehmensebene: „Ein diversifiziertes Unternehmen hat zwei Ebenen von Strategie: Geschäftseinheits- (oder Wettbewerbs-)Strategie und Gesamtunternehmens- (oder Unternehmensweite-)Strategie. Die Geschäftseinheitsstrategie konzentriert sich darauf, wie ein Wettbewerbsvorteil in jedem der Bereiche, in denen das Unternehmen aktiv ist, geschaffen werden kann. Die Gesamtunternehmensstrategie konzentriert sich auf zwei unterschiedliche Fragen: In welchen Bereichen soll das Unternehmen aktiv sein und wie soll die Unternehmenszentrale die Geschäftseinheiten aufstellen. Die Gesamtunternehmensstrategie ist das, was es ausmacht, dass das Unternehmen als Ganzes mehr wert ist als die Summe seiner Einzelteile."[15] Hunger und Wheelen (2009, S. 7) beschreiben die verschiedenen Ebenen von Strategie wie folgt: „Die Gesamtunternehmensstrategie beschreibt die übergreifende Ausrichtung eines Unternehmens im Hinblick auf seine Einstellung bezüglich Wachstum und dem Management seiner diversen Geschäfts- und Produktlinien. [...] [Die Geschäftseinheitsstrategie] betont die Verbesserung der Wettbewerbsposition eines Produkts oder Services eines Unternehmens in seinem spezifischen Industrie- oder Marktsegment."[16]

---

    position. Present planning also requires strategy – a vision of how the firm has to operate now (given its competencies and target markets) and what the role of each key function will be. The long-term plan, by contrast, is built on a vision of the future – even more important, on a strategy for getting there." (Abell 1999, S. 74)

15 Übersetzt durch den Autor – vergleiche hierzu auch das Originalzitat: „A diversified company has two levels of strategy: business unit (or competitive) strategy and corporate (or companywide) strategy. Competitive strategy concerns how to create competitive advantage in each of the businesses in which a company competes. Corporate strategy concerns two different questions: what businesses the corporation should be in and how the corporate office should manage the array of business units. Corporate strategy is what makes the corporate whole add up to more than the sum of its business unit parts. (Porter 1987, S. 43)

16 Übersetzt durch den Autor – vergleiche hierzu auch das Originalzitat: „Corporate strategy describes a company's overall direction in terms of its general attitude toward growth and the management of its various businesses and product lines. [Business strategy] emphasizes

Darüber hinaus gibt es noch Spezialstrategien, wie z. B. Produkt-, Vertriebs-, Personal-, Technologie- oder Innovationsstrategien. Diese funktionalen Strategien haben das Ziel, eine bestimmte Kompetenz auszubauen, um so dem Unternehmen einen Wettbewerbsvorteil zu verschaffen. Diese Spezialstrategien sind aber immer als integraler Bestandteil der Gesamtstrategie zu sehen.[17]

Aufbauend auf dem vorherigen Verständnis soll Strategie nach Mintzberg (1987b) zusätzlich die Ausrichtung definieren, die Anstrengungen fokussieren, die Organisation definieren[18] sowie Konsistenz sicherstellen. Diese Ansicht stimmt mit dem Verständnis vieler Autoren überein; nichtsdestotrotz sind mit jedem Vorteil einer solchen Anforderung auch Nachteile verbunden. Mintzberg ((Mintzberg 1987b, S. 25 ff.); (Mintzberg, Ahlstrand und Lampel 1999, S. 15 ff.)) führt hierzu folgende Erläuterungen an:

1. *„Strategy sets direction"*

   - Vorteil: Strategie gibt Organisationen die Richtung vor, in die sie gehen müssen, um Wettbewerber zu übertreffen oder zu überlisten, zumindest ermöglicht sie ihnen ruhig, durch bedrohliche Umfelder zu manövrieren.

   - Nachteil: Die strategische Richtungsvorgabe kann dazu führen, dass potentielle Gefahren übersehen oder ignoriert werden. Das Verfolgen eines vordefinierten Kurses in unbekanntem Gewässer kann dazu führen, dass man direkt auf den Eisberg zu segelt. Die Richtungsvorgabe ist wichtig, aber manchmal kann es wichtiger sein, sich in kleineren Schritten voranzutasten, um jederzeit rechtzeitig reagieren zu können.

2. *„Strategy focuses efforts"*

   - Vorteil: Strategie fördert die Koordination von Bemühungen. Ohne Strategie ist eine Organisation eine Ansammlung von Individuen, die ggf. alle in unterschiedliche Richtungen arbeiten; Strategie bündelt diese Bemühungen in eine gemeinsame Richtung.

   - Nachteil: Eine zu starke Fokussierung kann zu einem ‚Herdeneffekt' führen, bei dem Personen ihr Tun nicht mehr reflektieren, sondern ausschließlich der vorgegebenen Richtung und der Mehrheit folgen. Eine ggf. notwendige Korrektur ist so nicht mehr möglich.

3. *„Strategy defines the organization"*

   - Vorteil: Strategie gibt einer Organisation eine Bedeutung, sowohl für die eigenen Mitarbeiter als auch für Außenstehende. Als Plan oder noch viel mehr als Position und Perspektive gibt sie Personen eine Möglichkeit, die Grundzüge eines Unternehmens zu verstehen und es von anderen zu unterscheiden.

---

improvement of the competitive position of a corporation's products or services in the specific industry or market segment." (Hunger und Wheelen 2009, S. 7)

17 Für weitere Ausführungen siehe hierzu Hunger und Wheelen (2009, S. 7 ff.).

18 Dies geht einher mit dem Verständnis von Chandler (1962, S. 14): „Structure follows Strategy".

2.1 Grundlegende Definitionen und Konzepte

- Nachteil: Eine Organisation zu genau zu definieren bedeutet auch, sie zu einfach zu definieren, manchmal hin bis zur Vereinfachung als Stereotyp. Hierdurch geht eine natürlicherweise vorhandene, reichhaltige und wertvolle Komplexität verloren.

4. *„Strategy provides consistency"*

    - Vorteil: Strategie ist notwendig, um Unsicherheit zu reduzieren und Konsistenz zu schaffen. Strategie kann man sich wie eine Theorie vorstellen, eine kognitive Struktur oder einen Filter, um zu vereinfachen und die Welt zu erklären und so Handeln zu fördern.

    - Nachteil: Jede Strategie oder Theorie stellt nicht die Realität selber dar, sondern eine Abbildung in der Vorstellung von Personen. Dies bedeutet, dass jede Strategie auch Fehlinterpretationen oder Verwirrungen verursachen kann. Zudem wird Kreativität teilweise auch durch Inkonsistenzen oder Widersprüche gefördert.

Die Ausführungen in diesem Abschnitt haben einen Überblick darüber vermittelt, was in der Wissenschaft und teilweise auch in der Praxis unter Strategie verstanden wird. Insbesondere die Diskussion der verschiedenen Dimensionen hat verdeutlicht, was sich hinter den einzelnen Aspekten verbirgt, und dies kritisch diskutiert. Im weiteren Gebrauch dieser Arbeit kann Strategie wie folgt zusammengefasst werden:

Strategie definiert langfristige, wichtige Ziele und den Weg aus der Gegenwart in die Zukunft, um diese zu erreichen. Hierzu definiert sie die Ausrichtung des Unternehmens, fokussiert die Anstrengungen, definiert die Organisation und stellt die Konsistenz sicher.

2.1.1.3 Strategieformulierung und Strategieimplementierung

Nachdem der vorherige Abschnitt ein Grundverständnis von Strategie vermittelt hat, beschreibt dieser Abschnitt, was es bedeutet, eine Strategie zu formulieren und sie zu implementieren. Diese Zweiteilung orientiert sich an der Unterscheidung von Andrews (1987), der empfiehlt, Denken und Handeln zu trennen. Diesem Vorschlag folgend werden im ersten Teil dieses Abschnitts zuerst verschiedene Ansätze zur Strategieformulierung vorgestellt, bevor im zweiten Teil auf die Strategieimplementierung eingegangen wird. Im letzten Teil werden die verschiedenen Strategieformulierungs-Ansätze auf ihre Verwendung im Bezug auf das Forschungsprojekt dieser Arbeit hin analysiert.

Strategieformulierung

In der Literatur existieren viele unterschiedliche Ansätze zur Strategieformulierung; Mintzberg und Lampel (1999) haben in einer Untersuchung diese verschiedenen Ansätze untersucht und konnten zehn grundsätzliche Ansätze identifizieren: *die zehn Schulen der Strategieformulierung.* Diese Schulen lassen sich nochmals in drei Gruppen unterteilen. Die erste Gruppe ist eher normativ oder präskriptiv und umfasst die informelle Design School, die formelle Planning School und die analytische Positioning School. Die zweite Gruppe versucht zu erklären, wie strategisches Management wirklich funktioniert, und umfasst die Entrepreneurial-, die Cognitive-, die Learning-, die Power-, die Cultural- und die Environmental School. Die letzte Gruppe besteht nur aus der Configuration School, die man als eine Art Hybrid der übrigen Schulen auffassen kann.

Die Schulen spiegeln verschiedenste Standpunkte bezüglich Strategie, Strategieformulierung, Strategieimplementierung und strategischem Management[19] wider, zudem kann anhand von ihnen eine Verschiebung der Ansichten zu diesem Thema in der Forschungswelt beobachtet werden. Vor diesem Hintergrund sollen die zehn Schulen im Folgenden, basierend auf den Ausführungen von Mintzberg und Waters (1985), Mintzberg, Ahlstrand und Lampel (1999) und insbesondere Mintzberg und Lampel (1999), diskutiert werden:

1. *Design School: (Process of conception)*
   „Die Strategieformulierung erzielt die notwendige Abstimmung zwischen internen Stärken und Schwächen und externen Bedrohungen und Möglichkeiten. Der CEO bzw. das Top-Führungspersonal formuliert in einem reflektierten Prozess des bewussten Überlegens, der weder formal analytisch noch informell intuitiv ist, klare, einfache und eindeutige Strategien – so dass jeder die Strategien implementieren kann." (Mintzberg und Lampel 1999, S. 22)[20]

   Quellen: Selznick (1957); Chandler (1962); Learned u. a. (1965); Andrews (1987)

   Kritik:

   - Durch die starke Fokussierung der Strategieformulierung auf den CEO oder das Top-Management wird der Blickwinkel des Unternehmens stark eingeschränkt und es kann sein, dass Themen falsch eingeschätzt werden; zudem setzt diese Schule voraus, dass alle Information stark verdichtet werden können und dass diese den Weg hinauf durch die Hierarchie unbeschadet überstehen können.

   - Dadurch, dass der Strategieprozess mit der Ausformulierung abgeschlossen ist, bietet die Schule wenig Raum für spätere, inkrementellere Veränderungen. Zudem setzt die Schule Kontinuität im Unternehmensumfeld voraus, da ansonsten die Bedingungen, unter denen die Strategie erdacht

---

19 Vergleiche hierzu auch Abschnitt 2.1.1.1.
20 Übersetzt durch den Autor – vergleiche hierzu auch das Originalzitat: „Strategy formation achieves the essential fit between internal strengths and weaknesses and external threats and opportunities. Senior management formulates clear, simple, and unique strategies in a deliberate process of conscious thought which is neither formally analytical nor informally intuitive – so that everyone can implement the strategies." (Mintzberg und Lampel 1999, S. 22)

wurden nicht mehr denen entsprechen, unter denen sie implementiert wird.

- Denken und Umsetzen sind in diesem Ansatz strikt getrennt; dies erschwert vor allem allgemeine Lernprozesse.

2. *Planning School: (An Formal Process)*
   Die Planning School ist der Design School recht ähnlich mit einer großen Ausnahme: Der Prozess der Strategieformulierung erfolgt nicht im Kopf, sondern ist formal, kann in viele einzelne Schritte unterteilt werden, ist mit Checklisten beschrieben und wird durch Techniken unterstützt, z. B. zur Budgetplanung oder zu Geschäftsaktivitäten. Diese Formalisierung führt dazu, dass Mitarbeiterstäbe die Strategieformulierung vom Top-Management übernehmen und somit die Hauptrolle im Prozess ausüben.

   Quellen: Ansoff (1965)

   Kritik:

   - Der CEO bleibt formal verantwortlich für die Strategieformulierung, aber da der Prozess in Einzelschritte heruntergebrochen ist, die von Mitarbeiterstäben abgearbeitet werden, kann es passieren, dass zum einen der CEO und die Top-Führungskräfte faktisch nicht mehr an der Strategieentwicklung beteiligt sind und zum anderen die Strategie das alleinige Ergebnis aus Algorithmen und Handlungsabfolgen ist.
   - Das bloße Analysieren von Daten stellt noch keine Synthese der Ergebnisse dar; das reine Abarbeiten von Prozessschritten grenzt Kreativität gänzlich aus, die aber notwendig ist, um neue Perspektiven und Ansichten zu generieren.
   - Strategische Planung setzt Stabilität und Kontinuität bei der Strategieformulierung voraus; während der Planungsphase dürfen sich die Bedingungen nicht verändern.

3. *Positioning School: (An Analytical Process)*
   In diesem Ansatz wird Strategie auf generische Positionen reduziert, die sich als Ergebnisse aus der Situationsanalyse der Industrie ergeben. Von daher werden die Planer zu Analysten. [...] Die entsprechende Literatur hat sich in alle Richtungen weiterentwickelt, insbesondere hin zu strategischen Gruppen, Wertschöpfungsketten, Spieltheorie und anderen Ideen – aber immer mit dieser analytischen Ausprägung." (Mintzberg und Lampel 1999, S. 22)[21]

   Quellen: Hatten und Schendel (1977); Porter (1985) und Porter (1999)

---

[21] Übersetzt durch den Autor – vergleiche hierzu auch das Originalzitat: „In this view, strategy reduces to generic positions selected through formalized analyses of industry situations. Hence, the planners become analysts.[...] This literature grew in all directions to include strategic groups, value chains, game theories, and other ideas – but always with this analytical bent." (Mintzberg und Lampel 1999, S. 22)

Kritik:

- Der Fokus der Positioning School ist eingeschränkt. Zum einen, da quantifizierbare wirtschaftliche Aspekte gegenüber politischen und gesellschaftlichen, sowie nicht quantifizierbaren wirtschaftlichen Aspekten bevorzugt werden, und zum anderen, da das Konzept sich eher an große, reife Unternehmen richtet. Für kleinere Unternehmen oder solche, die sich in mehreren Nischen betätigen, ist der Ansatz eher schlecht geeignet, da hier meistens die ‚harten', wirtschaftlichen Daten zur Analyse fehlen.

- Das Ergebnis der Analysen sind generische Positionen und nicht spezifische Perspektiven für das jeweilige Unternehmen; zudem ergeben sich keine innovativen Strategien, da sich der Prozess nahezu auf das Ergebnis einer Formel reduzieren lässt.

- Wie bei der Design und bei der Planning School existieren auch hier die erwähnten Kritikpunkte bezüglich der notwendigen Kontinuität des Umfelds und der Lernprozesse.

4. *Entrepreneurial School: (A Visionary Process)*
   Ähnlich wie bei der Design School ist der Prozess der Strategieformulierung der Entrepreneurial School auf den CEO zugeschnitten, aber im Gegensatz zur Design und insbesondere zur Planning School ist der Prozess ausschließlich in der Erfahrung und der Intuition des CEOs begründet. Somit ändert sich die Strategie von einem präzisen Plan zu einer vagen Vision.

   Quellen: Schumpeter (1912); Cole (1959)

   Kritik:

   - Der Strategieformulierungs-Prozess kann nie genau beschrieben werden, da er ausschließlich auf dem CEO beruht und so eine Blackbox darstellt.

   - Da die Strategieformulierung auf eine Person konzentriert ist, muss diese über alle Informationen verfügen, um die richtige Strategie zu bestimmen.

   - Zusätzlich besteht die Gefahr, dass der CEO den strategischen Überblick verlieren kann, wenn er sich z. B. zu stark auf das operative Geschäft einlässt.

5. *Cognitive School: (A Mental Process)*
   Strategie ergibt sich aus einem mentalen Prozess der Wahrnehmung mittels Informationsverarbeitung, dem Abbilden verschiedener Wissensstrukturen und den Kenntnissen von Konzepten. Wahrnehmung erzeugt somit Strategie als Ergebnis von kreativer Interpretation und nicht durch das Abbilden der Realität in einem mehr oder weniger objektiven Ansatz.

   Quellen: Simon (1947); March, Simon und Guetzkow (1958)

Kritik:

- Die Schule ist mehr durch ihr Potenzial als durch ihre Beiträge charakterisiert. Die kognitive Psychologie muss noch erklären, wie sich Konzepte in den Gedanken eines Strategen bilden.
- Besonders hilfreich wäre es, nicht nur zu verstehen, wie Gedanken sich verfremden, sondern auch, wie sie fähig sind, unterschiedliche, komplexe Informationen aufzunehmen und zu verarbeiten.

6. *Learning School: (An Emergent Process)*

„Gemäß dieser Schule entstehen Strategien dadurch, dass Personen, manchmal alleine aber meistens in Gruppen, etwas über eine Situation und die Fähigkeit ihrer Organisation damit umzugehen lernen. Schließlich stoßen sie hierbei auf Muster, die funktionieren." (Mintzberg, Ahlstrand und Lampel 1999, S. 176)[22] Die Learning School greift hierbei auf Ideen wie ungerichteten Inkrementalismus, logischen Inkrementalismus, strategisches Venturing, Emergent Strategy, verschiedene Entscheidungsverfahren (z. B. Expertenurteil, kollektive Entscheidungen, ...) oder retrospektive Betrachtung zurück. Damit verschiebt sich auch die Aufgabe des Managements von der Formulierung der Strategie hin zum Management des Prozesses zum strategischen Lernen; die Strategen sind nunmehr in der ganzen Organisation zu finden.

Quellen: Braybrooke und Lindblom (1963); Cyert und March (1963); Weick (1979); Quinn (1980); Hamel und Prahalad (1996)

Kritik:

- Das Management muss weiterhin eine grobe Richtung vorgeben und Entwicklungen in andere Richtungen beenden, denn ansonsten wird es Bewegungen aufgrund verschiedenster Erfahrungen in alle Richtungen geben.
- Die Learning School erlaubt, alles permanent zu verändern; es ist aber viel wichtiger zu wissen, was man wann ändern muss.
- Neben dem Sich-Verlieren in zu vielen Einflüssen oder dem ‚Verlernen' guter Strategien besteht auch die Gefahr, dass sich ungewollte Strategien ergeben.
- Organisatorisches Lernen ist mit hohem Aufwand und hohen Kosten verbunden, gleichzeitig muss auch sichergestellt sein, dass man sich nicht nur auf das Lernen konzentriert und das Tagesgeschäft vernachlässigt.

---

[22] Übersetzt durch den Autor – vergleiche hierzu auch das Originalzitat: „According to this school, strategies emerge as people, sometimes acting individually but more often collectively, come to learn about a situation as well as their organization's capability of dealing with it. Eventually they converge on patterns of behavior that work." (Mintzberg, Ahlstrand und Lampel 1999, S. 176)

7. *Power School: (A Process of Negotiation)*
   Strategieformulierung über die Ausübung von Macht oder Einfluss kann auf zwei Ebenen erfolgen: Auf der *Micro*-Ebene versteht die Power School hierunter die Entwicklung von Strategien in Organisationen als politischen Akt, einen Prozess mit Verhandeln, Überzeugen und Konfrontieren zwischen den Akteuren, die über die Macht verfügen. Auf der *Makro*-Ebene versteht man darunter die Verwendung von Macht durch ein Unternehmen über andere (z. B. Partner in Allianzen) zur Beeinflussung einer ‚gemeinsamen' Strategie im eigenen Interesse.

   Quellen: Allison (1971); Pfeffer und Salancik (1978); Astley (1984)

   Kritik:

   - Strategieformulierung bedarf auch der Ausübung von Macht, aber sie beruht nicht ausschließlich auf Macht.
   - Macht kann auf der einen Seite hilfreich sein, um Blockaden zu überwinden, aber auf der anderen Seite kann sie auch Quelle für Abnutzung und Verwirrung in einer Organisation sein.

8. *Cultural School: (A Social Process)*
   Im Gegensatz zur Power School, die eher auf Eigeninteressen und Fragmentierung fokussiert ist, versteht sich die Cultural School eher als gemeinschaftlich und integrativ. Strategieformulierung ist somit ein Prozess, der auf sozialer Interaktion und den Ansichten basiert, die unter den Mitgliedern der Organisation herrschen.

   Quellen: Rhenman (1973); Normann (1977)

   Kritik:

   - Durch das Betonen von Tradition und Konsens besteht die Gefahr, dass die Cultural School notwendige Veränderungen blockiert und Stagnation fördert.
   - Die Schule erklärt einfach, was bereits existiert, anstatt die schwierigeren Fragen bzgl. dessen, was kommen wird, zu behandeln.

9. *Environmental School: (A Reative Process)*
   Während die übrigen Schulen das Unternehmensumfeld als einen Faktor betrachten, sieht die Environmental School das Umfeld als den entscheidenden Akteur an. Die Organisation muss demnach auf die einwirkenden Kräfte des Umfeldes reagieren, um nicht unterzugehen. Das Management wird zu einem passiven Element, das nur noch sicherstellt, dass die Organisation sich dem Umfeld anpasst.

   Quellen: Hannan und Freeman (1977); Pugh u. a. (1968)

Kritik:

- Die Dimensionen des Umfelds sind meistens zu abstrakt, zu vage oder zu aggregiert, von daher ist es falsch, Strategie auf solch einem hohen Level zu betreiben.
- Die Organisation besitzt in der Environmental School gar keine strategischen Möglichkeiten, es herrscht ein strategischer Imperativ des Umfelds.

10. *Configuration School: (A Process of Transformation)*
    Die Configuration School lässt sich durch zwei Begriffe beschreiben: Struktur und Transformation. Unter Struktur versteht man Zustände einer Organisation und des sie umgebenden Umfelds (z. B. Start-Up oder entwickeltes Unternehmen); Transformation beschreibt den Prozess der Strategieformulierung. Wenn nun eine Organisation einen Zustand annimmt, so stellt die Strategieformulierung den Prozess des Wechsels vom alten zum neuen Zustand dar. Die Transformation ist somit unweigerlich mit der Struktur verbunden.

Quellen: Chandler (1962); Mintzberg (1979); Miller und Friesen (1984); Miles, Snow und Meyer (1978)

Kritik:

- Es ist unrealistisch zu behaupten, dass Unternehmen sich meistens in einem stabilen Zustand befinden und sich dann schnell ändern. „Die meisten Unternehmen ändern sich am häufigsten inkrementell." (Donaldson 1996, S. 122)[23]
- Zustände lassen sich nicht nur als ‚schwarz' und ‚weiß' beschreiben, viele Unternehmen befinden sich in einem ‚grauen' Zustand, der noch mittels Nuancen beschrieben wird. Die ‚idealen' Zustände sind somit nur eine unzureichende Annäherung an die Realität, die zudem die Unterschiedlichkeit und Komplexität von Unternehmen ignoriert. Außerdem besteht keine Möglichkeit, die verschiedenen Zustände unterschiedlicher Teile eines Unternehmens abzubilden.

Mischansätze Neben den zehn zuvor beschriebenen Schulen finden sich in der neueren Literatur auch Ansätze, die Mischformen der verschiedenen Schulen darstellen. Mintzberg und Lampel (1999) zeigen anhand von Beispielen, wie sich diese Ansätze auf Elemente der verschiedenen Schulen zur Strategieformulierung zurückführen lassen: Stakeholder-Analyse verbindet die Planning und die Positioning School, die Arbeit von Porter (1985) zu Strategic Maneuvering (First-Mover Advantage, ...) stellt eine Verbindung von Elementen aus der Positioning und der Power School dar. Für weitere Beispiele siehe auch Tabelle 2.1.

---

23 Übersetzt durch den Autor – vergleiche hierzu auch das Originalzitat: „Most organizations, most of the time, are changing incrementally." (Donaldson 1996, S. 122)

Tabelle 2.1: Mischansätze der Schulen zur Strategieformulierung (nach Mintzberg und Lampel (1999, S. 26))

Ansatz	Schule
• Dynamic capabilities	• Design, Learning
• Resource-based Theory	• Cultural, Learning
• Szenario-Analyse oder Stakeholer-Analyse	• Planning, Learning oder Power
• Konstruktivismus	• Cognitive, Cultural
• Chaos- und Evolutionstheorie	• Learning, Environmental
• Institutionentheorie	• Environmental, Power oder Cognitive
• Intrapreneurship (Venturing)	• Environmental, Entrepreneurial
• Revolutionärer Wandel	• Configuration, Entrepreneurial
• Verhandlungsstragien	• Power, Positioning
• Strategic Maneuvering	• Positioning, Power

Nachdem die verschiedenen Schulen und Ansätze präsentiert wurden, stellt sich eine wichtige Frage: Stellen die Schulen unterschiedliche strategische Prozesse dar oder sind sie komplementäre Teile eines Prozesses? Mintzberg und Lampel kommen zu der Ansicht, dass die meisten Schulen Bestandteile eines einzigen Strategieformulierungs-Prozesses sind: „Die Strategieentwicklung ist wertendes Gestalten, intuitives Vorausschauen und emergentes Lernen: sie ist sowohl Transformation als auch Beständigkeit; sie umfasst individuelles Erkennen und soziale Interaktion, sowohl kooperativer als auch konfrontativer Art, sie beinhaltet Analyse am Anfang, Erstellung und Durchführung von Programmen am Ende und Verhandlungen währenddessen – und all dies als Antwort auf das, was das Umfeld erfordert." (Mintzberg und Lampel 1999, S. 27)[24] Die Strategieformulierung als einzelner Prozess ist in Abbildung 2.4 dargestellt:

Die in diesem Abschnitt vorgestellten zehn Schulen der Strategieformulierung geben einen guten Überblick über das Themengebiet der Strategieformulierung. Gleichwohl ist noch unklar, welche Schule am besten für die Entwicklung des ganzheitlichen Ansatzes zur Strategischen Frühaufklärung geeignet ist. Zwar empfehlen Mintzberg und Lampel die Berücksichtigung der verschiedenen Aspekte aller Schulen, dennoch scheinen einige Schulen für die weitere Arbeit besser geeignet

---

[24] Übersetzt durch den Autor – vergleiche hierzu auch das Originalzitat: „Strategy formation is judgmental designing, intuitive visioning, and emergent learning: it is about transformation as well as perpetuation; it must involve individual cognition and social interaction, cooperative as well as conflictive, it has to include analyzing before and programming after as well as negotiating during; and all these must be in response to what may be a demanding environment." (Mintzberg und Lampel 1999, S. 27)

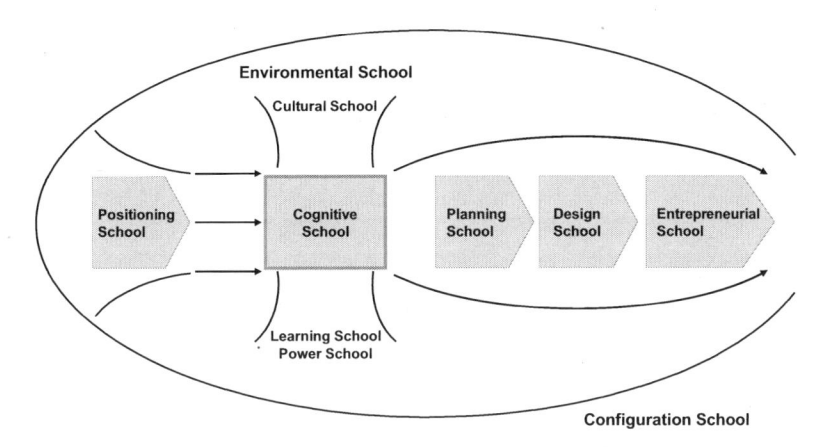

Abbildung 2.4: Strategieformulierung als ein Prozess (nach Mintzberg und Lampel (1999, S. 27))

zu sein als andere. Aus diesem Grund erfolgt im Abschnitt nach der Diskussion der Strategieimplementierung eine Analyse, mit deren Hilfe die für diese Arbeit besonders geeigneten Ansätze zur Strategieformulierung herausgefiltert werden.

Strategieimplementierung

Wie bereits ausgeführt, besteht das strategische Management nicht nur aus der Formulierung sondern auch aus der mindestens genauso wichtigen Implementierung einer Strategie; denn ohne die praktische Umsetzung des mit hohem Aufwand entwickelten strategischen Plans stellt die Strategieformulierung eine reine theoretische Aktivität dar, die keinerlei Einfluss auf das Unternehmen hat. „Strategieimplementierung ist die Summe aller Aktivitäten und Entscheidungen, die notwendig für die Realisierung des strategischen Plans sind – durch die Definition von Programmen, Budgets und Vorgehensweisen werden somit Strategien und Richtlinien in die Tat umgesetzt." (Hunger und Wheelen 2009, S. 183)[25] Auch wenn die Umsetzung generell als zweiter Schritt nach der Strategieformulierung angesehen wird, darf man nicht von einer rein sequentiellen Abfolge ausgehen; die Implementierung stellt die erste ‚wirkliche' Überprüfung der während der Strategieformulierung gemachten Annahmen und Überlegungen dar. Es muss somit eine Rückkoppelung zwischen Implementierung und Formulierung bestehen, sodass neue Erkenntnisse, z. B. bezüglich der Annahmen, zurückfließen und notfalls zu einer Revision oder Anpassung des strategischen Plans führen können.

---

[25] Übersetzt durch den Autor – vergleiche hierzu auch das Originalzitat: „Strategy implementation is the sum total of the activities and choices required for the execution of strategic plan by which strategies and policies are put into action through the development of programs, budgets and procedures." (Hunger und Wheelen 2009, S. 183)

Auswahl der geeignetsten Strategieformulierungs-Ansätze

Um den für die Entwicklung des ganzheitlichen Ansatzes zur Strategischen Frühaufklärung geeignetsten Strategieformulierungs-Ansatz zu identifizieren, werden die vorgestellten zehn Schulen anhand von zwei, speziell hierfür ausgewählten Kriteriengruppen untersucht: zum einen anhand von Kriterien, die sich aus den praktischen Management-Problemen ergeben, die diese Arbeit adressiert, und zum anderen anhand von Kriterien, die sich aus der Theorie zum strategischen Management ergeben.[26,27]

Wie in Kapitel 1 beschrieben, ist das Ziel dieser Arbeit die Entwicklung eines Ansatzes, der Unternehmen hilft, neue Möglichkeiten oder Bedrohungen aufgrund von marktseitigen oder technologischen Veränderungen mittels Strategischer Frühaufklärung zu identifizieren und die notwendigen Schritte einzuleiten. Die generellen Anforderungen der Praxis an den Ansatz wurden bereits in Abschnitt 1.2 beschrieben und stellen im Folgenden die abgeleiteten Evaluierungskriterien dar:

1. Reduktion der Unsicherheit im strategischen Management
2. Praxistauglicher Ansatz
3. Systematische Vorgehensweise
4. Vorausschauende Vorgehensweise
5. Sicherstellung der Umsetzung

} Kriterien aus der strategischen Managementpraxis

Neben den aus der Praxis abgeleiteten Kriterien wurden in Abschnitt 2.1.1.1 die Grundanforderungen an das strategische Management diskutiert. Die drei Funktionen des Managements stellen die aus der Theorie abgeleiteten Kriterien dar; auf diese Weise soll sichergestellt sein, dass der ganzheitliche Ansatz die Grundanforderungen des strategischen Managements erfüllt. Die drei Funktionen erscheinen besonders geeignet, da sie insbesondere die zunehmende Veränderungsgeschwindigkeit der Unternehmensumwelt und die damit verbundene notwendige Anpassung der Unternehmen an die veränderten Rahmenbedingungen widerspiegeln; sie lassen sich wie folgt zusammenfassen:

1. Sicherstellung der Gestaltungsfunktion
2. Sicherstellung der Lenkungsfunktion
3. Sicherstellung der Entwicklungsfunktion

} Abgeleitete Kriterien aus der strategischen Managementtheorie

Diese acht aus der Praxis und der Theorie abgeleiteten Kriterien stellen den Katalog dar, anhand dessen die zehn Strategieformulierungs-Schulen analysiert werden. Die Ergebnisse der Evaluierung sind in Abbildung 2.5 dargestellt.

Erfüllung der aus der Praxis abgeleiteten Kriterien: Die Evaluierung in Tabelle 2.5 zeigt, dass die Planning School die Anforderungen der aus der Praxis

---

26 Vergleiche hierzu auch Abschnitt 2.1.1.1.
27 Die Herangehensweise orientiert sich an einer Vorgehensweise, die in ähnlicher Form bereits von Trauffler (2005) mit vergleichbaren Ergebnissen genutzt wurde.

2.1 Grundlegende Definitionen und Konzepte

		1. Design School	2. Planning School	3. Positioning School	4. Entrepreneurial School	5. Cognitive School	6. Learning School	7. Power School	8. Cultural School	9. Environmental School	10. Configuration School
Kriterien aus der Praxis	1. Reduktion der Unsicherheit	2	2	1	1	3	1	2	2	0	2
	2. Praxistauglicher Ansatz	2	3	2	2	2	1	1	1	1	2
	3. Systematische Vorgehensweise	3	3	3	0	2	1	0	2	0	3
	4. Vorausschauende Vorgehensweise	2	3	2	1	1	0	1	0	0	1
	5. Sicherstellung der Umsetzung	1	2	1	1	0	1	1	0	1	3
Zwischensumme (Praxis):		10	13	9	5	8	4	5	5	2	11
Kriterien aus der Theorie	1. Gestaltung	3	3	2	1	2	1	1	3	1	2
	2. Lenkung	3	3	1	1	1	0	1	1	0	2
	3. Entwicklung	2	2	1	1	2	2	1	1	1	3
Zwischensumme (Theorie):		8	8	4	3	5	3	3	5	2	7
Summe:		**18**	**21**	**13**	**8**	**13**	**7**	**8**	**10**	**4**	**18**

Legende:
- 3 = Explizit unterstützt
- 2 = Implizit oder teilweise unterstützt
- 1 = Ansatzweise unterstützt
- 0 = Nicht unterstützt

Abbildung 2.5: Evaluierung der zehn Strategieformulierungs-Schulen

abgeleiteten Kriterien am besten erfüllt; danach folgen die Configuration und die Design School. Die guten Bewertungen der Planning und der Design School lassen sich auf deren stark formalisierten Strategieformulierungs-Prozess zurückführen. Ein solcher Prozess erfüllt insbesondere die Anforderungen der systematischen Vorgehensweise und reduziert zugleich durch das sequentielle Vorgehen die Unsicherheit der beteiligten Personen. Die Praxistauglichkeit wird am besten durch die Planning School unterstützt, da hier der Strategieformulierungs-Prozess in viele Einzelschritte unterteilt ist, deren Umsetzung durch Checklisten und Methoden unterstützt wird. Als Ergebnis der verschiedenen Strategieformulierungs-Bemühungen entsteht bei den Schulen ein konkreter Plan, der so auch die Umsetzung sicherstellt. Zudem stellt die permanente Anpassung an neue Rahmenbedingungen ein Kernelement der Configuration School dar.

Erfüllung der aus der Theorie abgeleiteten Kriterien: Die Planning School erfüllt am besten die aus der Theorie abgeleiteten Kriterien, danach folgen die Design und die Configuration School. Der formalisierte Prozess der Strategieformulierung der Planning School hat einen strategischen Plan als Ergebnis; dieser Plan trägt besonders gut zur Erfüllung der beiden Kriterien Gestaltung und Lenkung bei. Das gleiche Argument gilt auch für die Design School, auch wenn hier der Prozess nicht ganz so formal ist. Die Configuration School erreicht beim Kriterium der Entwicklung den höchsten Wert, dies liegt vor allem an ihrem Transformationsaspekt. Die anderen Schulen erreichen zwar in dieser Dimension nicht den Höchstwert, dennoch stellen der Prozessansatz und der strategische Plan sicher, dass die Unternehmung die notwendigen Schritte unternimmt, um sich neuen Gegebenheiten anzupassen.

Eignung für den ganzheitlichen Ansatz zur Strategischen Frühaufklärung: Das Gesamtbild der Evaluierung zeigt ebenfalls, dass die Planning School gefolgt von der Design und der Configuration School am geeignetsten für die weitere Verwendung im Rahmen dieser Arbeit ist. Aus diesem Grund erfolgt die Entwicklung des ganzheitlichen Ansatzes zur Strategischen Frühaufklärung innerhalb eines Rahmens, der durch die drei Schulen aufgespannt wird; dieser ergänzt die Anforderungen aus der Praxis[28] und der Managementtheorie[29] an den Ansatz. Als Ergebnis der Evaluierung sind im Folgenden die wichtigsten Anforderungen der drei Schulen an die Entwicklung des ganzheitlichen Ansatzes zusammengefasst:

- *Strategische Perspektive:* Insbesondere durch die Planning und die Design School werden Funktionen der strategischen Ebene und nicht der normativen oder operativen Ebene adressiert; aus diesem Grund soll auch der zu entwickelnde Ansatz die Perspektive des strategischen Managements einnehmen und unterstützen. Nichtsdestotrotz muss im Sinne eines integrierten Managements sowohl die Verzahnung und der Austausch in vertikaler Richtung (normative und operative Ebene) und in horizontaler Richtung (mit anderen funktionalen Strategien) sichergestellt sein.

- *Prozess:* Ein stark formalisierter Prozesscharakter, wie man ihn bei der Strategieformulierung in der Planning School und auch abgeschwächt in der Design und der Configuration School wiederfindet, stellt einen weiteren Eckpfeiler für die Ansatzentwicklung dar.

- *Unterstützende Tools und Methoden:* So wie die einzelnen Schritte der Planning School durch Checklisten, Methoden und Tools unterstützt werden, sollen auch die einzelnen Schritte des zukünftigen Ansatzes unterstützt werden.

- *Unterstützende organisatorische Strukturen:* Zudem gilt es organisatorische Strukturen zu definieren, die die Strategische Frühaufklärung in einem Unternehmen ermöglichen und insbesondere die Umsetzung der Ergebnisse sicherstellen; denn nur so kann, analog der Configuration School, die permanente Anpassung an neue Rahmenbedingungen und Umfelder sichergestellt werden.

---

28 Vergleiche hierzu auch Abschnitt 1.2.
29 Vergleiche hierzu auch Abschnitt 2.1.1.1.

2.1.2 Technologiemanagement

Technologie im Allgemeinen sowie deren neue Anwendungen werden zu einem immer wichtigeren Faktor für Unternehmen, zum einen durch den Einsatz in den eigenen, internen Prozessen und zum anderen als Differenzierungsfaktor von Produkten und Lösungen im Wettbewerb. Darüber hinaus betrifft der technologische Wandel Unternehmen im doppelten Sinne, einmal als Betroffene und einmal als Verursacher. Technologiethemen stellen somit neben ihrer funktionalen Bedeutung einen wichtigen Entscheidungsfaktor in der Unternehmenspolitik und -strategie dar. Daher ist eine aktive Verankerung und Verknüpfung des Technologiemanagements mit dem Unternehmensgeschehen äußerst wichtig und dementsprechend auch Gegenstand einer entsprechenden Betrachtung im Rahmen der vorliegenden Arbeit. Das Technologiemanagement kann als eine Ausdifferenzierung des strategischen Management für das Themenfeld Technologie betrachtet werden.

Im folgenden Abschnitt werden zuerst Definitionen und Ansätze im Allgemeinen erläutert, bevor im Anschluss ein Überblick über verschiedene Technologiemanagementkonzepte gegeben wird. Abschließend wird ein Konzept zum integrierten Technologiemanagement vorgestellt, das im Einklang mit dem in Abschnitt 2.1.1.1 vorgestellten St. Gallener Management-Modell des strategischen Managements steht. Der vorliegende Abschnitt liefert insgesamt weitere Erkenntnisse, die in den ganzheitlichen Ansatz zur Strategischen Frühaufklärung einfließen werden.

2.1.2.1 Definitionen und Grundlagen

Im Folgenden werden zuerst Begriffe definiert, Konzepte vorgestellt und Zusammenhänge aufgezeigt, bevor auf diesen Grundlagen aufbauend im Anschluss unterschiedliche Technologiemanagement Ansätze vorgestellt werden.[30]

Theorie, Technologie und Technik

Technologie bedeutet streng genommen „Wissenschaft von der Technik" (Ropohl 1979, S. 32). „In seiner heutigen Verwendung beinhaltet der Begriff gewöhnlich eine Umschreibung von natur-, sozial- und ingenieurwissenschaftlichem Wissen, welches zur Lösung von praktischen Problemen im Aufgabenbereich von F&E (Produkttechnologien) und Produktion (Prozesstechnologien) verwendet wird." (Tschirky 1998, S. 226) Theorien stellen Aussagesysteme dar, die „empirisch gehaltvoll, informativ, allgemein und erklärungskräftig" (Ropohl 1979, S. 87) sind und damit Unbekanntes auf Bekanntes zurückführen. Der Technikbegriff ist durch

---

[30] In den folgenden Abschnitten wird häufig u. a. auf Tschirky (1998, S. 226) zurückgegriffen, zum einen da er in diesem Bereich grundlegende Arbeit geleistet hat, und zum anderen, um eine gewisse Konsistenz zwischen den einzelnen Begriffen und Konzepten zu schaffen. Darüber hinaus erlaubt dies ein schnelleres Verständnis des später vorgestellten integrierten Technologiemanagementkonzepts. Gleichwohl werden auch andere Quellen oder Sichtweisen angeführt.

drei Elemente gekennzeichnet: „(a) die Artefakte[31] selbst, (b) deren Herstellung durch den Menschen und (c) deren Verwendung im Rahmen zweckorientierten Handelns." (Ropohl 1979, S. 163)

Tschirky (1998, S. 227) präzisiert nochmals den Zusammenhang zwischen Theorien, Wissen, Technologien und Technik in folgenden Definitionen, die für die anschließenden Überlegungen ebenfalls verwendet werden[32]:

- *Theorien* sind allgemein gültige Aussagensysteme, die unbekannte Phänomene auf bekannte zurückführen und damit Zusammenhänge zwischen Ursachen und Wirkungen aus retrospektiver und prospektiver Sicht erklärbar machen.
- *Technologien* umfassen spezifisches individuelles und kollektives Wissen[33] in expliziter und impliziter Form zur produkt- und prozessorientierten Nutzung von natur-, sozial- und ingenieurwissenschaftlichen Erkenntnissen.
- *Technik* schließlich bezeichnet den Prozess der Technologienutzung sowie dessen materielle und immaterielle Erzeugnisse.

Arten und Gliederungen von Technologien

Es gibt verschiedene Arten und Gliederungen, nach denen Technologien unterschieden werden können; im Folgenden werden einige vorgestellt.

Produkt- und Prozesstechnologie Produkt- und Prozesstechnologien stellen zwei prinzipiell verschiedene Formen von Technologien dar. „Von *Produkttechnologie* ist die Rede, wenn der Fokus auf das Zustandekommen einer Technologiewirkung gelegt wird. Demgegenüber steht bei einer *Prozesstechnologie* die Technologiewirkung als solche – ungeachtet ihrer Entstehung – im Vordergrund. Beiden Fällen ist gemeinsam, dass mithilfe einer oder mehrerer Technologien eine Funktion erfüllt wird. Im ersten Fall ist es die Erfüllung einer Produkt- und im zweiten die einer Prozessfunktion." (Tschirky 1998, S. 228)

Schrittmacher-, Schlüssel- und Basistechnologie Eine Klassifizierung in Schrittmacher-, Schlüssel- und Basistechnologien erlaubt eine Unterscheidung anhand ihres Wettbewerbspotenzials oder ihrer Lebenszyklusphase. Tschirky (1998, S. 232) definiert diese Technologiebegriffe wie folgt:

- *Zukunfts- bzw. Schrittmachertechnologien* sind Technologien in einem frühen Entwicklungsstadium. Sie realisieren neue und attraktive Lösungen, deren technische Leistungsfähigkeit noch mit Unsicherheiten behaftet ist und deren definitive Lösungsform noch nicht feststeht.

---

31 Artefakte bedeuten ‚das durch menschliches Können Geschaffene'
32 Für weitere Informationen und Detaillierungen siehe u. a. Tschirky und Koruna (1998) oder Ropohl (1979).
33 „Wissen bezeichnet die Gesamtheit der Kenntnisse und Fähigkeiten, die Individuen zur Lösung von Problemen einsetzen." (Tschirky 1998, S. 227) – vergleiche hierzu auch Abschnitt 2.1.3.1.

2.1 Grundlegende Definitionen und Konzepte

- *Schlüsseltechnologien* entwickeln sich aus Schrittmachertechnologien, wenn diese das Stadium von konkreten Produkt- und Prozessinnovationen erreicht haben. Ihre Beherrschung als Kerntechnologien ermöglicht es den Unternehmen, nicht unmittelbar imitierbare Wettbewerbsvorteile aufzubauen.

- *Basistechnologien* schließlich haben ihre Wachstumsphase überschritten und lassen keine strategisch relevante Differenzierung gegenüber Konkurrenten mehr zu. Ihre Weiterentwicklung wird aufgrund des abnehmenden Grenzertrags der eingesetzten F&E-Mittel mit nur noch geringem Aufwand vorangetrieben.

Darüber hinaus findet sich manchmal in der Literatur noch der Begriff der *bedrohten Technologie* wieder; hierunter versteht man meistens Basistechnologien, deren Substitution durch neue oder andere Technologien schon weit fortgeschritten ist oder aber deren Einsatzgebiet immer kleiner wird.

Weitere Unterscheidungen Des Weiteren existiert in der Literatur auch die Unterscheidung in Querschnittstechnologien und spezifische Technologien; das Unterscheidungsmerkmal liegt im Anwendungsspektrum der Technologie begründet. *Querschnittstechnologien* verfügen über ein breites Anwendungsspektrum und sind in vielen Anwendungsgebieten anzutreffen; zugleich bilden sie auch häufig die Grundlage für weitere Technologien. *Spezifische Technologien* hingegen sind im Gegensatz hierzu nur auf wenige Anwendungsgebiete beschränkt.

Die Gliederung in *Komponenten-*, *Modul-* und *Systemtechnologien* zielt eher darauf ab, komplexe technische Strukturen durch unterschiedliche Aggregationsebenen einfacher zu erklären.

Technologische Entwicklung

Zur Darstellung der technologischen Entwicklung stehen viele Modelle zur Verfügung;[34] im Folgenden werden drei wichtige Konzepte exemplarisch vorgestellt:

Innovationsprozess: Nach Tschirky (1998, S. 238) wird unter Innovationsprozess[35] die Abfolge der Phasen „*Kognition*, verstanden als ‚aus der naturwissenschaftlichen Forschung resultierenden Entdeckung eines naturalen Effekts oder Gesetzes'; *Invention* (Erfindung, z. B. dokumentiert durch Patentschrift); *Innovation* (in der Anwendung technologisch-wirtschaftlich erfolgreiche realisierte Invention) sowie Diffusion (breite Anwendung der Technologie, auch Phase der Imitation genannt)" verstanden. Abbildung 2.6 zeigt die technologische Entwicklung im Verlauf des Innovationsprozesses.

---

[34] Vergleiche hierzu auch Ropohl (1979), Foster (1986), Pfeiffer und Dögl (1992), Tschirky (1998) oder Wolfrum (1992).
[35] Vergleiche hierzu auch Abschnitt 2.1.3.

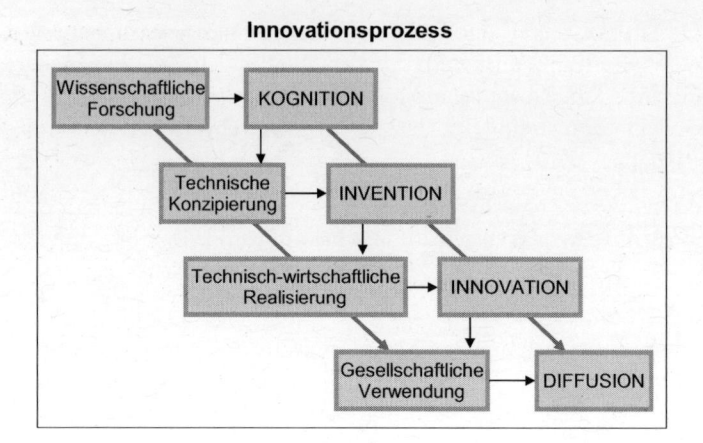

Abbildung 2.6: Konzepte der technischen Entwicklung: Innovationsprozess (nach Tschirky (1998, S. 238))

Technologielebenszyklus Technologielebenszyklen stellen die zeitliche Entwicklung der Verbreitung einer Technologie in idealisierter Form dar – die Verbreitung lässt sich z. B. anhand der verkauften Stückzahlen messen. Der Lebenszyklus lässt sich in verschiedene Phasen unterteilen: *Einführung* (Schrittmachertechnologie), *Penetration* (Schlüsseltechnologie), *Reife* (Basistechnologie) und *Degeneration* (bedrohte Technologie). Normalerweise dauert ein Technologielebenszyklus länger als der Lebenszyklus eines Produkts, in dem die Technologie verbaut wurde. Daher wurden in Abbildung 2.7 verschiedene Produktlebenszyklen[36] innerhalb des Technologielebenszyklus angedeutet.

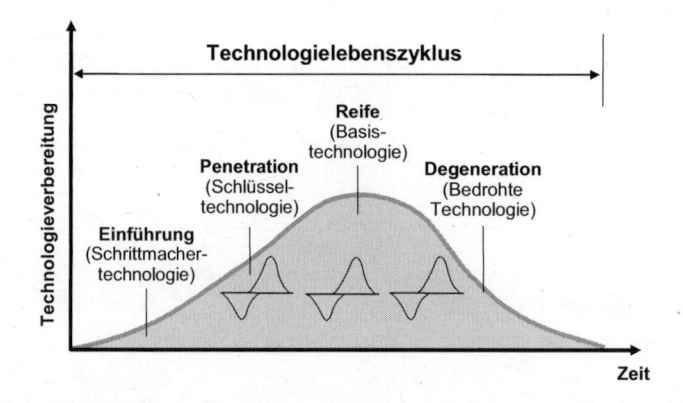

Abbildung 2.7: Konzepte der technischen Entwicklung: Technologielebenszyklus (nach Tschirky (1998, S. 238))

---

36 Der Produktlebenszyklus stellt analog zum Technologielebenszyklus den zeitlichen Verlauf der Entwicklungs- und Marktverweilzeit dar.

2.1 Grundlegende Definitionen und Konzepte

Technologieentwicklungsprozess Der Technologieentwicklungsprozess ist auch unter dem Begriff Technologie-S-Kurve bekannt[37]; hierbei handelt es sich um die Leistungsfähigkeit einer Technologie in Abhängigkeit vom kumulierten F&E Aufwand, wobei die Steigung der Kurve die F&E-Produktivität darstellt. Abbildung 2.8 zeigt, dass die Leistungssteigerung über die Zeit nicht linear zum Einsatz von F&E Ressourcen erfolgt und sich am Ende asymptotisch an eine Grenze der Technologieleistungsfähigkeit annähert.

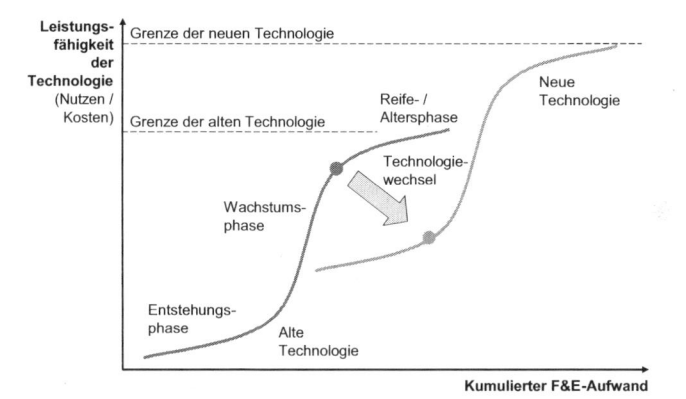

Abbildung 2.8: Technologieentwicklungsprozess und Technologiewechsel (Doppel-S-Kurve) (nach Spath und Renz (2005, S. 238) in Anlehnung an Benkenstein (1989, S. 502))

Anhand der S-Kurven-Darstellung von substituierbaren Technologien lässt sich das u. a. von Foster (1986) beschriebene Dilemma des ‚Strategic Management of Discontinuities' ableiten; hierbei gilt es den richtigen Zeitpunkt zur Umstellung von einer älteren auf eine neuere Technologie zu finden. Um ein marktseitiges Leistungsniveau zu erreichen, bedarf es anfangs bei der älteren Technologie eines kleineren F&E-Aufwands als bei der neuen Technologie, auch wenn diese in der Zukunft die ältere substituieren wird. Bei der Entscheidungsfindung muss somit das Leistungspotenzial mit den höheren Investitionskosten, die nicht nur höhere F&E Kosten, sondern auch eine Umstellung der Produktion, etc. umfassen können, verglichen werden (vergleiche hierzu ebenfalls Abbildung 2.8.).

2.1.2.2 Technologiemanagementkonzepte

Technologiemanagement ist ein Wissensgebiet, das Erkenntnisse der allgemeinen Managementlehre und der Ingenieurwissenschaften umfasst und als Brücke oder Bindeglied zwischen diesen fungiert[38]. Nach Bullinger (1994, S. 43) ist Technologiemanagement eine deutlich interdisziplinär ausgeprägte Aufgabe des Managements,

---
37 Vergleiche hierzu auch Foster (1986), Albers und Gassmann (2005), Spath und Renz (2005) oder Tschirky (1998).
38 Vergleiche Spath und Renz 2005, S. 233f.

die verschiedene Unternehmensfunktionen umfasst. Um die Aufgaben der Planung, Durchsetzung und Kontrolle in den unterschiedlichen betrieblichen Bereichen wie z. B. Marketing, Produktplanung, Patent- bzw. Lizenzwesen oder Service zu bewältigen, ist eine Kombination aus natur-, allgemein-, betriebs-, ingenieurs- und auch sozialwissenschaftlichen Fähigkeiten erforderlich. Aufgrund der Interdisziplinarität ergeben sich je nach Hintergrund und Forschungsgebiet unterschiedliche Definitionen und Abgrenzungen von ‚Technologiemanagement', ‚F&E-Management' und ‚Innovationsmanagement'[39]. Nach Brockhoff (1997, S. 50) umfasst Technologiemanagement die Beschaffung, Speicherung und Verwertung neuen technologischen Wissens; das F&E-Management[40] ist sowohl als Teil des Technologiemanagements als auch gleichzeitig als Phase des Innovationsmanagements im weiteren Sinne zu sehen (vergleiche hierzu auch Abbildung 2.9.). Im Folgenden werden weitere Technologiemanagementkonzepte vorgestellt.[41]

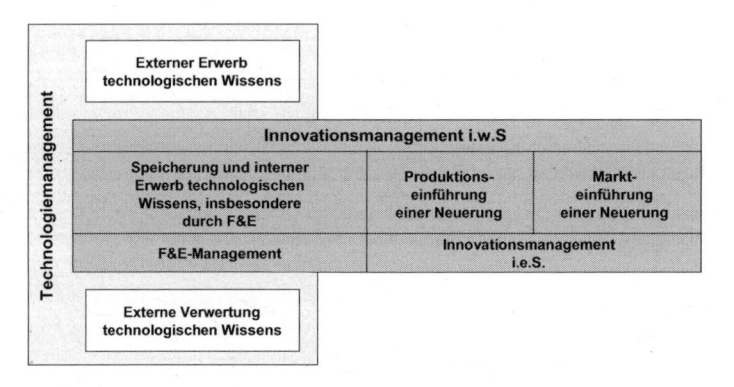

Abbildung 2.9: Abgrenzung Technologie-, F&E- und Innovationsmanagement (nach Brockhoff (1997, S. 51))

Technologiemanagementkonzepte – Servatius (1985) Das von Servatius (1985) entwickelte Technologiemanagementkonzept basiert auf einer potenzialbasierten Betrachtung von Unternehmen; hierzu unterscheidet Servatius zwischen Potenzialarten und -bereichen. Das technische Unternehmenspotenzial lässt sich als Teilmenge des Gesamtpotenzials darstellen; hierbei bildet es zum einen als Forschungs- und Entwicklungspotenzial die Grundlage innovativer technischer Produkte und Produktionsprozesse und zum anderen schafft es als Produktionspotenzial die Voraussetzung zur Herstellung dieser Produkte (Tschirky 1998, S. 195).

Basierend hierauf beschreibt Servatius (1985, S. 35) die Aufgaben des Technologiemanagements: Sie bestehen „in der Umwandlung von Informationsmitteln, z. B.

---

39 Vergleiche hierzu auch Abschnitt 2.1.3.
40 Vergleiche auch Gerybadze (1994), Reger (1997) oder Edler, Meyer-Krahmer und Reger (2002) für weitere Informationen bzgl. des F&E-Managements.
41 Für ausführlichere Erläuterungen sowie weitere Technologiemanagementkonzepte siehe auch Edler, Meyer-Krahmer und Reger (2002) oder Tschirky (1998).

2.1 Grundlegende Definitionen und Konzepte

Forschungsergebnissen, in ein wettbewerbsfähiges Leistungsprogramm und der zu seiner Erstellung benötigten Betriebsmittel unter Berücksichtigung der erforderlichen Finanzmittel und des benötigten Personals [...] Die zentrale Aufgabe eines Technologiemanagements besteht somit in der Koordination von Potenzialarten innerhalb der Potenzialbereiche und zwischen ihnen." Diese Aufgabe ist schematisch in Abbildung 2.10 dargestellt.

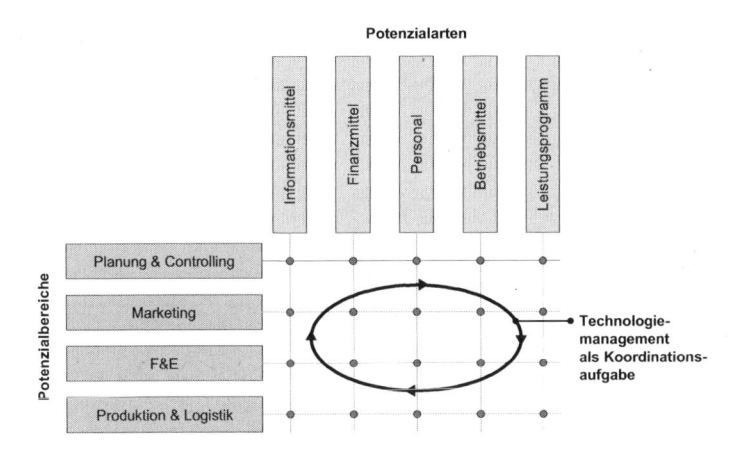

Abbildung 2.10: Technologiemanagement als Koordinierungsaufgabe (nach Servatius (1985, S. 36))

Technologiemanagementkonzepte – National Research Council (1987) Das National Research Council definiert das Technologiemanagement wie folgt: „Technologiemanagement verbindet Ingenieurs- / Naturwissenschaften und Management, um technologische Einsatzmöglichkeiten zu planen, zu entwickeln und zu implementieren und so die strategischen und operativen Ziele einer Organisation zu erreichen." (National Research Council 1987, S. 9)[42]

Als Kernaufgaben des Technologiemanagements werden vom National Research Council (1987, S. 9) folgende Punkte aufgelistet[43]:

1. Identifizierung und Evaluierung technologischer Optionen
2. Management der F&E, inklusive Überprüfung der Realisierbarkeit von Projekten

---

42 Übersetzt durch den Autor – vergleiche hierzu auch das Originalzitat: „Management of Technology links engineering, science, and management disciplines to plan, develop and implement technological capabilities to shape and accomplish the strategic and operational objectives of an organization." (National Research Council 1987, S. 9)
43 Übersetzt durch den Autor – vergleiche hierzu auch das Originalzitat: „(1) the identification and evaluation of technological options; (2) management of the R&D itself, including determining project feasibility; (3) integration of technology into the company's overall operations; (4)implementation of new technologies in a product and/or process; and (5) obsolscence and replacement." (National Research Council 1987, S. 9)

3. Integration von Technologien in die unternehmerischen Arbeitprozesse
4. Implementierung neuer Technologien in Produkte und / oder Prozesse
5. Überholung und Austausch [von Technologien]

Technologiemanagementkonzepte – Bullinger (1994) Nach Bullinger (1994) ist das Technologiemanagement dafür verantwortlich, die Managementkompetenz um die Kompetenz im Technologiebereich zu erweitern. „Vor diesem Hintergrund ist Technologiemanagement integrierte Planung, Gestaltung, Optimierung, Einsatz und Bewertung von technischen Produkten und Prozessen aus der Perspektive von Mensch, Organisation und Umwelt. [...] Ausrichtendes Ziel ist eine am Menschen orientierte Systemgestaltung, die dem Unternehmen wirtschaftlichen Erfolg und Überlebensfähigkeit ermöglicht. (Bullinger 1994, S. 39)

In der Ausgestaltung der Inhalte des Technologiemanagements greift Bullinger auf das Konzept ‚Integriertes Management' von Bleicher (1991) zurück[44]; hierdurch weist er u. a. auf die Interdisziplinarität zwischen Unternehmensführung und Technologiemanagement und die Notwendigkeit einer integrierten Betrachtung hin.

Technologiemanagementkonzepte – Tschirky (1998) Der Ansatz von Tschirky (1998) basiert auf dem Grundverständnis, dass das Technologiemanagement eine integrierte und integrierende Aufgabe auf allen Stufen der Unternehmensführung darstellt. Das Konzept wird eingehend im folgenden Abschnitt 2.1.2.3 vorgestellt und erläutert.

Diskussion der Technologiemanagementkonzepte und Erkenntnis

Bei der Betrachtung der vorgestellten Konzepte zeigen sich Gemeinsamkeiten, aber auch Unterschiede.[45] Sie weisen als *Gemeinsamkeit* u. a. das Bewusstsein auf, dass der Einsatz von Technologien eine frühzeitige Auseinandersetzung bzgl. den Voraussetzungen, Möglichkeiten und Grenzen unter Berücksichtigung der ökonomischen, ökologischen und sozialen Wechselwirkungen mit anderen Bereichen erfordert. Darüber hinaus ist den Konzepten die langfristige, strategische zeitliche Perspektive gemeinsam.

Im Wirkungsbereich des Technologiemanagements weisen die Ansätze jedoch *Unterschiede* auf. So beschränkt sich der Wirkungsbereich im Konzept des National Research Council (1987) auf die Verbindung von Ingenieurs- / Naturwissenschaften und Management, während das Konzept von Servatius (1985) auch die Koordinierung mit Finanzmitteln und Personal zu den Aufgaben des Technologiemanagements hinzuzählt. Auch mit Blick auf die Führungsverantwortung kann man Unterschiede feststellen. So geht z. B. Servatius (1985) von einer koordinierenden

---

44 Vergleiche hierzu auch Abschnitt 2.1.1.1.
45 Vergleiche hierzu auch Tschirky (1998) für eine ausführlichere Diskussion der Konzepte.

2.1 Grundlegende Definitionen und Konzepte

Rolle aus, während Bullinger (1994) einen direkten Bezug zu Managementaufgaben herstellt.

Als *Erkenntnis* lässt sich aber feststellen, dass die Mehrheit der Ansätze in konzeptioneller Hinsicht nicht den Bezug zu allgemeinen Managementkonzepten herstellt. „Die im Einzelnen durchaus plausiblen Aussagen der verschiedenen Ansätze lassen eine Einbettung in ein ganzheitliches Konzept der Unternehmensführung und damit auch eine allgemein verpflichtende Managementdenkweise vermissen." (Tschirky 1998, S. 211) Von daher wird im folgenden Abschnitt 2.1.2.3 ein integriertes Technologiemanagementkonzept vorgestellt und erläutert, das genau diese Lücken und konzeptionellen Schwächen adressiert und zeigt, dass analog zum strategischen Management auch für das Technologiemanagement eine Integration in die normative, strategische und operative Ebene sinnvoll ist.

2.1.2.3 Integriertes Technologiemanagement

„Unter der Bezeichnung ‚Integriertes Management' werden Ansätze der Gesamtführung verstanden, die durch eine ganzheitliche Sicht des Unternehmensgeschehens geprägt sind. Sie gründen in erster Linie auf dem Bewusstsein, dass die Bewältigung des Managements einen Bezugsrahmen erfordert, welcher der noch immer wachsenden Komplexität und Dynamik der Aufgabenteilung auf systemische Weise Rechnung trägt." (Tschirky 1998, S. 212)[46]

Die Grundlage des Konzepts des Integrierten Technologiemanagements von Tschirky (1998) bildet das, bereits in Abschnitt 2.1.1.1 vorgestellte, St. Gallener Management-Modell von Bleicher (1991) (vergleiche hierzu Abbildung 2.3). Die Entwicklung des Konzepts des Integrierten Technologiemanagements erfolgt in drei Schritten:[47] Im *ersten* Schritt geht es darum, die Führungsaktivitäten, die sich im St. Gallener Management-Modell noch allgemein auf die Unternehmensentwicklung beziehen, auf das zu führende Objekt, das Unternehmen, zu konkretisieren. Außerdem wird die Umweltentwicklung neben der Unternehmensentwicklung als weiteres konzeptionelles Element ergänzt. Die Verbindung von Unternehmen, Unternehmensentwicklung und Umwelt wird durch das Ergänzen der ‚lateralen Integration' als dritte Dimension, neben der horizontalen und vertikalen Integration, betont. Abschließend wird der Begriff ‚Vorgaben' durch ‚Ziele' der heutigen Führungsauffassung angepasst und durch die Verwendung der Managementaufgaben ‚Gestaltung', ‚Lenkung' und ‚Entwicklung' präzisiert.[48] Im *zweiten* Schritt wird das zu führende Objekt, die Unternehmen, durch eine Potential- und Prozessstruktur detailliert (vergleiche hierzu auch Abbildung 2.11).

Diesem Bild liegt das folgende Verständnis zugrunde: „Unternehmen sind soziotechnische, produktive Systeme, die im Prozessverbund über ein Human-, Management-,

---

[46] Vergleiche hierzu auch Ulrich und Krieg (1972), Ulrich, Dyllick und Probst (1984), Ulrich und Probst (1990) und Bleicher (1991).
[47] Vergleiche hierzu auch Tschirky (1998) für eine detailliertere Erläuterung der Herleitung.
[48] Vergleiche hierzu auch Abschnitt 2.1.1.1 und Abbildung 2.2.

Soziale Umwelt   **Ökologische Umwelt**

Prozesse

Kooperationspotenzial • Managementpotenzial • Beschaffungspotenzial
Technologiepotenzial • Humanpotenzial • Innovationspotenzial
Marketingpotenzial • Wissenspotenzial • Finanzpotenzial

Unternehmen

Technologische Umwelt   **Ökonomische Umwelt**

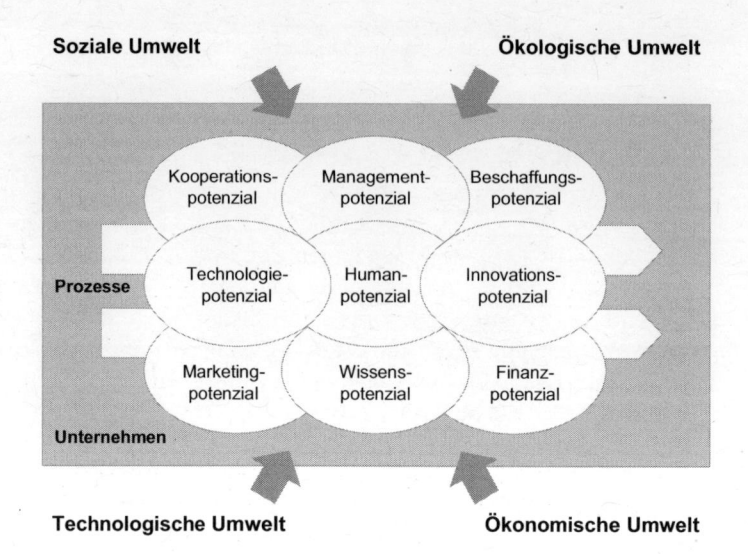

Abbildung 2.11: Potenzial- und prozessorientiertes Konzept des Unternehmens (nach Tschirky (1998, S. 216))

Wissens-, Technologie-, Innovations-, Beschaffungs-, Marketing-, Finanz- und Kooperationspotenzial verfügen und in eine soziale, ökologische, technologische und ökonomische Umwelt einbetten." (Tschirky 1998, S. 216) Der *dritte* Schritt passt abschließend das Konzept dem ‚Technologiemanagement' an; so werden die Ziele für das Technologiemanagement präzisiert und das Technologie- und Innovationspotenzial betont. Abbildung 2.12 zeigt die zentrale Darstellung des Integrierten Technologiemanagements als Teilaufgabe des allgemeinen strategischen Managements.

Zum Verbessern und Vertiefen des Verständnisses des Konzepts führt Tschirky (1998, S. 272) fünfzehn Aufgaben und Methoden des Technologiemanagements an, die im Folgenden geordnet nach den drei Ebenen des Integrierten Technologiemanagements aufgeführt sind:[49]

Normative Aufgaben des Technologiemanagements

1. Auseinandersetzung mit dem gesellschaftlichen und technologischen Wandel.
2. Visionen entwickeln und kommunizieren.
3. Technologiebedeutung im Unternehmensleitbild verankern.
4. Technologiekompetenz in die originär entscheidenden Gremien einbringen.

---

[49] Für Erläuterungen und eine Diskussion der Aufgaben und Methoden sei auf Tschirky (1998, S. 272 ff.) verwiesen.

2.1 Grundlegende Definitionen und Konzepte

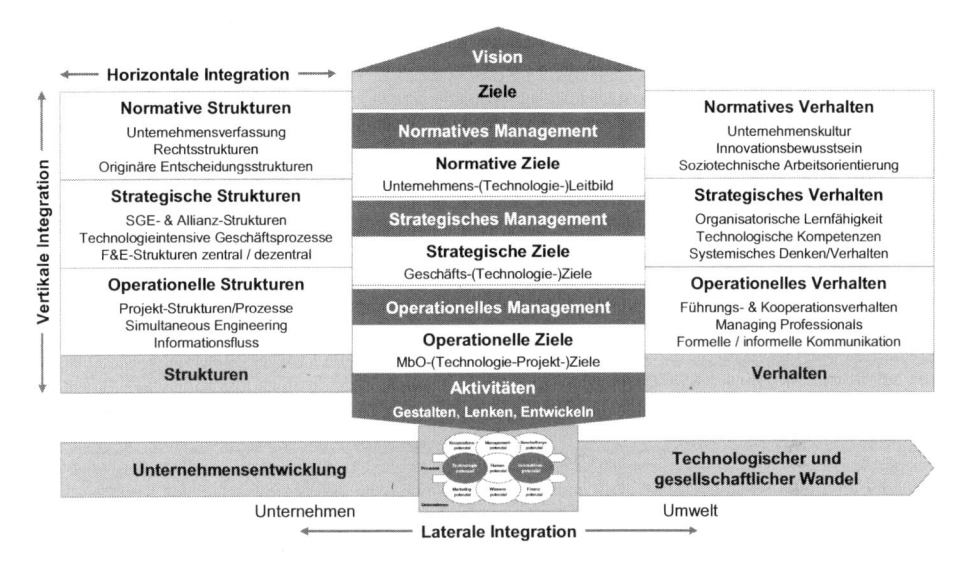

Abbildung 2.12: Integriertes Technologiemanagementkonzept (nach Tschirky 1998, S. 270)

5. Einfluss nehmen auf die Lern- und Innovationskultur sowie auf die Entsprechung von Unternehmenskultur und Technologiestrategie.

Strategische Aufgaben des Technologiemanagements

6. Technologiestrategien als integrierten Bestandteil von Geschäftsstrategien entwickeln.
7. Die Vielfalt von möglichen Technologiestrategien kennen und ausschöpfen.
8. Kompatibilität der Methoden des strategischen Technologiemanagements mit jenen der Unternehmensführung sicherstellen.
9. Vielfalt der verfügbaren strukturellen Varianten des Technologiemanagements nutzen.
10. Bedeutung der organisationellen Wissensbasis erkennen und auf aktive Weise gestalten, lenken und entwickeln.

Operative Aufgaben des Technologiemanagements

11. Umsetzung der Technologiestrategien durch operative Ziele und auf ausgerichtete Aktivitäten sicherstellen.
12. Berücksichtigung sowohl von Gruppenstrukturen als auch von informellen Strukturen bei der Gestaltung operativer Strukturen.

13. Verwendung allgemeiner und bewährter Führungsansätze bei operativen Führungsaktivitäten.

14. Evaluierung der möglichen Aufgaben und Methoden des Technologiemanagements und Auswahl der wichtigsten für das Unternehmen.

15. Periodische Überprüfung der gegenwärtigen Aufgaben und Methoden des Technologie-Managements und Neuausrichtung auf zukünftige Unternehmenskonzepte.

Abschließend lässt sich festhalten, dass analog zum strategischen Management auch für das Technologiemanagement eine Integration in die normative, strategische und operative Ebene sinnvoll ist.

2.1.3 Innovationsmanagement

Innovationen stellen ein wichtiges Thema in der Theorie und in der Praxis der Unternehmensführung dar, da die Erneuerung von Technologien / Produkten, der Organisation sowie des geschäftsbezogenen Verhaltens ein immer wichtiger werdendes Kriterium für die Wettbewerbsfähigkeit und den Erfolg eines Unternehmens darstellt. Innovationsmanagement stellt daher einen wichtigen Aspekt des strategischen Managements dar.[50]

In den folgenden Abschnitten werden daher zuerst Grundlagen und Definitionen in Bezug auf Innovationen erläutert, anschließend werden verschiedene Innovationskonzepte und Prozesse vorgestellt, bevor dann im letzten Teil dieses Abschnitts auf die Bedeutung und Relevanz der Unterscheidung zwischen inkrementeller und radikaler Innovation eingegangen wird. Die so gewonnenen Erkenntnisse liefern weitere Einzelanforderungen und Erkenntnisse, die in Kapitel 4 in den ganzheitlichen Ansatz zur Strategischen Frühaufklärung mit einfließen und diesen bestimmen.

2.1.3.1 Definitionen und Grundlagen

Die Notwendigkeit des unternehmerischen Innovationsbewusstseins wird u. a. häufig mit Schumpeter (1912) begründet. Schumpeter führt als eine Hauptaufgabe des ‚Unternehmers' im dynamischen Verhalten der Volkswirtschaft die *Durchsetzung neuer Kombinationen von Produktionsmitteln* an; hierunter versteht er insbesondere folgende fünf Fälle:

1. „Herstellung eines neuen, d. h. dem Konsumentenkreise noch nicht vertrauten Gutes oder einer neuen Qualität eines Gutes.
2. Einführung einer neuen, d. h. dem betreffenden Industriezweig noch nicht praktisch bekannten Produktionsmethode, die keineswegs auf einer wissenschaftlich neuen Entdeckung zu beruhen braucht und auch in einer neuartigen Weise bestehen kann, mit einer Ware kommerziell zu verfahren.
3. Erschließung eines neuen Absatzmarkts, d. h. eines Markts, auf dem der betreffende Industriezweig des betreffenden Landes bisher noch nicht eingeführt war, mag dieser Markt schon vorher existiert haben oder nicht.
4. Eroberung einer neuen Bezugsquelle von Rohstoffen oder Halbfabrikaten, wiederum: gleichgültig, ob diese Bezugsquelle schon vorher existierte – und bloß, sei es nicht beachtet wurde, sei es für unzugänglich galt – oder ob sie erst geschaffen werden muß.
5. Durchführung einer Neuorganisation, wie Schaffung einer Monopolstellung (z. B. durch Vertrustung) oder Durchbrechen eines Monopols." (Schumpeter 1912, S. 100)

---

50 Vergleiche hierzu auch Abschnitt 2.1.2.2 und Abbildung 2.9 bezüglich der Abgrenzung zum Technologiemanagment.

Die Fähigkeit zur Realisierung von neuen Kombinationen von Produktionsmitteln stellt nach Schumpeter eines der wesentlichen Merkmale eines Unternehmers dar: „Die Nationalökonomie versteht unter ‚Unternehmer' im großen und ganzen den Leiter einer Unternehmung zu eigenem Rechte, den nicht ‚angestellten' oder gegen festes Entgelt arbeitenden Produzenten. Damit ist sicherlich ein Moment richtig erfasst. Aber unsere Definition ist enger. Nicht jeder, dem eine Unternehmung gehört, und auch nicht jeder, der tatsächlich an der Spitze einer solchen steht, ist Unternehmer in unserem Sinne. Nur dann erfüllt er die wesentliche Funktion eines solchen, wenn er neue Kombinationen realisiert, also vor allem, wenn er die Unternehmung gründet, aber auch, wenn er ihren Produktionsprozess ändert, ihr neue Märkte erschließt, in einen direkten Kampf mit Konkurrenten eintritt usw." (Schumpeter 1912, S. 174) Neben der mehrheitlichen Fokussierung in der Vergangenheit auf die Innovationen von Technologien setzt sich zusehends eine ganzheitliche Betrachtung durch, die ebenfalls organisatorische und geschäftsbezogene Innovationen berücksichtigt.

Definition und begriffliche Abgrenzung

Bullinger (1994, S. 35) versteht unter Innovation eine Phase des Innovationsprozesses, der aus den Phasen *Invention* (technische Realisierung neuer wissenschaftlicher Erkenntnisse oder neue Kombinationen derselben), *Innovation* (erste wirtschaftliche Anwendung von Inventionen zur Erreichung von Unternehmszielen), *Diffusion* (Verbreitung einer Innovation durch weitere Produzenten) und *Adoption* (Übernahme, d. h. die Annahme – oder Ablehnung – einer Neuerung durch den Nutzer) besteht. Brockhoff (1997, S. 30) definiert zusätzlich noch die *Imitationsphase*, die parallel oder im Anschluss an die Diffusionsphase erfolgt (vergleiche hierzu Abbildung 2.13).[51]

Dimensionen des Neuen

Allen Definitionen ist auf jeden Fall der Aspekt gemeinsam, dass Innovation etwas Neuartiges darstellt, das sich zudem am Markt oder im innerbetrieblichen Einsatz bewährt hat. „Das reine Hervorbringen der Idee genügt nicht, Verkauf oder Nutzung unterscheidet Innovation von Invention – jedenfalls in der Rückschau." (Hauschildt 2005, S. 25) Zur Bestimmung der Neuartigkeit und des Innovationsbegriffs führt Hauschildt (2005, S. 26 ff.) fünf Dimensionen der Innovation an, die sich als Kriterien anwenden lassen:[52]

1. *Die inhaltliche Dimension der Innovation: Was ist neu?*
   Eine Möglichkeit, Innovationen entlang der inhaltlichen Dimension zu ord-

---

51 Diese Ansätze decken sich weitestgehend auch mit der Definition von Tschirky (1998) in Abschnitt 2.1.2.1. Die Unterschiede ergeben sich weitestgehend aus dem Detaillierungsgrad der einzelnen Phasen und des Umfangs der zum Innovationsprozess gehörenden Phasen. Vergleiche auch Bullinger (1994), Hauschildt (2005) oder Brem (2008) für weitere Definitionen, Informationen oder Erläuterungen.
52 Vergleiche hierzu auch den Originalbeitrag von Hauschildt (2005) bzw. Hauschildt und Salomo (2007) für eine ausführlichere Diskussion.

2.1 Grundlegende Definitionen und Konzepte

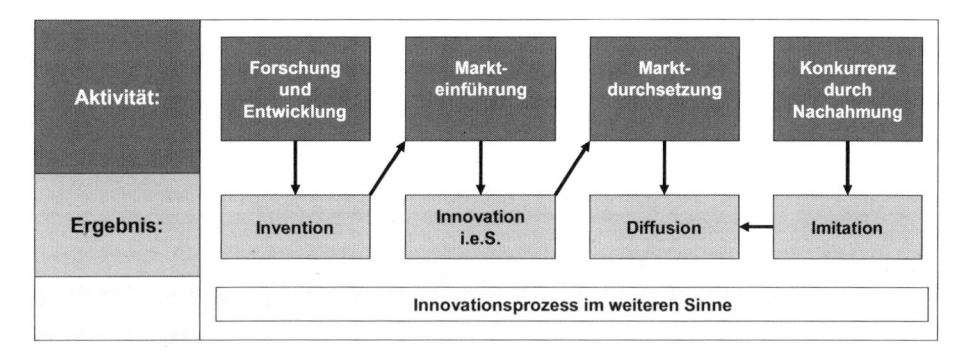

Aktivität:	Forschung und Entwicklung	Markt-einführung	Markt-durchsetzung	Konkurrenz durch Nachahmung
Ergebnis:	Invention	Innovation i.e.S.	Diffusion	Imitation
	Innovationsprozess im weiteren Sinne			

Abbildung 2.13: Innovationsprozess im weiteren Sinne (nach Brockhoff (1997, S. 30)

nen, stellt die Unterscheidung in ‚Produkt-' und ‚Prozessinnovationen' dar. Produktinnovationen haben meist eine Steigerung der Effizienz zum Ziel, während Prozessinnovationen vor allem die Effektivität steigern. Eine weitere Unterscheidung stellt die Sortierung nach den funktionalen Bereichen der Unternehmensführung dar, in die die Innovationen fallen.

2. *Die Intensitätsdimension der Innovation: Wie neu?*
   Die Intensitätsdimension adressiert zum einen die Frage, ‚ob' Neuartigkeit vorliegt, und zum anderen, ‚wie hoch' der Grad der Änderung ist. Die erste Frage kann hierbei sowohl bei einer zweckgetriebenen Innovation (für ein bestimmtes Ziel wird eine neuartige Handlungsmöglichkeit gesucht) als auch bei einer mittelgetriebenen Innovation (eine bekannte und etablierte Technologie wird für eine neuartige Anwendung verwendet) bejaht werden. Den Innovationsgrad kann man z. B. auf einer groben Ordinalskala zwischen ‚radikaler' und ‚inkrementeller' Innovation unterscheiden.

3. *Die subjektive Dimension der Innovation: Neu für wen?*
   Die subjektive Dimension berücksichtigt nicht die technische Basis der Änderung, sondern vor allem die Wahrnehmung der Veränderung. „Innovation ist danach das, was für innovativ gehalten wird." (Hauschildt 2005, S. 32)

4. *Die prozessuale Dimension der Innovation: Wo beginnt, wo endet die Neuerung?*
   Der Innovationsbegriff kann darüber differenziert werden, welche Stufen des Innovationsprozesses ein- oder ausgeschlossen sind (vergleiche hierzu Abbildung 2.13). Spätestens wenn der Innovationsprozess in den Verwertungsprozess übergegangen ist, sind ein Innovationsprojekt und die Verantwortung des Innovationsmanagements beendet.

5. *Die normative Dimension der Innovation: Neu = erfolgreich?*
   Die Ableitung eines Werturteils über die Verbesserung durch eine Innovation ist äußerst fragwürdig und schwierig. Zum einen setzt dies voraus, dass

man sich auf ein einheitliches Erfolgsmaß einigen kann, und zum anderen müssen alle Beurteiler zu einem gleichartigen Urteil kommen; dies ist jedoch vor dem Hintergrund verschiedener Weltanschauungen und Interessen fast unmöglich, wie z. B. die Kernkraft zeigt. Erzielte Gewinne, realisierte Umsätze oder erreichte Kostensenkungen können ein möglicher Maßstab bei einer betriebswirtschaftlichen Perspektive der normativen Dimension darstellen.

2.1.3.2 Innovationsprozesse und Konzepte

Technologie- und Innovationsmanagement sind eng miteinander verwoben; Technologiemanagement fokussiert eher auf den Umgang mit Technologien im Unternehmen, z. B. mit der Entwicklung von neuen Produkten, Prozessen oder Dienstleistungen. Innovationsmanagement hingegen umfasst sowohl technische als auch geschäftsbezogene und organisatorische Innovationen (vergleiche hierzu Abbildung 2.17.).

Anhand des Konzepts der Wertschöpfungskette nach Porter (1985) soll die enge Verknüpfung von Technologie- und Innovationsmanagement vertiefend dargestellt werden.[53] Das Modell der Wertschöpfungsketten gliedert alle Unternehmensaktivitäten in zwei Gruppen (vergleiche hierzu Abbildung 2.14.): Aktivitäten der *direkten Wertschöpfung*, wie z. B. in Produktion, Logistik, Vertrieb oder Service, sind unmittelbar an der Schaffung von Marktleistungen und somit direkt an der Wertschöpfung beteiligt. Die übrigen Aktivitäten, wie z. B. Unternehmensführung, Personalwesen oder Finanzmanagement, erhöhen nur *indirekt die Wertschöpfung*. Anhand des Konzepts der Wertschöpfungskette kann nun gut die enge Verflechtung von Technologie- und Innovationsmanagement gezeigt werden.

Stufen der indirekten Wertschöpfung
- Human Resources Management
- Technologiemanagement
- Innovationsmanagement
- Finanzen, Administration

Stufen der direkten Wertschöpfung
- Entwicklung
- Produktion
- Logistik
- Marketing

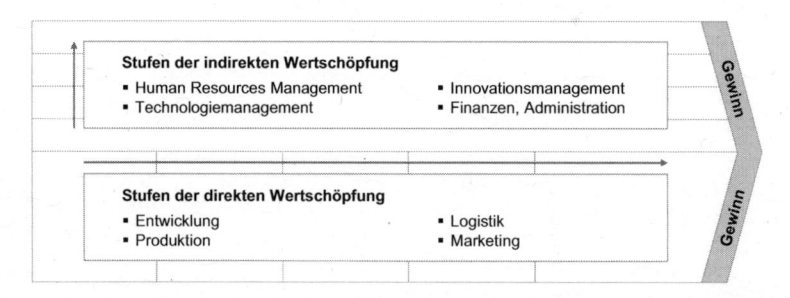

Abbildung 2.14: Wertschöpfungskette des Unternehmens (nach Tschirky (1998, S. 265) in Anlehnung an Porter (1985, S. 37))

„Das Technologiemanagement befasst sich zum einen mit der bestehenden Technologienutzung entlang der direkten Stufen der Wertschöpfung. Dies betrifft die

---

53 Vergleiche hierzu auch die ausführlichere Diskussion in Tschirky (1998).

2.1 Grundlegende Definitionen und Konzepte

Produkttechnologien der erzeugten Produkte und Dienstleistungen sowie die Prozesstechnologien in Produktion, Logistik und Service. Zum anderen ist Technologiemanagement durch den organisationalen und geschäftsbezogenen Technologieeinsatz, welcher auf strukturelle und prozessuale Anwendungen fokussiert ist, auf die indirekte Wertschöpfung ausgerichtet.

Demgegenüber befasst sich das Innovationsmanagement einerseits mit neuen Marktleistungen und damit mit neuen Wegen der direkten Wertschöpfung und andererseits mit neuen infrastrukturellen Lösungen." (Tschirky 1998, S. 266) In beiden Fällen werden normalerweise Technologien eingesetzt, entweder durch die Verwendung bekannter Technologien für neue Anwendungsbereiche oder aber durch die Entwicklung neuer Technologien für bekannte oder neue Probleme. Von daher können Technologie-Know-how und die Offenheit und Erneuerungsbereitschaft des Unternehmens als gemeinsamen Nenner aus Technologie- und Innovationsmanagement bezeichnet werden. In Abbildung 2.15 ist zum einen dieser gemeinsame Nenner als schematischer Kreis eingezeichnet und zum anderen die Verflechtung zu sehen.

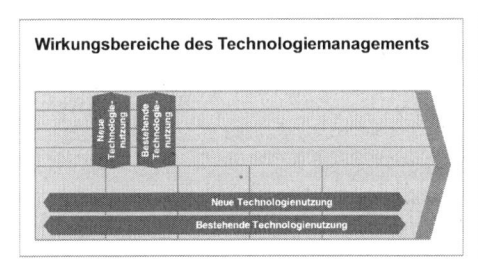

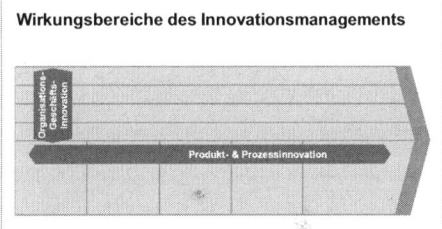

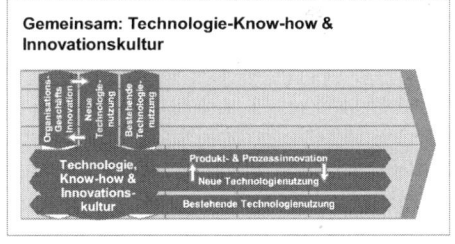

Abbildung 2.15: Technologie- und Innovationsmanagement als verbundene Bereiche der Wertschöpfungskette (nach Tschirky (1998, S. 266))

Produkt- und Technologieinnovationsprozesse (Market-Pull und Technology-Push)

Der Innnovationsprozess kann in einen Produkt- und in einen Technologieinnovationsprozess unterschieden werden.[54] „Bei einer *Produktinnovation* steht am

---

[54] Vergleiche hierzu auch die ausführlichere Diskussion in Tschirky (1998) oder aber auch Herstatt und Lüthje (2005), Herstatt und Lettl (2006) bzw. Brem (2008).

Anfang ein bestimmtes Marktbedürfnis. Dessen Analyse führt zu Produktanforderungen, welche als Gesamtheit auf die Befriedigung eines solchen Bedürfnisses und damit auf die Schaffung eines entsprechenden Kundennutzens ausgerichtet sind. Eine Produktidee liegt vor, wenn die einzelnen Anforderungen in unterscheidbare Produktfunktionen transformiert worden sind. Während der Phase der Produktentwicklung werden für die einzelnen Produktfunktionen bestimmte – vorhandene oder neu zu entwickelnde – Technologien eingesetzt, welche sowohl die Erfüllung der Produktfunktionen sicherstellen als auch deren Kostenziele einhalten. Nach der anschließenden Produktionsphase liegt das marktfähige Produkt vor. Es folgen die Phasen der Markteinführung, Produktpflege und schließlich der Entsorgung. Dieser vereinfacht dargestellte Produktlebenszyklus entspricht aus der Sicht der Technologieentstehung dem *Market-Pull-Muster*, nach welchem neue Technologien aufgrund eines gegebenen Marktbedürfnisses entstehen (können)." (Tschirky 1998, S. 250 f.)

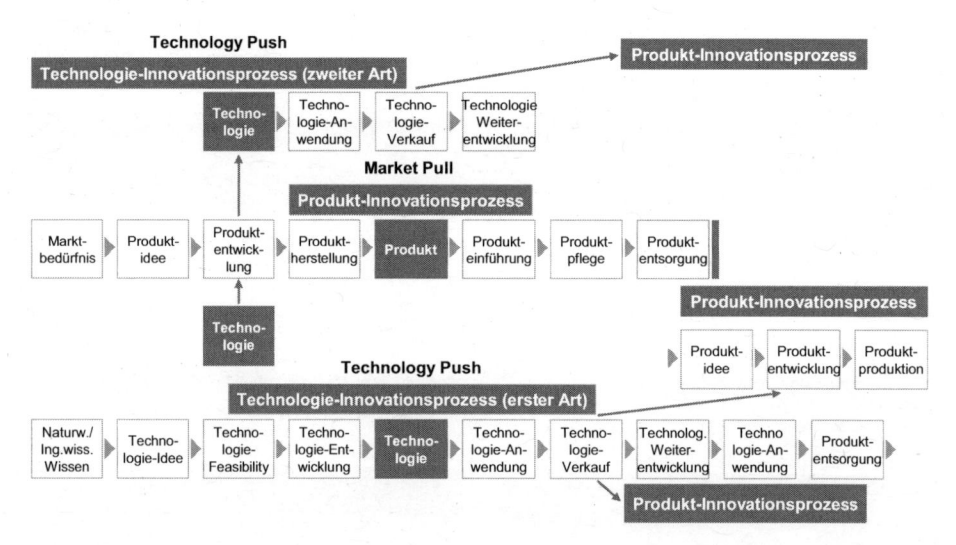

Abbildung 2.16: Zusammenspiel Produkt- und Technologieinnovationsprozesse (Market-Pull und Technology-Push) (nach Tschirky (1998, S. 251))

„Demgegenüber bestimmt ein natur- oder ingenieurwissenschaftliches Phänomen den Ausgangspunkt für eine *Technologieinnovation*. Aus dessen Beobachtung erwächst eine Technologieidee, deren Machbarkeit es als nächstes zu prüfen gilt. Bei positivem Ausgang erfolgt die eigentliche Technologieentwicklung. Nach erfolgreichen ersten Technologieanwendungen kann es – nach dem *Technology-Push-Muster* – zu ersten Verkäufen oder Lizenzierungen kommen. Anschließende Phasen im Technologieinnovationsprozess sind Weiterentwicklung, weitere Anwendungen und im günstigen Fall neue Verkäufe und Lizenzierungen." (Tschirky 1998, S. 251) Neben diesem Technologieinnovationsprozess (erster Art) gibt es noch einen weiteren zweiter Art. Dieser wird durch eine neue Technologie ausgelöst, die im Rahmen eines

2.1 Grundlegende Definitionen und Konzepte

Produktinnovationsprozesses schon zur Anwendung kam. Die Weiterentwicklung dieser Technologie muss nichts mehr mit dem ursprünglichen Produktinnovationsprozesses zu tun haben und kann nach dem Technology-Push-Muster zu weiteren Produktinnovationen führen. Abbildung 2.16 zweigt noch einmal das Zusammenspiel aus Produkt- und Technologieinnovationsprozessen bzw. aus Market-Pull und Technology-Push.

Integriertes Innovationsverständnis

Das Innovationsmanagement beschränkt sich nicht nur auf technische Innovationen, sondern umfasst nach Zahn und Weidler (1995) die wechselseitig verknüpften Innovationsbereiche: *technische Innovationen*, *organisatorische Innovationen* und *geschäftsbezogene Innovationen* (vergleiche hierzu Abbildung 2.17).

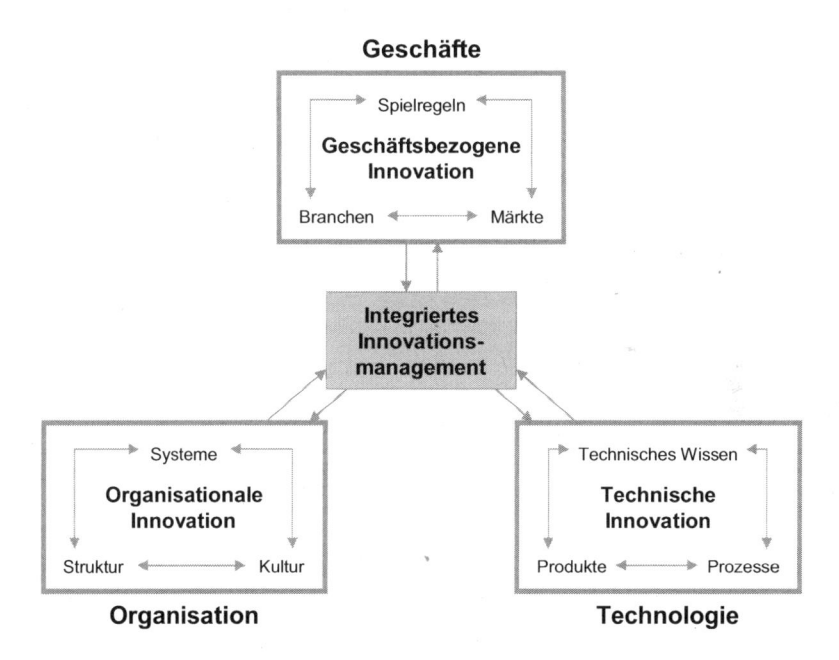

Abbildung 2.17: Integriertes Innovationsverständnis (nach Zahn und Weidler (1995, S. 359))

Der Bereich *technische Innovationen* umfasst neben den Produkt- und Prozessinnovationen auch die Erweiterung und Vertiefung des technischen Wissen, das notwendig für zukünftige Innovationen ist. Hinter *organisatorischen Innovationen* verbirgt sich der Punkt, dass die Organisation selber Erneuerungsanstrengungen unternehmen muss, um weiter ein innovatives Umfeld zu bieten; hierzu gehören die Punkte Struktur, Kultur und Systeme. Geschäftsbezogene Innovationen beziehen sich nicht mehr auf die Erneuerung von Technik und Organisation, sondern auf die für das Unternehmen relevanten Märkte, Strukturen und geltenden Spielregeln (Zahn und Weidler 1995).

2.1.3.3 Disruptive Technologien und radikale Innovationen

Sowohl in der Praxis als auch im Forschungsumfeld finden sich eine Vielzahl von Begriffen, die das Phänomen *diskontinuierliche Technologien ('discontinuous technologies'), radikale Innovationen ('radical innovations')* oder *disruptive Technologien ('disruptive technologies')* beschreiben.[55] Meistens werden diese und auch noch weitere Begriffe synonym und ohne Unterscheidung verwendet. Im Folgenden werden diese Begriffe erläutert und voneinander abgegrenzt:[56]

Diskontinuierliche Technologien ('discontinuous technologies') Eine diskontinuierliche Technologie ('discontinuous technologies') ist meistens das Ergebnis eines wissenschaftlichen Durchbruchs, der auf neuen Forschungsergebnissen aufbaut, die aber nicht der gewöhnlichen, evolutionären Weiterentwicklung bestehender Technologien entsprechen (Trauffler 2005, S. 57 f.). Die Abweichung von der erwarteten technologischen Entwicklung kennzeichnet die Technologie als diskontinuierlich; diese stellt somit einen Wendepunkt innerhalb eines technologischen Paradigmas dar,[57] der einen Wechsel zu einer neuen Technologiekurve initiiert (Dosi 1982, S. 152). Nach Tushman, Anderson und O'Reilly (2004, S. 5) können diskontinuierliche Technologien kompetenzsteigernd oder -zerstörend wirken; von daher sind Unternehmen von einer Diskontinuität unterschiedlich stark betroffen.

Von einer Marktperspektive aus gesehen bilden diskontinuierliche Technologien oft die Basis für neue Produkte oder Dienstleistungen mit signifikanten Verbesserungen. Als Beispiel für eine solche diskontinuierliche Technologie kann die Entwicklung des *mp3*-Verfahrens[58] zur verlustbehafteten Kompression digitaler Audiodaten angesehen werden. Zwar existierten zuvor bereits andere Kompressionsverfahren, aber erst das *mp3*-Verfahren erlaubte eine starke Reduktion der Datenmenge ohne (wahrgenommene) Verluste der Audioqualität. Durch die Nutzung von Erkenntnisse der Psychoakustik konnte ein Wechsel zu einer neuen Technologiekurve initiiert werden.

Radikale Innovationen ('radical innovations') Die erfolgreiche Kommerzialisierung einer diskontinuierlichen Technologie kann entweder zu einer radikalen oder einer inkrementellen Innovation führen (Birkenmeier 1998). Radikale Innovationen zeichnen sich u. a. durch ihren Grad an Neuartigkeit aus[59] und ergeben sich entweder aus der Anwendung signifikant neuer Technologien, die oft aus Diskontinuitäten

---

[55] Vergleiche hierzu auch Nord und Tucker (1987) Garcia und Calantone (2002), Brodbeck u. a. (2003), Leifer u. a. (2006) oder Christensen (2008).
[56] Vergleiche hierzu auch Garcia und Calantone (2002) oder Trauffler (2005) für eine ausführlichere Diskussion.
[57] Ein technologisches Paradigma ist ein Modell oder ein Lösungsansatz eines spezifischen technologischen Problems, das auf definierten wissenschaftlichen oder technologischen Prinzipien basiert (Dosi 1982, S. 152).
[58] Vergleiche hierzu auch Musmann (2006) für ausführliche Informationen zum *mp3*-Verfahren und seiner Historie.
[59] Vergleiche hierzu auch Abschnitt 2.1.3.1.

hervorgehen, oder aus der Kombination bestehender Technologien in einem neuen Geschäftszusammenhang (Tushman und Nadler 1986, S. 75). Radikale Innovationen bringen ganz neue Produktlinien hervor, die nicht nur für die Unternehmen, die sie hervorbringen, neu sind, sondern auch für die ganze Industrie (Trauffler 2005, S. 59). Oft wird hierüber ein Kundenbedarf adressiert, der bisher noch nicht artikuliert wurde, oder aber das Preis-Leistungs-Verhältnis bestehender Produkte wird verbessert (O'Connor 1998).

Aufbauend auf dem *mp3*-Verfahren zur Kompression von Audiodaten kann der Vertrieb oder Tausch von Musikdateien über das Internet als eine radikale Innovation bezeichnet werden, die zum einen der klassischen Musikindustrie stark zusetzte und zum anderen ganz neue Geschäftsmodelle und Industrien hervorbrachte.

Disruptive Technologien (‚disruptive technologies') Vergleichbar zu radikalen Innovationen adressieren disruptive Technologien die Kommerzialisierung von technologischen Diskontinuitäten. Diskontinuierliche Technologien können als Untergruppe von disruptiven Technologien angesehen werden (Ehrnberg und Jacobsson 1993, S. 44). Eine Diskontinuität wird als disruptiv angesehen, wenn sie einen restrukturierenden Effekt auf eine etablierte Industrie hat (Bower und Christensen (1995), Christensen (2008)).[60] Ehrnberg und Jacobsson (1993, S. 44) nennen drei mögliche Gründe, die eine Rolle spielen können, wenn Diskontinuitäten zu Disruptionen werden: (1) Destruktiver Charakter der Technologie – je stärker die Diskontinuität das bestehende Technologiewissen obsolet macht, desto stärker kann der disruptive Effekt auf die Industrie sein. (2) Neuartigkeit der Technologie – je mehr neue Technologien zu der bestehenden Technologiebasis ergänzt werden, desto höher ist die Wahrscheinlichkeit einer Disruption. (3) Diffusion der Technologie – je schneller die Diskontinuität diffundiert, desto größer ist der disruptive Effekt.

Obwohl disruptive Technologien als Bedrohung für etablierte Industrien angesehen werden, schaffen sie gewöhnlich Wachstum in den Industrien, die sie penetrieren; manchmal schaffen sie sogar gänzlich neue Industrien (Kostoff, Boylan und Simons 2004). In ihren ursprünglichen Märkten beginnen sie meistens in Nischen, bevor sie dann wachsen und neue Industrien mit attraktiveren Märkten in Bezug auf Marge und Volumen penetrieren (Christensen 2008).

Die effiziente Kompression von Sprache und deren digitale Übertragung machen die digitale Kommunikation zu einer disruptiven Technologie. Zum einen führte sie zum Verschwinden der analogen Telefonie und zur Wandlung einer ganzen Industrie, zum anderen legte sie den Grundstein für neue, attraktive Märkte wie mobile Kommunikation.

---

60 Vergleiche hierzu auch Christensen, Johnson und Rigby (2002), Gilbert und Bower (2002) oder Gilbert (2003).

Kritische Diskussion und Implikationen für den ganzheitlichen Ansatz zur Strategischen Frühaufklärung

Nachdem im vorherigen Abschnitt diskontinuierliche Technologien, radikale Innovationen und disruptive Technologien abgegrenzt und definiert wurden, sollen im Folgenden Einschränkungen und Auswirkungen auf die Praxis sowie Implikationen für den ganzheitlichen Ansatz diskutiert werden.[61]

In der Literatur herrscht weitestgehend Übereinstimmung darin, dass das Management in Unternehmen dem Auftreten von diskontinuierlichen Technologien und radikalen Innovationen nicht die notwendige Aufmerksamkeit schenkt (Rafii und Kampas 2002). Ein Grund hierfür stellt die Langfristigkeit der Entwicklung dieser Themen dar. Nach Rice u. a. (1998) dauern solche Projekte bis zu zehn Jahre oder länger, sodass es schwierig für Manager ist, bereits frühzeitig die spätere Anwendung oder Bedeutung zu erkennen. Von daher erfahren diese Projekte nur geringe Priorität und Aufmerksamkeit, wohingegen sie eigentlich erhebliche Personal- und Managementressourcen benötigen, um in marktfähige Produkte umgewandelt werden zu können (McDermott und O'Connor 2002). Aus diesem Widerspruch zwischen geringer Priorität und Dringlichkeit auf der einen Seite und notwendiger Ressourcenausstattung und Managementaufmerksamkeit auf der anderen Seite ergeben sich vielfältige Konflikte.

Darüber hinaus ist die Entwicklung solcher Innovationen mit vielen Unsicherheiten verbunden. So können z. B. Technik- oder Marktverständnis im Unternehmen fehlen (Christensen 2008), Marktdaten nicht vorhanden oder Kundenanforderungen nur unzureichend sein (Veryzer 1998). Dieser Informationsmangel führt zu Unsicherheiten und macht die strategische Planung von radikalen Innovationen schwierig. Diese grundsätzlichen Unsicherheiten, die mit diskontinuierlichen Technologien oder radikalen Innovationen verbunden sind, führen dazu, dass Manager oft Schwierigkeiten haben, die damit verbundenen Geschäftsmöglichkeiten zu erkennen. Viele Unternehmen betrachten Geschäftsmöglichkeiten aus der zu engen Perspektive ihrer gegenwärtigen Geschäftsaktivitäten (Kim und Mauborgne 1997). Eine Haltung aus Voreingenommenheit, fehlenden Informationen und falschen Vermutungen hindert Unternehmen daran, die Möglichkeiten und Chancen von komplett neuen Technologien zu erkennen.

Implikationen für den ganzheitlichen Ansatz zur Strategischen Frühaufklärung:
Wie vorab beschrieben, unterscheiden sich ‚diskontinuierliche Technologien' und ‚radikale Innovationen' wesentlich von ‚kontinuierlich entstehenden Technologien' und ‚inkrementellen Innovationen' (Tushman und O'Reilly (1996), O'Connor (1998), Rice u. a. (1998)). Diese Unterschiede erfordern von daher auch unterschiedliche Managementmethoden und Organisationsstrukturen (Tushman und O'Reilly (1996), Veryzer (1998)). Um den langfristigen Unternehmenserfolg zu sichern, bedarf es somit Strukturen und Fähigkeiten, die gleichzeitig inkrementellen

---

[61] Vergleiche hierzu auch Trauffler (2005) für eine ausführlichere Diskussion.

2.1 Grundlegende Definitionen und Konzepte

und radikalen Technologien und Innovationen genügen und somit das Dilemma zwischen ‚Evolution' und ‚Revolution' überwinden (Tushman und O'Reilly 1996). Dieses Verständnis führt dazu, dass die in Abschnitt 2.1.1.3 aus Theorie und Praxis des strategischen Managements abgeleiteten Eckpunkte für die Entwicklung des ganzheitlichen Ansatzes zur Strategischen Frühaufklärung um einen weiteren Punkt ergänzt werden können:

- *Umfassende Innovationsperspektive:* Der Ansatz muss über die Fähigkeit verfügen, gleichzeitig kurzfristige und langfristige Themen mit unterschiedlichen Risiken und Unsicherheiten in differenzierter Art und Weise zu managen und miteinander abzustimmen, um somit inkrementelle und radikale Technologien und Innovationen erfolgreich voranzubringen.

2.2 Strategische Frühaufklärung

Viele Industrien und Unternehmen sind aufgrund neuer Technologien, alternativer Geschäftsmodelle oder veränderter politischer, sozialer oder kultureller Rahmenbedingungen mit disruptiven Veränderungen konfrontiert. Vor diesem Hintergrund ist das gestiegene Interesse an der Auseinandersetzung mit der Zukunft, der frühzeitigen Identifizierung von Veränderungen und der Vorbereitung notwendiger Reaktionen hierauf zu verstehen.

Das vorliegende Unterkapitel gibt zuerst einen Überblick über die generelle Zukunftsforschung, bevor anschließend das Managementkonzept der Strategischen Frühaufklärung im unternehmerischen Umfeld vorgestellt und diskutiert wird. Abschließend wird kurz auf die Technologische Frühaufklärung sowie auf die Business- und Competitive-Intelligence eingegangen. Die im Rahmen dieses Unterkapitels gewonnenen Erkenntnisse stellen einen wichtigen Input seitens der Theorie für den in Kapitel 4 vorgestellten ganzheitlichen Ansatz zur Strategischen Frühaufklärung dar.

2.2.1 Überblick zur Zukunftsforschung

Der folgende Abschnitt geht zuerst auf die Motivation und die historische Entwicklung der generellen Zukunftsforschung ein, bevor in diesem Zusammenhang die Konzepte ‚Weak Signals' und ‚Strategic Issue Management' sowie ‚Environmental Scanning' und ‚Peripherial Vision' vorgestellt werden. Zum Schluss werden ‚Forecasting', ‚Forsight' und ‚Planning' thematisiert und voneinander abgegrenzt.

2.2.1.1 Motivation und historische Entwicklung

Motivation

Das allgemeine Interesse an der Auseinandersetzung mit der Zukunft, sowie im Speziellen mit der Strategischen Frühaufklärung, basiert auf der Idee, mithilfe eines Systems aufkommende Bedrohungen und Möglichkeiten frühzeitig zu identifizieren, um so hierauf reagieren zu können.
Studien haben jedoch mehrfach gezeigt, dass Unternehmen es als schwierig empfinden, sich rechtzeitig auf disruptive Veränderungen einzustellen.[62] So kommt z. B. Geus (2002) in einer Studie zu dem Ergebnis, dass sich die durchschnittliche Lebenserwartung von Großunternehmen auf 40 bis 50 Jahre beläuft. Über ein Drittel der im Jahr 1973 zu den Fortune 500 zählenden Unternehmen war bis zum Jahr 1983 entweder übernommen, aufgeteilt oder mit anderen Unternehmen

---

[62] Vergleiche hierzu auch Day und Schoemaker (2004b), Christensen (2008) und Stubbart und Knight (2006).

2.2 Strategische Frühaufklärung

fusioniert (Geus 2002, S. 1). Die Studie kommt zu dem Ergebnis, dass Unternehmen mit einer überdurchschnittlichen Lebensdauer sich durch eine Offenheit für Innovationen und eine starke Toleranz gegenüber neuen Ideen auszeichnen. Lang lebende Unternehmen sind besonders sensitiv gegenüber ihrem Umfeld und besitzen die Fähigkeit, schnell zu lernen und sich sowohl an inkrementelle als auch disruptive Veränderungen anzupassen (Geus 2002, S. 6 ff.). Auf diese Weise können sie neue Wettbewerber, technologische Neuerungen sowie politische und demografische Veränderungen frühzeitig erkennen (Rohrbeck und Mahdjour 2010).

Die Auseinandersetzung mit der Zukunft sowie die Nutzung mithilfe der Frühaufklärung gewonnener Informationen befähigt Unternehmen, frühzeitiger auf Veränderungen zu reagieren und dadurch Wettbewerbsvorteile zu erwerben.

Gründe für die Schwierigkeiten von Unternehmen, auf Veränderungen rechtzeitig zu reagieren

Wie zuvor geschildert, haben viele Unternehmen Schwierigkeiten damit, rechtzeitig und effektiv auf externe Veränderungen zu reagieren. Die Forschung zum strategischen Management, zum Innovationsmanagement und zur Strategischen Frühaufklärung hat hierfür eine Vielzahl an Gründen identifiziert, die Rohrbeck und Gemuenden (2010) in drei Themenfeldern gruppieren; die Felder sowie deren Begründung werden im Folgenden kurz zusammengefasst:[63]

Veränderungsgeschwindigkeit Empirische Studien konnten nachweisen, dass die Veränderungsgeschwindigkeit in einzelnen Bereichen in den vergangenen drei Jahrzehnten zugenommen hat:

- *Verkürzung des Produktlebenszyklus* (Qualls, Olshavsky und Michaels (1981), Kessler und Chakrabarti (1996)).
- *Zunahme des Technologiewandels* (Sood und Tellis (2005)).
- *Zunahme der Innovationsgeschwindigkeit* (Kessler und Bierly (2002), Langerak und Hultink (2005), Parry u. a. (2009)).
- *Zunahme der Diffusionsgeschwindigkeit von Innovationen* (Lee, Smith und Grimm (2003)).

Ignoranz Die Ignoranz von Unternehmen, diskontinuitive Veränderungen wahrzunehmen, kann auf vier Ursachen zurückgeführt werden:

- *Kurzfristigkeit der Veränderung:* Aufgrund der Kurzfristigkeit möglicher Veränderungen kann es sein, dass diese in der regulären Unternehmensplanung, die meistens mit dem Geschäftsjahr verbunden ist, zu spät erkannt werden (Ansoff 1980).

---

[63] Vergleiche hierzu auch Rohrbeck und Gemuenden (2010) und Reger (2001) für eine ausführlichere Diskussion.

- *Beschränkter Beobachtungsraum:* Indizien oder schwache Signale, die auf Veränderungen hindeuten, können außerhalb des Beobachtungsraums von Unternehmen liegen und somit nicht erkannt werden (Day und Schoemaker (2004b), Day und Schoemaker (2004a), Winter (2004), Pina e Cunha und Chia (2007)).

- *Information Overflow und fehlende Fähigkeit zur richtigen Beurteilung:* Das Top-Management ist mit zwei Problemen konfrontiert. Zum einen bekommt es zu viele Informationen präsentiert und zum anderen fehlt ihm, je nach Thema, die Fähigkeit die Bedeutung eines Sachverhalts abzuschätzen; deshalb nimmt die Informationsübermittlung eine entscheidende Rolle ein (Eppler und Platts (2009)).

- *Informationen erreichen nicht die richtige Managementebene*: Aufgrund der fehlenden Fähigkeit die Bedeutung eines Themas abzuschätzen oder dem fehlenden Überblick leiten Personen wichtige Informationen nicht zur richtigen Managementebene weiter, so dass das Thema entsprechend beurteilt und die notwendigen Entscheidungen getroffen werden können (Krystek 2007).

- *Filterung des Mittelmanagements:* Das Mittelmanagement kann aufgrund einer eigenen Agenda die Weitergabe von Informationen behindern, verzögern oder anderweitig beeinflussen, um so z. B. das eigene Geschäft und die eigenen Zielvorgaben zu schützen (Lucas und Goh (2009)).

Trägheit Nachdem ein Unternehmen eine Veränderung wahrgenommen hat, muss es zum einen Reaktionen hierauf definieren und zum anderen diese umsetzen. Die Forschung hat vier Gründe ausgemacht, auf die sich die Trägheit in der Reaktion, insbesondere großer Unternehmen, zurückführen lässt:

- *Komplexität interner Strukturen:* Große Unternehmen müssen hierbei insbesondere zwei Themenkomplexe anpassen: ihre internationalen Unternehmensstrukturen (z. B. komplexe Vertriebsstrukturen) und ihre Produktpalette, die sich regional unterscheiden kann.

- *Komplexität externer Strukturen:* Im Rahmen von Outsourcing- und Globalisierungsaktivitäten haben sich zum Teil komplexe Supply-Chain-Netzwerke oder Forschungs- und Entwicklungskooperationen mit anderen Unternehmen ergeben, die nur schwierig kurzfristig geändert werden können (Perona und Miragliotta (2004), Zedtwitz und Gassmann (2002)).

- *Fehlende Bereitschaft, eigene Geschäfte zu kannibalisieren:* Unternehmen schaffen Strukturen, die ihre erfolgreichen Geschäftszweige schützen; der Nachteil dieser Strukturen ist aber, dass sie auch Aktivitäten zum Start neuer Geschäftsfelder behindern, wenn diese möglicherweise bestehende Geschäfte kannibalisieren (Chandy und Tellis (1998), Tellis (2006), Nijssen, Hillebrand und Vermeulen (2005)).

- *Kognitive Trägheit:* Die technologischen Fähigkeiten einer Firma führen zu einer kognitiven Trägheit in der Wahrnehmung externer technologischer Ansätze und Durchbrüche (Vanhaverbeke und Peeters (2005)).

Historische Entwicklung

Die Auseinandersetzung mit der Zukunft hat eine lange Historie. Menschen wollten schon immer wissen, welche Zukunft für sie vorherbestimmt ist; so existierten bereits im antiken Griechenland und im Alten Rom das Orakel von Delphi und die Auguren.

Der militärische Bereich wird häufig in der Literatur als Ursprung der unternehmerischen Frühaufklärung bezeichnet (Krampe und Müller-Stewens 1981).[64] Insbesondere nach dem Zweiten Weltkrieg wurden einzelne Methoden – keine abgestimmten Prozesse mit einer methodologischen Basis – entwickelt, um herauszufinden, wie 'die' Zukunft aussieht. Auch die ersten Ansätze der von Kahn (1967) am RAND Institute entwickelten Szenariotechnik folgten der Auffassung, dass es nur eine Zukunft geben kann. Weiterentwicklungen vom Ende der 1960er-Jahre gingen zwar bereits von mehreren Zukunftsoptionen aus, glaubten aber weiterhin, dass man die 'eine' Option, die eintreten wird, herausfiltern kann. Andere Methoden, wie z. B. die Delphi-Methode, griffen diese Auffassung auf und entwickelten ebenfalls 'Eine-Zukunft-Ansätze' (Cuhls 2003). Von daher kann die Ölkrise 1973, die als nicht vorhersagbar angesehen wurde, als Wendepunkt angesehen werden; danach setzte sich langsam die Überzeugung durch, dass es verschiedene Zukünfte gibt, die unterschiedlich wahrscheinlich sind und deren Eintreten man durch aktives Agieren teilweise beeinflussen kann. Dies wurde zusätzlich dadurch unterstützt, dass das Unternehmen Royal Dutch Shell die Ölkrise bereits zuvor in einer Szenarioanalyse als mögliche Option erkannt hatte, somit frühzeitig Vorkehrungen treffen und sich erfolgreich schützen konnte (Schwartz (2005), Heijden (2007)).

Als erste umfassende betriebswirtschaftliche Auseinandersetzung mit der Vorhersage von zukünftigen Ereignissen können die Arbeiten von Aguilar (1967) – *Scanning the Business Environment* – und von Ansoff (1975) – *Managing Strategic Surprise by Response to Weak Signals* – bezeichnet werden. Die drei folgenden Abschnitte umfassen u. a. auch die beiden zuvor erwähnten Arbeiten und stellen die Grundgedanken und Unterscheidungsmerkmale der Frühaufklärung während der vergangenen Jahrzehnte dar.

2.2.1.2 Environmental Scanning und Peripherial Vision

Das Konzept des *Environmental Scanning* von Aguilar (1967) stellt die erste umfassende betriebswirtschaftliche Auseinandersetzung mit der Frühaufklärung dar.[65] Aguilar versteht unter Environmental Scanning das systematische Sammeln von

---

64 Vergleiche auch Linstone (2010) oder Martin (2010) für weitere Informationen.
65 Vergleiche hierzu auch Abschnitt 2.2.1.1.

Umfeldinformationen zur frühzeitigen Information des Managements über wichtige Veränderungsprozesse im Unternehmensumfeld. Brown und Weiner definieren es wie folgt: „... eine Art Radar, um die Welt systematisch zu scannen und das Neue, das Unerwartete, das Große und das Kleine zu melden". (Brown und Weiner 1984, S. IX)[66][67]

Coates (1985) beschreibt die Hauptaufgaben eines Environmental-Scanning-Systems[68] wie folgt:

- „das Identifizieren wichtiger wissenschaftlicher, technischer, wirtschaftlicher, sozialer und politischer Entwicklungen,

- das Analysieren möglicher Risiken, Chancen und Wandelbedarfe des Unternehmens, welche sich aus diesen Entwicklungen ergeben,

- das Fördern einer stärkeren Zukunftsorientierung im Management sowie

- die Frühwarnung des Managements über wesentliche Veränderungen der identifizierten Entwicklungen".

Krystek und Müller-Stewens (1993, S. 175 ff.) unterscheiden in diesem Zusammenhang zwei Basisaktivitäten: ‚Scanning' und ‚Monitoring'. Die thematisch ungerichtete Analyse des gesamten sozi-ökonomischen Umfelds eines Unternehmens bezeichnen sie als ‚Scanning', während ‚Monitoring' das vertiefte und dauerhafte Beobachten eines bereits bekannten Phänomens beschreibt.

Ein dem Environmental Scanning ähnliches Konzept stellt *Peripherial Vision* dar. Peripheral Vision beschreibt die Fähigkeit von Unternehmen, das Umfeld nicht nur durch fokussiertes und durch Gewohnheit eingeengtes Sehen zu beobachten, sondern verstärkt auch durch peripheres Wahrnehmen (Day und Schoemaker 2004a)[69]. „Peripheral Vision beschreibt [somit] das Vermögen, branchenübliche Denkmuster und eigene Geschäftslogiken zu überwinden und damit auch sogenannte ‚Blind-Spots' im eigenen Sichtfeld zu vermeiden." (Müller 2008, S. 27). Day und Schoemaker (2004a, S. 117) formulieren es wie folgt: „In einer Welt, in der Veränderungen aus unterschiedlichen Richtungen kommen, ist die Fähigkeit, organisatorischen Fokus und einen breiten Überblick zu balancieren, die wichtigste Fähigkeit für ein langes Überleben und für Erfolg."[70]

---

66 Übersetzt durch den Autor – vergleiche hierzu auch das Originalzitat: „... a kind of radar to scan the world systematically and signal the new, the unexpected, the major and the minor". (Brown und Weiner 1984, S. IX)
67 Vergleiche auch Müller (2008) und Fahey und King (1977) für weitere Informationen.
68 Zitiert nach Müller (2008, S. 26).
69 Vergleiche auch Prahalad (2004), Day und Schoemaker (2004b), Haeckel (2004), Winter (2004) und Day und Schoemaker (2005) für weitere Informationen.
70 Übersetzt durch den Autor – vergleiche hierzu auch das Originalzitat: „In a world in which changes come from many different directions, the ability to balance organisational focus with the wide-angle view may be the most important ability for long-term survival and success." (Day und Schoemaker 2004a, S. 117)

2.2.1.3 Weak Signals und Strategic Issue Management

Das von Ansoff (1975) veröffentlichte Konzept der *Weak Signals*[71] wird häufig in der Literatur als Ausgangspunkt des Trends zur Frühaufklärung bezeichnet (Liebl 1996); die meisten der im Anschluss entwickelten Konzepte basieren hierauf (Krampe und Müller-Stewens 1981). Die zentrale These Ansoffs lautet, dass sich strategische Diskontinuitäten in vielen Fällen durch Vorläuferereignisse und -meldungen ankündigen. Unter Diskontinuitäten versteht Ansoff strategische Überraschungen, die er wie folgt beschreibt: „plötzliche, dringende und unbekannte Veränderungen in der Perspektive der Firma, die entweder einen großen Gewinn bedrohen oder zum Verlust einer Chance führen können." (Ansoff 1975, S. 22)[72] Die in den 1970er-Jahren existierenden Methoden der strategischen Planung setzten gut strukturierte Informationen voraus, um Veränderungen zu erkennen. Die verfügbaren Informationen zu Vorläuferereignissen besitzen aber meistens nur einen qualitativen oder intuitiv fassbaren Charakter und liegen zudem nur fragmentarisch oder in schlecht strukturierter Form vor (Ansoff (1975), Liebl (1996)). Aufbauend hierauf ergab sich der häufig verwendete Begriff der *Weak Signals*. Ansoff versprach den Unternehmen einen Zeitvorsprung, wenn sie sich mit den schlecht strukturierten Informationen auseinandersetzen: „das Unternehmen kann eine längere zeitliche Vorausschau erhalten, wenn es bereit ist, sich mit Informationen zunehmender Unsicherheit auseinanderzusetzen [...]." (Ansoff 1976, S. 133)[73]. Hierzu schlägt er, abhängig vom Konkretisierungsgrad der vorliegenden Informationen, graduell abgestufte Antwortstrategien vor: „dies bedeutet, dass in einer frühen Phase der Bedrohung, wenn die Informationen noch unsicher und die zukünftigen Auswirkungen unklar sind, die Antworten ebenfalls entsprechend vage sein müssen, mit dem Ziel die Flexibilität zu erhöhen. So wie die Informationen klarer werden, so werden es auch die Antworten des Unternehmens; dies kann ggf. zu einem direkten Angriff auf die Bedrohung oder zu einer Chance führen." (Ansoff 1976, S. 133)[74]. Abbildung 2.18 zeigt das mögliche Spektrum von Antwortstrategien in Abhängigkeit vom Konkretisierungsgrads der Informationen.

Die Hauptkritik am Konzept der *Weak Signals* bezieht sich auf die mangelnde Operationalisierbarkeit. „Liebl (1996, S. 22) kritisiert die zwar griffigen, aber dennoch vagen Metaphern der genutzten Kernbegriffe ‚Diskontinuität' und ‚Weak Signals'." (Nick 2008, S. 44) Als einen weiteren Kritikpunkt führt Göbel (1995)

---

71 Vergleiche hierzu auch Liebl (1996) oder Nick (2008) für ausführlichere Informationen.
72 Übersetzt durch den Autor – vergleiche hierzu auch das Originalzitat: „sudden, urgent, unfamiliar changes in the firm's perspective which threaten either a major profit reversal or loss of a major opportunity". (Ansoff 1975, S. 22).
73 Übersetzt durch den Autor – vergleiche hierzu auch das Originalzitat: „the firm can have a longer time perspective, if it is willing to put up with increasing vagueness of content [...]." (Ansoff 1976, S. 133)
74 Übersetzt durch den Autor – vergleiche hierzu auch das Originalzitat: „this implies that, early in the life of a threat, when the information is vague and its future course is unclear, the responses will be correspondingly unfocussed, aimed at increasing flexibility. As the information becomes more precise, so will the firm's response, terminating eventually in a direct attack on the threat or an opportunity" (Ansoff 1976, S. 133)

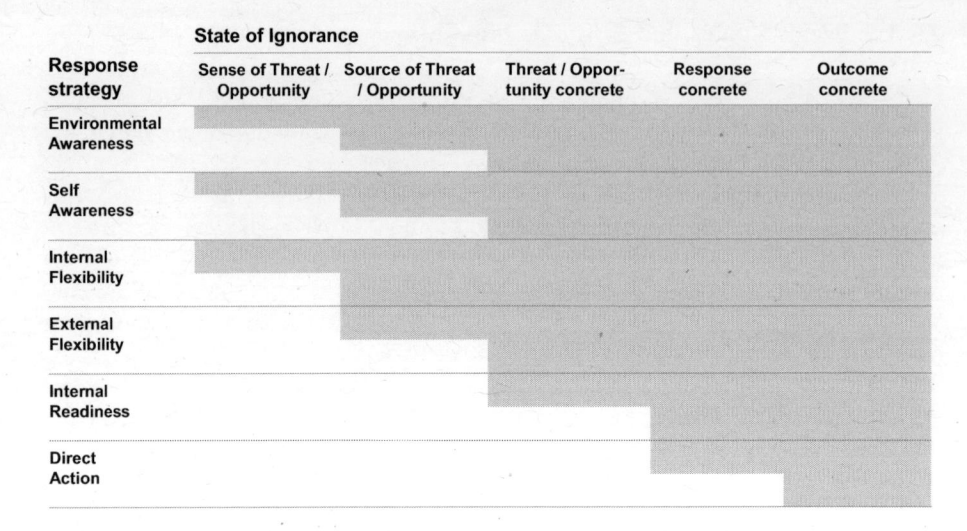

Response strategy	State of Ignorance				
	Sense of Threat / Opportunity	Source of Threat / Opportunity	Threat / Opportunity concrete	Response concrete	Outcome concrete
Environmental Awareness					
Self Awareness					
Internal Flexibility					
External Flexibility					
Internal Readiness					
Direct Action					

Abbildung 2.18: Spektrum von Antwortstrategien in Abhängigkeit vom Konkretisierungsgrad der vorliegenden Informationen (nach Ansoff (1975, S. 27))

die geringe Informationseffektivität an, die sich aufgrund der zweckfreien und ungerichteten Suche nach Weak Signals ergibt.

Die Kritik der fehlenden Operationalisierbarkeit des Weak-Signals-Konzepts wird teilweise durch das *Strategic-Issue-Management* Konzept von Ansoff (1980) behoben. Ansoff detailliert hier zum einen die Idee der Weak Signals, und zum anderen bettet er diese in ein Managementsystem ein. Ziel des Strategic-Issue-Managements ist es, den Schaden durch strategische Diskontinuitäten zu minimieren; hierzu definiert er notwendige Prozesse und Personen inklusive ihrer Aufgaben und Verantwortlichkeiten.

2.2.1.4 Forecasting, Foresight und Planning

Neben den zuvor erläuterten ersten Konzepten der betriebswirtschaftlichen Auseinandersetzung mit der Zukunft gibt es drei Grundkonzepte, die sich mit der Zukunft auseinandersetzen: *Forecasting*, *Foresight* und *Planning*.[75] Diese Grundkonzepte spiegeln unterschiedliche Herangehensweisen wider und nutzen ein breites Portfolio an Methoden und Prozessen.[76]

---

[75] Der deutschsprachige Begriff Strategische Frühaufklärung findet vor allem sein englischsprachiges Äquivalent in Strategic Foresight, dessen Wurzeln sich in der Anwendung von Foresight im unternehmerischen Umfeld finden. Vergleiche hierzu Abschnitt 2.2.2 für die genaue Abgrenzung der Begriffe und Unterschiede.
[76] Vergleiche Cuhls (2003) für eine ausführliche Diskussion von Forecasting, Foresight und Planning.

Forecasting

Forecasting stellte die grundlegende Herangehensweise nach 1945 zur Auseinandersetzung mit der Zukunft dar. Martino (1983, S. 2) definiert technologisches Forecasting wie folgt: „Vorhersage der zukünftigen Charakteristika nützlicher Maschinen, Verfahren oder Techniken."[77] Hierbei referiert er auch die Webster Enzyklopädie, die Forecasting als „Berechnung oder Vorhersage [von zukünftigen Ereignissen oder Gegebenheiten] meistens als Ergebnis einer rationalen Studie oder Analyse verfügbarer, sachbezogener Daten." (Martino 1983, S. 1)[78] beschreibt.

„Forecasting ist das Schätzen der kurz-, mittel- und langfristigen Zukunft in einem spezifischen Forschungsgebiet oder zu einer Frage mithilfe einer wissenschaftlichen Methodologie." (Cuhls 2003, S. 95)[79] Beim Forecasting muss der Beobachtungsbereich oder die Forschungsfrage bereits vorab bekannt sein; Martino (1983, S. 2) beschreibt in diesem Zusammenhang vier Kernelemente von Forecasting: „der Zeitpunkt des Forecasts, die Technologie, die vorhergesagt wird, eine Beschreibung der Charakteristika der Technologie und die mit dem Forecast verbundene Wahrscheinlichkeit"[80].

Die Forecasting-Aktivitäten enden normalerweise mit der Identifikation möglicher Zukunftsszenarien (Cuhls (2003), Martino (1983), Armstrong (1985)); die Ergebnisse können von normativen Darstellungen über Szenarios zu linearen Trendextrapolationen reichen, abhängig von der genutzten Methodologie.

Foresight

Foresight geht weiter als Forecasting, es umfasst zusätzlich Aspekte des Networkings und der Vorbereitung von Entscheidung in Bezug auf die Zukunft. Eine der bekanntesten Definitionen von Foresight[81] geht auf Martin (1995, S. 140) zurück: „[Foresight] ist der zugrunde liegende Prozess in dem systematischen Versuch, in die langfristige Zukunft von Forschung, Technologie, Wirtschaft und Gesellschaft zu schauen, und hat das Ziel, Bereiche strategischer Forschung oder aufkommender Technologien zu identifizieren, die den größten wirtschaftlichen und sozialen Nutzen aufweisen."[82]. Es geht somit nicht nur um die systematische Auseinandersetzung

---

[77] Übersetzt durch den Autor – vergleiche hierzu auch das Originalzitat: „a prediction of the future characteristics of useful machines, procedures, or techniques". (Martino 1983, S. 2)
[78] Übersetzt durch den Autor – vergleiche hierzu auch das Originalzitat: „to calculate or predict [some future event or condition] usually as a result of rational study and analysis of available pertinent data". (Martino 1983, S. 1)
[79] Übersetzt durch den Autor – vergleiche hierzu auch das Originalzitat: „Forecasting is the estimation of the short-, medium- or long-term future in a specific research area or according to the questions posed by means of scientific methodology." (Cuhls 2003, S. 95)
[80] Übersetzt durch den Autor – vergleiche hierzu auch das Originalzitat: „the time of the forecast, the technology being forecast, a statement of the characteristics of the technology, and a statement of the probability associated with the forecast." (Martino 1983, S. 2)
[81] Vergleiche auch Cuhls (2003), Martin (2010) oder Miles (2010) für weitere Informationen.
[82] Übersetzt durch den Autor – vergleiche hierzu auch das Originalzitat: „[Foresight is] the process involved in systematically attempting to look into the longer-term future of science, technology, the economy and society with the aim of identifying the areas of strategic

mit der Zukunft, sondern auch um die Vorbereitung von Entscheidungen bezüglich der Zukunft. Foresight zieht Schlussfolgerungen für die Gegenwart und ist daher ein vielseitiges Instrument, das in den unterschiedlichsten Zusammenhängen genutzt werden kann (Cuhls 2003). Der Kommunikationseffekt, der mit der Diskussion von möglichen Zukunftsoptionen oder Entscheidungen verbunden ist, sowie das Mobilisieren und Zusammenbringen der verschiedensten Stakeholder ist mindestens genauso wichtig wie die empirischen Ergebnisse (Miles (2010) und Cuhls (2003), Martin und Johnston (1999)).

Foresight ist mehr als Prognose oder Vorhersage, es umfasst auch das Zurechtkommen mit Unsicherheiten. Fink und Schlake (2000) gehen noch einen Schritt weiter und empfehlen den Einsatz von Szenario-Management[83] für Strategic-Foresight-Aktivitäten und weisen so darauf hin, dass durch eine aktive Rolle die Zukunft zu einem bestimmten Grad beeinflusst werden kann.

Die wichtigsten Unterschiede zwischen Foresight und Forecasting nach Cuhls (2003) sind in Tabelle 2.2 zusammengefasst.

Planning

Zwischen Forecasting und Foresight besteht zwar eine Verbindung zu Planning, aber die Grundkonzepte dürfen nicht verwechselt werden. Coates (1985)[84] beschreibt den Zusammenhang wie folgt: „Foresight ist nicht Planning. Es ist eher ein Schritt im Rahmen von Planning."[85].

Planning wurde bereits ausführlich im Zusammenhang mit Strategie diskutiert[86] und lässt sich sehr als ‚Definition und Beschreibung der notwendigen Schritte, um ein bestimmtes Ziel zu erreichen' zusammenfassen.

Der Hauptfokus des Plannings ist das Ergebnis: der Plan. Forecasting und Foresight führen nicht zwangsläufig zu einem formalen Plan, sondern sie helfen den Entscheidungsträgern, Wissen zu erwerben, das sie zur Entwicklung eines Planes nutzen können (Cuhls 2003). Deshalb stellt Foresight ein wichtiges Instrument in der Vorbereitung eines Plans dar, und Planning ist wiederum die konkrete Vorbereitung für die vorhergesehenen Dinge. Des Weiteren unterscheiden sich die Konzepte auch in ihrem Zeithorizont: Planning fokussiert auf die kommenden ein bis fünf Jahre, während Forecasting und Foresight viel langfristigere Horizonte haben. Forecasting betrachtet Zeiträume bis zehn Jahre, und Foresight schaut zehn oder mehr Jahre in die Zukunft.

---

research and the emerging generic technologies likely to yield the greatest economic and social benefits." (Martin 1995, S. 140)
83 Vergleiche hierzu auch Abschnitt 2.3.3
84 Zitiert nach Cuhls (2003, S. 99).
85 Übersetzt durch den Autor – vergleiche hierzu auch das Originalzitat: „Foresight is not planning. It is merely a step in planning." (Coates (1985), zitiert nach Cuhls (2003, S. 99)).
86 Vergleiche hierzu auch die Abschnitte 2.1.1.2 und 2.1.1.3.

Tabelle 2.2: Hauptunterschiede zwischen Foresight und Forecasting (nach Cuhls (2003, S. 100))

Foresight	*Forecasting*
• Grundlagen, Bedarf und Forschungsfragen sind noch offen und Bestandteil des Foresight-Prozesses	• Grundlagen, Themen und Forschungsfragen müssen vor Beginn geklärt sein
• Eher qualitativ als quantitativ	• Eher quantitativ als qualitativ
• Sucht Informationen über die Zukunft zur Priorisierung	• Fragt, wie die Zukunft im Forschungsbereich aussehen könnte
• Bringt Personen zusammen für Diskussionen über die Zukunft und zum Networking	• Ist eher ergebnisorientiert; kann auch von einzelnen Personen oder in einzelnen Studien durchgeführt werden (abhängig von der Methodologie)
• Die Kommunikation über die Zukunft ist Bestandteil der Tätigkeit	• Beschreibt Zukunftsoptionen; die Ergebnisse sind wichtiger als der Kommuniktionsaspekt
• Langfristiger, mittelfristiger und kurzfristiger Zeithorizont inklusive Berücksichtigung der Auswirkungen auf die Gegenwart	• Langfristiger, mittelfristiger und kurzfristiger Zeithorizont sowie Berücksichtigung der Pfade dorthin
• Liefert Information, ob ein Konsensus bezüglich der Themen besteht	• Liefert nicht notwendigerweise Informationen zum Konsensus
• Experten und andere Teilnehmer; abhängig von deren Meinungen	• Hauptsächlich Experten und / oder Methodologien; weniger abhängig von deren Meinungen

Abschließendes Definitionen-Set

Nach der ausführlichen Diskussion der drei Grundkonzepte Planning, Forecasting und Foresight sollen diese abschließend in einem einheitlichen Definitionen-Set nebeneinandergestellt werden. Hierzu wird auf die Definitionen von Keenan (2008, S. 11) zurückgegriffen:[87]

---

[87] Das Definitionen-Set von Keenan (2008, S. 11) ist im Gegensatz zu den zuvor angeführten Erklärungen weitestgehend trennscharf und fasst die wichtigsten Aspekte / Unterschiede der Konzepte gut zusammen. Der größte Kritikpunkt an den Definitionen stellt sicherlich die Festlegung des Zeithorizonts des Forcastings auf kleiner als zehn Jahre dar; andere Autoren sehen den Zeithorizont längerfristiger.

- *„Planning* basiert auf Theorien und Doktrinen bezüglich der zukünftigen Entwicklung; bindet politische Entscheider und Experten ein und nutzt kürzere Zeithorizonte – normalerweise nicht länger als ein bis fünf Jahre.

- *Forecasting* tendiert zu der Annahme, dass es eine wahrscheinliche Zukunft gibt, basierend auf der Extrapolation oder Projektion vergangener und gegenwärtiger Trends; involviert nur Experten und hat einen Zeithorizont kleiner als zehn Jahre.

- *Foresight* nimmt an, dass viele mögliche Zukünfte bestehen und dass die Zukunft erfolgreich gestaltet werden kann durch die Aktionen, die interessierte Stakeholder heute ausführen; nutzt Zeithorizonte von zehn bis zwanzig Jahre."[88]

---

88 Übersetzt durch den Autor – vergleiche hierzu auch das Originalzitat: „*Planning* is based on theories or doctrines on future developments; involves policy makers and experts; uses shorter time horizons – usually not over 1-5 years; *Forecasting* tends to assume that there is one probable future, based on extrapolation or projections of past and present trends; it involves only experts; time horizons are less then 10 years; *Foresight* assumes that there are numerous possible futures, and that the future is in fact there to be created through the actions the interested stakeholders choose to take today; it uses horizons of 10-20 years." (Keenan 2008, S. 11)

2.2.2 Strategische Frühaufklärung

Nachdem im vorherigen Abschnitt ein Überblick über die generelle Zukunftsforschung gegeben wurde, geht dieser Abschnitt speziell auf die Anwendung auf Unternehmensebene ein. Die Strategische Frühaufklärung ist ein Managementkonzept zur frühzeitigen Identifikation von Veränderungen im unternehmerischen Umfeld und zur Initiierung von entsprechenden Reaktionen. Der deutschsprachige Begriff Strategische Frühaufklärung findet vor allem sein englischsprachiges Äquivalent in *Strategic Foresight*, dessen Wurzeln sich in der Anwendung von *Foresight* im unternehmerischen Umfeld finden.

Der folgende Abschnitt geht daher zuerst auf die unterschiedlichen terminologischen Ausprägungen in der Literatur zu Strategischer Frühaufklärung ein und definiert deren Verwendung im Sinne dieser Arbeit. Danach detailliert er das Konzept weiter, bevor Ergebnisse zum konkreten Einsatz in Unternehmen vorgestellt werden. Abschließend geht er auf Probleme und Schwierigkeiten bei der Implementierung der Strategischen Frühaufklärung ein und zeigt Ansätze, wie diese überwunden werden können.

2.2.2.1 Terminologische Abgrenzung und Definition

In der bestehenden Literatur, insbesondere in der englischsprachigen, finden sich viele terminologische Ausprägungen zur Strategischen Frühaufklärung. Wie schon angeführt, findet der deutschsprachige Begriff *Strategische Frühaufklärung* vor allem sein englischsprachiges Äquivalent in *Strategic Foresight*, dessen Wurzeln sich in der Anwendung von Foresight im unternehmerischen Umfeld finden.[89] Der Hauptunterschied[90] zwischen den verwendeten Definitionen liegt darin, dass einige Forscher Strategische Frühaufklärung als einen Prozess (Becker (2002), Horton (1999), Müller (2008) oder Müller und Müller-Stewens (2009)) ansehen und andere hierunter eine Fähigkeit (Slaughter (1996), Krystek und Müller-Stewens (1992), Tsoukas und Shepherd (2004), Nick (2008) oder Rohrbeck (2010)) verstehen. Diese Arbeit folgt dem engeren Verständnis von Strategischer Frühaufklärung als Prozess, der aber viele Anknüpfungspunkte zu strukturellen Elementen, der Organisation, den beteiligten Personen, ... aufweist.

Im Folgenden sollen unterschiedliche Definitionen / Abgrenzungen sowie deren Vertreter im Umfeld der Strategischen Frühaufklärung exemplarisch vorgestellt werden:[91]

---

[89] Nach Duin (2006) „liegen die Hauptunterschiede von Foresight-Aktivitäten im öffentlichen und privaten Sektor primär im Zeithorizont (dieser ist im privaten Sektor tendenziell kürzer), in der Dauer der Foresight-Projekte (diese ist im privaten Sektor tendenziell kürzer) sowie im Grad der Konkretisierung der Projektziele (dieser ist im privaten Sektor tendenziell höher)." (Müller 2008, S. 20)

[90] Vergleiche auch Rohrbeck (2010) für weitere Informationen.

[91] Vergleiche auch Müller (2008) für weitere Informationen und insbesondere weitere Definitionen.

- *Corporate Foresight* (Becker (2002), Burmeister, Neef und Beyers (2004), Ruff (2006), Rohrbeck (2010)):
  Der Begriff Corporate Foresight wird häufig synonym zu Strategic Foresight und damit auch zu Strategischer Frühaufklärung verwendet; durch die Verwendung von ‚Corporate', wird die Nutzung im Unternehmenskontext nochmals hervorgehoben. So verstehen Burmeister, Neef und Beyers (2004, S. 12) hierunter „Zukunftsforschung im Unternehmen", während Rohrbeck (2010, S. 12) in seiner Arbeit extra betont: „Der Grund für die Auswahl des Begriffs ‚Corporate Foresight' [...] liegt in der Betonung dessen, dass die Forschung dem Verständnis von Foresight als Anwendung in privaten Firmen folgt, im Gegensatz zu der Anwendung im öffentlichen Sektor."[92] Eine kleine Differenzierung führt Müller (2008, S. 20) aber an: „...der analytische Betrachtungsfokus bei Strategic Foresight [liegt] stärker auf der organisatorischen Integration in strategische Entscheidungsprozesse als bei Corporate Foresight, welches Foresight als allgemeine Unternehmensfunktion begreift."

- *Organizational Foresight* (Pina e Cunha (2004), Tsoukas und Shepherd (2004)):
  Tsoukas und Shepherd (2004, S. 140) beschreiben Organizational Foresight „...als organisatorische Fähigkeit, das Umfeld zu lesen – zu beobachten, wahrzunehmen – kleine Unterschiede zu entdecken." Damit ändert sich die Ausrichtung von einer aktivitätenbasierten Sicht hin zu einer kollektiven, organisationalen Fähigkeit eines Unternehmens. (Müller 2008, S. 20)

- *Industry Foresight* (Hamel und Prahalad (1996)):
  Unter Industry Foresight verstehen Hamel und Prahalad (1996, S. 79) die Fähigkeit eines Unternehmens, schneller als seine Wettbewerber Veränderungen in der Industrie zu identifizieren und hieraus einen Wettbewerbsvorteil zu gewinnen. „Industry Foresight gibt einem Unternehmen das Potenzial als erstes zur Zukunft zu gelangen und eine Leadership-Position für sich zu beanspruchen. [...] Industry Foresight erlaubt einem Unternehmen, die Entwicklung einer Industrie zu kontrollieren und hierdurch auch sein eigenes Schicksal."[93]

- *Managerial Foresight* (Ahuja, Coff und Lee (2005)):
  Ahuja, Coff und Lee (2005, S. 792) verstehen unter Managerial Foresight „...die Fähigkeit vorherzusagen, wie die Aktionen von Managern einen Wett-

---

[92] Übersetzt durch den Autor – vergleiche hierzu auch das Originalzitat: „The reason for choosing the term ‚corporate foresight' [...] is to emphasize that the research is aimed at understanding foresight applied in private firms as opposed to the application in the public domain." (Rohrbeck 2010, S. 12)

[93] Übersetzt durch den Autor – vergleiche hierzu auch das Originalzitat: „Industry foresight gives a company the potential to get to the future first and stake out a leadership position. [...] Industry foresight allows a company to control the evolution of its industry and, thereby, its own destiny." (Hamel und Prahalad 1996, S. 79)

2.2 Strategische Frühaufklärung

bewerbsvorteil erzielen können"[94]. Damit ist Managerial Foresight ähnlich wie Industry Foresight eng mit der Wettbewerbsfähigkeit des Unternehmens verbunden, geht aber hierbei insbesondere auf die Fähigkeiten des Managements ein.

Allein die obige Übersicht zeigt, dass zu Foresight oder Strategischer Frühaufklärung unterschiedliche Verständnisse und Zugänge existieren. Daher werden im Folgenden zuerst die Grundzüge Strategischer Frühaufklärung in Unternehmen definiert, bevor zum Abschluss dieses Absatzes eine Definition im Sinne dieser Arbeit erfolgt.

Das UNIDO[95] Technology Foresight Manual (2005b, S. 268) beschreibt die zentralen und weitestgehend akzeptierten Charakteristika Strategischer Frühaufklärung:

- „Sie ist ein Prozess und nicht eine (Vorhersage-) Technik.
- Sie ist eine indisziplinäre Bestrebung.
- Sie integriert verschiedene Perspektiven, inklusive Entwicklungen in Technologie, Wirtschaft, Politik und Gesellschaft.
- Sie ist ein unterstützendes Werkzeug zur Entscheidungsfindung, liefert aber nicht fertige Unternehmens- oder politische Strategien.
- Sie ist ein Versuch, technologische oder soziale Innovationen im öffentlichen oder privaten Sektor zu fördern.
- Sie ist am besten als partizipativer Prozess implementiert unter Einbindung der Verantwortlichen, die die Entscheidungen später umsetzen müssen."[96]

Anhand der Charakteristika der UNIDO (2005b) sieht man, dass Strategische Frühaufklärung nicht nur eine reine Methodik oder Aktivität ist, sondern ein ganzheitliches Konzept mit einem „organisatorischen, entscheidungsunterstützenden Prozess, der auf das langfristige Unternehmensumfeld ausgerichtet ist und der stark auf Interdisziplinarität, Partizipation und Kommunikation aufbaut." (Müller 2008, S. 21)

---

94 Übersetzt durch den Autor – vergleiche hierzu auch das Originalzitat: „Managerial foresight is the ability to predict how managers' actions can create a competitive advantage." (Ahuja, Coff und Lee 2005, S. 792)
95 UNIDO steht für die United Nations Industrial Development Organization.
96 Übersetzt durch den Autor – vergleiche hierzu auch das Originalzitat: „(a) Is a process and not a (forecasting) technique. (b) Is an interdisciplinary endeavour. (c) Takes a long-term perspective. (d) Integrates various perspectives, including developments in technology, economy, politics and society. (e) Is a supporting tool for decision-making, but does not deliver ready-made corporate or political strategies. (f) Is an attempt to promote technological and social innovations in the public and private sector. (g) Is best implemented as a participatory process with the promoters who have to implement the decisions later." (UNIDO 2005b, S. 268)

Abschließende Definition

Aufbauend auf den obigen Diskussionen, den Charakteristika der UNIDO (2005b) und weiterer Definitionen[97] wird folgende Definition im Sinne dieser Arbeit festgelegt:

> *Strategische Frühaufklärung ist ein systematischer, interdisziplinärer, partizipativer, strategischer und entscheidungsunterstützender Unternehmensprozess mit dem Ziel, den langfristigen Erfolg des Unternehmens sicherzustellen; hierzu werden interne und externe Strukturen, Prozesse und Personen eingebunden, um mittels ganzheitlicher Antizipation, Analyse und Interpretation von langfristigen ökonomischen, technologischen, politischen und sozialen Entwicklungen Veränderungen im unternehmerischen Umfeld rechtzeitig zu identifizieren und effektive Reaktionen hierauf vorzubereiten.*

Diese Definition spiegelt zum einen das aktuelle Verständnis der relevanten Literatur und Praxis wider, und zum anderen ist sie möglichst konkret und operationalisierbar gefasst; sie entspricht auch den in Abschnitt 2.1.1.3 identifizierten Eckpunkten für die Entwicklung des ganzheitlichen Ansatzes zur Strategischen Frühaufklärung. So betont die Definition sowohl den strategischen Aspekt als auch die prozessuale Ausrichtung; die Berücksichtigung von unterstützenden Tools, Methoden und organisatorische Strukturen ist durch die Einbindung von ‚internen und externen Strukturen, Prozessen und Personen' sichergestellt.

Abbildung 2.19 zeigt darüber hinaus noch einmal die Abgrenzung von Strategischer Frühaufklärung gegenüber anderen Konzepten der Zukunftsforschung.[98]

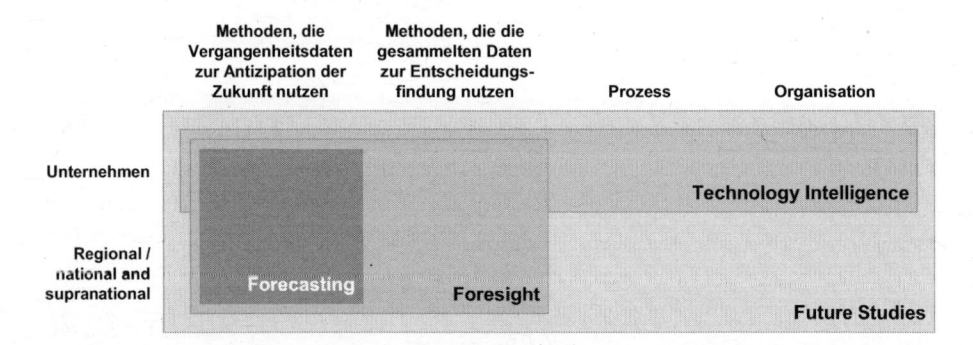

Abbildung 2.19: Abgrenzung der Strategischen Frühaufklärung (nach Rohrbeck (28-29.08.2006, S. 3))

---

[97] Vergleiche hierzu auch insbesondere Müller (2008, S. 21).
[98] Rohrbeck (28-29.08.2006) nutzt in dieser Darstellung den englischen Begriff ‚Foresight' statt des deutschen Begriffs ‚(Strategische) Frühaufklärung'.

2.2.2.2 Detaillierung des Konzepts

Nachdem im vorherigen Absatz das Konzept der Strategischen Frühaufklärung umrissen und definiert wurde, wird im Folgenden das Konzept weiter detailliert, und vertiefende Aspekte diskutiert. Hierzu werden notwendige Kompetenzen beschrieben, es werden Auftraggeber und Nutzer benannt und mögliche Organisationsformen erläutert. Die Aspekte Prozesse und Methoden bilden den zentralen Bestandteil der Frühaufklärungsaktivitäten und sind so wichtig, dass sie in Unterkapitel 2.3 umfassender und detaillierter dargestellt werden.

Notwendige Kompetenzen

Im sogenannten 5-K-Modell haben Burmeister, Neef und Beyers (2004) zusammengefasst, was Strategische Frühaufklärung ausmacht und wie sie funktioniert. Man kann diese fünf Aspekte als notwendige Kompetenzen beschreiben, um erfolgreich Strategische Frühaufklärung zu betreiben; darüber hinaus ist die konkrete Berücksichtigung der individuellen Gegebenheiten des Unternehmens mindestens genauso wichtig.

Kompetenz Zur erfolgreichen Etablierung und Nutzung von Strategischer Frühaufklärung im Unternehmen bedarf es verschiedener Kompetenzen: Themen-, Methoden- und Prozesskompetenz. „*Themenkompetenz* meint, dass das Wissen über Umfelder, Trends und Zukunftsentwicklungen im Unternehmen praxisgerecht zur Verfügung steht, und zwar über die marktbezogenen Informationen hinaus. *Methodenkompetenz* meint, dass im Idealfall eine Gruppe von Mitarbeitern über das methodische Rüstzeug verfügt, um etwa Szenarioprozesse eigenständig durchführen oder zumindest die Arbeit externer Experten sachverständig begleiten und bewerten zu können. *Prozesskompetenz* meint, dass es bei Corporate Foresight nicht nur darum geht, Zukunftswissen mittels unterschiedlicher Methoden zu generieren – wichtiger ist noch, die Einzelaktivitäten prozesshaft und zielgerichtet aufeinander zu beziehen und für Anschlussfähigkeit an die vorhandenen Strategie- und Entscheidungsprozesse zu sorgen." (Burmeister, Neef und Beyers 2004, S. 12 f.)

Kreativität Strategische Frühaufklärung ist kein statischer Prozess, der Informationen nur verwaltet, sondern ein kreativer und vielseitiger Prozess, der unterschiedlichste Informationen und Daten, Trends und Prognosen sowie Möglichkeiten und Visionen zusammenbringt, bewertet und hieraus Neues schafft, das das Unternehmen voranbringt und über das Bekannte hinausgeht.

Kommunikation Strategische Frühaufklärung ist kein Selbstläufer, sondern muss aktiv im Unternehmen ‚vermarktet' werden. Hierzu müssen die Ergebnisse so aufbereitet werden, dass sie trotz der operativen Hektik wahrgenommen werden und etwas bewirken; hierzu müssen auf die unterschiedlichen Zielgruppen angepasste Kommunikationsstrategien und -tools genutzt werden.

Kooperation Der Erfolg der Strategischen Frühaufklärung beruht auf der Kooperation und der Vernetztheit der beteiligten Personen; die Akteure sind zum einen Anlaufpunkt für Informationen und für offene Fragen und zum anderen Multiplikatoren in das Unternehmen hinein. Wissen und Methodologien können extern zugekauft werden, Kontakte im Unternehmen jedoch nicht.

Kontinuität Es existieren verschiedenste Gründe für ein Einschlafen der Strategischen Frühaufklärungsaktivitäten, z. B. Priorisierung von geschäftsnäheren Tätigkeiten, Ausscheiden engagierter Personen oder Förderer, ... aber erst Kontinuität und die systematische Auseinandersetzung mit der Zukunft schaffen den echten Mehrwert für das Unternehmen. Ohne Kontinuität, auch in Personen und in Strukturen, geht wertvolles Wissen verloren. Von daher sind eine gewisse Verbindlichkeit seitens der Unternehmensleitung notwendig sowie auch Flexibilität seitens der Strategischen Frühaufklärung, um auf neue Anforderungen reagieren zu können.

Einsatzfelder im Unternehmen

Zukunftsforschung im Allgemeinen und Strategische Frühaufklärung im Speziellen kann in den unterschiedlichsten Bereichen und Feldern eines Unternehmens eingesetzt werden. Das UNIDO Foresight Manual (2005b, S. 236) beschreibt in einer detaillierten Übersicht (Abbildung 2.20) die verschiedensten Einsatzfelder der Zukunftsanalyse im Unternehmen; hierbei unterscheidet es unterschiedliche Zeithorizonte und thematische Ausrichtungen.

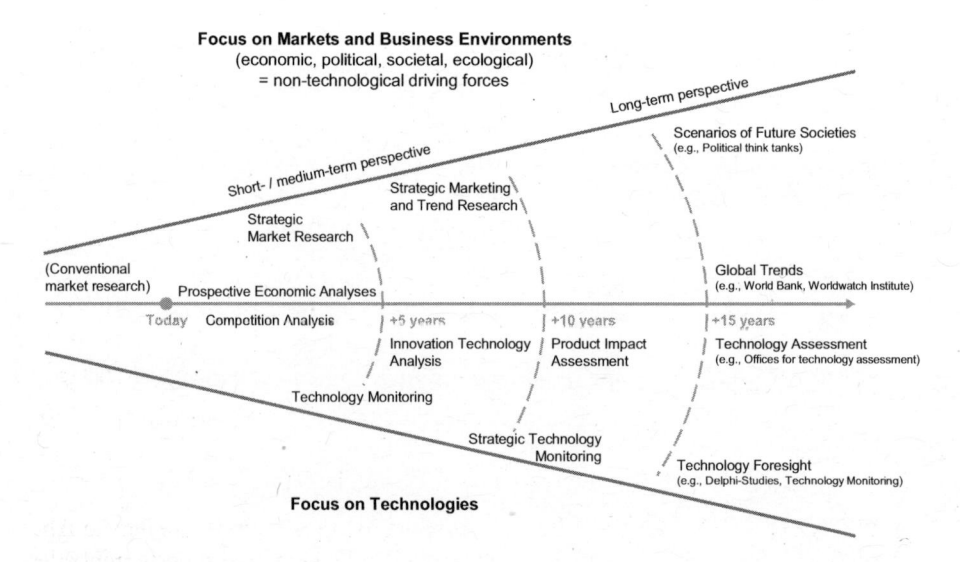

Abbildung 2.20: Einsatzfelder der Zukunftsanalyse im Unternehmen (nach UNIDO (2005b, S. 236) in Anlehnung an Ruff (2003))

2.2 Strategische Frühaufklärung

Auf einer weniger differenzierten Ebene nennen Burmeister, Neef und Albert (2002) fünf allgemeine Einsatzfelder: ‚Strategieentwicklung / strategische Planung', ‚Planungsprozesse', ‚Innovationsmanagement', ‚Unternehmenskommunikation' und ‚Marketing'. Darüber hinaus kann Strategische Frühaufklärung aber auch in anderen Bereichen des Unternehmens eingesetzt werden.

Auftraggeber und Nutzer

Die Auftraggeber und Nutzer der Strategischen Frühaufklärung können recht einfach durch verschiedene organisatorische Ebenen unterschieden werden. Becker (2002, S. 13f.) unterscheidet als Ergebnis einer Untersuchung von 18 europäischen Großunternehmen drei Nutzergruppen:

- *Top-Management:* Hierzu gehören neben der Unternehmensleitung auch die Leiter der zentralen Strategie- oder Forschungsabteilungen; das Top-Management ist normalerweise der wichtigste Kunde der Strategischen Frühaufklärung und meistens auch der Auftraggeber.

- *Mittelmanagement in Fachabteilungen:* Zur zweiten Gruppe gehören u. a. weitere Manager aus den zentralen Strategie- und Forschungsabteilungen, aber auch Manager aus vergleichbaren Abteilungen auf Geschäftsebene.

- *Nutzer in Fachabteilungen und interessierte Mitarbeiter:* Unter die dritte Gruppe fallen die eigentlichen Nutzer in den Fachabteilungen, wie Geschäftsfeldentwickler, Strategen oder Forscher, aber auch interessierte Mitarbeiter des Unternehmens gehören hierzu. Einzelne Unternehmen nutzen sogar Teile der Ergebnisse zur Außenkommunikation.

Die Nutzergruppe bestimmt zum einen die Kommunikationsstrategie und die verwendeten Tools und Medien; zum anderen leiten sich hieraus auch die Zugriffsberechtigung und der verfügbare Detaillierungsgrad an Informationen für den Nutzer ab. So kann z. B. das Top-Management oder Mittelmanagement eine für sie aufbereitete Zusammenfassung der wichtigsten Ergebnisse erhalten, während Mitarbeiter in den jeweiligen Fachabteilungen auf die Rohergebnisse zugreifen können und der interessierte Mitarbeiter oder auch Externe eine generalisierte und um vertrauliche Informationen bereinigte Version erhalten.

Organisationsformen

Dem Verständnis von Strategischer Frühaufklärung als einem systematischen Unternehmensprozesss folgend, stellt sich auch die Frage nach der organisatorischen Verankerung im Unternehmen.[99] Das UNIDO Foresight Manual (2005b) beschreibt drei verschiedene Möglichkeiten zur Verankerung im Unternehmen:

- *Corporate-Ebene:* Strategische Frühaufklärung kann durch eine eigene Abteilung / Stab oder als weitere Aufgabe durch eine bestehende zentrale Forschungs- oder Strategieabteilung durchgeführt werden.

---

99 Vergleiche hierzu auch Müller und Müller-Stewens (2009), Reger (2006) oder Nick (2008).

- *Geschäftsfeld-Ebene:* Die Durchführung auf Divisions- oder Geschäftsebene hat zwar den großen Vorteil der Nähe zum Wertschöpfungsprozess, kann aber dazu führen, dass durch dezentral vorliegende Erkenntnisse oder eine fehlende / verzögerte Weitergabe übergreifende Themen zu spät oder gar nicht erkannt werden.

- *Virtuelle Organisation:* Befristete, weniger formalisierte Projekte oder Gruppen zur Strategischen Frühaufklärung stellen eine Zwischenlösung der vorherigen Möglichkeiten dar; hierbei bedarf es aber größerer Anstrengungen, die Kontinuität solcher Strukturen sicherzustellen.

In der zuvor angeführten Untersuchung identifiziert Becker (2002) drei unterschiedliche Organisationstypen: ‚Sammelposten', ‚Observatorium' und ‚Think-Tank'. Daheim und Uerz (2006) ergänzen diese um den vierten Typ ‚Outsourcer'. Im Folgenden sind die vier Organisationstypen hinsichtlich ihrer Besonderheiten, ihrem Spezialisierungsgrad und der thematischen Breite kurz erläutert und in Abbildung 2.21 zusammengefasst.

- *Der Sammelposten (The Collecting Post)* findet sich häufig in Unternehmen mit einem geringen Grad an Frühaufklärungsaktivitäten wieder; die Tätigkeit wird meistens von Einzelspezialisten aus bestehenden Abteilungen (z. B. F&E) erbracht, die die Entscheidungsträger mit Grundlageninformationen zusätzlich zu ihrer regulären Arbeit versorgen. Aufgrund begrenzter Ressourcen erfolgt die Arbeit meist in Zusammenarbeit mit externen Beratern oder speist sich aus bestehenden Ergebnissen interner Netzwerke.

- *Das Observatorium (The Observatory)* ist eine eigenständige Frühaufklärungsabteilung mit eigenen Mitarbeitern und eigenem Budget. „Die Einheit ist auf die Beobachtung eines oder mehrerer definierter Themenfelder oder Fragestellungen ausgerichtet und arbeitet ausschließlich für unternehmensinterne Adressaten. Observatorien stehen größere Freiräume zur Verfügung, weshalb sie Informationen zunehmend auch aus eigener Initiative aktiv im Unternehmen platzieren können." (Müller 2008, S. 52)

- *Der Think-Tank (The Think-Tank)* ist der Organisationstyp mit den umfassendsten und am weitesten fortgeschrittenen Frühaufklärungsaktivitäten; eine hochprofessionelle Abteilung, die nicht nur Entwicklungen im direkten Wettbewerbsumfeld, sondern auch im breiten gesellschaftlichen, wirtschaftlichen und technologischen Unternehmensumfeld verfolgt. Hierzu werden aktiv eigene Themen identifiziert, aufbereitet und in das Unternehmen eingespeist.

- *Der Outsourcer (The Outsourcer)* stellt einen Typ von Abteilung dar, der die Anforderungen und Fragen an die Frühaufklärung definiert, die Forschungsarbeit an externe Berater und Organisationen vergibt und dann die Ergebnisse wieder in das Unternehmen integriert. Auf diese Weise schafft es eine relativ kleine Abteilung, eine hohe Visibilität im Unternehmen zu wahren und die wichtigsten Zukunftsthemen zu adressieren.

2.2 Strategische Frühaufklärung

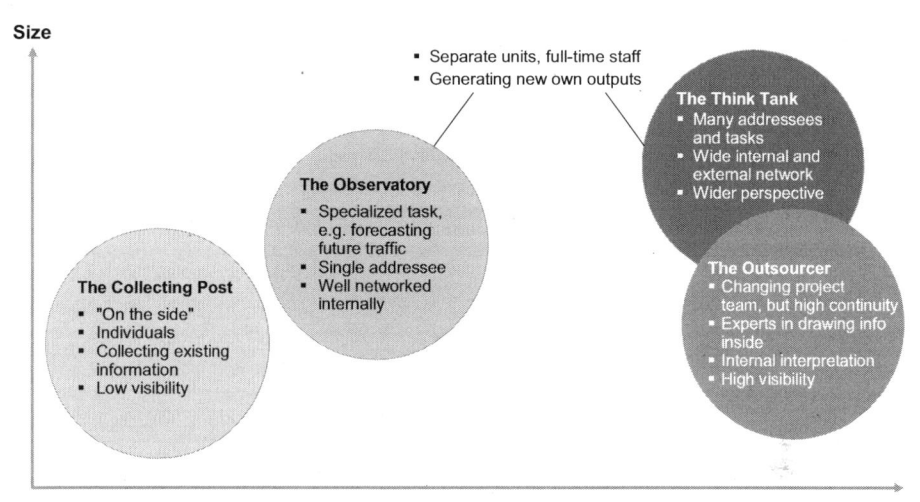

Size

- The Collecting Post
  - "On the side"
  - Individuals
  - Collecting existing information
  - Low visibility

- The Observatory
  - Specialized task, e.g. forecasting future traffic
  - Single addressee
  - Well networked internally

- Separate units, full-time staff
- Generating new own outputs

- The Think Tank
  - Many addressees and tasks
  - Wide internal and external network
  - Wider perspective

- The Outsourcer
  - Changing project team, but high continuity
  - Experts in drawing info inside
  - Internal interpretation
  - High visibility

Level of connectedness and scope of tasks

Abbildung 2.21: Vier mögliche Organisationstypen der Strategischen Frühaufklärung (nach Daheim und Uerz (2008, S. 325) in Anlehnung an Becker (2002))

2.2.2.3 Einsatz im Unternehmensumfeld

Strategische Frühaufklärung wird immer wichtiger, von daher haben viele Unternehmen in der Vergangenheit damit begonnen, entsprechende Abteilungen zu gründen oder diese Funktion in bestehenden Strukturen zu verankern.

In der Literatur existieren eine Vielzahl an Untersuchungen, die dieses Phänomen aufgreifen und sich mit der Durchführung von Strategischer Frühaufklärung in Unternehmen auseinandersetzen. Einen guten Überblick über die Forschungsarbeit zu Strategischer Frühaufklärung findet sich in Rohrbeck (2010).[100] Im Folgenden werden hieraus einige Beispiele exemplarisch genannt, bevor dann anhand von zwei Untersuchungen der Einsatz im Unternehmensumfeld genauer beleuchtet wird.

Die Mehrzahl der Untersuchungen wird als Fallstudie durchgeführt (Becker (2002), Gruber und Venter (2006), Duin (2006), Bürgel, Reger und Ackel-Zakour (2008), Rohrbeck und Gemünden (17.–20.06.2008); Nick (2008)). Andere Studien kombinieren qualitative und quantitative Herangehensweisen (Burmeister, Neef und Beyers (2004), Burmeister, Neef und Beyers (2004) und Jain (1984), Müller (2008), Rohrbeck (2010)) oder nutzen ausschließlich quantitative Forschungsdesigns (Daheim und Uerz (2006), Elenkov (1997), Kreibich, Schlaffer und Trapp (2002), Liebl (2003), Schwarz (2008)).

---

[100] Vergleiche auch die gute Zusammenstellung in Rohrbeck und Mahdjour (2010).

Im Rahmen einer Studie zur Praxis der Umfeldanalyse in den 500 größten deutschen Unternehmen (Rücklaufquote von 25 %) kommt Liebl (2003, S. 2) im Jahr 2003 zu dem Ergebnis: „Das Bewusstsein für die Wichtigkeit eines Trendmanagements ist nunmehr fest etabliert, denn 98 Prozent aller befragten Spitzenführungskräfte gaben an, sie hielten die Umfeldanalyse für ‚wichtig' oder sogar ‚sehr wichtig'. Die konkret implementierte Praxis hinkt dem jedoch mehr oder weniger weit hinterher. Denn nur bei 70 Prozent der Unternehmen werden Umfeldanalysen auch tatsächlich regelmäßig durchgeführt. Und gar nur knapp 20 Prozent der Unternehmen besitzen ein an zentraler Stelle verankertes und systematisch operierendes Managementsystem, das sich schwerpunktmäßig mit dem Umfeld befasst."[101]

Bei der Erhebung umweltbezogener Informationen (vergleiche hierzu auch Abbildung 2.22) liegt der primäre Fokus auf der Auseinandersetzung mit dem Markt und den Wettbewerbern, und erst danach folgen die ‚nicht ökonomischen' Bereiche; so wird z. B. der Bereich soziokultureller Entwicklungen vergleichsweise stark vernachlässigt, obwohl Endverbrauchertrends zusehends immer wichtiger werden. Insbesondere die Vernachlässigung ‚nicht ökonmischer' Bereiche kann schnell zum Verpassen einer Entwicklung bzw. zu einem unausgewogenen ganzheitlichen Bild führen.

Indikator	Prozent
Marktentwicklung	92%
Politisch-rechtliche Entwicklungen	84%
Ökonomische Entwicklungen	72%
Entstehung neuer Technologien	72%
Ökologische Entwicklungen	67%
Demografische Entwicklungen	60%
Soziokulturelle Entwicklungen	47%
Verhalten von Trendführern	46%
Patentanmeldungen	28%

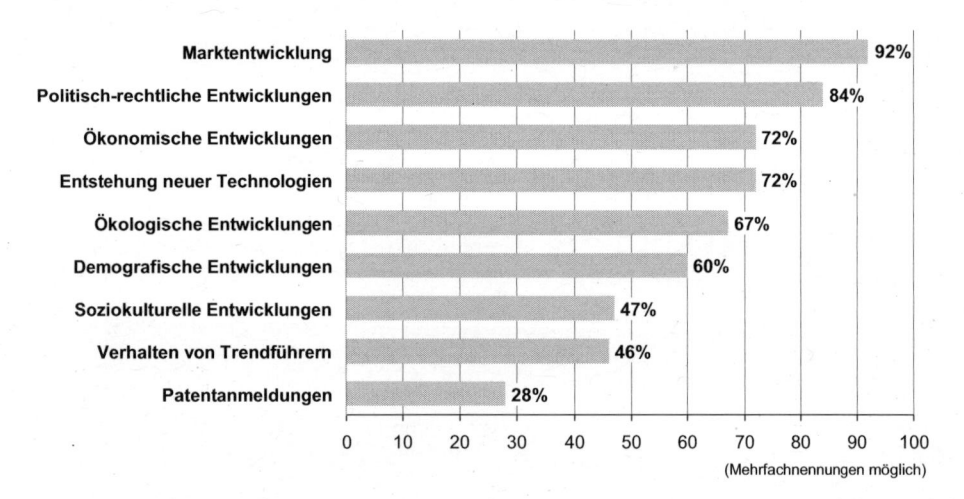

(Mehrfachnennungen möglich)

Abbildung 2.22: Erhebung umweltbezogener Indikatoren (nach Liebl (2003, S. 3))

Die Auswertung der gewonnenen Umweltinformationen erfolgt meistens durch das Marketing, die Strategische Planung oder die Geschäftsführung (vergleiche hierzu auch Abbildung 2.23).

---

[101] Um keine Missverständnisse hinsichtlich der verwendeten Begriffe zu erzeugen, wurden in der Studie konkrete Praktiken abgefragt, sodass das zitierte ‚Trendmanagement' mit ‚Frühaufklärung' gleichgesetzt werden kann.

2.2 Strategische Frühaufklärung

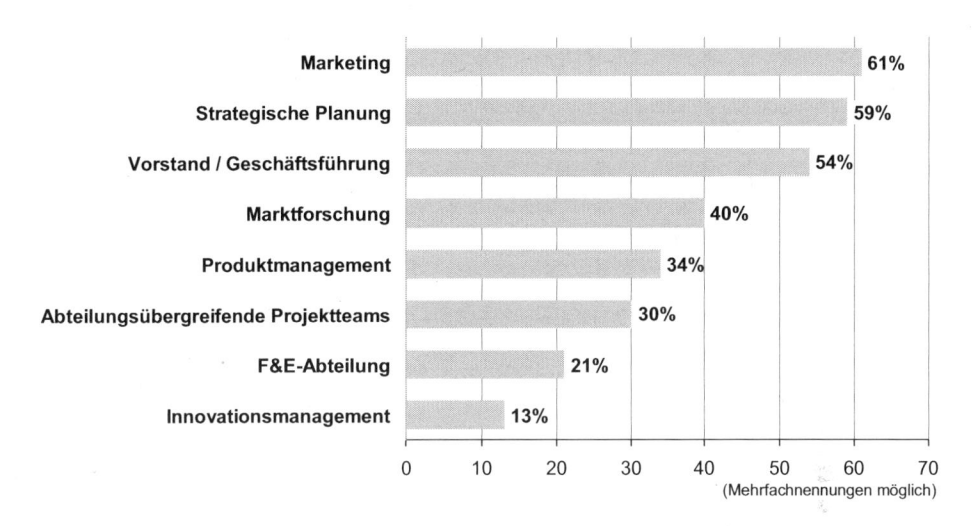

Bereich	Prozent
Marketing	61%
Strategische Planung	59%
Vorstand / Geschäftsführung	54%
Marktforschung	40%
Produktmanagement	34%
Abteilungsübergreifende Projektteams	30%
F&E-Abteilung	21%
Innovationsmanagement	13%

(Mehrfachnennungen möglich)

Abbildung 2.23: Zuständigkeit für Informationsauswertung (nach Liebl (2003, S. 3))

In einer Studie zur Strategischen Frühaufklärung[102] in europäischen Unternehmen[103] konnte Müller (2008, S. 107) zeigen, dass eine große Mehrheit der Unternehmen mehrere Jahre Erfahrung mit Strategischer Frühaufklärung hat. Die Hälfte der teilnehmenden Unternehmen hat bereits mindestens zehn Jahre oder länger eigene Frühaufklärungsprozesse (Median: zehn Jahre); ein Drittel nur drei Jahre oder kürzer und 8 % (drei Unternehmen) über 30-jährige Erfahrung (vergleiche hierzu auch Abbildung 2.24).

Zudem zeigt Abbildung 2.25, dass die Akzeptanz des Frühaufklärungsprozesses über die letzten fünf Jahre stark zugenommen hat. So geben 70 % der Teilnehmer der Studie an, dass die Relevanz der Frühaufklärung zugenommen hat, und 55 % berichten, dass Frühaufklärung mehr geschätzt wird. Allerdings antworten nur 45 % der Teilnehmer, dass sich die Frühaufklärung im Unternehmen weiter verbreitet hat.

In derselben Studie kann Müller (2008, S. 108 f.) zeigen, dass mehr als drei Viertel der Unternehmen strategische Frühaufklärungsprozesse zur ‚Unterstützung der Langfristplanung' verwenden; mehr als die Hälfte der Unternehmen nutzt sie zur ‚Unterstützung der Frühaufklärung / Issue Management' und zur ‚Unterstützung des Innovationsprozesses' (vergleiche hierzu Abbildung 2.26).

---

102 Müller (2008) spricht in seiner Arbeit von ‚Strategic Foresight'; zur Vereinheitlichung der Notation in dieser Arbeit wird der synonyme Begriff ‚Strategische Frühaufklärung' stattdessen verwendet.

103 Im Rahmen der Studie wurden 152 große europäische Unternehmen – mit mindestens 150 Millionen Euro Umsatz, dem Firmensitz in Europa und einem zentralen Frühaufklärungsprozess – kontaktiert, von denen 44 Unternehmen antworteten (Rücklauf 28,9 %) und 40 Antworten genutzt werden konnten.

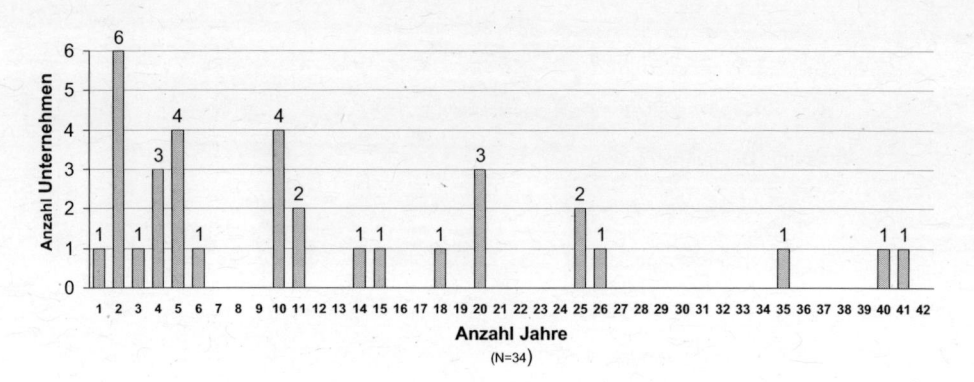

Abbildung 2.24: Erfahrungen europäischer Unternehmen mit einem eigenen Frühaufklärungsprozess (nach Müller (2008, S. 108))

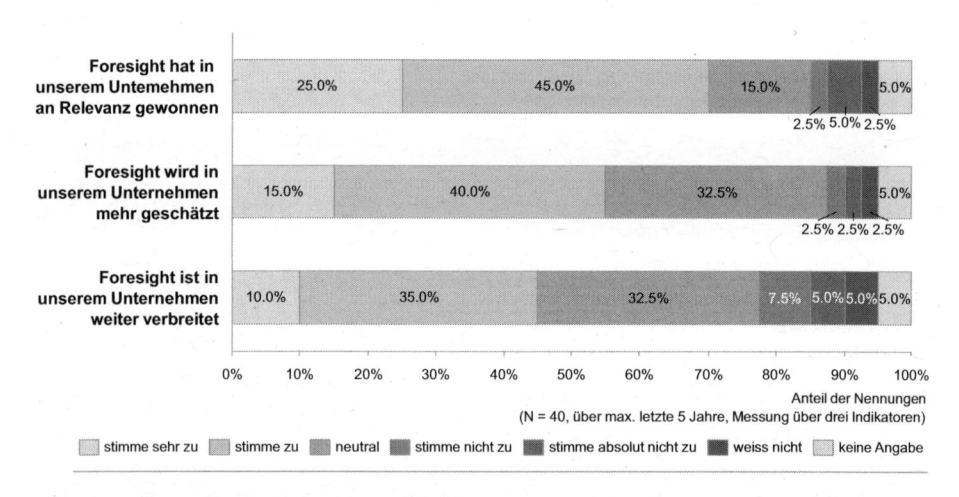

Abbildung 2.25: Veränderung der Akzeptanz der Strategischen Frühaufklärung im Unternehmen (nach Müller (2008, S. 119))

Die Ergebnisse der Studien zeigen die Wichtigkeit der Strategischen Frühaufklärung und dass diese auch durch die Unternehmen genutzt wird. Dieselbe Abbildung zeigt aber auch, dass ‚nicht ökonomische' Aspekte noch viel zu selten berücksichtigt werden. Dies bestätigt die Erkenntnisse aus Abbildung 2.25, die gezeigt haben, dass Strategische Frühaufklärung noch nicht in allen Unternehmen als selbstverständlich angesehen und genutzt wird.

Vor diesem Hintergrund geht der folgende Abschnitt vertiefend auf die Probleme und Schwierigkeiten der Implementierung im Unternehmen ein und zeigt, was getan werden kann, um diese zu überwinden.

2.2 Strategische Frühaufklärung

Ziel	n	%
Unterstützung der Langfristplanung	31	77,5%
Unterstützung Frühaufklärung, Issue Management	26	65,0%
Unterstützung des Innovationsprozesses	23	57,5%
Erhöhung der Umfeld-Reaktionsgeschwindigkeit	18	45,0%
Unterstützung zukunftsorientierten/r Denkens / Kultur	17	42,5%
Unterstützung eines normativen "Envisioning"	12	30,0%
Unterstützung strategischer Entscheidungsfindung generell	35	87,5%

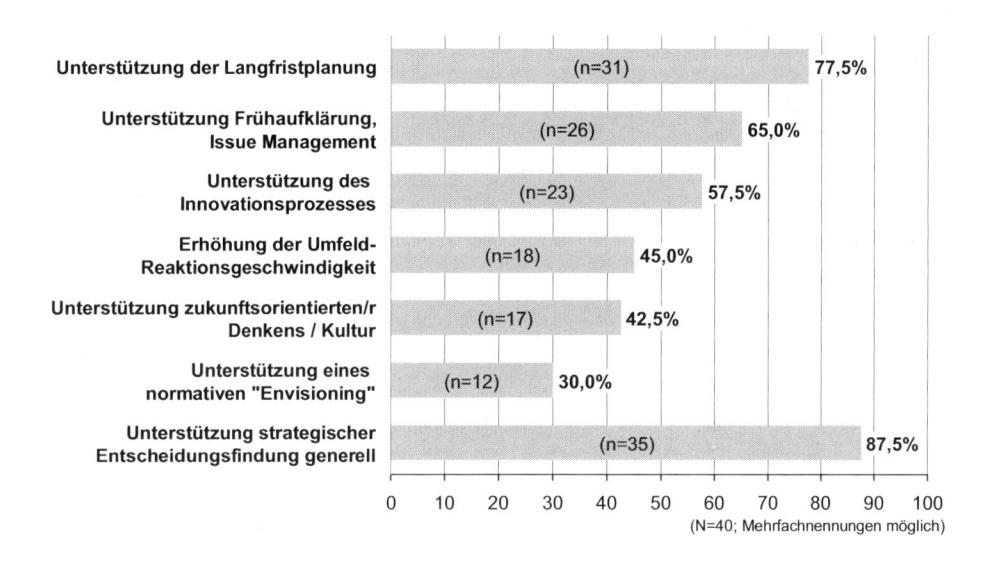

(N=40; Mehrfachnennungen möglich)

Abbildung 2.26: Ziele strategischer Frühaufklärungsprozesse (nach Müller (2008, S. 109))

2.2.2.4 Implementierungsbarrieren

In einer weiteren Auswertung der Daten der Studie von Müller (2008) kommen Daheim und Uerz (2008) zu dem Schluss, dass drei Kernprobleme bei der Implementierung von Strategischer Frühaufklärung im Unternehmen existieren (vergleiche hierzu Abbildung 2.27):

- Organisatorische und politische Barrieren
- Unzureichende Legitimation
- Hohe (wahrgenommene) Kosten

Als einen Grund für die angeführten Probleme nennen Daheim und Uerz (2008, S. 328 f.) die fehlende Klarheit bzgl. der Ziele und Performance der Strategischen Frühaufklärung: Nur drei Viertel der teilnehmenden Unternehmen hatten explizite Ziele für ihre Frühaufklärungsprozesse, und nur 37,5 % kontrollierten die Implementierung der Prozesse formal oder informell.

Aus diesem Grund besteht die klare Notwendigkeit, klare Ziele zu setzen, die Strategische Frühaufklärung enger mit den Anforderungen der Entscheidungsträger zu verbinden und kontinuierlich die Prozesse zu kontrollieren und zu verbessern. Diese Notwendigkeit wird zudem durch die abgefragten Erfolgsfaktoren für eine effektive Entscheidungsunterstützung bestätigt (vergleiche hierzu Abbildung 2.28).

Die Abbildung 2.28 zeigt u. a., dass insbesondere die ‚Qualität der Ergebnisse', die ‚strategische Relevanz' und die ‚Partizipation' der beteiligten Personen im

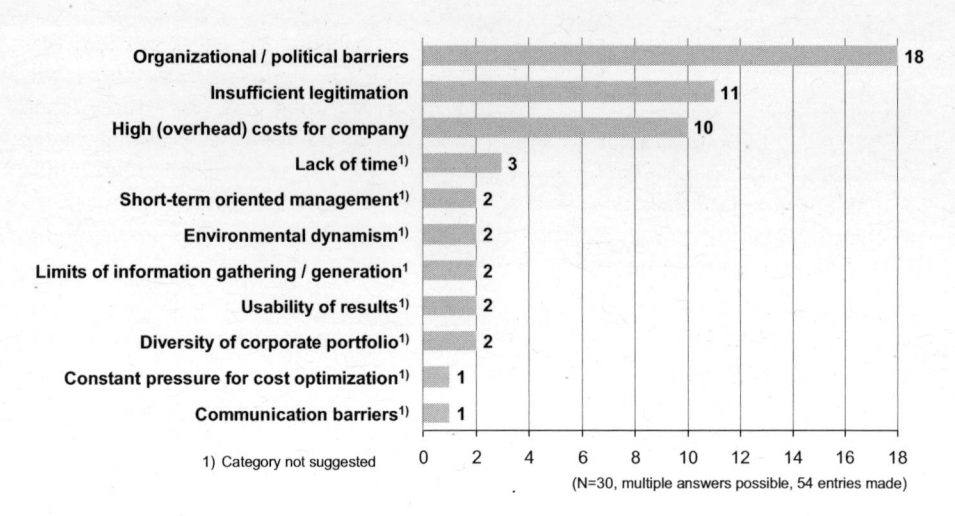

Abbildung 2.27: Relevante Probleme der Frühaufklärung in Unternehmen (nach Daheim und Uerz (2008, S. 329))

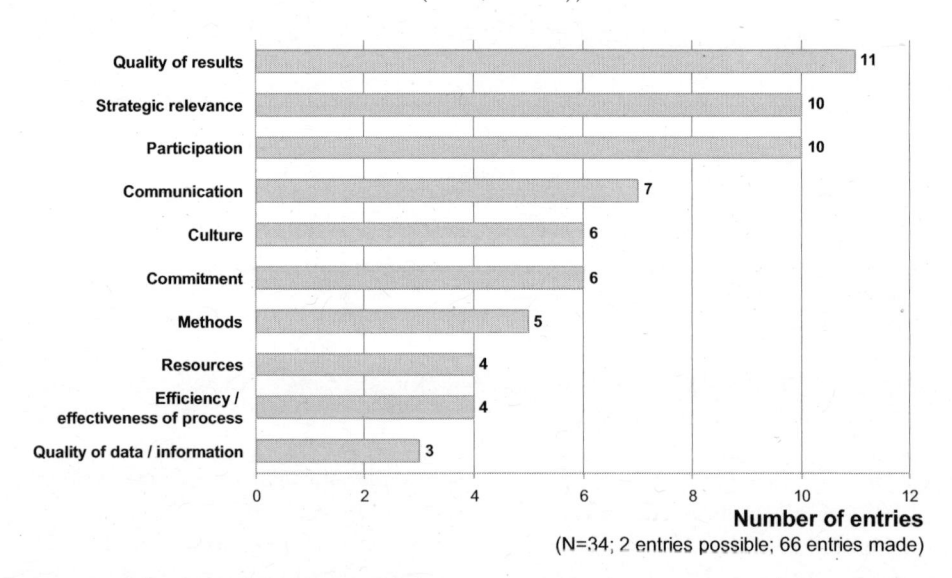

Abbildung 2.28: Kritische Erfolgsfaktoren der Frühaufklärung zur effizienten Unterscheidungsunterstützung (nach Daheim und Uerz (2008, S. 329))

Prozess wichtig sind. Danach folgen weitere weiche Faktoren, wie ‚Kommunikation', ‚Unternehmenskultur' und das ‚Bekenntnis' zu diesem Ansatz, bevor abschließend die eher harten Faktoren, wie ‚Methoden' und die ‚Qualität der Daten und Informationen', genannt werden. Es zeigt sich, dass die eher harten Faktoren, die häufig in Diskussionen zur Strategischen Frühaufklärung kritisiert werden, von geringerer Relevanz sind. Daheim und Uerz (2008, S. 329) fassen es daher wie folgt zusammen: „Kritisch für den Erfolg und die Wirkung jeglicher strategischer Frühaufklärungsaktivität ist, dass die Ergebnisse für die täglichen Strategiefragen hochrelevant und von hoher Qualität sind, dass ein hoher Grad an Beteiligung und Einbindung, eine adäquate und inspirierende Kommunikation über den Prozess und die Ergebnisse sowie eine ‚Frühaufklärungskultur' mit dem notwendigen Bekenntnis zum Prozess bestehen."[104]

Neben den beschriebenen Problemen[105] wirken insbesondere auch *personelle Ursachen* als Barriere. Nach dem Filtermodell von Ansoff (1984) existieren drei Filter, ein Wahrnehmungsfilter (surveillance filter), ein Mentalitätsfilter (mentality filter) und ein Machtfilter (power filter), die jeweils als Implementierungsbarriere fungieren. Der definierte Beobachtungsbereich und die verwendeten Methoden beeinflussen stark, welche Daten identifiziert und gesammelt werden; diese Selektion stellt den *Wahrnehmungsfilter* dar. „Die anschließende Weiterverarbeitung wird durch einen Mentalitätsfilter beeinflusst. Dieser Filter lässt sich anhand der Theorie der kognitiven Dissonanz erklären.[106] Die Aufgabenträger lehnen Informationen oft ab, wenn sie diese nicht mit bisherigen Erfahrungen und darauf beruhenden Erfolgsmodellen in Einklang bringen können. Der *Machtfilter* schließlich entwickelt sich aus dem Bestreben, eine Machtposition zu erhalten. Folglich können Informationen zurückgehalten werden, die die gegenwärtige Position zu schwächen drohen." Nick (2008, S. 89) Müller-Stewens (1990, S. 237) kommt zu einer ähnlichen Schlussfolgerung, indem er feststellt, dass „Strategische Frühaufklärung vor dem Hintergrund des Dreiklangs von Dateninterpretation, politischen Interessen und persönlichen ‚Weltanschauungen' keineswegs mehr wertfrei" ist.

In Bezug auf Vorschläge zur Überwindung der Implementierungsvorschläge zeigt sich die Literatur wenig konkret und handlungsorientiert (Nick 2008, S. 92). So empfiehlt zum Beispiel Wiedmann (1984, S. 95) ein hohes Maß an Geduld und eine stufenweise Implementierung, die nicht mit dem Anspruch eines sofort funktionstüchtigen Systems versehen werden sollte. Außerdem schlägt er „Informations- bzw. Schulungs- und Überzeugungsprozesse [vor], um die Mitarbeiter mit den Maximen sowie Methoden der Frühaufklärung vertraut zu machen und [...] die notwendigen Verhaltensbereitschaften zu schaffen." (Wiedmann 1984, S. 101). Allgemein lässt sich festhalten, dass die Strategische Frühaufklärung durch flankierende

---

[104] Übersetzt durch den Autor – vergleiche hierzu auch das Originalzitat: „What is critical for the success and impact of any CF activity is that outcomes are highly relevant to today's strategic questions and of high quality, that there is a high degree of participation and involvement, an adequate and inspiring communication within and about the process and its results, as well as a ‚foresight culture' and commitment to the process." (Daheim und Uerz 2008, S. 329)

[105] Vergleiche auch Slaughter (1996), Baisch (2000), Becker (2002), Müller-Stewens und Lechner (2005) und Nick (2008) für weitere Informationen bzgl. Implementierungsproblemen und Ansätze zur Überwindung.

[106] „Die Theorie beruht auf der Erkenntnis, dass der Mensch Unstimmigkeiten aufgrund der damit einhergehenden Unsicherheit zu vermeiden versucht." (Nick 2008, S. 89)

Maßnahmen in den Bereichen Organisation, Anreizsysteme, Personalauswahl und Unternehmenskultur unterstützt werden muss.

2.2.3 Technologische Frühaufklärung

Technologische Frühaufklärung wird in der Literatur häufig als Ausdifferenzierung von Strategischer Frühaufklärung angesehen; die allgemeinen Ausführungen zur Strategischen Frühaufklärung aus den vorherigen Abschnitten gelten ebenfalls für die Technologische Frühaufklärung, sodass diese nicht in der gleichen Tiefe detailliert werden müssen.

Vor diesem Hintergrund geht dieser Abschnitt zuerst kurz auf unterschiedliche Abgrenzungen und die Ziele der Technologischen Frühaufklärung ein, bevor dann ebenfalls kurz deren Einsatz in der Technologieentwicklung diskutiert wird.

2.2.3.1 Terminologische Abgrenzung und Zielsetzung

Technologische Frühaufklärung

Nach Nick (2008) oder Lichtenthaler (2002) besteht in der Literatur weitestgehend Einigkeit darüber, dass Technologische Frühaufklärung einen Spezialbereich der Strategischen Frühaufklärung darstellt. Ähnlich wie bei der Strategischen Frühaufklärung werden sowohl in der deutschsprachigen als auch in der englischsprachigen Literatur verschiedenste Begriffe verwendet. So werden z. B. in der deutschsprachigen Literatur die Begriffe ‚Technologische Frühaufklärung' und ‚Technologische Früherkennung' synonym verwendet; darüber hinaus existieren auch noch ‚Technologieplanung', ‚Technologietrenderkennung' oder ‚Technologische Prognose'; in der englischsprachigen Literatur finden sich die Begriffe ‚Technological Foresight', ‚Technology Intelligence', ‚Technology Monitoring' und ‚Technology Watch', wobei die ersten beiden am häufigsten Verwendung finden. Eine gute Definition stammt von Reger (2006, S. 304):

> Technologische Früherkennung[107] „ist der systematische Versuch, die langfristige Zukunft von Wissenschaft, Technologie, der Ökonomie, Umwelt und Gesellschaft abzuschätzen. Ziel sind die Identifizierung strategischer Forschungs- und Innovationsvorhaben und das Erkennen generischer Technologien, die größtmöglichen ökonomischen und sozialen Nutzen versprechen."

Diesem Verständnis folgend umfasst Technologische Frühaufklärung vier Elemente:

- *„Technologieanalyse* beinhaltet das Feststellen der wettbewerbsrelevanten Technologiebereiche und die Bewertung der unternehmensspezifischen Situation hinsichtlich dieser Bereiche.

---

107 Vergleiche auch Peiffer (1992), Anderson (1997), Lang (1998), Reger (2001) und Lichtenthaler (2002) für weitere Informationen.

- *Technologie-Monitoring* ist die sorgfältige Beobachtung und Informationsgewinnung von erforschten Ergebnissen und Erfindungen anderer im Bereich bereits bekannter Technologien.

- *Technologie-Scanning* umfasst die Suche nach neuen Technologien, Phänomenen oder Diskontinuitäten auch außerhalb der bestehenden Technologiebereiche.

- *Technologieprognose* ist die Gewinnung von Aussagen über die zukünftige Entwicklung von Wissenschaft und Technologie." (Reger 2006, S. 304 f.)

Die im Rahmen der vier Elemente gewonnenen Informationen und Erkenntnisse finden ihre Verwendung in der F&E- und Technologieplanung wie auch in strategischen Planungen und Überlegungen. Bei der Festlegung des zeitlichen Horizonts der Technologischen Frühaufklärung muss man unterscheiden, ob diese auf der Unternehmens- oder auf der Geschäftsbereichsebene durchgeführt wird. Basierend auf einer empirischen Studie zur Technologischen Frühaufklärung unter 21 Unternehmen aus Europa, Japan und den USA berichtet Reger (2006) von Zeithorizonten zwischen ein und drei Jahren auf Geschäftsbereichsebene und zwischen drei und 30 Jahren im Rahmen der Konzernforschung; die Mehrheit der Nennungen liegt zwischen fünf und acht Jahren. „Die Firmen, die einen Zeitraum bis zu 30 Jahren angegeben haben, bewegen sich in Feldern mit einem längeren Produkt- oder Technologielebenszyklus, wie z. B. Pharmazeutik, Luftfahrt, Energieversorgung oder Energieerzeugung. Der zeitliche Horizont der Technologiefrüherkennung wird offenbar von der jeweiligen Markt- bzw. Technologiedynamik beeinflusst." (Reger 2006, S. 306)

2.2.3.2 Einsatz in der Technologieentwicklung

Die Entwicklung neuer Technologien kann sich über viele Jahre erstrecken,[108] von daher können frühzeitige Informationen aus der Technologischen Frühaufklärung zu Veränderungen und Neuerungen die Entwicklung beschleunigen oder auch Fehlentwicklungen verhindern. Die Anzeichen einer Veränderung beginnen häufig als schwache Signale, sind schwierig zu identifizieren und lassen sich anfangs auch nur schwer möglichen Konsequenzen zuordnen; von daher ist die Frühaufklärung von großer Wichtigkeit. Brenner (1996, S. 22 ff.) zeigt exemplarisch am Technologieentwicklungsprozess, welche Signale wann auftreten können:

Die ersten Signale finden sich häufig in wissenschaftlichen Diskussionen, in Grauliteratur oder in den Ankündigungen bzgl. der Vergabe von Fördermitteln; diese Informationen sind zwar noch sehr schwach, erlauben aber erste Erkenntnisse, in welche Richtung sich die Forschung entwickeln könnte. Nach ein bis zwei Jahren der Forschung finden sich die nächsten Signale in wissenschaftlichen Veröffentlichungen, bevor danach Ankündigungen zu F&E-Kooperationen, Joint Ventures oder Partnerschaften als Signal genutzt werden können. Als nächste Quelle können Patente

---

[108] Vergleiche hierzu auch Abschnitt 2.1.2.1 und Abbildung 2.8.

2.2 Strategische Frühaufklärung

genannt werden, die sich jedoch nur schlecht als Zeitindikator für technologische Veränderungen eignen, da sie meist das Ergebnis mehrjähriger Forschungsarbeit darstellen. Im Anschluss hieran können Informationen zu Prozesstechnologien bekannt werden, die zur Umsetzung der Produkttechnologien notwendig sind. Am Ende des Technologieentwicklungsprozesses treten die stärksten Signale auf, zuerst die Produktankündigung, dann der Verkaufsstart und zum Schluss der Verlust von eigenem Geschäft. Abbildung 2.29 fasst den Zusammenhang zwischen Zunahme der Signalstärke der Informationsquellen und dem zeitlichen Verlauf der Technologieentwicklung zusammen.

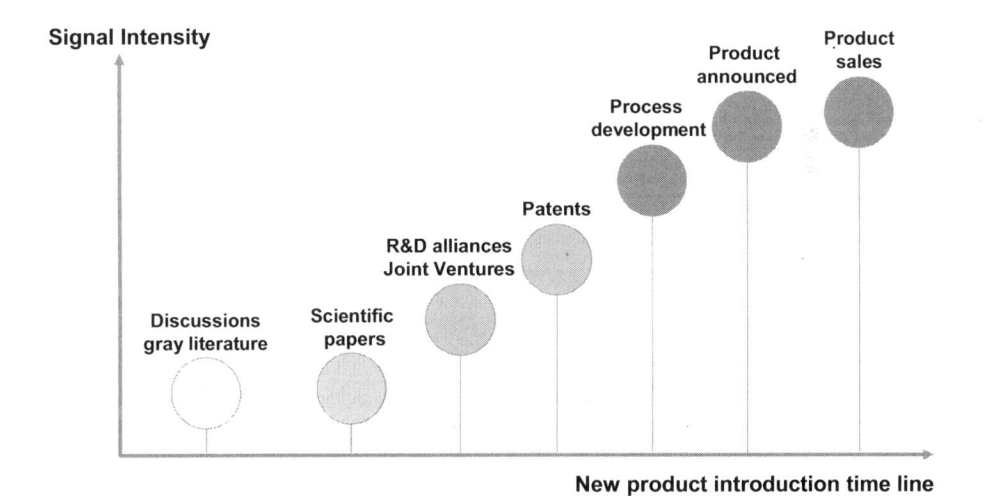

Abbildung 2.29: Beispiele für schwache Signale entlang des Technologieentwicklungsprozesses (nach Brenner (1996, S. 22))

Der Zusammenhang von Stärke und Auftreten der Signale korreliert mit der S-förmigen Technologieentwicklungskurve; je nach Phase der Technologieentwicklung verfolgt die Technologische Frühaufklärung unterschiedliche Ziele. In der frühen Phase der Technologieentwicklung ist das Ziel eher die Generierung von neuen Optionen und Möglichkeiten als die Lösung von Problemen. Es gilt neue Ideen für zukünftige Entwicklungen in Forschung und Entwicklung zu generieren; hier ist ein Scouting, ein Scanning oder eine Suche notwendig.

In dem Moment, in dem sich eine Möglichkeit herauskristallisiert und wissenschaftliche Grundlagen gebildet wurden, verschiebt sich der Fokus hin zum Lösen von Problemen. Dieser Übergang stellt einen guten Zeitpunkt für Unternehmen dar, sich in eine Technologie einzukaufen, da Forschungsinstitute und kleinere Unternehmen bereits viel Geld und Zeit in die Elimination von Optionen, die nicht funktionieren, investiert haben und jetzt weitere Ressourcen benötigen, um die Innovation voranzutreiben und zu kommerzialisieren. Die Frühaufklärung kann somit bei Akquise neuer Technologien unterstützen, aber auch die Entwicklung der

Technologie erleichtern und beschleunigen. Der Hauptvorteil liegt im Zeitgewinn durch das Identifizieren alternativer Lösungsansätze und dem Ausschluss nicht funktionierender Optionen; dies spiegelt sich natürlich auch in Kosteneinsparungen wider. Je weiter die Entwicklung fortschreitet, desto mehr verschiebt sich der Fokus auf die Beobachtung des Wettbewerbsumfelds; die Frühaufklärung kann so hilfreiche Informationen zur Produktpositionierung, zur Preisgestaltung und zur Markteinführung liefern. Abbildung 2.30 fasst diese Überlegungen[109] zusammen.

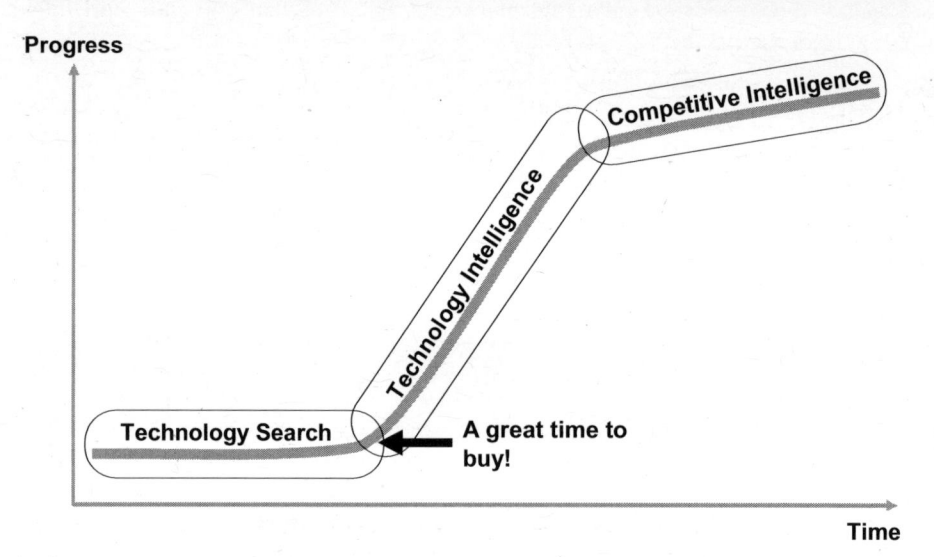

Abbildung 2.30: Phasen der Frühaufklärung entlang des Technologieentwicklungsprozesses (nach Brenner (1996, S. 22))

---

[109] Vergleiche auch Brenner (1996) für eine ausführlichere Diskussion dieser Überlegungen.

2.2.4 Business- und Competitive-Intelligence

Business- und Competitive Intelligence werden häufig im Zusammenhang mit Strategischer Frühaufklärung verwendet, eine terminologische Abgrenzung hierzu ist jedoch recht einfach möglich. Der Begriff ‚Intelligence' entstammt dem militärischen Sprachschatz und kann mit nachrichtendienstlicher Aufklärung beschrieben werden. Lichtenthaler (2002, S. 11) beschreibt die Ziele der *Business Intelligence* wie folgt: „Ziel der Business Intelligence ist es, Chancen und Gefahren im gesamten Umfeld eines Unternehmens zu erkennen. Business Intelligence umfasst die Aktivitäten der Beschaffung, Analyse und Kommunikation von Informationen über relevante Trends im Umfeld des Unternehmens, um strategische Entscheidungsprozesse innerhalb des Unternehmens zu unterstützen."

Competitive Intelligence stellt hierbei den Teil der Business Intelligence dar, der auf Wettbewerber und das Wettbewerbsumfeld fokussiert. „Competitive Intelligence dient [somit] der Antizipation sich verändernder Wettbewerbs- und Branchenstrukturen sowie der frühzeitigen Anpassung der Unternehmensstrategie an die daraus resultierenden Veränderungen der Rahmenbedingungen unternehmerischen Handelns." (Kunze 2000, S. 64) Competitive Intelligence entspricht in weiten Teilen dem von Porter (1999) eingeführten Konzept der Wettbewerber- und Wettbewerbsanalyse.

Business- und Competitive Intelligence basieren auf den Grundgedanken der Strategischen Frühaufklärung, unterscheiden sich jedoch in ihren Ausprägungen zum Erfüllen der Ziele.[110] Die Auseinandersetzung mit der Umwelt erfolgt mit einer kurz- bis mittelfristigen Zeitperspektive und hat vor allem die Beantwortung von konkreten Fragestellungen zum Ziel. Aufgrund dieser Ausprägungen sind die Bestimmung und die Wahrnehmung des konkreten Nutzens viel einfacher als bei der Strategischen Frühaufklärung.[111]

---

110 Vergleiche auch Michaeli (2006, S. 3 ff.) für weitere Informationen zu Competitive Intelligence.
111 Vergleiche auch Lang (1998) und Michaeli (2006) für weitere Informationen.

2.3 Prozesse und Methoden der Strategischen Frühaufklärung

Nachdem im vorherigen Abschnitt bereits verschiedenste Aspekte der Strategischen Frühaufklärung im Unternehmensumfeld erörtert wurden, werden im Folgenden die beiden zentralen Aspekte der Frühaufklärung, der ‚Prozess' und die ‚Methoden', detailliert diskutiert. Zudem wird anhand des Szenarioansatzes gezeigt, wie sich diese Aspekte miteinander verbinden lassen.

2.3.1 Prozesse der Strategischen Frühaufklärung

Strategische Frühaufklärungsprozesse können sehr unterschiedlich ausgestaltet und implementiert werden (Müller 2008, S. 42); von daher geht dieser Abschnitt zuerst auf unterschiedliche generische Prozessmodelle ein, bevor er danach verschiedene Ziel- bzw. Leistungskriterien für Prozesse erörtert.

2.3.1.1 Generische Prozessmodelle

In der Literatur finden sich eine Vielzahl an Vorschlägen zur Ausgestaltung von Frühaufklärungsprozessen; im Folgenden werden exemplarisch die Prozessmodelle von Horton (1999), Voros (2003) und Reger (2006) vorgestellt, um anschließend Schlussfolgerungen für die vorliegende Arbeit ziehen zu können.[112]

Prozessmodell der Frühaufklärung nach Horton

Das Prozessmodell von Horton (1999) basiert auf der Analyse verschiedenster nationaler Foresight-Projekte und der Auswertung wissenschaftlicher Veröffentlichungen. Das Prozessmodell gliedert sich in drei Phasen, die sich entlang einer Wertschöpfungskette orientieren:

- *Phase 1 – Inputs:* Das *Sammeln* und das *Zusammenfassen* verschiedenster Informationen stellt die beiden Hauptaufgaben der ersten Phase dar. Hierbei können die Informationen zu zukünftigen Themen, Trends, Ideen etc. aus einer Vielzahl an Quellen stammen, wie z. B. Universitäten / Forschungseinrichtungen, persönlichen Netzwerken, anderen Frühaufklärungsaktivitäten oder Kundengesprächen. Nach der Datensammlung müssen die Informationen strukturiert, um unnötige Informationen bereinigt und in einer übersichtlichen Form zusammengefasst werden. Das Sammeln und das Zusammenfassen kann unter Verwendung weiterer Methoden, wie z. B. Delphi-Studien, Szenarien etc., und eigener Prozesse erfolgen.

---

[112] Vergleiche auch Müller (2008) für eine detailliertere Diskussion und weitere Prozessmodelle.

2.3 Prozesse und Methoden der Strategischen Frühaufklärung

- *Phase 2 – Frühaufklärung:* Die zweite Phase *übersetzt* zuerst die vorliegenden Informationen aus Phase 1 in eine ‚einheitliche' Sprache, bevor der wichtigste Schritt der Frühaufklärung, die *Interpretation*, erfolgt. Im Rahmen der Übersetzung werden die Informationen, die in technischer, ökonomischer und / oder juristischer Sprache vorliegen, in eine einheitliche Sprache übertragen, die sich an den Besonderheiten der Firma orientiert und von allen verstanden wird. Die Interpretation wandelt das vorliegende Wissen in Verstehen um, indem sie das Wissen in Kontext zum Unternehmen stellt und Implikationen für die Organisation ableitet. Dieser Schritt ist der wichtigste des gesamten Prozesses; das Verstehen, kann zwar durch Moderation unterstützt werden, aber nur durch die beteiligten Manager selber erfolgen und nicht durch eine theoretische Methode.

- *Phase 3 – Output und Handeln:* In der letzten Phase geht es darum, dass die Organisation und die verantwortlichen Personen die Ergebnisse *verinnerlichen* und in *Handeln umsetzen*. Die Verinnerlichung und das Bekenntnis zu den Ergebnissen werden durch die Einbindung der Personen in den Prozess und Kommunikation erreicht; von daher muss der Prozess auch durch das Unternehmen selber und nicht durch externe Organisationen durchgeführt werden. Das Handeln und die daraus resultierenden Ergebnisse sind der einzige Indikator, an dem sich der Erfolg der Frühaufklärung festmachen lässt.

Abbildung 2.31 zeigt das Prozessmodell nach Horton mit seinen drei Phasen, den Inputs und Outputs sowie den parallel verlaufenden Stufen der Wertschöpfungskette.

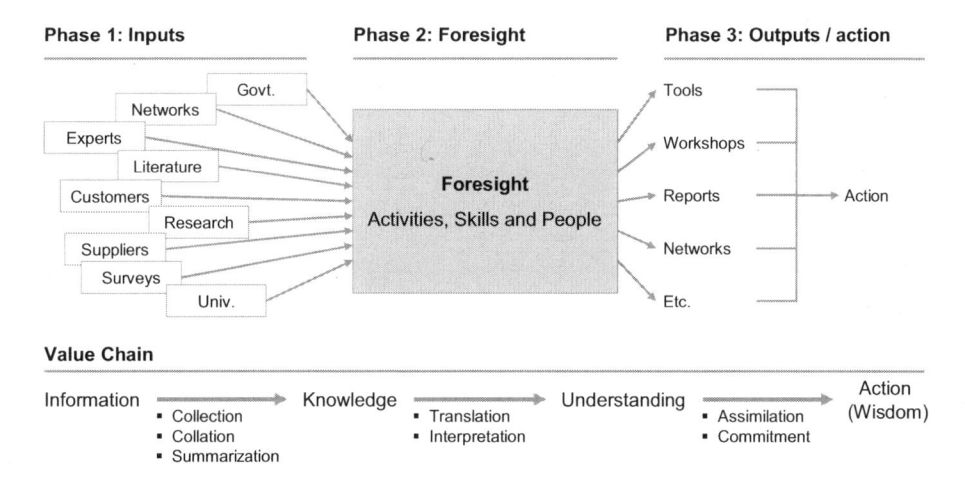

Abbildung 2.31: Prozessmodell der Frühaufklärung (nach Horton (1999, S. 6))

Prozessmodell der Frühaufklärung nach Voros

Das Prozessmodell von Voros (2001), (2003) basiert auf dem Dreiphasenmodell von Horton (1999), den Überlegungen von Mintzberg, Ahlstrand und Lampel (1999) zu ‚strategischer Planung' und ‚strategischem Denken' und den Überlegungen von Slaughter (1997) zu Strategischer Frühaufklärung und den hierfür notwendigen Methodologien. Das Prozessmodell besteht aus den drei Phasen ‚Input', ‚Frühaufklärung' und ‚Output', wobei die Phase Frühaufklärung noch weiter in die Schritte Analyse, Interpretation und Vorausschau unterteilt wird. Abbildung 2.32 zeigt die verschiedenen Phasen und Schritte des Modells, die zentralen Fragen, die pro Schritt beantwortet werden sollen, sowie zugehörige repräsentative Methoden.

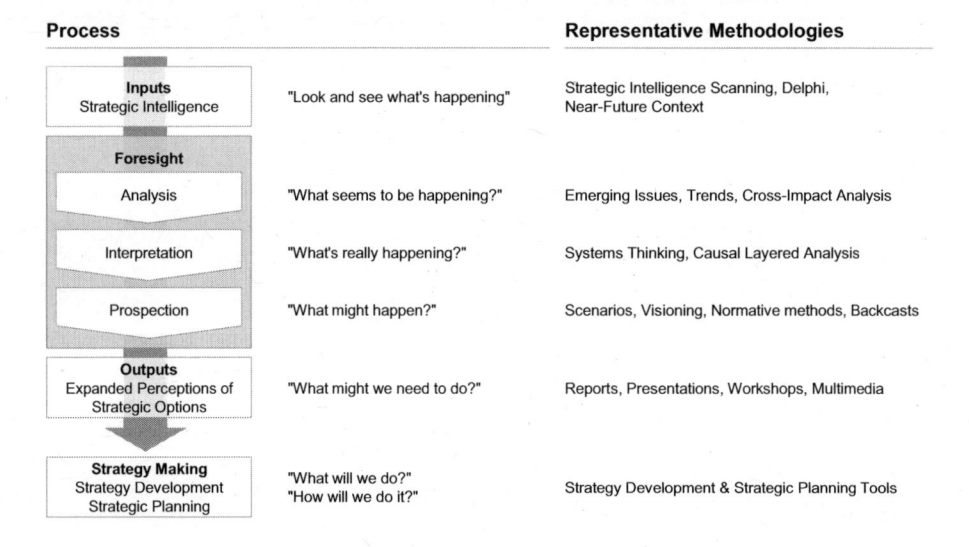

Process		Representative Methodologies
Inputs — Strategic Intelligence	"Look and see what's happening"	Strategic Intelligence Scanning, Delphi, Near-Future Context
Foresight		
Analysis	"What seems to be happening?"	Emerging Issues, Trends, Cross-Impact Analysis
Interpretation	"What's really happening?"	Systems Thinking, Causal Layered Analysis
Prospection	"What might happen?"	Scenarios, Visioning, Normative methods, Backcasts
Outputs — Expanded Perceptions of Strategic Options	"What might we need to do?"	Reports, Presentations, Workshops, Multimedia
Strategy Making — Strategy Development, Strategic Planning	"What will we do?" / "How will we do it?"	Strategy Development & Strategic Planning Tools

Abbildung 2.32: Prozessmodell der Frühaufklärung (nach Voros (2003, S. 14))

In der Inputp-Phase werden strategische Informationen mittels verschiedener Methoden gesammelt, bevor diese im ersten Schritt der Frühaufklärung analysiert werden. Die Analyse ist der Beginn der detaillierten Auseinandersetzung mit den Informationen und versucht zu erklären, was gegenwärtig passiert. In der Interpretation werden die Informationen in aller Tiefe untersucht, um die dahinterliegenden Trends und Strukturen zu identifizieren. Die Vorausschau legt den Fokus auf die Zukunft und versucht zu klären, wie sich diese Trends und Strukturen auf mögliche Zukünfte auswirken können; im Rahmen dieser Aktivitäten werden z. B. mittels Szenarien wahrscheinliche, mögliche und gewünschte Zukunftsbilder generiert. In der Output-Phase werden sowohl explizite als auch implizite Ergebnisse erzielt; die expliziten Outputs sind strategische Optionen, während die impliziten Outputs mentale Veränderungen und eine erweitere Wahrnehmung der beteiligten Personen umfassen. Der ‚letzte' Teil des Prozessmodells ist das Einbringen der Ergebnisse in die Strategie.

Prozessmodell der Frühaufklärung nach Reger

Das Prozessmodell von Reger (2006) basiert auf den Ergebnissen einer empirischen Studie zur Technologiefrühaufklärung in 21 Unternehmen aus Europa, Japan und den USA sowie Literaturergebnissen. Der Prozess untergliedert sich hierbei in sechs Phasen der Frühaufklärung und die darauffolgende Phase der Implementierung (vergleiche hierzu Abbildung 2.33):

1. „Formulierung des Informationsbedarfs,
2. Auswahl der Informationsquellen und der Methoden / Instrumente,
3. Sammlung und Erfassen der Daten / Informationen,
4. Filtern, Analysieren und Interpretieren der Daten / Informationen,
5. Entscheidungsvorbereitung,
6. Bewertung und Entscheidung." (Reger 2006, S. 313f.)
7. Implementierung und Durchführung

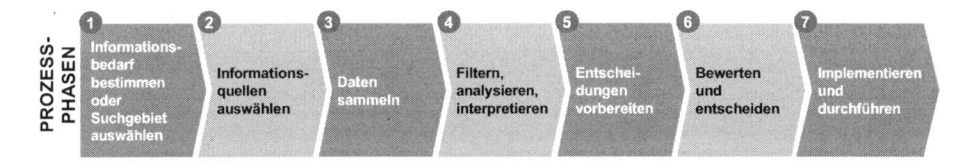

Abbildung 2.33: Prozessmodell der Frühaufklärung (nach Reger (2006, S. 314))

Im Folgenden werden kurz Aspekte der beiden ersten Phasen diskutiert, da diese für den ganzheitlichen Ansatz zur Strategischen Frühaufklärung hilfreiche Erkenntnisse liefern. Für weitere und umfassendere Informationen, insbesondere zu den übrigen Phasen, sei auf den Originalartikel von Reger (2006) verwiesen. Die Vielzahl der Informationen in den verschiedensten Bereichen führt prinzipiell zu einer kostspieligen und zeitintensiven Suche. Von daher ist es wichtig, vor dem Start der Suche klare Ziele und Fragestellungen zu definieren und so das Suchgebiet einzuschränken.

Die Auswahl der Informationsquellen und Methoden ergibt sich teilweise aus der Fragestellung und der Dynamik des Beobachtungsbereichs.[113] Eine mögliche Unterscheidung der Informationsquellen in ‚formale' und in ‚informelle' Quellen wird von Reger (2006, S. 317) vorgeschlagen; Abbildung 2.34 gibt hierzu einen Überblick. Die Nutzung der Informationsquellen muss nicht unmittelbar durch die Organisation erfolgen, sondern kann auch über Mittler, wie z. B. Info-Broker oder externe Berater, erfolgen.

---

[113] Vergleiche hierzu auch Abschnitt 2.3.2 zu den Methoden der Strategischen Frühaufklärung und zu Unterscheidungskriterien und Einflussfaktoren auf die Methodenwahl.

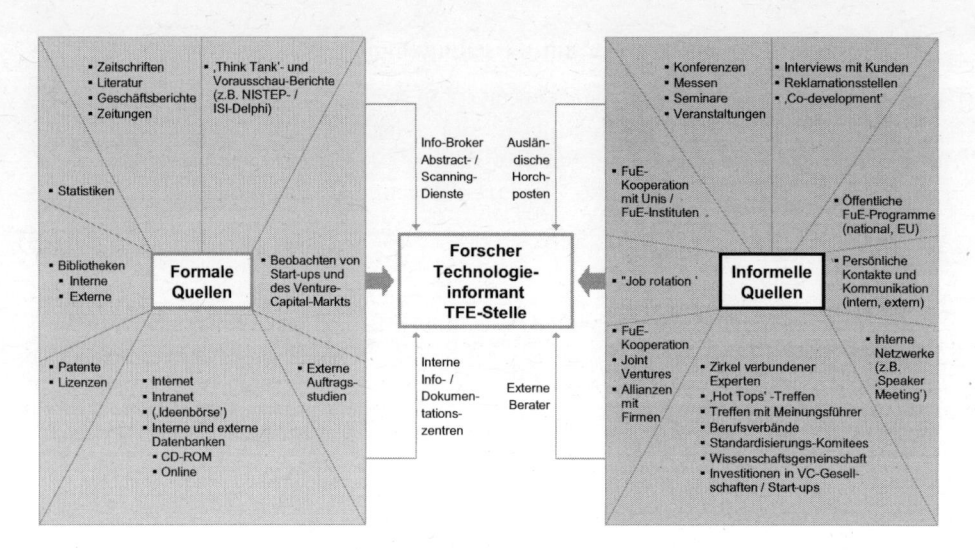

Abbildung 2.34: Formale und informelle Informationsquellen für die Frühaufklärung (nach Reger (2006, S. 317))

Schlussfolgerungen

Trotz der verschiedenen Ansätze zur Ausgestaltung der strategischen Frühaufklärungsprozesse in der Literatur lässt sich eine einheitliche Grundstruktur in der Mehrzahl der Ansätze finden. Die Ansätze folgen in gewisser Weise der von Horton (1999) beschriebenen Wertschöpfungskette aus Information, Wissen und höherem strategischen Verständnis.[114] Grundsätzlich können vier Phasen unterschieden werden:

- *„Phase 1:* Umfeldinformationen werden zusammengetragen (aktiv oder passiv), ein erstes Mal aufbereitet, analysiert und ausgewertet.

- *Phase 2:* Es folgt die Tiefenanalyse, Generierung der Zukunftsprojektionen und Reflexion dieser Erkenntnisse im eigenen Unternehmenskontext." (Müller 2008, S. 60)

- *Phase 3:* Die aus der Analyse gewonnenen strategierelevanten Folgerungen müssen nun zu Entscheidungsvorlagen aufbereitet oder zumindestens in die strategischen Entscheidungsprozesse eingespeist werden.

- *Phase 4:* Nachdem Entscheidungen getroffen wurden, müssen diese implementiert und die erfolgreiche Umsetzung regelmäßig kontrolliert werden.

Diese vier grundlegenden Prozessschritte stellen einen weiteren Input seitens der Theorie an die Entwicklung des ganzheitlichen Ansatzes zur Strategischen Frühaufklärung dar. Phase 4 wird zwar nicht von allen Autoren in ihren Prozessmodellen

---

[114] Vergleiche hierzu auch Müller (2008) für weitere Informationen und Ausführungen.

berücksichtigt; nach Ansicht des Autors und im Sinne dieser Arbeit ist die Reaktion auf die wahrgenommenen Veränderungen genauso wichtig wie deren Identifizierung, von daher ist diese Phase ebenfalls essentieller Bestandteil eines zukünftigen Ansatzes.

2.3.1.2 Ziel- und Leistungskriterien

„Während eine Vielzahl an Autoren in strategischen Foresight-Prozessen ein wichtiges Instrument zur Unterstützung der strategischen Entscheidungsfindung sehen, setzen sich nur sehr wenige Beiträge mit expliziten Zielsetzungen und der Leistungsfähigkeit strategischer Foresight-Prozesse auseinander." (Müller 2008, S. 57)[115] Nach Glenn, Gordon und Dator (2001, S. 188) beschränkt sich der Großteil der bestehenden Studien auf stark verallgemeinernde Aussagen: „Die Mehrheit des Materials zu diesem Thema [Ziel- und Leistungskriterien] gibt nur an, dass ‚Erfolg erzielt wurde', enthält aber wenige wirkliche Beweise."[116] Blackman (2001) erklärt diesen Mangel mit den grundlegenden Messproblemen, die mit der Evaluierung von Frühaufklärungsprozessen verbunden sind; hierzu gehören insbesondere:

- Lange zeitliche Effektverzögerung aufgrund der langfristigen Ausrichtung der Strategischen Frühaufklärung.
- Überlagerung durch schwer zu isolierende Drittfaktoren.
- Teilweise schwer messbare Ergebnisse immaterieller und impliziter Art.

Blackman (2001, S. 3f.) kommt deshalb zum Schluss: „Die Tendenz ist zu sagen, dass er [der Erfolg der Strategischen Frühaufklärung] unmöglich zu messen ist."[117] Horton (1999, S. 8) kommt zu einem vergleichbaren Ergebnis: „So wie bei Themen wie Innovation und Training ist es schwierig, die Vorteile in finanziellen Einheiten zu zeigen, dies gilt ebenso für das Messen der Effektivität."[118]

Trotz dieser Probleme finden sich in der Literatur einige Ansätze zu Ziel- und Leistungskriterien für Frühaufklärungsprozesse. (Salo (2001), Fuller, De Smedt und Rothman (2006), Rollwagen, Hofmann und Schneider (2006))[119] Exemplarisch seien die Ziel- und Leistungskriterien von Rollwagen, Hofmann und Schneider (2006) aufgezeigt, die darüber hinaus noch zwischen inhaltlichen und prozessualen Kriterien unterscheiden:

---

115 Vergleiche Müller (2008, S. 57) für eine ausführlichere Diskussion dieses Aspektes.
116 Übersetzt durch den Autor – vergleiche hierzu auch das Originalzitat: „Most material on the subject simply states that ‚success was achieved', but is short on real evidence." (Glenn, Gordon und Dator 2001, S. 188)
117 Übersetzt durch den Autor – vergleiche hierzu auch das Originalzitat: „The tendency is to say that it is impossible to quantify." (Blackman 2001, S. 3f.)
118 Übersetzt durch den Autor – vergleiche hierzu auch das Originalzitat: „As with subjects like innovation and training, demonstrating the benefits in financial terms is difficult and measuring effectiveness equally so." (Horton 1999, S. 8)
119 Vergleiche Müller (2008, S. 57) für eine ausführlichere Diskussion.

„Kriterien bzgl. des Inhalts der Frühaufklärung:

- Plausibilität
- Zweckmäßigkeit / Verwertbarkeit der Ergebnisse
- Inspiration
- Passende zeitliche Perspektive

Kriterien bzgl. des Prozesses der Frühaufklärung:

- Strukturierte Herangehensweise bei der Produktion und Weitergabe der Frühaufklärungsdenkweise
- Hoher Grad an Interaktion
- Einbindung von organisatorischen Arbeitsabläufen
- Agieren als Entrepreneur
- Innovative Kommunikation
- Beharrlichkeit
- Synchronisation mit der Unternehmensorganisation" (Rollwagen, Hofmann und Schneider 2006, S. 6)[120]

Schlussfolgerungen

Trotz der Schwierigkeiten in der Definition expliziter Zielkriterien und der Messung der Leistungsfähigkeit von Frühaufklärungsprozessen stellen z. B. die von Rollwagen, Hofmann und Schneider (2006) definierten qualitativen Kriterien einen ersten Schritt dar, um die Qualität der Prozesse der Strategischen Frühaufklärung sowie deren Ergebnisse zu verbessern. Wichtig hierbei ist, dass die Ergebnisse und die Implementierung der Prozesse regelmäßig überprüft werden.

---

[120] Übersetzt durch den Autor – vergleiche hierzu auch das Originalzitat: „Criteria for foresight content: Plausibility, Convenience / usability of results, Inspiration, Appropriate temporal perspective; Criteria for foresight process: Structured way of production and deliverance of foresight thinking, High level of interaction, Inclusion in organizational procedures, Ideational entrepreneurship, Innovation as regards to communication, Persistence, Synchronization with the business organization." (Rollwagen, Hofmann und Schneider 2006, S. 6)

2.3.2 Methoden der Strategischen Frühaufklärung

Neben der effizienten und effektiven Ausgestaltung des Frühaufklärungsprozesses stellen die verwendeten Methoden einen wichtigen Aspekt für den Erfolg der Strategischen Frühaufklärung dar. Von daher sollen im Folgenden zuerst verschiedene Klassifikationen zur Kategorisierung von Frühaufklärungsmethoden diskutiert und dann einzelne Methoden, die die Hauptansätze der Frühaufklärung abdecken, erläutert werden. Aufgrund der Vielzahl der existierenden Methoden werden anschließend Einflussfaktoren für die geeignete Methodenwahl vorgestellt. Die hieraus gewonnenen Erkenntnisse fließen dann in die Ausgestaltung des ganzheitlichen Ansatzes zur Strategischen Frühaufklärung in Kapitel 4 ein.

2.3.2.1 Klassifikationen von Frühaufklärungsmethoden

Die Einordnung der Frühaufklärungsmethoden nach verschiedenen Kriterien ist in gewisser Hinsicht problematisch, da viele Methoden in ihrer Anwendung flexibel sind und somit keine einfache Klassifikation erlauben. Im Folgenden sollen zum einen die Klassifikation nach Gordon (1994) mittels der beiden Merkmale ‚Charakter' und ‚Zweck' kurz vorgestellt werden und zum anderen die Klassifikation nach Grupp, Blind und Cuhls (1998) anhand der konkreten Funktionen der Methoden; anschließend wird auf weitere Klassifikationsmöglichkeiten hingewiesen.[121]

Klassifikation nach Charakter und Zweck (Gordon 1994)

Einen guten Überblick über die Methoden der Frühaufklärung liefert Gordon (1994); er kategorisiert die Methoden anhand von zwei Merkmalen: ‚Charakter' und zugrunde gelegter ‚Zweck'. Das Merkmal Charakter differenziert er in die Ausprägungen qualitative und quantitative Methoden. Das Merkmal Zweck unterscheidet er in normative Methoden, womit wünschenswerte Zukünfte entworfen werden, und in explorative Methoden, mit deren Hilfe sich mögliche Zukünfte erkunden lassen.

In komplexeren Verfahren kann diese idealtyische Unterscheidung jedoch nicht durchgehalten werden und muss zugunsten einer Kombination überwunden werden: „Die Nutzung quantitativer Daten mit qualitativen Beurteilungen durch Experten, die Erkundung möglicher Zukünfte mit dem Entwurf wünschenswerter Zukünfte." (Steinmüller 2008, S. 93) Abbildung 2.35 zeigt die Klassifikation wichtiger Frühaufklärungsmethoden anhand der Merkmale Charakter und Zweck. Gleichzeitig kann man hier das beschriebene Grundproblem der problematischen Kategorisierung der Methoden beobachten; so kann z. B. die erste Methode, die Umfeldanalyse, je nach Anwendung alle vier Merkmale erfüllen.

---

121 Vergleiche auch Steinmüller (1997) und UNIDO (2005a) für eine ausführlichere Diskussion zu Klassifikationsmöglichkeiten.

	Charakter		Zweck	
	Quantitativ	Qualitativ	Normativ	Explorativ
Umfeld-Analyse	x	x	x	x
Wechselwirkungsanalyse	x	x	x	x
Entscheidungsanalyse	x	-	x	-
Entscheidungsmodelle	x	-	-	x
Delphi-Umfragen	-	x	x	x
Ökonometrie	x	-	x	x
Mindmapping	-	x	x	x
Simulation	x	x	x	x
Experten-Vorhersagen	-	x	x	x
Morphologische Analyse	-	x	x	-
Partizipatorische Methoden	-	x	x	-
Relevanzbäume	-	x	x	-
Szenarien	x	x	x	x
Statistische Modellierung	x	-	-	x
Dynamische Modellierung	x	-	-	x
Strukturanalyse	-	x	-	x
Technologieserien-Analyse	-	x	x	x
Zeitreihenvorhersagen	x	-	-	x
Trend Impact Analysis	x	x	-	x

Abbildung 2.35: Klassifikation wichtiger Frühaufklärungsmethoden anhand der Merkmale Charakter und Zweck (nach Steinmüller (2008, S. 92) in Anlehnung an Gordon (1994))

Klassifikation nach der konkreten Funktion (Grupp, Blind und Cuhls 1998)

Die von Grupp, Blind und Cuhls (1998) vorgeschlagene Klassifizierung orientiert sich stark an der konkreten Funktion der jeweiligen Methode, insbesondere mit Blick auf ihre qualitativen und quantitativen Möglichkeiten (Reger 2006). Abbildung 2.36 zeigt die vorgeschlagene Klassifikation.

Bei der Auswahl der Methoden richten Unternehmen sich aber nicht ausschließlich auf eine Klasse fokussieren, sondern das Augenmerk auf eine ausgewogene und differenzierte Auswahl der Methoden legen. „So können die mathematisch-statistischen Verfahren zwar sehr hilfreich sein, um einen Trend zu erfassen, sind aber in der [...] Früherkennung gefährlich, da sie eine Objektivität und eine Genauigkeit suggerieren, die in Bezug auf die Zukunft nicht vorhanden sind." (Reger 2006, S. 319)

Weitere Klassifikationen

Neben den zuvor beschriebenen Klassifikationen existieren in der Literatur noch weitere Ansätze. Eine häufig verwendete Klassifizierung geht auf Jantsch (1967) zurück, der den Methodenbestand in intuitive, explorative, projektive und rekursive Analyse- und Prognoseansätze unterteilt. Bommer (1969) oder auch Steinmüller (1997) knüpfen hieran an; so unterscheidet z. B. Steinmüller (1997, S. 30) zwischen:

- *„intuitiven Methoden:* Brainstorming, Delphi-Methode etc.,

2.3 Prozesse und Methoden der Strategischen Frühaufklärung

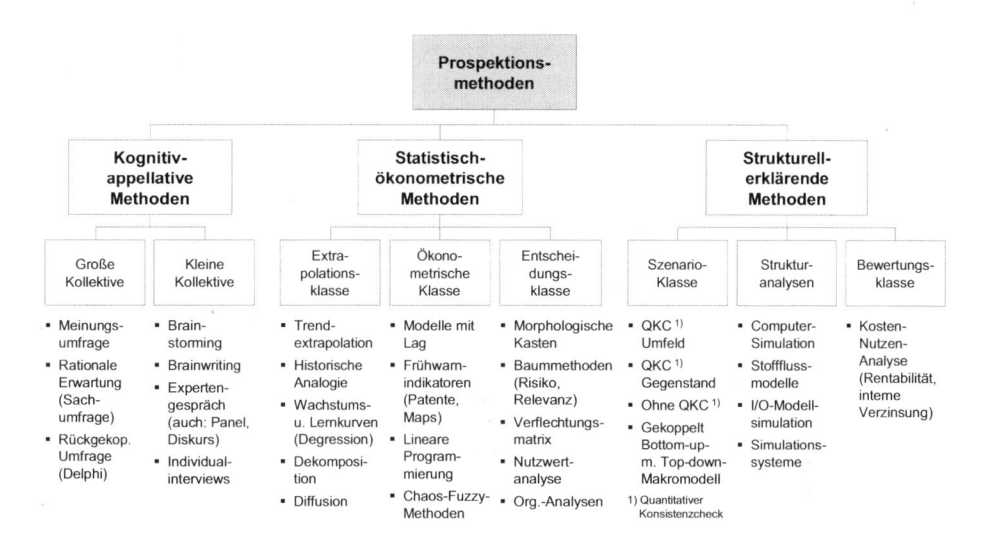

```
                          Prospektions-
                           methoden
        ┌──────────────────────┼──────────────────────┐
    Kognitiv-            Statistisch-            Strukturell-
   appellative         ökonometrische            erklärende
    Methoden              Methoden                Methoden
```

Große Kollektive	Kleine Kollektive	Extrapolationsklasse	Ökonometrische Klasse	Entscheidungsklasse	Szenario-Klasse	Strukturanalysen	Bewertungsklasse
▪ Meinungsumfrage	▪ Brainstorming	▪ Trendextrapolation	▪ Modelle mit Lag	▪ Morphologische Kasten	▪ QKC ¹⁾ Umfeld	▪ Computer-Simulation	▪ Kosten-Nutzen-Analyse (Rentabilität, interne Verzinsung)
▪ Rationale Erwartung (Sachumfrage)	▪ Brainwriting	▪ Historische Analogie	▪ Frühwarnindikatoren (Patente, Maps)	▪ Baummethoden (Risiko, Relevanz)	▪ QKC ¹⁾ Gegenstand	▪ Stoffflussmodelle	
▪ Rückgekop. Umfrage (Delphi)	▪ Expertengespräch (auch: Panel, Diskurs)	▪ Wachstums- u. Lernkurven (Degression)	▪ Lineare Programmierung	▪ Verflechtungsmatrix	▪ Ohne QKC ¹⁾	▪ I/O-Modellsimulation	
	▪ Individualinterviews	▪ Dekomposition	▪ Chaos-Fuzzy-Methoden	▪ Nutzwertanalyse	▪ Gekoppelt Bottom-up-m. Top-down-Makromodell	▪ Simulationssysteme	
		▪ Diffusion		▪ Org.-Analysen	1) Quantitativer Konsistenzcheck		

Abbildung 2.36: Klassifikation wichtiger Frühaufklärungsmethoden anhand der konkreten Funktion (nach Reger (2006, S. 319) in Anlehnung an Grupp, Blind und Cuhls (1998, S. 4))

- *explorativen Methoden:* Zeitreihen- und Trendextrapolationen, Szenarios etc.,
- *projektiven Methoden:* Präferenzanalysen, Relevanzbaumanalysen, Entscheidungsmodelle etc. und
- *rekursiven Methoden:* Früherkennungssysteme, integrierte Managementinformationssysteme etc."

Außerdem existieren Ansätze von May (1996), Slaughter (1997) oder Porter (2004), der einen breiteren Ansatz wählt und die Methoden neun Familien zuordnet, wobei eine Methode auch mehreren Familien angehören kann. In diesem Zusammenhang sei aber für weitere Ansätze und ausführlichere Beschreibungen auf Steinmüller (1997) oder UNIDO (2005a) verwiesen.

2.3.2.2 Frühaufklärungsmethoden

Das Methodenspektrum der Strategischen Frühaufklärung umfasst eine Vielzahl an Methoden; [122] viele Methoden sind zudem in ihrer Anwendung recht flexibel und können somit für verschiedene Zwecke eingesetzt werden. So können z. B. Literatur- und Patentindikatoren sowohl zur Identifizierung als auch zur Verifizierung von Trends eingesetzt werden. Darüber hinaus werden die Methoden zur Frühaufklärung häufig in Kombination eingesetzt. So können zum einen verschiedene

---

[122] Geschka (1995, S. 630) kommt bei einer Literaturrecherche zu Frühaufklärungsmethoden auf mehr als 50 verschiedene Verfahren.

Informationsquellen (explizites und implizites Wissen) erschlossen werden und zum anderen gewonnene Erkenntnisse bestätigt oder relativiert werden. Trends können z. B. durch Patenthäufigkeitsanalysen identifiziert werden, bevor diese dann durch Szenarien und Expertenbefragungen bewertet werden und abschließend in eine Product Technology Roadmap einfließen.

Im Folgenden werden wichtige und für die Strategische Frühaufklärung typische Verfahren vorgestellt; Ziel ist es, ein grundlegendes Verständnis der Methode zu vermitteln. Für weiterführende Einstiegsliteratur sei auf Slaughter (1997, S. 5 ff.), UNIDO (2005a, S. 107 ff.), Pillkahn (2007, S. 157 ff.) oder Steinmüller (2008, S. 91 ff.)[123] und auf die im Zusammenhang mit den Methoden genannte Literatur verwiesen. Der Szenarioansatz wird darüber hinaus in Abschnitt 2.3.3 eingehender erläutert, da dieser eine gute Möglichkeit zur Verbindung von Prozess und Methoden darstellt. Zur besseren Orientierung sind die aufgeführten Methoden anhand der Klassifikation nach Grupp, Blind und Cuhls (1998)[124] sortiert.

Kognitiv-appellative Methoden

Delphi-Studie: Die Delphi-Studie ist eine Expertenbefragungsmethode,[125] bei der eine Gruppendiskussion durch eine Reihe von anonymen und schriftlichen Befragungsrunden ersetzt wird und die Ergebnisse nach jeder Runde allen mitgeteilt werden. Aufgrund der Rückkoppelung wird trotz der gewollten Anonymität ein Gedankenaustausch ermöglicht, allerdings ohne Gruppenzwang oder Dominanz einzelner Teilnehmer (Lichtenthaler 2002, S. 389). Nachteil dieser Methode ist der hohe damit verbundene zeitliche und finanzielle Aufwand; deshalb findet die Delphi-Studie vor allem im Rahmen nationaler oder supranationaler Programme Anwendung. Zudem besteht die Gefahr, dass Experten ihr Arbeitsgebiet zu optimistisch einschätzen und so einen systematischen Fehler verursachen.

Brainstorming: Brainstorming ist ein Verfahren zur Erweiterung der Vorstellungskraft und zur Generierung von neuen Ideen, bei dem alle Teilnehmer intuitiv zu einem Thema die ihnen in den Sinn kommenden Ideen nennen.[126] Kritik an den genannten Ideen ist verboten, da so auch gezielt ungewöhnliche Ideen generiert werden sollen; eine nicht realisierbare Idee kann nämlich Anknüpfungspunkte oder Inspiration für weitere Ideen geben. Brainstorming wird, wie auch andere Kreativ- oder Ideengenerierungstechniken, zur Gewinnung von Alternativen in Morphologischen Kästen verwendet.

---

123 Vergleiche auch Peiffer (1992, S. 116 ff.) oder Lichtenthaler (2002, S. 381 ff.) für weitere Informationen.
124 Vergleiche hierzu auch Abschnitt 2.3.2.1 sowie die angemerkten Limitierungen.
125 Vergleiche hierzu auch Kanama, Kondo und Yokoo (2008, S. 188 ff.), Schwarz (2008, S. 240 ff.) oder UNIDO (2005a, S. 142 ff.) für weitere Informationen.
126 Vergleiche hierzu auch Hauschildt und Salomo (2007, S. 441 ff.) oder UNIDO (2005a, S. 160 ff.) für weitere Informationen.

2.3 Prozesse und Methoden der Strategischen Frühaufklärung

Expertenpanel: Neben Einzelinterviews von Experten zu bestimmten Themen und Hypothesen besteht auch die Möglichkeit von Gruppenbefragungen/-diskussionen.[127] „Allerdings können die Dominanz einzelner Gruppenmitglieder oder die Kraft der Mehrheitsmeinung die Entscheidungsfindung in eine Richtung steuern und damit die beabsichtigte Steigerung der Repräsentativität zunichtemachen. Überwunden werden kann dieser Effekt durch Einsatz geschulter Moderatoren oder durch die getrennte Befragung der Experten." (Lichtenthaler 2002, S. 389)

Statistisch-ökonometrische Methoden

Trendextrapolation: Die Trendextrapolation ist ein univariates Prognoseverfahren, das einen funktionalen Zusammenhang zwischen der Zeit und der erklärten Variablen annimmt.[128] Man geht davon aus, dass die Zukunft so ähnlich aussieht wie die Gegenwart, von daher lassen sich identifizierte Trends in die Zukunft verlängern. „Doch nur wenn die zu Beginn der beobachteten Entwicklung angenommenen Randbedingungen und Grundannahmen ihre Gültigkeit behalten, kann Extrapolation richtige Aussagen über den weiteren Verlauf liefern. Trotz der akzeptierten Beschleunigung in der Umfeldveränderung wird jedoch genau diese falsche Annahme oftmals implizit vorausgesetzt, was häufig zu Fehleinschätzungen führt." (Pillkahn 2007, S. 193) Dennoch ist die Trendextrapolation relativ weit verbreitet und wird vor allem wegen ihrer Einfachheit häufig genutzt.

Historische Analogie: „Das Verfahren der historischen Analogie überträgt mithilfe von Analogieschlüssen bekannte Entwicklungen aus sachlich oder räumlich anderen Bereichen auf die Evolution im interessierenden Technologiebereich." (Lichtenthaler 2002, S. 390) Die Grenzen des Verfahrens liegen in dem Umstand, dass die Geschichte sich niemals exakt wiederholen kann, weil nie eine komplette Übereinstimmung bestehen wird; gleichwohl existieren Konstellationen, die auf ähnliche Entwicklungen hindeuten.

Publikations- und Patentindikatoren: Ausgangspunkt für Publikations- und Patentindikatoren ist die Überlegung, dass mittels quantitativer Analyse von Publikationen oder Patenten sich Aussagen über aktuelle und zukünftige Trends treffen lassen. Durch *Patentinformationen* lassen sich hierbei insbesondere Ergebnisse der angewandten Forschung nachvollziehen, während mittels *Publikationen* nicht patentierfähige oder nicht patentierte Forschungsergebnisse erschlossen werden können. (Lichtenthaler 2002, S. 383 ff.)

Neben den unterschiedlichen Informationsquellen können sich die Publikations- und Patentindikatoren auch in der Analyseform unterscheiden;[129] so existieren

---

[127] Vergleiche hierzu auch Coburn (1999, S. 61 ff.) für weitere Informationen und zur Durchführung von Expertenpanels.
[128] Vergleiche hierzu auch Porter u. a. (1991, S. 138 ff.) für weitere Informationen.
[129] Vergleiche hierzu auch Peiffer (1992, S. 138 ff.) für weitere Informationen.

zum einen Häufigkeitsanalysen und zum anderen verschiedene Verflechtungsanalysen. *Häufigkeitsanalysen* basieren darauf, dass der kurzfristige und sprunghafte Anstieg von Veröffentlichungen zu einem Thema einen Indikator für die Zunahme der Forschungsaktivität in diesem Bereich darstellt. Die Zunahme der Häufigkeit stellt aber noch kein Qualitätskriterium dar, sodass die Qualität z. B. durch Expertengespräche weiter evaluiert werden sollte. Verflechtungsanalysen, wie z. B. die Zitationsanalyse, folgen dem Grundgedanken, dass „das Ausmaß, mit dem Veröffentlichungen von aktuellen Publikationen zitiert werden, einen Indikator für die inhaltliche Verbreitung des zugrunde liegenden Forschungsergebnisses darstellt. So lassen sich beispielsweise Themengebiete bzw. Forschungsergebnisse, die innerhalb von Expertenbefragungen, Tagungsbeobachtungen bzw. Publikationsanalysen identifiziert wurden, durch die Zitationsanalyse hinsichtlich ihrer weiteren Entwicklung und interdisziplinären Ausbreitung verfolgen." (Lichtenthaler 2002, S. 384) Das Problem der ‚Publikationswut' einzelner Autoren bzw. der ‚Hang zur Selbstzitierung' können die Ergebnisse beider Analyseformen verzerren. (Lichtenthaler 2002, S. 384)

Morphologischer Kasten: Der Morphologische Kasten ist ein Strukturierungsverfahren,[130] das auf einer lückenlosen und überschneidungsfreien Gliederung des Sachbereichs nach verschiedenen Kriterien basiert.[131] Er stellt eine Matrix dar, bestehend aus den Kriterien und ihren Ausprägungen; jede Kombination der verschiedenen Ausprägungen stellt eine Alternative zur Ausgestaltung des Sachbereichs dar. Durch die Vielzahl der möglichen Kombination führt der Morphologische Kasten schnell zu einer unübersichtlichen Informationsflut; neben der reinen Alternativengenerierung eignet sich der kreative Prozess der Gliederung auch zum Identifizieren neuartiger oder alternativer Parameter und zum Überschreiten bisheriger Denkmuster. (Lichtenthaler 2002, S. 381 f.) Einsatz findet das Verfahren häufig in der Produktkonfigurationsplanung.

Strukturell-erklärende Methoden

Szenarien: Szenarien sind die Beschreibungen von möglichen, zukünftigen Situationen und den dazugehörigen Entwicklungsverläufen. Ziel ist es, aus in der Regel mehreren Szenarien Konsequenzen für die Gegenwart abzuleiten, um sich so auf die Zukunft vorzubereiten.[132] Für eine eingehendere Diskussion von Szenarien sei auf Abschnitt 2.3.3 verwiesen, wo der Szenarioansatz als Beispiel für die Verbindung von Prozess und Methode im Rahmen der Strategischen Frühaufklärung ausführlicher vorgestellt wird.

---

[130] „Als Strukturierungsverfahren werden alle Methoden bezeichnet, die den Bewertungsgegenstand zukunftsorientiert in denkbare Sachgebiete, Eigenschaften oder Funktionen strukturieren." (Lichtenthaler 2002, S. 381)
[131] Vergleiche hierzu auch Hauschildt und Salomo (2007, S. 453 ff.) für weitere Informationen.
[132] Vergleiche hierzu auch Porter u. a. (1991, S. 259 ff.) oder UNIDO (2005a, S. 1682 ff.) für weitere Informationen.

Modelle und Simulationen: Am Computer simulierte Modelle sind ein populäres Tool in der Frühaufklärung, insbesondere für die Vorhersage der Entwicklung eines Systems über die Zeit. Durch die Abbildung eines Systems in einem Modell, d. h. durch die Definition von Annahmen und die Modellierung von Zuständen, Zusammenhängen und Abhängigkeiten, erfolgt bereits eine sehr intensive Auseinandersetzung mit dem System, was zu Erkenntnisgewinnen führen kann. Darüber hinaus können durch die Anwendung des Modells mit konkreten Werten – der Simulation – die Entwicklung des Systems über die Zeit und die Auswirkungen von Veränderungen beobachtet werden.[133]

Die Modellierung eines einfachen Systems kann bereits sehr aufwendig sein; weitere Nachteile sind die Ungewissheit bzgl. der Vollständigkeit und Korrektheit des Modells und der damit unklaren Verlässlichkeit der Aussagen.

2.3.2.3 Einflussfaktoren auf die Methodenwahl

Die verwendeten Methoden sind neben der Ausgestaltung des Prozesses[134] einer der wichtigsten Faktoren für den Erfolg der Strategischen Frühaufklärung. In der Literatur werden zahlreiche Methoden genannt,[135] allerdings meistens ohne klar zu spezifizieren, wann welche Methoden eingesetzt werden sollen.

Insbesondere vor dem Hintergrund von Zeit- und Ressourcenrestriktionen in Unternehmen empfiehlt sich die Entwicklung eines Kriterienkatalogs zur gezielten Auswahl der geeigneten Methoden für eine Fragestellung. Solche Kriterienkataloge existieren z. B. von Levary und Han (1995) oder Mishra, Deshmukh und Vrat (2002), allerdings sind diese zum einen stark technologieorientiert, und zum anderen gehen diese nicht auf die oben genannten Restriktionen ein. Von daher werden im Folgenden der Ansatz von Lichtenthaler (2005) (2008) vorgestellt und einzelne Einflussfaktoren vertiefend erläutert. Die Arbeit basiert auf den Ergebnissen einer Fallstudienuntersuchung zur Methodenwahl in 26 multinationalen Unternehmen[136] und klärt die Frage, welche Faktoren die Methodenauswahl der Frühaufklärung beeinflussen; hierbei werden Zeit- und Ressourcenrestriktionen in Unternehmen mit berücksichtigt. Die so gewonnenen Erkenntnisse bilden einen wichtigen Input seitens der Theorie für die Entwicklung des ganzheitlichen Ansatzes zur Strategischen Frühaufklärung in Kapitel 4. Hierbei ist aber zu beachten, dass Methoden ein wichtiges Unterstützungsinstrument für den Frühaufklärungsprozess darstellen, eine Beurteilung der Ergebnisse durch Experten aber nicht ersetzen können.

---

133 Vergleiche hierzu auch Porter u. a. (1991, S. 222 ff.) für weitere Informationen.
134 Vergleiche hierzu auch Abschnitt 2.3.1.
135 Vergleiche hierzu auch Abschnitt 2.3.2.2 oder Slaughter (1997, S. 5 ff.), UNIDO (2005a, S. 107 ff.) oder Pillkahn (2007, S. 157 ff.) für weitere Informationen.
136 Vergleiche hierzu auch Lichtenthaler (2002, S. 65 ff.) für weitere Informationen.

Einflussfaktoren auf die Methodenwahl (nach Lichtenthaler (2008))

In einer konkreten Bewertungssituation muss zum einen eine Entscheidung über den Einsatz der geeigneten Methode getroffen werden und zum anderen über die Wahl der passenden Bewertungsform. „Eine Bewertungsform umfasst die Auswahl eines geeigneten Bewertungstyps (Gruppen- oder Einzelbewertung) und geeigneter Personen, die die Bewertung durchführen können." (Lichtenthaler 2008, S. 65) Die Wahl der Methode und der Bewertungsform beeinflussen sich stark gegenseitig, da nicht jede Bewertungsform mit jeder Methode eingesetzt werden kann; so sind z. B. anspruchsvolle Methoden aufgrund des notwendigen Know-hows nur für Einzelbewertungen geeignet. Nicht alle Einflussfaktoren haben Einfluss auf die Bewertungsform.

Nach Lichtenthaler (2008) existieren neun Einflussfaktoren auf die Wahl von Bewertungsform und Methode der Frühaufklärung; Abbildung 2.37 zeigt dieses Zusammenspiel im Überblick.

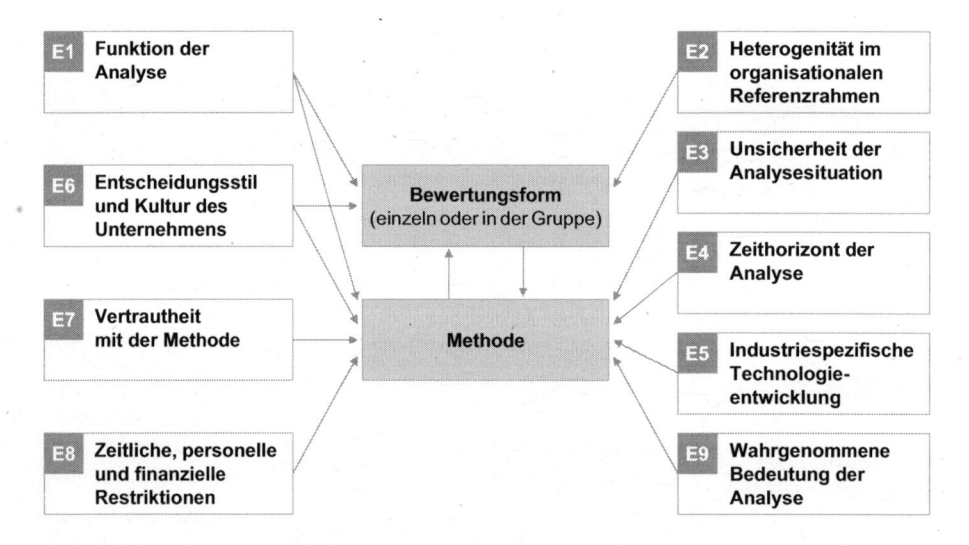

Abbildung 2.37: Einflussfaktoren auf die Wahl von Bewertungsform und Methode der Frühaufklärung (nach Lichtenthaler (2008, S. 66))

Einflussfaktor 1 – Funktion der Analyse: Die Funktion der Analyse lässt sich in zwei Gruppen unterteilen: die Funktion der Informationsgewinnung und die Funktion des Lernens; beide Funktionen beeinflussen sowohl die Wahl der Bewertungsform als auch die der Methode.

Die Funktion der *Informationsgewinnung* hat die Generierung von Wissen über die Zukunft zum Ziel und kann in drei grundlegende Formen unterschieden werden: extrapolative, explorative und normative Informationsgewinnung. Extrapolative Methoden, wie z. B. Roadmaps, Benchmarkings oder Erfahrungskurven, entwickeln

2.3 Prozesse und Methoden der Strategischen Frühaufklärung

ein Zukunftsbild, indem sie bestehende Entwicklungen in die Zukunft weiterentwickeln. Explorative Informationsgewinnung versucht, mögliche Entwicklungen zu identifizieren und verschiedene mögliche Zukunftsbilder zu generieren. Ziel ist es, mittels der möglichen Zukunftsbilder eine robuste Strategie zu entwickeln; hierbei helfen insbesondere Szenarioansätze oder Expertenbefragungen. Normative Methoden dienen dazu, ein gewolltes Zukunftsbild zu analysieren und mögliche Wege hierfür zu identifizieren.

Die Funktion des Lernens zielt darauf ab, den Informationsstand der Beteiligten zu erhöhen oder eine Veränderung in der Kultur oder im Handeln zu erzielen. Je nach Anzahl der am Lernprozess Beteiligten spricht man von individuellem oder organisationalem Lernen; je mehr Personen beteiligt sind, desto höher ist die Wahrscheinlichkeit von organisationalem Lernen.

Abbildung 2.38 fasst die Eignung ausgewählter Methoden bzgl. der Analysefunktion zusammen und gibt gleichzeitig einen Überblick darüber, für welche Bewertungsform die Methode geeignet ist.

	Informationsgewinnung			Lernen		Bewertungsform
	Extrapolativ	Explorativ	Normativ	Organisational	Individuell	
Publikationshäufigkeitsanalysen	x	-	-	-	x	E
Publikationsverflechtungsanalysen	x	-	-	-	x	E
Quantitative Tagungsbeobachtung	x	-	-	-	x	E
Patenthäufigkeitsanalysen	x	-	-	-	x	E
Patentverflechtungsanalysen	x	x	-	-	x	E
S-Kurvenanalysen	x	-	x	x	x	E/G
Benchmarking	x	-	-	x	x	E/G
Portfolios	x	-	x	x	x	E/G
Delphi-Studien	x	x	-	-	x	E
Expertenpanel	x	x	-	x	x	E/G
Flexible Expertenbefragung	x	x	-	-	x	E
Technology Roadmaps	x	-	-	x	x	E/G
Product Technology Roadmaps	x	-	-	x	x	E/G
Product Roadmaps	x	-	-	x	x	E/G
Erfahrungskurven	x	-	x	x	x	E/G
Simulationen	-	x	-	-	x	E
Option Pricing	-	x	-	x	x	E/G
Szenarien	-	x	x	x	x	E/G
Lead-User-Analysen	x	x	-	x	x	E/G
Quality Function Deployment	x	-	-	x	x	E/G

E = Einzelperson; G = Gruppe

Abbildung 2.38: Methoden der Frühaufklärung und deren Eignung für die Analysefunktionen (nach Lichtenthaler (2008, S. 69))

Einflussfaktor 2 – Heterogenität im organisationalen Referenzrahmen: Das Ergebnis von Analysen wird stark durch das Vorwissen der Person beeinflusst, die die Analyse durchführt. „Dieses Vorwissen dient als Referenzrahmen bei der Interpretation von Informationen und kann nur schwer artikuliert werden. [...] Je größer die Heterogenität zwischen den Referenzrahmen der Organisationsmitglieder ist, umso stärker greifen die Unternehmen auf Gruppenbewertungen zurück, um Intersubjektivität zwischen den Beteiligten zu erzeugen." (Lichtenthaler 2008, S. 71). Im Rahmen der Gruppenbewertungen können die individuellen Referenzrahmen explizit gemacht und ein neuer, von allen geteilter Referenzrahmen entwickelt werden.

Einflussfaktor 3 – Unsicherheit der Analysesituation: Der Methodeneinsatz richtet sich auch stark nach der Unsicherheit der Analysesituation; je höher die Unsicherheit ist, desto eher werden Methoden eingesetzt, mit denen diese handhabbar gemacht werden kann. Am häufigsten werden in diesen Fällen Szenarioansätze verwendet, aber auch Simulationen oder Optionsbewertungsmethoden. Die Auswirkungen der Unsicherheit können nicht durch Methoden reduziert werden, sondern nur durch robuste Strategien.

Einflussfaktor 4 – Zeithorizont der Analyse: Mit zunehmendem Zeithorizont steigt die Unsicherheit der Analyse, wodurch indirekt die Auswahl der Methoden beeinflusst wird; allerdings können Trends auch langfristig beeinflusst oder neue Märkte geschaffen werden. Je weiter der Vorhersagezeitraum in der Zukunft liegt, desto mehr verschiebt sich der Fokus von extrapolativ hin zu explorativ / normativ. Unternehmen schätzen die Methoden als unterschiedlich geeignet für verschiedene Zeithorizonte ein; so werden z. B. Benchmarking, Lead-User-Befragungen oder Patent- und Publikationsindikatoren eher für kurz- bis mittelfristige Zeiträume als geeignet betrachtet, während Szenarien oder Delphi-Studien für langfristige Fragestellung angewandt werden. Abbildung 2.39 fasst die Eignung unterschiedlicher Frühaufklärungsmethoden für verschiedene Zeithorizonte zusammen und differenziert zudem zwischen dem qualitativen und dem quantitativen Charakter der Methoden.

Einflussfaktor 5 – Industriespezifische Technologieentwicklung: Lichtenthaler (2008, S. 74) kommt zu dem Ergebnis, dass es zwischen der Pharma-, der Telekommunikations- und der Automobil- / Maschinenbauindustrie zahlreiche Gemeinsamkeiten hinsichtlich der Methodenauswahl gibt. Benchmarking, Portfoliountersuchungen, Expertenbefragungen und Szenarien werden in allen Industrien eingesetzt, während Publikationsanalysen oder Simulationen z. B. besonders häufig in der Pharmaindustrie genutzt werden.

Unterschiede in der Methodenwahl lassen sich zum Teil mit dem Reifegrad und der Dynamik der Industrie bzw. der Dauer von Innovations- und Entwicklungszyklen erklären. In der marktgetriebenen Telekommunikationsausrüstungsindustrie sind technologischer Fortschritt und Marktentwicklung eng miteinander gekoppelt (Lichtenthaler 2008, S. 77). Dies führt dazu, dass Lead-User-Analysen oder Roadmaps hier besonders häufig eingesetzt werden.

2.3 Prozesse und Methoden der Strategischen Frühaufklärung 117

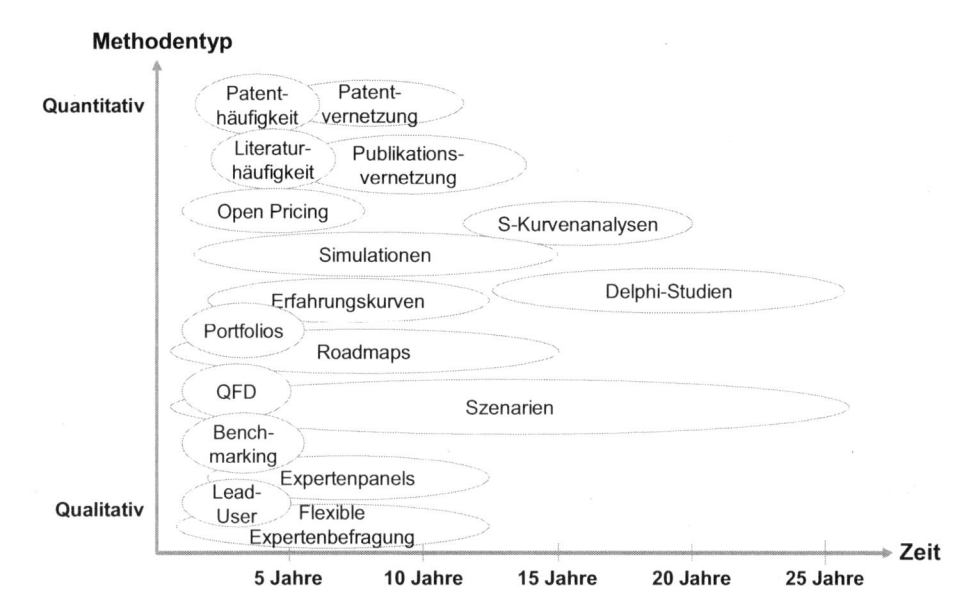

Abbildung 2.39: Eignung der Methoden der Frühaufklärung für bestimmte Zeithorizonte (in Anlehnung an Lichtenthaler (2008, S. 73))

Einflussfaktor 6 – Entscheidungsstil und Kultur des Unternehmens: Der Entscheidungsstil und die Unternehmenskultur beeinflussen die Wahl der Bewertungsform und der Methode; so setzen Unternehmen mit einer eher formellen Kultur verstärkt Methoden ein, während Unternehmen mit informeller Kultur diese nur in Situationen einsetzen, in denen es unbedingt notwendig ist. In Unternehmen mit dezentraler oder partizipativer Entscheidungsfindung werden Analysen häufig in Gruppen durchgeführt, während in Unternehmen mit zentraler Entscheidungsfindung meist die Bewertungen durch einzelne Methodenspezialisten durchgeführt werden, die dann die Ergebnisse den Entscheidungsträgern vorstellen.

Einflussfaktor 7 – Vertrautheit mit der Methode: „Die Wahl einzelner Methoden wird stark von der Vertrautheit der Individuen und des Unternehmens mit der Methode beeinflusst. In den meisten Unternehmen wurde ein unternehmensweites Set an Methoden geschaffen, das im Rahmen eines Roll-outs im ganzen Unternehmen bekannt gemacht wurde. In spezifischen Situationen werden daher meist die bekannten Methoden genutzt." (Lichtenthaler 2008, S. 79) Dieses Verhalten lässt sich zum einen teilweise mit Bequemlichkeit begründen, zum anderen ist es darauf zurückzuführen, dass die Methoden besonders geeignet für die jeweiligen Anforderungen sind und dass das Top-Management aufgrund der Vertrautheit mit den Methoden die Analyseergebnisse einfacher nachvollziehen kann.

In einer ähnlichen Untersuchung zu den genutzten Methoden der Strategischen Frühaufklärung kommen Burmeister, Neef und Beyers (2004, S. 37) zu dem Ergebnis, dass nur wenige Methoden regelmäßig von den Unternehmen genutzt werden.[137] „Zu den wichtigsten Methoden in der Unternehmenspraxis gehören Trend- und Umfeldanalysen, die Szenarientechnik sowie Expertenbefragungen. [...] Kreativmethoden spielen ebenfalls eine große Rolle." (Burmeister, Neef und Beyers 2004, S. 37) Abbildung 2.40 zeigt den Einsatz verschiedener Frühaufklärungsmethoden in der Unternehmenspraxis.

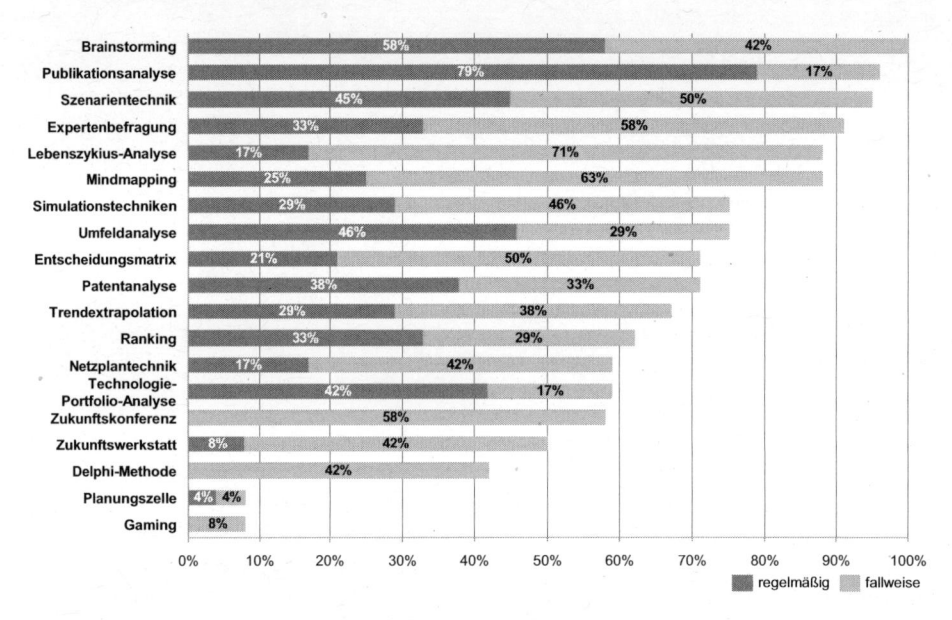

Abbildung 2.40: Einsatz von Frühaufklärungsmethoden in der Unternehmenspraxis (nach Burmeister, Neef und Beyers (2004, S. 37))

Einflussfaktor 8 – Zeitliche, personelle und finanzielle Restriktionen: Die Auswahl und Nutzung von Frühaufklärungsmethoden wird durch zeitliche, personelle und finanzielle Restriktionen begrenzt. So wird häufig der Methodeneinsatz aus einer Kosten-Nutzen-Perspektive heraus betrachtet, was dazu führen kann, dass teure Methoden wie z. B. die Patentvernetzungsanalyse selten oder nur in speziellen Fällen genutzt werden.

Die eingeschränkte Verfügbarkeit von Forschern und Managern, die Markt- und Technologiewissen in eine Analyse mit einbringen, führt manchmal dazu, dass nur ihre Einschätzung abgefragt wird, aber auf eine ausführliche Analyse mit Methodeneinsatz verzichtet wird. „Zeitliche Restriktionen werden als noch stärkere

---

[137] Daheim und Uerz (2008) kommen in einer weiteren Untersuchung zu einem vergleichbaren Ergebnis und einem ähnlichen Set an Methoden.

Begrenzungen des Methodeneinsatzes wahrgenommen. In vielen Situationen müssen Entscheidungen schnell gefällt werden, weswegen aufwendige Methoden nicht angewendet werden können. Vielmehr werden in solchen Situationen vor allem wenig zeitaufwendige Methoden eingesetzt, oder es wird gänzlich auf Methoden verzichtet." (Lichtenthaler 2008, S. 79) In solchen Fällen basieren die Entscheidungen dann häufig ausschließlich auf Experteneinschätzungen. Zudem „ziehen die Unternehmen es vor, lieber häufig neuere Trends zu einem ganzheitlichen Zukunftsbild zu verdichten, als einmalig eine möglichst genaue Prognose zu erstellen." (Lichtenthaler 2008, S. 80)

Einflussfaktor 9 – Wahrgenommene Bedeutung der Analyse: Die Bedeutung des Themas einer Analyse beeinflusst in starkem Maße die Methodenwahl; so werden Methoden der Technologischen Frühaufklärung insbesondere für die Technologieplanung, zur Identifikation diskontinuierlicher Technologien oder zur Bewertung neuer strategischer Trends verwendet. In vielen anderen Analysesituationen werden keine oder nur wenige Methoden eingesetzt.

Schlussfolgerungen

Aus den Ergebnissen der Untersuchung von Lichtenthaler (2008) lassen sich zwei wesentliche Implikationen für die Entwicklung des ganzheitlichen Ansatzes zur Strategischen Frühaufklärung in Kapitel 4 ableiten. Zum einen ist die Schaffung eines Methodensets für das Unternehmen zu empfehlen; auf diese Weise können das notwendige Methoden-Know-how und eine damit verbundene Vertrautheit sichergestellt werden. Die Auswahl der Methoden sollte sich nach den Planungshorizonten, dem Entscheidungsstil und der Unternehmenskultur sowie industriespezifischen Besonderheiten richten. Zum anderen sollte vor einer konkreten Analyse, ausgehend von der Unsicherheit der Situation und des Lernbedarfs, die Funktion der Analyse festgelegt werden. Aufbauend hierauf kann dann unter Berücksichtigung von Zeit-, Ressourcen- und Kostenrestriktionen pragmatisch die passende Methode ausgewählt werden.

2.3.3 Szenarioansatz zur Verbindung von Prozessen und Methoden

Nachdem in den vorherigen Abschnitten die beiden für den Erfolg der Strategischen Frühaufklärung wichtigen Aspekte ‚Prozess'[138] und ‚Methode'[139] diskutiert und Erkenntnisse für diese Arbeit abgeleitet wurden, soll im Folgenden der Szenarioansatz als eine der zentralen Komponenten der Frühaufklärung vertiefend vorgestellt werden. Der Szenarioansatz ist ein gutes Beispiel, wie Prozess und Methode miteinander verknüpft werden können; er ermöglicht nicht nur, weitere Frühaufklärungsmethoden einzubinden,[140] sondern er verläuft auch parallel zum Frühaufklärungsprozess und strukturiert diesen.

Die Grundidee des Szenarioansatzes hat eine lange Historie;[141] der moderne Szenariobegriff geht auf Hermann Kahn und ein gemeinsames Projekt zwischen dem US-Militär und der RAND Corporation zurück. Die Ergebnisse wurden erst nach dem Ausscheiden von Hahn 1961 aus der RAND Corporation langsam veröffentlicht. Das Buch ‚The year 2000: A framework for speculation on the Thirty-Three Years' von Kahn (1967) gilt hierbei als Meilenstein auf dem Gebiet der Szenarioplanung. (Pillkahn 2007, S. 167) Im Folgenden setzte eine intensive Auseinandersetzung und Nutzung von Szenarien sowohl auf politischer / gesellschaftlicher Ebene als auch in Unternehmen ein; so setzte sich z. B. der ‚Club of Rome' mit der Studie ‚The Limits of Growth' (Meadows u. a. 1972) kritisch mit der Zukunft auseinander und warnte vor weiteren unbegrenzten Entwicklungen, während das Unternehmen Royal Dutch Shell die Ölkrise bereits zuvor in einer Szenario-Analyse als mögliche Option erkannt hatte und sich erfolgreich schützen konnte. (Schwartz (2005), Heijden (2007))

In der Literatur finden sich die verschiedensten Definitionen und Erklärungsversuche zu Szenarien;[142] Kahn[143] als Schöpfer des Begriffs verstand hierunter: „Szenarien beschreiben hypothetisch eine Abfolge von Ereignissen mit dem Ziel, Aufmerksamkeit für kausale Verbindungen zu schaffen und auf Entscheidungen hinzuarbeiten."[144,145] Kahn betonte hierbei insbesondere die Meinungsbildung und die Entscheidungsfindung. Einen guten Überblick über die Merkmale und Aspekte bietet die Abgrenzung von Pillkahn:

---

138 Vergleiche hierzu auch Abschnitt 2.3.1.1.
139 Vergleiche hierzu auch Abschnitt 2.3.2.2.
140 Vergleiche hierzu auch Steinmüller (1997, S. 42) für eine detaillierte Aufstellung, welche weiteren Frühaufklärungsmethoden im Rahmen einer Szenarioanalyse genutzt werden können.
141 Vergleiche hierzu auch Steinmüller (1997, S. 51 ff.) oder Pillkahn (2007, S. 166 ff.) für weitere Informationen.
142 Vergleiche hierzu auch Porter u. a. (1991, S. 259 ff.), Steinmüller (1997, S. 52 ff.) oder Mietzner (2009, S. 95 ff.) für weitere Informationen.
143 Vergleiche hierzu auch Kahn (1967).
144 Zitiert nach Pillkahn (2007, S. 168)
145 Übersetzt durch den Autor – vergleiche hierzu auch das Originalzitat: „Scenarios describe hypothetically a succession of events with the objective of drawing attention to causal relationships and working towards decisions." (Zitiert nach Pillkahn (2007, S. 168))

2.3 Prozesse und Methoden der Strategischen Frühaufklärung

„Szenarien

- sind hypothetische Zukunftsbilder, die in einem festgelegten Kontext einen Ausschnitt beschreiben,
- spannen einen Raum möglicher Entwicklungsalternativen auf,
- beschreiben Entwicklungspfade und dienen der Orientierung,
- enthalten qualitative und quantitative Aussagen,
- sind bewusst für eine Situation mehrzahlig angelegt, um die Unbestimmtheit und mögliche Alternativen zu zeigen." (Pillkahn 2007, S. 168)

Bei der Szenarioentwicklung sind unterschiedliche Vorgehensweisen und Ausprägungen möglich; Abbildung 2.41 gibt einen Überblick über die verschiedenen Kriterien zur Differenzierung von Szenarien.

Kriterium			
Ausgangspunkt der Szenario-Entwicklung	**Explorative Szenarien** Entwicklung aus der Gegenwart	**Antizipative Szenarien** Entwicklung aus der Zukunft	
Richtung der Szenario-Entwicklung	**Induktiv** Verknüpfung von Faktoren / Trends	**Deduktiv** Vorgabe eines ‚Frameworks'	**Inkremental** Weiterentwicklung eines Zukunftsbildes
Zielgerichtetheit der Szenario-Entwicklung	**Deskriptive Szenarien** Ursache-Wirkungs-Beziehungen	**Präskriptive Szenarien** Ziel-Mittel-Beziehungen	
Komplexität der Szenario-Entwicklung	**Modellgestützte Szenario-Entwicklung** Verwendung mathematischer Algorithmen	**Intuitive Szenario-Entwicklung** Keine Nutzung von Algorithmen	

▢ Szenario-Management und kontinentaleuropäische Ansätze   ■ Anwendung der anglo-amerikanischen Ansätze

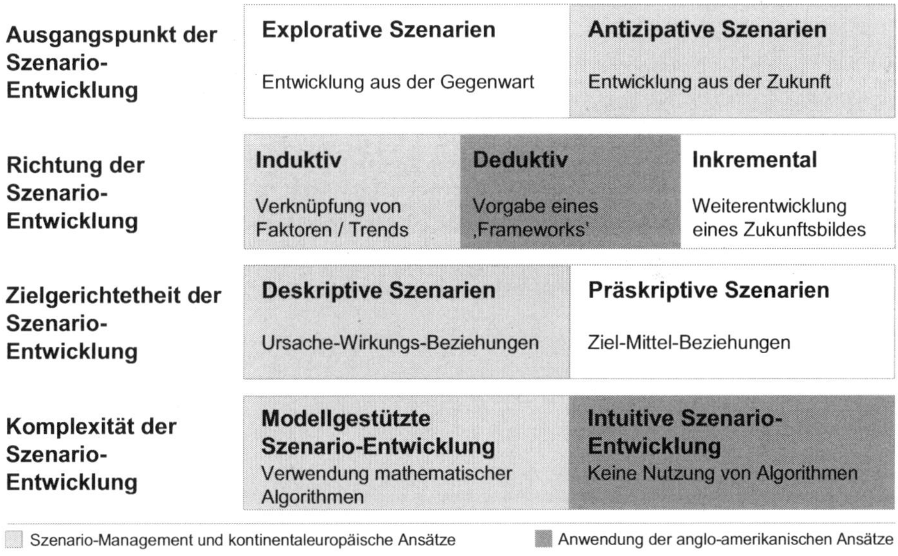

Abbildung 2.41: Kriterien zur Differenzierung von Szenarien (nach Fink, Schlake und Siebe (2001, S. 62))

Das generelle Vorgehen bei Szenarien ist weitestgehend gleich. Nach Fink und Schlake (2000) lässt sich das Szenariomanagement in fünf Phasen unterteilen; diese sollen im Folgenden kurz vorgestellt werden, um ein besseres Grundverständnis der Methode zu vermitteln. Eine konkrete Arbeitsanleitung zur Entwicklung eigener Szenarien soll nicht vermittelt werden, hierzu sei auf die einschlägige Literatur verwiesen[146].

---

[146] Vergleiche hierzu auch Porter u. a. (1991, S. 259 ff.), UNIDO (2005a, S. 168 ff.) oder Mietzner (2009, S. 116 ff.) für weitere Informationen.

1. *Vorbereitung:* Bevor mit der Entwicklung eines Szenarios begonnen wird, gilt es den Fokus des Szenarioprojekts zu präzisieren und abzugrenzen sowie die Ausgangsbasis des Untersuchungsfokus zu untersuchen. Hierzu können konventionelle Managementtools, wie z. B. SWOT- oder Portfolio-Analysen, eingesetzt werden. Das Ergebnis stellt die Szenariobasis dar.

2. *Analyse:* In diesem ersten Schritt der eigentlichen Szenarioentwicklung werden die Kernfaktoren der Untersuchung aus der Szenariobasis und aus relevanten internen und externen Faktoren abgeleitet.

3. *Projektion:* In diesem zentralen Schritt werden die Zukunftsinformationen generiert; hierzu werden verschiedene mögliche Entwicklungen der Kernfaktoren gesucht. Ziel ist es nicht, die wahrscheinlichste Projektion eines Kernfaktors zu identifizieren, sondern verschiedene, um den gesamten Möglichkeitsraum für die Optionen der Zukunft abzudecken.

4. *Szenarien:* In einem weiteren Schritt werden jetzt die verschiedenen Zukunftsinformationen selektiert und in plausiblen und konsistenten Clustern gruppiert; ein Cluster stellt bereits ein einfaches Szenario dar. Mittels Clusteranalyse können ähnliche Cluster verschmolzen werden, um so die Anzahl zu reduzieren und die Übersichtlichkeit zu steigern. Da mit jeder Verschmelzung Information verloren geht, gilt es die beste Kombination aus wenige Cluster / Szenarien und wenig Informationsverlust zu finden. Die verbleibenden Cluster stellen das Ergebnis der Szenarioanalyse dar. Allerdings sollten diese weiter aufbereitet und für die Zielgruppen angepasst werden; dies kann auch in Textform oder in Illustrationen erfolgen.

5. *Transfer:* Nachdem die Szenarien entwickelt wurden, gilt es im letzten Schritt die Ergebnisse und Erkenntnisse in die regulären Prozesse zu übertragen und zu nutzen.

Abbildung 2.42 fasst die fünf Phasen des Szenariomanagements noch einmal grafisch zusammen.

2.3 Prozesse und Methoden der Strategischen Frühaufklärung

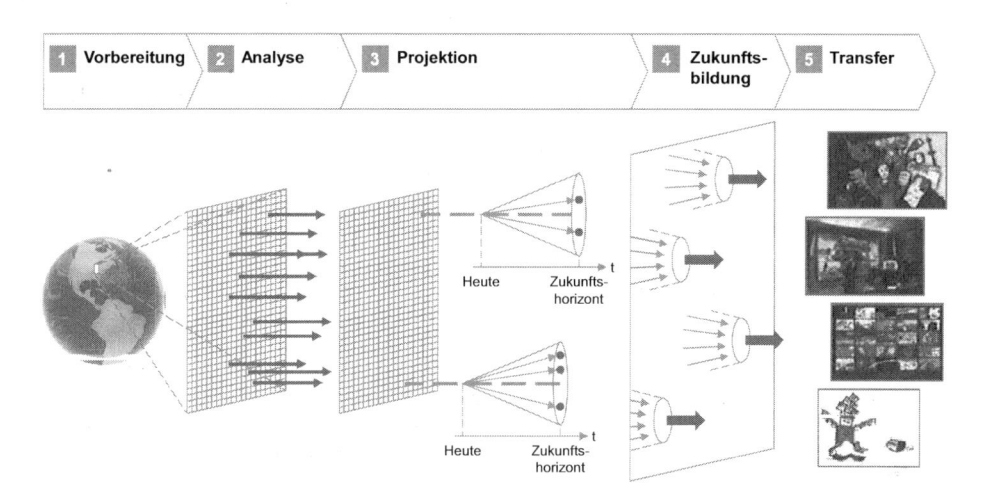

Abbildung 2.42: Die fünf Phasen des Szenariomanagements (in Anlehnung an Fink und Schlake (2000, S. 41) und Pillkahn (2007, S. 181))

2.4 Fazit und Folgerungen

In dem vorliegenden Theoriekapitel wurden verschiedenste Managementansätze und Lösungen zur Strategischen Frühaufklärung auf Unternehmensebene diskutiert und analysiert. Die Ergebnisse zeigen nicht nur den aktuellen Stand der Literatur und deren Lücken in Bezug auf den Forschungsgegenstand auf, sondern liefern zugleich durch die gewonnenen Ergebnisse einen wichtigen Input für das weitere Vorgehen im Rahmen dieser Arbeit und für die Entwicklung des ganzheitlichen Ansatzes zur Strategischen Frühaufklärung. Die Ergebnisse dienen hierbei zum einen zur besseren Ausgestaltung des Praxisteils[147] und fließen zum anderen direkt in die Entwicklung des ganzheitlichen Ansatzes[148] ein.

In Abschnitt 2.1 wurden Definitionen und Konzepte des strategischen Managements, des Technologiemanagements und des Innovationsmanagements vorgestellt und diskutiert, um so die Grundlagen für die Strategische Frühaufklärung zu schaffen. Ziel war es, nicht ausschließlich einzelne, relevante Aspekte zu erörtern, sondern ein Grundverständnis zu vermitteln, das es erlaubt, das Thema und sein Umfeld in einem Gesamtkontext zu betrachten. Die Abschnitte 2.2 und 2.3 gingen dann konkret auf die Strategische Frühaufklärung ein. Hier war es zuerst notwendig die Strategische Frühaufklärung in die allgemeine Zukunftsforschung einzuordnen[149] und von ähnlichen Konzepten abzugrenzen[150], bevor abschließend eine einheitliche Definition im Sinne dieser Arbeit abgeleitet werden konnte.[151] Im Folgenden wurden die unterschiedlichen Aspekte der Strategischen Frühaufklärung aufgegriffen und diskutiert. Neben den Aspekten ‚notwendige Kompetenzen‘, ‚Auftraggeber und Nutzer‘, ‚Organisationsform‘, ‚Einsatz im Unternehmensumfeld‘ sowie ‚Implementierungsbarrieren‘ [152] wurden die Aspekte ‚Prozess‘ [153] und ‚Methoden‘ [154] besonders intensiv vorgestellt und diskutiert. Zum Schluss wurde anhand des Szenarioansatzes gezeigt, wie sich die einzelnen Aspekte, insbesondere Prozess und Methoden, miteinander verbinden lassen.

Die Analyse der bestehenden Literatur zur Strategischen Frühaufklärung im Unternehmensumfeld zeigt, dass sich diese vor allem auf die Weiterentwicklung von Einzelaspekten, wie z. B. Prozessmodelle, Methoden, Informationsquellen, ... konzentriert hat. Es fehlen jedoch Forschungsergebnisse, die einen ganzheitlichen Rahmen bilden und Empfehlungen für das konkrete Zusammenspiel der einzelnen Aspekte geben. So existieren z. B. zwar umfangreiche Informationen zur Anwendung der verschiedenen Methoden, konkrete Empfehlungen, wie diese in einen Frühaufklärungsprozess eingebunden werden sollen, fehlen aber.[155] Zudem

---
147 Vergleiche hierzu auch Kapitel 3.
148 Vergleiche hierzu auch Kapitel 4.
149 Vergleiche hierzu auch Abschnitt 2.2.1.
150 Vergleiche hierzu auch die Abschnitte 2.2.2, 2.2.3 und 2.2.4.
151 Vergleiche hierzu auch Abschnitt 2.2.2.1.
152 Vergleiche hierzu auch die Abschnitte 2.2.2.2, 2.2.2.3 und 2.2.2.4.
153 Vergleiche hierzu auch Abschnitt 2.3.1.
154 Vergleiche hierzu auch Abschnitt 2.3.2.
155 Vergleiche hierzu auch die Abschnitte 2.3.2.2 und 2.3.2.3.

2.4 Fazit und Folgerungen

erfordern disruptive Technologien und radikale Innovationen ein anderes Vorgehen als kontinuierlich entstehende Technologien und inkrementelle Innovationen; eine solche differenzierte Berücksichtigung findet sich in keinem der analysierten Prozessmodelle.[156] Ebenso wird empfohlen, das Top-Management in den Frühaufklärungsprozess mit einzubinden. Konkrete Vorschläge, wann und wie dies ausgestaltet werden soll, fehlen aber.

Generell lässt sich festhalten, dass die Ergebnisse sehr allgemein gehalten sind und wenig konkrete Empfehlungen oder Handlungsanweisungen für Unternehmen enthalten. Arbeiten, die stark auf Praxisergebnissen aufbauen, haben diese meist durch Fragebögen oder andere vorstrukturierte Erhebungsmethoden gewonnen, sodass hier wiederum vor allem Einzelaspekte, wie genutzte Methoden, Häufigkeit der Nutzung, ... erhoben wurden, aber keine Zusammenhänge. Diese Defizite gilt es unter anderem durch eine ganzheitlichere Ausrichtung des Praxisteils zu beseitigen.

Neben der Transparenzschaffung bzgl. des Stands der Theorie und deren Defizite in Bezug auf den Forschungsgegenstand liefert die Analyse der bestehenden Literatur wichtige Ergebnisse für die Ausgestaltung des Praxisteils[157] und insbesondere für die Entwicklung des ganzheitlichen Ansatzes.[158] Ausgewählte Erkenntnisse werden im Folgenden kurz aufgeführt; für weitere Erkenntnisse und ausführlichere Erläuterungen sei auf die vorherigen Abschnitte verwiesen:

Allgemeine Erkenntnisse

- Ausgehend von der Evaluierung der verschiedenen Strategy-Schools sowie weiterer Ansätze des strategischen Managements und des Innovationsmanagements wurden *fünf Eckpunkte für die Entwicklung des ganzheitlichen Ansatzes* identifiziert:[159]

    - Strategische Perspektive
    - Formalisierter Prozesscharakter
    - Unterstützende Tools und Methoden
    - Unterstützende organisatorische Strukturen
    - Umfassende Innovationsperspektive

- Darüber hinaus sollte sich der ganzheitliche Ansatz in die *normativen, strategischen und operativen Strukturen des Unternehmens* einfügen, wie es auch durch andere Management-Ansätze erfolgt.[160]

---

156 Vergleiche hierzu auch die Abschnitte 2.1.3.3 und 2.3.1.1.
157 Vergleiche hierzu auch Kapitel 3.
158 Vergleiche hierzu auch Kapitel 4.
159 Vergleiche hierzu auch die Abschnitte 2.1.1.3 und 2.1.3.3.
160 Vergleiche hierzu auch die Abschnitte 2.1.1.1 und 2.1.2.3.

- Ausgehend von der geübten Kritik an der bestehenden Literatur, die sich vor allem auf die Weiterentwicklung von Einzelaspekten fokussiert hat, sollte das Konzept eine *ganzheitliche Lösung* darstellen, die die Einzelaspekte miteinander verbindet und integriert.

Erkenntnisse zum Prozess

- Der Prozess sollte sich an der in den verschiedenen Prozessmodellen identifizierten *Grundstruktur aus vier Phasen* orientieren:[161]
  - Erhebung und Sichtung der (Umfeld-)Informationen
  - Tiefenanalyse und Generierung der Zukunftsprojektionen
  - Erstellung von Entscheidungsvorlagen und Einbringen in den Entscheidungsprozess
  - Umsetzung und Kontrolle der Entscheidungen
- Eine differenzierte *Berücksichtigung von inkrementellen und radikalen Innovationen* sollte im Prozess erfolgen.[162]
- Eine *regelmäßige Überprüfung des Prozesses und seiner Ergebnisse* ist zu empfehlen.[163]

Erkenntnisse zu Methoden

- Ein *unternehmensspezifisches Methodenset* sollte unter Berücksichtigung von Planungshorizont, Entscheidungsstil, ... zur Sicherstellung der Vertrautheit mit den Methoden und des notwendigen Know-hows eingeführt werden.[164]
- Vor jeder Analyse sollte, basierend auf der Unsicherheit der Situation, der Funktion der Analyse und der Zeit-, Ressourcen- und Kostenrestriktionen eine *individuelle Methodenwahl* durchgeführt werden.[164]
- Eine *kritische Überprüfung der Methodenergebnisse* durch Experten ist immer anzustreben, es sollte keine reine Methodenfixierung geben.[164]

Erkenntnisse zu Organisation und Personen

- Unabhängig von der gewählten Organisationsform sollte mindestens eine *kleine Kerngruppe von Generalisten* zur Frühaufklärung im Unternehmen existieren.[165]
- Die mit der Strategischen Frühaufklärung betrauten Personen sollten im Unternehmen *stark vernetzt* sein.[165]

---

161 Vergleiche hierzu auch die Abschnitte 2.3.1.1 und 2.3.3.
162 Vergleiche hierzu auch Abschnitt 2.1.3.3.
163 Vergleiche hierzu auch Abschnitt 2.3.1.2.
164 Vergleiche hierzu auch Abschnitt 2.3.2.3.
165 Vergleiche hierzu auch Abschnitt 2.2.2.2.

2.4 Fazit und Folgerungen

- Das *Top-Management* sollte eng in die Frühaufklärung *eingebunden* sein.[166]
- Eine *intensive, zielgruppenorientierte Kommunikation* über die Frühaufklärung und deren Ergebnisse ist notwendig.[164]

Erkenntnisse zu Kultur und Umfeld

- Eine starke *Auseinandersetzung mit Zukunftsthemen* im Unternehmen ist hilfreich.[167]
- *Flankierende Maßnahmen* in den Bereichen Organisation, Anreizsysteme, Personalauswahl und Unternehmenskultur sind zur Unterstützung der Frühaufklärung und Überwindung der Implementierungsbarrieren notwendig.[168]

Diese im Rahmen der Analyse der bestehenden Literatur gewonnenen Ergebnisse gilt es nun, soweit möglich, mit Ergebnissen aus dem Praxisteil zu bestätigen und mit stärkerem Anwenderfokus weiter zu präzisieren und zu ergänzen, bevor sie in die Entwicklung des ganzheitlichen Ansatzes zur Strategischen Frühaufklärung einfließen.

---

[166] Vergleiche hierzu auch die Abschnitte 2.2.2.2 und 2.3.1.1.
[167] Vergleiche hierzu auch Abschnitt 2.2.2.3.
[168] Vergleiche hierzu auch Abschnitt 2.2.2.4.

3 Strategische Frühaufklärung in der Unternehmenspraxis

Kürzere Innovations- und Entwicklungszyklen, sich wandelnde Geschäftsmodelle sowie sich verändernde Rahmenbedingungen machen es notwendig, dass Unternehmen sich immer stärker mit der Zukunft und Veränderungen auseinandersetzen müssen, um weiterhin erfolgreich zu sein. Gleichzeitig haben Unternehmen jedoch Schwierigkeiten damit, rechtzeitig auf Veränderungen zur reagieren.[169] Die Strategische Frühaufklärung stellt einen wichtigen Schlüssel dar, um Veränderungen rechtzeitig zu identifizieren, notwendige Reaktionen hierauf umzusetzen und die vorhandenen Schwierigkeiten zu überwinden; auf diese Weise können zukünftige Bedrohungen abgewendet und neue Möglichkeiten genutzt werden.

Die Analyse der bestehenden Literatur zur Strategischen Frühaufklärung (vergleiche hierzu Kapitel 2) zeigt aber, dass sich die bisherigen Konzepte vor allem auf Einzelaspekte konzentrieren und weniger einen ganzheitlichen Rahmen aufspannen und Empfehlungen für das Zusammenspiel von Prozessen, Methoden, Personen, ... geben. Das vorliegende Praxiskapitel verfolgt deshalb zwei Ziele:

- Aufzeigen von erfolgreichen Beispielen der Strategischen Frühaufklärung und des Zusammenspiels von Prozessen, Methoden, Personen, ... Anhand der Beispiele sollen zum Einen die Erkenntnisse des Theoriekapitels aus einer Praxisicht bestätigt und weiter präzisiert werden und zum anderen Erkenntnisse zum Zusammenspiel der verschiedenen Aspekte gewonnen werden, um die identifizierten Defizite zu schließen.

- Aufbauend auf den gewonnenen Erkenntnissen sollen weitere Empfehlungen für die Ausgestaltung des ganzheitlichen Ansatzes zur Strategischen Frühaufklärung abgeleitet werden.

Zur Erreichung der beschriebenen Ziele ist das Praxiskapitel in vier Unterkapitel unterteilt. Im ersten Unterkapitel werden das Forschungsdesign und das genaue Vorgehen in der Fallstudienarbeit begründet und erläutert. Dieser Abschnitt liefert die wissenschaftliche Basis des Praxiskapitels und zeigt, warum das gewählte Vorgehen besonders geeignet für die Erreichung der in dieser Arbeit verfolgten Ziele ist und wie die Qualität der Ergebnisse sichergestellt wurde. Das zweite Unterkapitel umfasst die einzelnen Fallstudien inklusive deren Beschreibung, Analyse und Zusammenfassung der Einzelfallerkenntnisse. Im dritten Unterkapitel werden weitere Erkenntnisse durch die Cross-Case-Analyse und den Vergleich der

---

169 Vergleiche hierzu auch Abschnitt 2.2.1.1.

Fallstudien untereinander gewonnen. Zum Schluss werden die gewonnenen Erkenntnisse und die Empfehlungen für die Ausgestaltung des ganzheitlichen Ansatzes zur Strategischen Frühaufklärung in Kapitel 4 noch einmal zusammengefasst und gewürdigt.

Abbildung 3.1 fasst die Struktur des vorliegenden Kapitels nochmals zusammen.

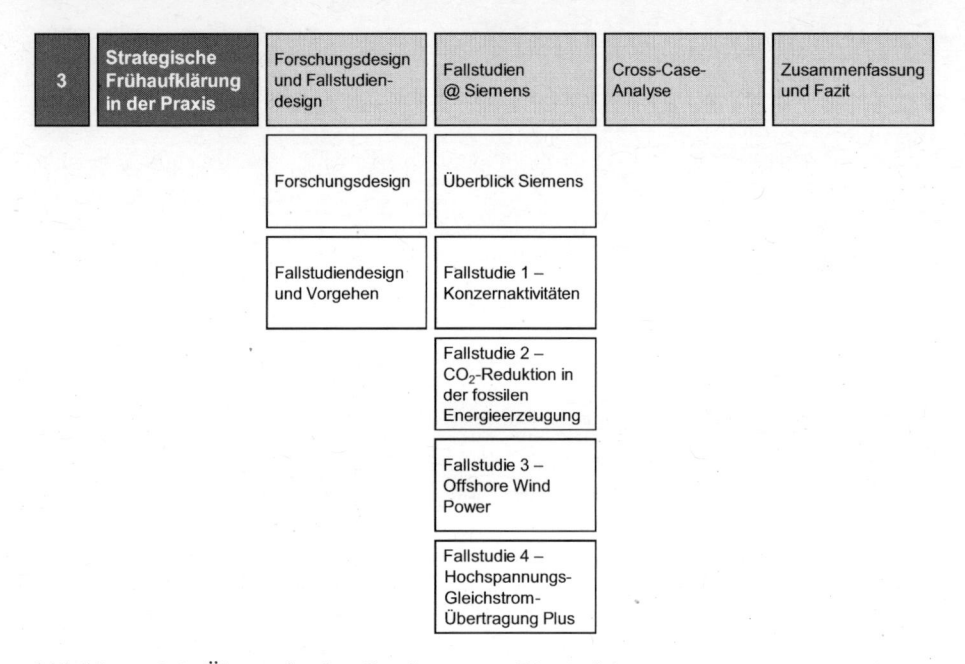

3	Strategische Frühaufklärung in der Praxis	Forschungsdesign und Fallstudiendesign	Fallstudien @ Siemens	Cross-Case-Analyse	Zusammenfassung und Fazit
		Forschungsdesign	Überblick Siemens		
		Fallstudiendesign und Vorgehen	Fallstudie 1 – Konzernaktivitäten		
			Fallstudie 2 – CO_2-Reduktion in der fossilen Energieerzeugung		
			Fallstudie 3 – Offshore Wind Power		
			Fallstudie 4 – Hochspannungs-Gleichstrom-Übertragung Plus		

Abbildung 3.1: Übersicht der Struktur von Kapitel 3

3.1 Forschungsdesign und Fallstudiendesign

Der vorliegende Abschnitt bildet die wissenschaftliche Basis des Praxiskapitels; Ziel ist es, das optimale Forschungsdesign für das Promotionsvorhaben abzuleiten und auszudefinieren. Hierzu werden zuerst unterschiedliche Forschungsansätze und -strategien erläutert und mit Blick auf ihre Verwendung in der vorliegenden Arbeit diskutiert und evaluiert. Im Anschluss werden der geeignetste Ansatz, die Fallstudienuntersuchung, auf das konkrete Promotionsvorhaben angepasst und das konkrete Vorgehen hinsichtlich Fallstudienauswahl, Datenerhebung sowie Analyse und Schlussfolgerungen erläutert und begründet.

3.1.1 Forschungsdesign

Das Forschungsdesign stellt den grundlegenden Plan des Forschungsvorhabens dar, der sowohl auf den Forschungsgegenstand als auch auf die angestrebten Ziele abgestimmt sein muss. Der Forschungsansatz positioniert hierzu das generelle Vorgehen in der empirischen Forschung, während die Forschungsstrategie das Vorgehen definiert, wie die Forschungsfragen beantwortet werden sollen (Punch 2005, S. 63).

3.1.1.1 Forschungsansatz

Der Forschungsansatz einer Arbeit besteht aus mehreren Aspekten, die unterschiedliche Ausprägungen annehmen können; im Folgenden werden die unterschiedlichen Aspekte inklusive ihrer Ausprägungen vorgestellt und die optimale Vorgehensweise im Rahmen des Forschungsprojekts abgeleitet und begründet.[170]

Induktive vs. deduktive Ansätze

Ein wichtiges Kriterium für die Wahl der Forschungsansatzes stellt die Frage dar, inwieweit das Forschungsvorhaben auf bestehenden Theorien aufbauen kann; hierbei kann zwischen deduktiven und induktiven Ansätzen differenziert werden.[171] „*Deduktive*, theorietestende Forschung ist darauf ausgerichtet, Hypothesen anhand einer bestimmten Forschungsstrategie empirisch zu testen. *Induktive*, theoriebildende Forschung versucht im Gegensatz dazu, empirische Daten und Informationen zu sammeln, um diese als Grundlage zur Entwicklung neuer Hypothesen heranzuziehen." (Müller 2008, S. 77) Die wichtigsten Unterschiede zwischen deduktiven und induktiven Ansätzen nach Saunders, Lewis und Thornhill (2007, S. 130 ff.) sind in Tabelle 3.1 zusammengefasst.

Das vorliegende Promotionsprojekt folgt einem stark induktiven Ansatz, da insbesondere in Bezug auf das Zusammenspiel der einzelnen Aspekte der Strategischen Frühaufklärung nur eine gering ausgeprägte wissenschaftliche Basis besteht. Ziel ist somit vor allem die Generierung neuer Ansätze und Erkenntnisse zur konkreten Ausgestaltung der Strategischen Frühaufklärung im Unternehmensumfeld. Darüber hinaus wird eine flexible Struktur benötigt, um den Forschungsfokus und das Design immer wieder an den komplexen Untersuchungsgegenstand optimal anpassen zu können.

---

[170] Vergleiche hierzu auch Blumberg, Cooper und Schindler (2008, S. 189 ff.), Lamnek (2005, S. 242 ff.) oder Saunders, Lewis und Thornhill (2007, S. 100 ff.) für weitere Informationen.
[171] Vergleiche hierzu auch Lamnek (2005, S. 249 ff.) oder Saunders, Lewis und Thornhill (2007, S. 130 ff.).

Tabelle 3.1: Hauptunterschiede zwischen deduktiven und induktiven Ansätzen (in Anlehnung an Saunders, Lewis und Thornhill (2007, S. 120))

Deduktive Ansätze	Induktive Ansätze
• Erklärung kausaler Zusammenhänge zwischen Variablen	• Gutes Verständnis des Forschungszusammenhangs
• Sammlung quantitativer Daten	• Sammlung qualitativer Daten
• Stark strukturierter Ansatz	• Flexible Struktur, die Veränderungen im Verlauf des Forschungsfortschritt zulässt
• Unabhängigkeit des Forschers vom Forschungsgegenstand	• Forscher ist in den Forschungsprozess eingebunden
• Notwendigkeit zur Verwendung ausreichend großer Stichproben, um Schlussfolgerungen generalisieren zu können	• Geringere Bedenken über die Notwendigkeit zur Generalisierung der Ergebnisse

Qualitative vs. quantitative Ansätze

Ein weiteres Differenzierungsmerkmal bildet die Unterscheidung zwischen qualitativen und quantitativen Forschungsansätzen.[172] „Bei *quantitativer* Forschung handelt es sich um empirische Forschung, bei welcher Grundlagendaten in Form von Zahlen vorliegen. Bei *qualitativer* Forschung handelt es sich dagegen um empirische Forschung, bei welcher Grundlagendaten nicht in Form von Zahlen vorliegen (meist in Worten)." (Müller 2008, S. 78) Nach Punch (2005, S. 22 f.) wird die Wahl des Ansatzes stark durch den Spezifikations- und Strukturierungsgrad der Forschungsfragen, des Forschungsdesigns und der zu erhebenden Daten beeinflusst. Quantitative Ansätze werden häufiger bei hohen Spezifizierungs- und Strukturierungsgraden verwendet, während qualitative Ansätze eher bei offeneren und allgemeiner formulierten Anforderungen verwendet werden.

Mit diesen Anforderungen einhergehend ergeben sich auch die Vor- und Nachteile der beiden Ansätze.[173] So stellen auf der einen Seite der hohe Standardisierungsgrad und die Möglichkeit der statistischen Falsifizierung bzw. Verifizierung wichtige Vorteile der quantitativen Ansätze dar, während auf der anderen Seite die fehlende Flexibilität nach dem Start des Forschungsprozesses und die mangelnden Möglichkeiten, komplexe Fragestellungen und Phänomene zu adressieren, als große Nachteile gewertet werden (Blumberg, Cooper und Schindler (2008, S. 192 f.), Bortz und Döring (2006, S. 295 ff.) oder Punch (2005, S. 22 ff.)). „Die Offenheit qualitativer Forschung bildet deren Vor- und Nachteil zugleich. Forschungsaktivitäten

---

172 Vergleiche hierzu auch Blumberg, Cooper und Schindler (2008, S. 191 ff.) oder Lamnek (2005, S. 242 ff.) für weitere Informationen.
173 Vergleiche hierzu auch Blumberg, Cooper und Schindler (2008, S. 192 f.), Bortz und Döring (2006, S. 295 ff.) oder Punch (2005, S. 22 ff.) für weitere Informationen.

können flexibler und unmittelbarer auf die Untersuchung komplexer Phänomene in ihrem realen, komplexen Kontext ausgerichtet und angepasst werden, was eine umfassendere Betrachtung und reichhaltigere Datengenerierung erlaubt. Gerade diese Offenheit und Flexibilität kann jedoch auch zu einem Mangel an Strukturiertheit, Vergleichbarkeit und Replizierbarkeit der empirischen Untersuchung führen." (Müller 2008, S. 79)

Wie im Rahmen der Literaturanalyse der bestehenden Literatur zur Strategischen Frühaufklärung gezeigt, existieren keine umfassenden Erkenntnisse zum Zusammenspiel der Einzelaspekte der Strategischen Frühaufklärung in Unternehmen. Dementsprechend bedarf es einer offenen Formulierung der Forschungsfragen und eines flexibel gestalteten Forschungsdesigns, um der Komplexität und dem Zusammenspielen der Einzelaspekte Rechnung zu tragen. Aus diesem Grund verfolgt die Arbeit einen stark qualitativen Forschungsansatz.

Deskriptive vs. explorative vs. explanative Ansätze

Forschungsansätze lassen sich darüber hinaus anhand ihres Erklärungszusammenhangs in deskriptive, explorative und explanative Ansätze differenzieren:

- *Deskriptive* Studien dienen der möglichst genauen Beschreibung eines bestimmten Phänomens, einer Person oder Situation.

- *Explorative* Studien dienen vor allem der Bildung von Hypothesen und Theorien; sie greifen unbekannte oder gering erforschte Phänomene auf, um so neue Erkenntnisse und Zusammenhänge zu erkennen.

- *Explanative* Studien überprüfen Hypothesen und Theorien und entwickeln diese weiter; hierzu untersuchen sie konkrete Situationen oder Probleme, um spezifische Variablen und Zusammenhänge zu erklären. (Müller 2008, S. 80)

Für das vorliegende Forschungsvorhaben bietet sich ein stark exploratives Vorgehen an, da insbesondere neue Zusammenhänge und Erkenntnisse identifiziert werden sollen, um so ein Grundverständnis zu schaffen und eigene Hypothesen und Theorien abzuleiten.

3.1.1.2 Forschungsstrategie

Punch (2005, S. 63) definiert die Forschungsstrategie als „... die Logik oder die Begründung – die Argumentation oder die Sammlung von Ideen, mit denen die Studie beabsichtigt vorzugehen, um die Forschungsfragen zu beantworten".[174] Saunders, Lewis und Thornhill (2007, S. 135 ff.) unterscheiden u. a. folgende empirischen Forschungsstrategien:[175]

---

[174] Übersetzt durch den Autor – vergleiche hierzu auch das Originalzitat: „logic or rationale – the reasoning, or the set of ideas by which the study intends to proceed in order to answer its research questions". (Punch 2005, S. 63)
[175] Vergleiche auch Blumberg, Cooper und Schindler (2008, S. 189 ff.) für weitere Informationen.

- *"Experimente:* methodisch angelegte Untersuchungsanordnungen, bei welchen ex ante definierte Modelle anhand einer gezielten Kontrolle von Störvariablen überprüft werden;

- *Umfragen ('Survey'):* schriftliche oder mündliche Befragungen, meist auf Basis eines mehr oder weniger strukturierten Fragebogens;

- *Fallstudien ('Case Study'):* fallbasierte Tiefenuntersuchungen spezifischer Phänomene im realen Erscheinungskontext, wobei verschiedene Datenquellen und methodische Verfahren zum Einsatz kommen können;

- *Grounded Theory:* ein Ansatz zur systematischen Beobachtung und Auswertung qualitativer Daten (Interviewtranskripte, Beobachtungsprotokolle etc.) mit dem Ziel der Generierung einer in den empirischen Grundlagendaten tief verankerten Theorie;

- *Ethnographie:* ein ursprünglich in der Anthropologie verwurzelter Ansatz, nach welchem Eindrücke aus einer teilnehmenden Beobachtung im Feld verschriftet oder mit Medien aufgezeichnet werden;

- *Action Research:* eine Forschungsstrategie, bei der der Forscher selbst Bestandteil des Untersuchungsgegenstandes ist und andere Teilnehmer beeinflusst und verändert, um eine Verbesserung einer konkreten Problemsituation herbeizuführen." (Müller 2008, S. 83)

Die Wahl der konkreten Forschungsstrategie für ein Forschungsvorhaben hängt nach Yin (1994, S. 4 ff.) insbesondere von drei situationsbezogenen Faktoren ab (vergleiche Tabelle 3.2):

- Ausrichtung und Art der Forschungsfrage
- Einflussmöglichkeiten des Forschers auf das Verhalten in der Situation
- Zeitfokus des beobachteten Phänomens

Aufbauend auf diesen Überlegungen lässt sich die Forschungsstrategie für dieses Forschungsvorhaben ableiten. Das Forschungsvorhaben setzt sich insbesondere mit dem *Wie* der Strategischen Frühaufklärung auf Unternehmensebene auseinander: ‚Wie sollte die Strategische Frühaufklärung organisiert sein¿ oder ‚Wie sollte das Zusammenspiel der verschiedenen Komponenten geregelt sein¿. Darüber hinaus besteht keine Einflussmöglichkeit auf die Forschungssituation oder das Verhalten eines Forschungsobjekts. Abschließend fokussiert die Untersuchung auf aktuelle Phänomene, auch wenn hierfür teilweise die historische Entwicklung mitberücksichtigt werden muss. Nach Yin (1994) lässt sich nun folgern, dass die *Fallstudie* die geeigneteste Strategie für das Forschungsvorhaben darstellt.[176]

---

[176] Vergleiche hierzu auch Eisenhardt und Graebner (2007) für weitere Informationen.

3.1 Forschungsdesign und Fallstudiendesign

Tabelle 3.2: Situationsbezogene Kriterien zur Wahl der Foschungsstrategie (in Anlehnung an Yin (1994, S. 6))

Forschungsstrategie	Art der Forschungsfrage	Einfluss auf das Verhalten	Fokus auf die Gegenwart
Experiment	Wie, Warum?	Ja	Ja
Umfrage	Wer, Was, Wo, Wie viele?	Nein	Ja
Dokumentenanalyse („Archival analysis')	Wer, Was, Wo, Wie viele?	Nein	Ja / Nein
Historische Entwicklung („History')	Wie, Warum?	Nein	Nein
Fallstudie	Wie, Warum?	Nein	Ja

Fallstudie

„Eine Fallstudie ist [hierbei] eine empirische Untersuchung, die ein gegenwärtiges Phänomen in seinem wirklichen Kontext untersucht, insbesondere wenn die Grenzen zwischen Phänomen und Kontext nicht komplett ersichtlich sind." (Yin 1994, S. 13)[177]

„Ein großer Vorteil eines fallstudienbasierten Vorgehens gegenüber anderen Forschungsstrategien liegt in der Ganzheitlichkeit der Betrachtungsweise, da ein erforschtes Phänomen nicht losgelöst vom Erscheinungskontext untersucht wird. [...] Eine solche ganzheitliche Betrachtungsweise bildet eine zentrale Voraussetzung zur Generierung einer reichhaltigen Datenbasis, wie sie zur Hypothesen- und Theoriebildung benötigt wird." (Müller 2008, S. 85)[178]

„Die Fallstudie gilt den Vertretern des quantitativen Ansatzes [jedoch] als unstandardisiertes und unkontrollierbares Verfahren, das für verzerrende Einflüsse aller Art (Biases) offen ist." (Lamnek 2005, S. 302) Vorbehalte gegen unstandardisierte und unkontrollierbare Verfahren können jedoch zum größten Teil durch einen

---

[177] Übersetzt durch den Autor – vergleiche hierzu auch das Originalzitat: „A case study is an empirical inquiry that investigates a contemporary phenomenon within its real-life context; especially when the boundaries between phenomenon and context are not clearly evident." (Yin 1994, S. 13)
[178] Vergleiche hierzu auch Eisenhardt (1989), Specht, Santos und Bingemeier (2004) oder Lamnek (2005, S. 298 ff.) für weitere Informationen.

strukturierten Aufbau der Fallstudie, die richtige Durchführung und durch die Berücksichtigung von Gütekriterien ausgeräumt werden.[179,180]

Als weiterer Kritikpunkt wird häufig die mangelnde statistische Generalisierbarkeit und Überprüfbarkeit von Aussagen angeführt (Lamnek (2005, S. 302) oder Blumberg, Cooper und Schindler (2008, S. 374 ff.)). Hierzu lässt sich jedoch anführen, „... dass zwar eine statistische Verallgemeinerung aufgrund der meist [...][geringen] Stichprobenzahl nicht vorausgesetzt werden kann, sich jedoch aus der Tiefe der Einsicht oft fruchtbare Hypothesen für spätere, breit angelegte Untersuchungen ergeben". (Müller 2008, S. 85) Yin führt hierzu ebenfalls an: „... Fallstudien, wie [auch] Experimente, sind generalisierbar zu einer theoretischen Aussage, nicht [aber] für Populationen oder das Universum. In diesem Sinne repräsentiert die Fallstudie, wie [auch] das Experiment, nicht ‚Stichproben'; das Ziel des Forschers ist es, Theorien zu erweitern und zu generalisieren (analytische Generalisierung), und nicht, Häufigkeiten abzuzählen." (Yin 1994, S. 10)[181]

Um die Ergebnisqualität weiter zu steigern, wird in dieser Arbeit der Ansatz multipler Fallstudien gewählt. Generell lassen sich singuläre und multiple Fallstudien unterscheiden; singuläre Fallstudien legen den Schwerpunkt auf die Darstellung der Besonderheiten eines Einzelfalls, während multiple Fallstudien auf mehreren Fällen basieren und so eine größere Menge an interpretationsfähigem Material für die Analyse gewinnen. Kernzweck ist hierbei der ganzheitliche Vergleich (Nick 2008, S. 99). „Der Forscher ist [hierbei] durch den Vergleich der unterschiedlichen Fälle stärker dazu angehalten, seine eigenen Resultate in Frage zu stellen, als bei einem Einzelfall. Auf diese Weise trägt die Organisation der Fallstudie zur Validität bei." (Specht, Santos und Bingemeier 2004, S. 543). Nach Yin sind multiple Fallstudien singulären Fallstudien, wenn möglich, vorzuziehen: „Die Aussagen von multiplen Fallstudien werden oft als überzeugender angesehen, und die gesamte Untersuchung wird deshalb als robuster betrachtet." (Yin 1994, S. 45)[182]

Aufgrund dieser Überlegungen und der Abwägung der verschiedenen Vor- und Nachteile stellen multiple Fallstudien die geeigneteste Forschungsstrategie im Rahmen des Promotionsvorhabens zur Strategischen Frühaufklärung auf Unternehmensebene dar.

---

179 Vergleiche hierzu auch Abschnitt 3.1.2 zur konkreten Ausgestaltung der Fallstudien und zu den getroffenen Maßnahmen im Rahmen des vorliegenden Promotionsprojekts, um verzerrende Einflüsse zu reduzieren / zu vermeiden.
180 Darüber hinaus sei angemerkt, dass verzerrende Einflüsse auch in anderen Forschungsstrategien auftreten können, z. B. durch das fehlerhafte Design von Fragebögen.
181 Übersetzt durch den Autor – vergleiche hierzu auch das Originalzitat: „Case studies, like experiments, are generalizable to theoretical propositions and not to populations or universes. In this sense, the case study, like the experiment, does not represent a ‚sample', and the investigator's goal is to expand and generalize theories (analytic generalization) and not to enumerate frequencies (statistical generalization)." (Yin 1994, S. 10)
182 Übersetzt durch den Autor – vergleiche hierzu auch das Originalzitat: „The evidence from multiple cases is often considered more compelling and the overall study is therefore regarded as being more robust." (Yin 1994, S. 45)

3.1.1.3 Zusammenfassung und konkretes Forschungsdesign

Aufbauend auf den Überlegungen der vorherigen Abschnitte stellen multiple Fallstudien mit stark induktiver, qualitativer und explorativer Ausrichtung das geeigneteste Forschungsdesign für das vorliegende Forschungsvorhaben dar.[183] Insbesondere die gering ausgeprägte wissenschaftliche Basis in Bezug auf das Zusammenspiel der einzelnen Aspekte der Strategischen Frühaufklärung und die Komplexität des Untersuchungsgegenstands erfordern ein Design, dass die Generierung neuer Ansätze und Erkenntnisse zur konkreten Ausgestaltung der Strategischen Frühaufklärung auf Unternehmensebene zum Ziel hat. Darüber hinaus muss das Design so flexibel sein, dass der Fokus der Arbeit und die Struktur dem Untersuchungsgegenstand immer wieder angepasst werden können. Dies wird durch die induktiv, qualitativ und explorativ ausgerichtete Fallstudienuntersuchung am besten gewährleistet. Ein weiterer Vorteil der Fallstudie gegenüber anderen Forschungsstrategien liegt in der Ganzheitlichkeit der Betrachtungsweise, da das zu erforschende Phänomen nicht losgelöst vom Erscheinungskontext untersucht werden kann.[183]

Die Vorbehalte von Kritikern des Fallstudienansatzes bzgl. eines unstandardisierten und unkontrollierbaren Verfahrens können zu großen Teilen durch einen strukturierten Aufbau der Fallstudienuntersuchung und durch die Berücksichtigung von Gütekriterien ausgeräumt werden.[184] Durch die Verwendung von multiplen Fallstudien kann die Ergebnisqualität auch mit Blick auf die Validität, Aussagekraft und Generalisierbarkeit gesteigert werden. Die Ergebnisse lassen sich hierbei nur zu einer theoretischen Aussage generalisieren, nicht aber für komplette Populationen verallgemeinern. Dies deckt sich aber mit dem Ziel des Promotionsvorhabens, Theorien zu erweitern und zu generalisieren (analytische Generalisierung), und nicht, Häufigkeiten abzuzählen (statistische Generalisierung).[183]

---

[183] Vergleiche hierzu auch Abschnitt 3.1.1 für eine ausführlichere Herleitung und Begründung des Forschungsdesigns.
[184] Vergleiche hierzu auch Abschnitt 3.1.2 zur konkreten Ausgestaltung der Fallstudien.

3.1.2 Fallstudiendesign und Vorgehen

Nachdem die multiple Fallstudie in den vorherigen Abschnitten als die geeignetste Forschungsstrategie für das vorliegende Promotionsvorhaben abgeleitet und begründet wurde, verfolgt der folgende Abschnitt das Ziel, diese optimal an das Forschungsvorhaben anzupassen, um so die Ergebnisqualität sicherzustellen. Hierzu werden zuerst die Fallstudienauswahl erläutert und begründet, danach auf die konkrete Datenerhebung und das Vorgehen eingegangen und abschließend die Fallstudienanalyse und die Ableitung der Erkenntnisse beschrieben.

3.1.2.1 Fallstudienauswahl

Die Auswahl der Fallstudien stellt eines der wichtigsten Elemente der Fallstudienuntersuchung dar. Nach Yin (1994, S. 18 ff.) sollte jede Fallstudie für einen speziellen Zweck ausgesucht werden und in einer unterschiedlichen Art und Weise zur Beantwortung der Forschungsfragen beitragen. Die Fallstudienuntersuchung folgt hierbei der Logik des theoretischen Samplings. Das Sampling unterscheidet sich hierbei von dem bei großzahliger, quantitativer Forschung und hat auch nicht die statistische Generalisierung für eine Population zum Ziel (Eisenhardt 1989, S. 537). „Fallstudien werden aus theoretischen Gründen durchgeführt, wie der Aufdeckung eines ungewöhnlichen Phänomens, der Replikation von Ergebnissen anderer Fallstudien, der umgekehrten Replikation, der Elimination von alternativen Erklärungen und der Ausarbeitung der neuen Theorie." (Eisenhardt und Graebner 2007, S. 27).[185]

Zur Sicherstellung der Ergebnisqualität und der Durchführbarkeit der Fallstudien dieser Arbeit sowie zur Wahrung der Vergleichbarkeit der Ergebnisse werden vier weitere generelle Anforderungen an die Fallstudien gestellt:

1. *Fokussierung auf Großunternehmen*[186]: Aufgrund des personellen und finanziellen Ressourcenbedarfs, der mit der Strategischen Frühaufklärung verbunden ist, ist primär davon auszugehen, dass Großunternehmen über die notwendigen Mittel zur kontinuierlichen Durchführung von Strategischen Frühaufklärungsaktivitäten verfügen. Darüber hinaus kann bei Großunternehmen ein hoher Formalisierungsgrad mit etablierten und fortgeschrittenen Strukturen und Prozessen erwartet werden.

---

[185] Übersetzt durch den Autor – vergleiche hierzu auch das Originalzitat: „cases [are] sampled for theoretical reasons, such as revelation of an unusual phenomenon, replication of findings from other cases, contrary replication, elimination of alternative explanations, and elaboration of the emergent theory. (Eisenhardt und Graebner 2007, S. 27)

[186] Das deutsche Handelsgesetzbuch (HGB) spricht nach § 267 (in der Fassung der Bekanntmachung vom 8. Dezember 2010) von Großer Kapitalgesellschaft, wenn mindestens zwei der drei im Folgenden aufgezeigten Merkmale überschritten werden: 1. 19.250.000 Euro Bilanzsumme nach Abzug eines auf der Aktivseite ausgewiesenen Fehlbetrags; 2. 38.500.000 Euro Umsatzerlöse in den zwölf Monaten vor dem Abschlussstichtag; 3. Im Jahresdurchschnitt 250 Arbeitnehmer.

3.1 Forschungsdesign und Fallstudiendesign

2. *Branchenumfeld mit hohem Veränderungs- und Entwicklungspotenzial:* Das hohe Veränderungs- und Entwicklungspotenzial im Branchenumfeld stellt sicher, dass sich das Unternehmen permanent mit der Zukunft und damit auch mit der Strategischen Frühaufklärung auseinandersetzen muss; vor diesem Hintergrund ist davon auszugehen, dass Fallstudien eine umfangreiche, empirische Datengewinnung und Erkenntnisgenerierung zulassen.

3. *Hohe Kooperationsbereitschaft:* Eine hohe Kooperationsbereitschaft sowie der einfache Zugang zu den Interviewpartnern wird als weitere wichtige und notwendige Voraussetzung für eine umfangreiche empirische Datengewinnung und Erkenntnisgenerierung betrachtet.

4. *Retrospektive Perspektive:* Um eine intensive Analyse der Fallstudie, der verwendeten Ansätze und deren Ergebnisse sicherstellen zu können, muss die Fallstudie zeitlich abgeschlossen oder zumindest weit fortgeschritten sein. Darüber hinaus ist das Konfliktpotenzial hinsichtlich der Vertraulichkeit interner Unternehmensinformationen wesentlich geringer als bei aktuellen, zukunftsgerichteten Projekten. Die retrospektive Perspektive erlaubt somit zum einen eine bessere Beurteilung der verwendeten Methoden, Ansätze und deren Ergebnisse, und zum anderen fördert sie die Kooperationsbereitschaft der Gesprächspartner und den Zugang zu vertraulichen Informationen.

Dem theoretischen Sampling und den weiteren Kriterien folgend, wurden insgesamt vier Fallstudien in der Siemens AG[187] (eine bzgl. Themen auf Konzernebene und drei innerhalb des Siemens-Energy-Sektors)[188] durchgeführt.

Um das Hauptziel des Praxiskapitels zu erreichen (Aufzeigen von erfolgreichen Beispielen der Strategischen Frühaufklärung und des Zusammenspiels von Prozessen, Methoden, Personen, ... zur Überprüfung der Ergebnisse des Theoriekapitels und zur Generierung weiterer Erkenntnisse),[189] sind eine besonders tiefe Durchdringung und eine detaillierte Auseinandersetzung mit den Fallstudien notwendig. Aus diesem Grund wurde auf eine breite Fallstudienuntersuchung, die allgemein und unspezifisch die Aktivitäten verschiedener Unternehmen wiedergibt, verzichtet und stattdessen ein Design gewählt, das umfangreich und detailliert Fälle in einem erfolgreichen Unternehmen untersucht. Die Fallstudien wurden hierbei so gewählt, dass sie voneinander vollkommen unabhängig sind und aufgrund ihrer organisatorischen Herkunft auch unterschiedliche Perspektiven aufweisen. So ist es möglich, zum einen eine tiefe Durchdringung und Analyse sicherzustellen und zum anderen eine breite Abdeckung verschiedener Aspekte und Perspektiven zu erreichen.

---

187 Im Folgenden wird aus Gründen der Übersichtlichkeit der Name Siemens anstelle von Siemens AG verwendet.
188 Vergleiche hierzu auch Abschnitt 3.2.1 für einen ausführlichen Überblick über Siemens und den Siemens-Energy-Sektor.
189 Vergleiche hierzu auch die Einleitung von Kapitel 3 für ausführlichere Informationen.

Fallstudien

Sowohl Siemens als auch der Energy-Sektor und die einzelnen Fallstudien erfüllen die Anforderungen des theoretischen Samplings und der vier zusätzlich aufgestellten Anforderungen an die Fallstudien:[190]

- *Kriterium 1 – Großunternehmen: erfüllt*
  Siemens ist ein multinationales Unternehmen, das im Geschäftsjahr 2010[191] eine Bilanzsumme von 102,827 Mrd. Euro, einen Jahresumsatz (fortgeführte Aktivitäten) von 75,978 Mrd. Euro, ein Ergebnis (Summe der Sektoren) von 7,789 Mrd. Euro und einen Gewinn (fortgeführte Aktivitäten) von 4,112 Mrd. Euro auswies. Zum 30. September 2010 arbeiteten rund 405.000 Mitarbeiter weltweit für Siemens, davon ca. 128.000 Mitarbeiter in Deutschland. Der Energy-Sektor stellt nach Umsatz (25,520 Mrd. Euro) den zweitgrößten der drei Sektoren dar bzw. nach Ergebnis (3,562 Mrd. Euro) den größten Sektor dar (Siemens AG 2010a, Teil 2, S. 4 f.). Siemens und der Siemens-Energy-Sektor erfüllen somit das 1. Kriterium.

- *Kriterium 2 – Branchenumfeld mit hohem Veränderungs- und Entwicklungspotenzial: erfüllt*
  Siemens ist ein global agierender, integrierter Technologiekonzern, der seine Geschäftsaktivitäten auf die drei Sektoren Industry, Energy und Healthcare konzentriert. Das Geschäft wird hierbei von globalen Megatrends[192] beeinflusst, sodass Strategie und Geschäft fortwährend an diesen Trends ausgerichtet werden müssen. Die Ausrichtung an den Megatrends sowie die Fokussierung auf innovationsgetriebene Wachstumsmärkte, wie z. B. das Umweltportfolio[193], erfordern eine permanente Auseinandersetzung mit Zukunftsthemen auf Konzern- und Geschäftsebene. Insbesondere vor dem Hintergrund der Verschärfung der Megatrends Globalisierung, Demografischer Wandel und Klimawandel, der Verknappung von Brennstoffen und Ressourcen und der Zunahme der Bedeutung von Energieeffizienz und umweltfreundlichen Lösungen und Produkten ist das Branchenumfeld des Energy-Sektors durch ein hohes Veränderungs- und Entwicklungspotenzial geprägt (Löscher und Umlauft 15.10.2009, S. 3). Kriterium 2 ist somit ebenfalls erfüllt.

- *Kriterium 3 – Hohe Kooperationsbereitschaft: erfüllt*
  Mithilfe bestehender Kontakte des Autors innerhalb von Siemens und des Energy-Sektors war es möglich, Zugang zu hochrangigen Managern und

---

[190] Vergleiche hierzu auch Abschnitt 3.2 für einen ausführlichen Überblick über Siemens, den Siemens-Energy-Sektor sowie die einzelnen Fallstudien.
[191] Das Siemens-Geschäftsjahr 2010 dauerte vom 1. Oktober 2009 bis zum 30. September 2010.
[192] Siemens versteht unter Megatrends langfristige Prozesse, die die globale Nachfrage in den kommenden Jahrzehnten maßgeblich beeinflussen werden; Siemens zählt hierzu den demografischen Wandel, die Urbanisierung, den Klimawandel sowie die Globalisierung (Siemens AG 2010a, Teil 2, S. 53).
[193] Siemens zählt hierzu alle Technologien für erneuerbare Energien, alle Umwelttechnologien und alle Produkte und Lösungen mit außergewöhnlicher Energieeffizienz (Siemens AG 2011d, S. 34).

3.1 Forschungsdesign und Fallstudiendesign

Experten auf Konzern- und Geschäftsebene zu erlangen, was entscheidend für den Erfolg und die Ergebnisse des Promotionsvorhabens war. (Bei einer reinen externen Ansprache der Gesprächspartner wären die geführten Gespräche wahrscheinlich nicht möglich gewesen.) Alle Gesprächspartner waren während der Fallstudienuntersuchungen äußerst kooperativ und offen für das Forschungsvorhaben, sodass umfangreiche, empirische Daten gewonnen und Erkenntnisse generiert werden konnten.[194] Kriterium 3 ist somit ebenfalls erfüllt.

- *Kriterium 4 – Retrospektive Perspektive: erfüllt*
  Alle Fallstudien waren zeitlich abgeschlossen bzw. weit fortgeschritten, sodass deren Entwicklung und die Ergebnisse der verwendeten Methoden und Ansätze ebenfalls in die intensive Analyse einfließen konnten. Durch die Betrachtung der Entwicklung der Themen im Verlauf der Zeit konnten sowohl erfolgreiche als auch weniger erfolgreiche Ansätze identifizert werden. (vergleiche auch hierzu die jeweiligen Fallstudien in Abschnitt 3.2 für die Einzelerläuterungen)

Hierauf aufbauend wurden dem theoretischen Sampling und den weiteren Kriterien folgend, vier Fallstudien innerhalb von Siemens und dem Siemens-Energy-Sektor durchgeführt:[195]

- *Fallstudie 1 – Konzernaktivitäten:* Fallstudie mit Fokus auf den ‚Corporate Innovation Process', den ‚Pictures of the Future'-Ansatz sowie weitere Ansätze zu ‚Open Innovation', alle auf Konzernebene angesiedelt.

- *Fallstudie 2 – CO_2-Reduktion in der fossilen Energieerzeugung:* Fallstudie, die sich mit der CO_2-Reduktion und -Abscheidung (Carbon Capture and Storage (CCS)) in der fossilen Energieerzeugung beschäftigt; Division Fossil Power Generation.

- *Fallstudie 3 – Offshore Wind Power:* Fallstudie, die die Entwicklung des Offshore-Wind-Power-Geschäfts darstellt; Division Renewable Energy.

- *Fallstudie 4 – HGÜ-Plus-Stromübertragung:* Fallstudie, die sich mit einer Art der Hochspannungs-Gleichstrom-Übertragung auseinandersetzt, die z. B. bei der Anbindung von Offshore-Windparks verwendet wird; Division Power Transportation.

Neben den Einzelerkenntnissen, die aus den Fallstudien gewonnen werden können, sind die Fallstudien so ausgewählt, dass sie sowohl eine Top-down-Sicht auf die Strategische Frühaufklärung innerhalb von Siemens erlauben als auch eine Bottom-up-Perspektive. Durch den Vergleich von Top-down- und Bottom-up-Perspektive

---

[194] Vergleiche hierzu auch Abschnitt 3.1.2.2 für ausführliche Informationen zur Datengewinnung, zum Vorgehen und zu den Interviewpartnern.
[195] Vergleiche hierzu auch Abschnitt 3.2 für einen ausführlichen Überblick über die einzelnen Fallstudien.

lassen sich insbesondere in der Cross-Case-Analyse[196] weitere wertvolle Erkenntnisse gewinnen.

Darüber hinaus decken die Fallstudien attraktive Entwicklungsbereiche ab, die aber auch durch vielfältige Unsicherheiten geprägt sind; somit stellen sie ein ideales Umfeld für strategische Frühaufklärung dar. Abbildung 3.2 gibt einen Überblick über die Fallstudien und deren Zusammenwirken vor dem Hintergrund der Top-down- und Bottom-up-Betrachtung.

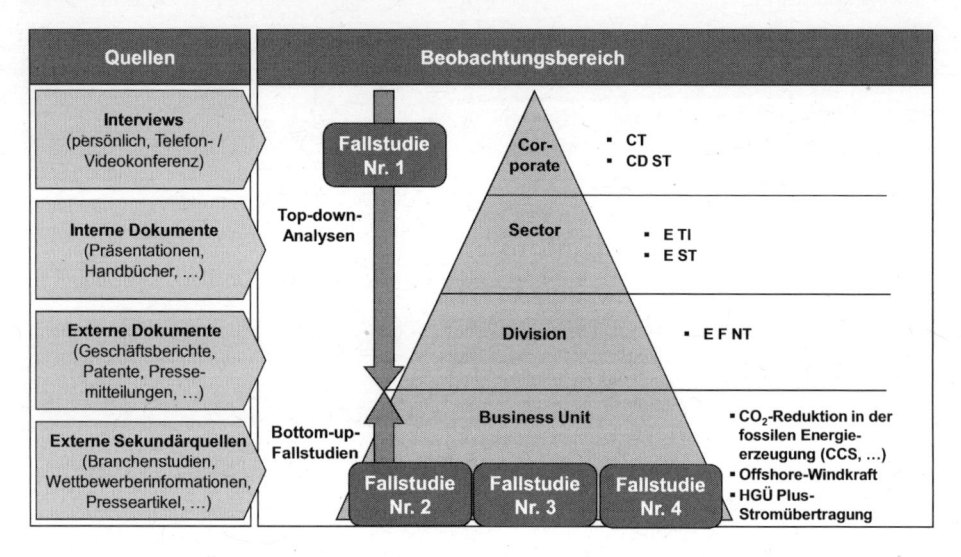

Abbildung 3.2: Übersicht über die Fallstudien und deren Zusammenspiel

3.1.2.2 Datenerhebung und Vorgehen

Datenerhebung und Informationsquellen

Fallstudien sind nicht an eine einzelne Quelle oder ein Instrument der Datenerhebung gebunden, sondern profitieren entscheidend von der Pluralität der Datenquellen. Die Verwendung vieler, unterschiedlicher Quellen und Instrumente erlaubt nicht nur, ein breiteres Spektrum an Fragestellungen zu adressieren, sondern mittels Triangulation[197] auch die Validität der Ergebnisse zu erhöhen. (Yin (1994, S. 92), Lamnek (2005, S. 158 ff.))

---

[196] Vergleiche hierzu auch Abschnitt 3.1.2.3 für weitere Informationen.
[197] Triangulation ist eine Forschungsstrategie, bei der unterschiedliche Sichtweisen zur Untersuchung eines Phänomens herangezogen werden, um so Schwächen einzelner Sichtweisen auszugleichen. Es existieren die Daten-, Forscher-, Theorien- und Methodentriangulation; im Rahmen des Promotionsvorhabens wurde die Datentriangulation verwendet, d. h. es wurden unterschiedliche Quellen oder Daten genutzt, um die Fallstudien zu analysieren. Vergleiche hierzu auch Lamnek (2005, S. 158 ff.) oder Flick (2008) für weitere Informationen.

3.1 Forschungsdesign und Fallstudiendesign

Nach Yin (1994, S. 78 ff.) existieren sechs unterschiedliche Informationsinstrumente: Dokumentenanalyse, Archivdatenanalyse, Interview, Teilnehmende Beobachtung, Nicht-teilnehmende Beobachtung und Artefakterfassung.[198] Im Rahmen des Promotionsprojekts wurden verschiedene Datenerhebungsinstrumente und Quellen genutzt, sodass eine hohe Validität der Ergebnisse mittels Triangulation sichergestellt werden konnte; konkret wurden folgende Informationsquellen genutzt (vergleiche auch Abbildung 3.2), wobei Interviews das Hauptinstrument der Datenerhebung darstellten footnoteDie Gespräche wurden im Frühjahr und Sommer 2010 geführt und anschließend gemäß dem definierten Interviewprozess dokumentiert und von den Gesprächspartnern freigegeben. Die Datenerhebung aus weiteren Informationsquellen erfolgte bis Ende 2010.

- *Interviews*
- *Unternehmensinterne Dokumentationen* wie z. B. Präsentationen, Trainingsunterlagen oder Handbücher
- *Unternehmensexterne Dokumentationen* wie z. B. Geschäftsberichte, Patente, Pressemitteilungen, Fachpublikationen des Unternehmens oder einzelner Mitarbeiter
- *Externe Sekundärquellen* wie z. B. Branchenstudien, Unterlagen von Wettbewerbern oder Presseartikel

Interviews und Vorgehen

Interviews sind besonders nützlich, wenn das Ziel ist, strategische Phänomene zu analysieren, bei denen die Interviewpartner über ihre Arbeit reflektieren müssen. (Eisenhardt und Graebner 2007, S. 28) „Als ein entscheidender Vorteil qualitativer Interviewverfahren gegenüber standardisierten Verfahren gilt denn auch zu Recht ihre höhere Kontextsensitivität – sowohl was den Kontext betrifft [...] als auch was den Kontext der Interviewsituation betrifft." (Trinczek 2005, S. 211)

Nach Mayring (2002, S. 66 ff.) existieren verschiedene Ausprägungen von Interviews;[199] für die vorliegenden Fallstudienuntersuchungen wurden ‚problemzentrierte' Interviews geführt. Unter ‚problemzentrierten'[200] oder ‚fokussierten' Interviews werden alle „offenen, halbstrukturierten Interviews [...] zusammengefasst". (Mayring 2002, S. 67)

---

198 Vergleiche hierzu auch Specht, Santos und Bingemeier (2004, S. 552) für weitere Informationen.
199 Vergleiche hierzu auch Mayring (2002, S. 66 ff.) und Mayer (2008, S. 36 ff.) für weitere Informationen und auch zur Darstellung der spezifischen Stärken und Schwächen.
200 Das problemzentrierte Interview „lässt den Befragten möglichst frei zu Wort kommen, um einem offenen Gespräch nahezukommen. Es ist aber zentriert auf eine bestimmte Problemstellung, die der Interviewer einführt, auf die er immer wieder zurückkommt. Die Problemstellung wurde vorher vom Interviewer [...] analysiert; er hat bestimmte Aspekte erarbeitet, die in einem Interviewleitfaden zusammengestellt sind und im Gesprächsverlauf von ihm angesprochen werden." Mayring (2002, S. 67)

Ein grober Interviewleitfaden gewährleistete zum einen die grundlegende Strukturierung der Gespräche und das Adressieren der wichtigsten Themenblöcke,[201] zum anderen erlaubte er eine ausreichende Flexibilität, um auf neu aufkommende Aspekte und Themen in den Gesprächen eingehen zu können. Der Interviewleitfaden orientierte sich an den Forschungsfragen der Arbeit[202] und den Erkenntnissen aus der Analyse der bestehenden Literatur zur Strategischen Frühaufklärung.[203] Neben dem Gesprächseinstieg und dem Gesprächsabschluss, der Vorstellung des Promotionsvorhabens und der Klärung von Kernaspekten, um Missverständnisse zu vermeiden, umfasste der Interviewleitfaden[204] folgende vier Themenblöcke:

1. Unternehmenskontext der Strategischen Frühaufklärung
2. Zielsetzung der Strategischen Frühaufklärung
3. Organisation der Strategischen Frühaufklärung
4. Strategische Frühaufklärung am konkreten Fallbeispiel

Die Gespräche wurden, mit Ausnahme eines Interviews,[205] persönlich vor Ort geführt;[206] dies förderte zum einen den Aufbau eines Vertrauensverhältnisses mit dem Gesprächspartner und zum anderen die Stärkung von dessen Kooperationsbereitschaft. Beide Punkte waren besonders förderlich für das bessere Durchdringen der Fallstudien, die Beantwortung sensitiver Fragen, die Identifizierung von Erkenntnissen im Zusammenspiel der verschiedenen Aspekte der Strategischen Frühaufklärung und somit insgesamt für die Steigerung der Qualität der Ergebnisse aus der Fallstudienanalyse. Die Gespräche dauerten zwischen einer und zwei Stunden, einzelne Interviews dauerten auch bis zu vier Stunden. Zu Beginn eines jeden Gesprächs wurden das Promotionsprojekt vorgestellt und der Dokumentations- und Freigabeprozess vorgestellt.

Von jedem Interview wurde im Nachgang eine schriftliche Dokumentation durch den Autor erstellt, die dann dem Gesprächspartner vorgelegt wurde. Der Gesprächspartner konnte im Anschluss entweder die Zusammenfassung direkt freigeben oder aber Anmerkungen machen, die nach der Berücksichtigung erneut zur Freigabe vorgelegt wurden. Durch den Freigabeprozess wurde sichergestellt, dass zum einen der Gesprächsinhalt und die Informationen zu den Fallstudien richtig erfasst und wiedergegeben wurden und dass zum anderen Einzelinformationen, wie z. B. Namen von Personen, Jahreszahlen, Patente, ..., die während des Gesprächs unklar waren, im Nachgang geklärt und ergänzt werden konnten. Die Interviewdokumentationen

---

201 Je nach Gesprächspartner wurden die einzelnen Blöcke unterschiedlich intensiv adressiert.
202 Vergleiche hierzu auch Abschnitt 1.2.
203 Vergleiche hierzu auch Kapitel 2.
204 Der Interviewleitfaden wurde mit Voranschreiten der Fallstudienanalyse immer weiter entwickelt.
205 Das Interview wurde stattdessen telefonisch mit Unterstützung von Livemeeting geführt.
206 Die Gespräche fanden zwischen Frühjahr und Sommer 2010 statt.

stellen die kodierten Informationen aus den Gesprächen und somit deren Input für die Fallstudienanalyse dar.[207]

Interviewpartner

Neben der Fallstudienauswahl ist auch die Auswahl der Gesprächspartner ein wichtiges Element für den Erfolg der Fallstudienuntersuchung; hierbei gilt es sowohl eine ausreichende Anzahl an Gesprächspartner pro Fallstudie auszuwählen als auch eine ausgewogene Mischung der Gesprächspartner hinsichtlich ihres Hintergrundes sicherzustellen. Die ausreichende Anzahl der Gesprächspartner stellt sicher, dass alle notwendigen Informationen für die Analyse der Fallstudie vorliegen und Verzerrungen oder Schwächen in einzelnen Gesprächen durch die übrigen Gesprächspartner ausgeglichen werden.[208] Um den kompletten Bereich der Strategischen Frühaufklärung in den Fallstudien abdecken zu können, wurden zwei Gruppen von Gesprächspartnern adressiert:

- *Top-Management:* Die Gesprächspartner aus dem Top-Management repräsentieren die internen Kunden der Strategischen Frühaufklärung und konnten insbesondere Auskunft zur Verwendung der gewonnenen Informationen, zum Mehrwert der Strategischen Frühaufklärung und zum Gesamtkontext geben. Außerdem kann ihre Aussage als objektiv eingeschätzt werden, da sie nicht als unmittelbar Beteiligte der Frühaufklärung deren Ergebnisse übermäßig positiv darstellen müssen. Zum Top-Management zählen neben CEOs, CFOs oder CTOs der jeweiligen Geschäftsbereiche auch hohe Manager aus den Strategie- und Forschungsabteilungen auf Konzernebene.

- *Fachebene:* Zu den Gesprächspartner der Fachebene zählen Manager und Experten, die mit der Strategischen Frühaufklärung oder einer ähnlichen Funktion betraut sind; aus diesen Gesprächen konnten insbesondere Informationen zum konkreten Ablauf der Strategischen Frühaufklärung, zu den verwendeten Methoden und Informationsquellen, den beteiligten Personen und dem generellen Zusammenspiel der verschiedenen Komponenten gewonnen werden.

Im Rahmen der vorliegenden Arbeit wurden Gespräche mit insgesamt 20 Personen geführt, wobei mit zwei Experten mehrere Gespräche geführt wurden; von den 20 Personen zählten 9 Personen zum Top-Management und 11 Personen zur Fachebene, sodass beide Personengruppen ausreichend repräsentiert waren. Pro Fallstudie wurden mindestens 3 Personen befragt; da Fallstudie 1 (Konzernaktivitäten) verschiedene, unabhängige Einzelaspekte umfasst, wurden hierzu 7 Personen befragt. Neben den 16 Personen, die konkreten Fallstudien zugeordnet werden können, wurden weitere 4 Personen zu allgemeineren Themen bzgl. der Verankerung und

---

207 Zudem wurden die Informationen für die Verwendung außerhalb von Siemens authorisiert. Gesprächsanmerkungen, die zum besseren Verständnis, aber nicht zur Veröffentlichung bestimmt waren, wurden nicht dokumentiert und sind nur indirekt in die Entwicklung des ganzheitlichen Ansatzes eingeflossen.
208 Vergleiche hierzu auch die Anmerkungen zur Triangulation zu Beginn dieses Abschnitts.

Implementierung der Strategischen Frühaufklärung befragt. Abbildung 3.3 gibt noch einmal einen Überblick über die Gesprächspartner und deren Unterscheidung hinsichtlich Position und Fallstudie.

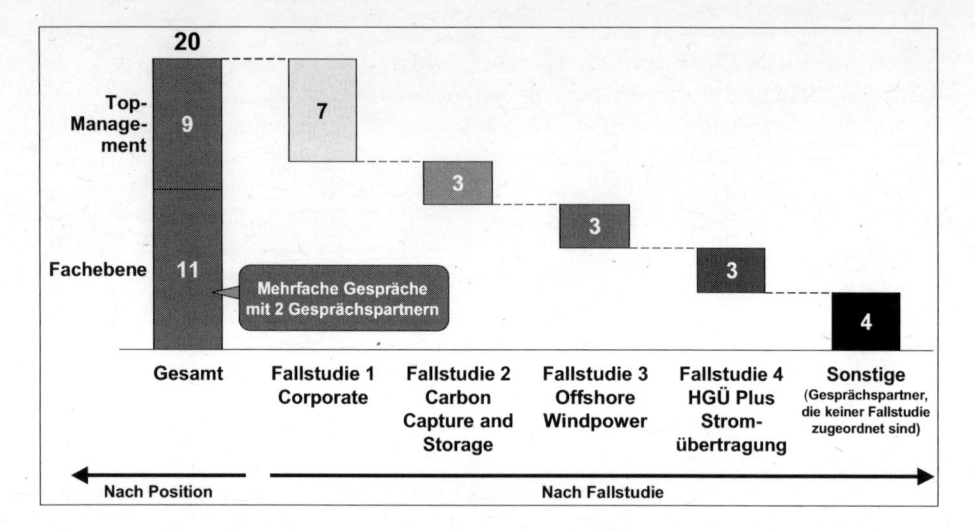

Abbildung 3.3: Übersicht der Gesprächspartner der Fallstudienuntersuchung

3.1.2.3 Fallstudienanalyse, Schlussfolgerungen und Sicherstellung der Ergebnisqualität

Fallstudienanalyse und Schlussfolgerungen

Die Analyse der Fallstudien folgt dem von Eisenhardt (1989, S. 539 ff.) vorgeschlagenen Vorgehen, sowohl *Einzelfalluntersuchungen ('Within-Case-Analyses')* als auch eine *nachgelagerte und fallübergreifende Analyse ('Cross-Case-Analysis')* zu verwenden.[209] Die Einzelfalluntersuchung hat die intensive Aufarbeitung der jeweiligen Fallstudie zum Ziel, während die Cross-Case-Analyse der Identifikation fallübergreifender Muster dient. (Müller 2008, S. 137 ff.) „Die übergreifende Idee [der Einzelfalluntersuchung] ist es, mit jeder Fallstudie als eigenständiger Einheit besonders vertraut zu werden. Dieses Vorgehen erlaubt es den Einzelmustern, in jeder Fallstudie hervorzutreten, bevor der Forscher versucht die Muster, über die Fälle hinweg zu generalisieren. [...] Die Idee hinter der Cross-Case-Analyse ist es, den Forscher über anfängliche Eindrücke hinauszubringen, insbesondere durch die Verwendung strukturierter und unterschiedlicher Blickwinkel auf die Daten. Dieses Vorgehen verbessert die Wahrscheinlichkeit einer akkuraten und verlässlichen Theorie; das bedeutet: einer Theorie mit einer sehr guten Übereinstimmung

---

[209] Vergleiche auch Yin (1994, S. 102 ff.), Specht, Santos und Bingemeier (2004, S. 548 ff.) oder Lamnek (2005, S. 199 ff.) für weitere Informationen.

3.1 Forschungsdesign und Fallstudiendesign

zu den Daten. Außerdem erhöht die Cross-Case-Analyse die Wahrscheinlichkeit, dass der Forscher die neuen Erkenntnisse in den Daten findet." (Eisenhardt 1989, S. 540 f.)[210]

Aufbauend auf diesen Überlegungen unterteilt sich die Fallstudienuntersuchung in die Einzelfalluntersuchungen in Abschnitt 3.2 und in die Cross-Case-Analyse in Abschnitt 3.3. Hierbei gliedert sich die *Einzelfalluntersuchung* pro Fallstudie in die folgenden Abschnitte, wobei jeder eine unterschiedliche Aufgabe und Zielsetzung verfolgt:

- *Einleitung*[211]*:* Die Einleitung gibt einen Überblick über die Durchführung der Fallstudie (Durchführungszeitraum, Gesprächspartner, weitere Informationsquellen, ...) sowie deren Fokus.

- *Fallstudienkontext:* Dieser Abschnitt beschreibt den Unternehmenskontext der Geschäftseinheit oder Abteilung, in der die Fallstudie angesiedelt ist; hierzu gehören u. a. Informationen zum Marktumfeld, zur Organisationsstruktur, zur Historie und zu den Aufgaben und Zielen. Ziel ist es, den Rahmen aufzuzeigen, innerhalb dessen die eigentliche Fallstudie zu interpretieren ist.

- *Fallstudie:* Dieser Abschnitt stellt den eigentlichen Fallstudienbericht dar, in dem die erhobenen Informationen aus den unterschiedlichen Informationsquellen zusammengeführt, geordnet, kondensiert und zu einem einheitlichen Bild zusammengefasst werden.

- *Zusammenfassung und Einzelfallschlussfolgerungen:* Nach einer kurzen Zusammenfassung der Fallstudie werden hier die aus der Fallstudie unmittelbar abgeleiteten Erkenntnisse und Einzelfallschlussfolgerungen aufgeführt, aber auch weitere Erkenntnisse, die durch die Gesprächspartner als wichtig für eine Strategische Frühaufklärung erachtet und während der Interviews erwähnt wurden. Solche indirekten Erkenntnisse basieren u. a. auf Erfahrungen der Gesprächspartner, die sie im Rahmen der Fallstudien oder vergleichbaren Projekten gewonnen haben.

Die Cross-Case-Analyse orientiert sich bei der Identifizierung fallübergreifender Muster und Erkenntnisse zuerst an den Einzelaspekten, wie Prozess, Methode, Personen, ..., bevor sie auf deren Zusammenspiel eingeht.

---

210 Siehe hierzu auch das Originalzitat: „The overall idea is to become intimately familiar with each case as a stand-alone entity. This process allows the unique patterns of each case to emerge before investigators push to generalize patterns across cases. [...] The idea behind these cross-case searching tactics is to force investigators to go beyond initial impressions, especially through the use of structured and diverse lenses on the data. These tactics improve the likelihood of accurate and reliable theory, that is, a theory with a close fit with the data. Also, cross-case searching tactics enhance the probability that the investigators will capture the novel findings which may exist in the data." (Eisenhardt 1989, S. 540 f.)
211 Der Abschnitt ‚Einleitung' wird nicht als separater Gliederungspunkt aufgeführt, sondern folgt unmittelbar auf den übergeordneten Gliederungspunkt der Fallstudie.

Sicherstellung der Ergebnisqualität

Die Sicherstellung der Qualität der Ergebnisse ist ein wichtiges Anliegen und muss bei jeder wissenschaftlichen Arbeit berücksichtigt werden. Insbesondere aus der quantitativen Forschung kommend, existieren hierfür Gütekriterien, wie Validität (Gültigkeit), Reliabilität (Zuverlässigkeit), Objektivität sowie Repräsentativität / Generalisierbarkeit, für die auch angepasste Versionen in der qualitativen Forschung existieren (Lamnek 2005, S. 142 ff.)[212].

„Die *Validität (Gültigkeit)* gibt an, in welchem Umfang die Untersuchung tatsächlich das misst, was gemessen werden soll." (Specht, Santos und Bingemeier 2004, S. 551) Nach Yin (1994, S. 33) umfasst die Validität die drei Aspekte Konstruktvalidität, interne und externe Validität, wobei die interne Validität nur bei explanatorischem Vorgehen und damit nicht in dieser Arbeit zur Berücksichtigung kommt. „Die Konstruktvalidität überprüft die Fundierung der theoretischen Annahmen. [...] Die externe Validität beschreibt die Repräsentativität der Fallstudie, d. h. in welchem Ausmaß von dem betrachteten Fall auf eine größere Grundgesamtheit geschlossen werden darf." (Specht, Santos und Bingemeier 2004, S. 551 f.) Um eine möglichst hohe Validität der vorliegenden Arbeit sicherzustellen, wurden die empfohlenen Strategien im Design und in der Durchführung der Fallstudien berücksichtigt. (Yin (1994, S. 33 f.), Lamnek (2005, S. 150 ff.)) So wurden zum einen möglichst viele Gesprächspartner und Informationsquellen zur Datenerhebung genutzt[213] und zum anderen alle Dokumentationen der Fallstudien durch die Gesprächspartner in einem zweiten Schritt überprüft, sodass die Korrektheit der für die Analyse verwendeten Daten sichergestellt war. Darüber hinaus wurden die Ergebnisse der Fallstudien mit weiteren Personen diskutiert. Der Replikationslogik folgend wurde das Forschungsdesign der multiplen Fallstudie gewählt,[214] um durch die vergleichende Auswertung mehrerer ähnlich gelagerter Fallstudien die externe Validität abzusichern; allerdings muss hierbei immer festgehalten werden, dass auch trotz theoretischem Sampling Fallstudienanalysen nur theoretische *Generalisierbarkeit* ermöglichen, nicht aber statistische für komplette Populationen; dies war aber auch nicht das Ziel des Promotionsvorhabens.[215]

„Die *Reliabilität (Zuverlässigkeit)* misst, in welchem Maße die Ergebnisse einer zweiten Untersuchung unter gleichen Bedingungen und mit identischen Verfahren mit der Ausgangsuntersuchung übereinstimmen." (Specht, Santos und Bingemeier 2004, S. 552) In der vorliegenden Arbeit wurde die Reliabilität durch das klare und transparente Vorgehen bei der Fallstudienuntersuchung, den halbstrukturierten Gesprächen unter Nutzung des Interviewleitfadens sowie die sorgfältigen und durch die Interviewpartner kontrollierten Gesprächsdokumentationen gesteigert und sichergestellt. Nichtsdestotrotz verbleibt ein Restrisiko, dass Interviewpartner

---

212 Vergleiche hierzu auch Flick (2009, S. 487 ff.) oder Specht, Santos und Bingemeier (2004, S. 545 ff.) für weitere Informationen.
213 Vergleiche hierzu auch Abschnitt 3.1.2.2.
214 Vergleiche hierzu auch Abschnitt 3.1.1.2.
215 Vergleiche hierzu auch Abschnitt 3.1.1.2.

bei einem wiederholten Interview situativ oder der Tagessituation geschuldet leicht abweichende Antworten geben könnten.

„Die *Objektivität* einer Untersuchung bewertet, inwieweit die Ergebnisse unabhängig vom Forschenden sind." (Specht, Santos und Bingemeier 2004, S. 551) Die Objektivität wurde durch den Einsatz der auf vielfältigen Informationsquellen basierenden Datentriangulation sichergestellt sowie durch das transparente Vorgehen.[216]

Abschließend kann festgehalten werden, dass die zur Sicherstellung der Qualität der Ergebnisse notwendigen Aspekte und Maßnahmen in der vorliegenden Promotionsarbeit berücksichtigt und bestmöglich umgesetzt wurden. Ein Restrisiko in Bezug auf die Ergebnisqualität verbleibt jedoch auch bei diesem mehrschichtigen Vorgehen.

---

[216] Vergleiche hierzu auch Abschnitt 3.2.

3.2 Fallstudien @ Siemens

Der vorliegende Abschnitt stellt den Kern des Praxiskapitels der vorliegenden Promotionsarbeit dar. Im Folgenden werden die vier durchgeführten Fallstudien[217] dokumentiert und diskutiert sowie die Erkenntnisse der Einzelfalluntersuchungen[218] als Input des Praxiskapitels für die Entwicklung des ganzheitlichen Ansatzes zur Strategischen Frühaufklärung abgeleitet. Mithilfe der Erkenntnisse aus den Fallstudien können so zum einen die Erkenntnisse des Theoriekapitels aus einer Praxissicht bestätigt und weiter präzisiert werden und zum anderen Erkenntnisse zum Zusammenspiel der verschiedenen Aspekte gewonnen werden, um die identifizierten Defizite zu schließen. Hierauf aufbauend können dann weitere Empfehlungen für die Ausgestaltung des ganzheitlichen Ansatzes abgeleitet werden.

Bevor die vier Fallstudien vorgestellt werden, werden zuerst der Siemens-Konzern sowie der Siemens-Energy-Sektor vorgestellt, sodass die Fallstudien innerhalb dieses Rahmens entsprechend interpretiert werden können. Die einzelnen Fallstudien gliedern sich wie folgt: Zuerst wird eine Einleitung gegeben, die einen Überblick über die Fallstudie (Zeitraum, Gesprächspartner, Informationsquellen, ...) und den gewählten Fokus gibt. Im Anschluss folgt ein Überblick über das Umfeld und den Kontext (der Geschäftseinheit / Abteilung der Fallstudie Markt, Wettbewerb, Produkte / Lösungen, organisatorische Verankerung, ...), bevor dann die Fallstudie dokumentiert wird. Abschließend folgen eine Zusammenfassung sowie die Einzelfallschlussfolgerungen.

Allgemein sei noch angemerkt, dass die Fallstudien alle im Jahr 2010 durchgeführt wurden. Die Interviews erfolgten im Frühjahr und Sommer 2010;[219] die Datenerhebung aus weiteren Quellen erfolgte parallel hierzu und wurde bis Ende 2010 fortgeführt. Weiterentwicklungen der Fallstudien oder Veränderungen des Umfelds bzw. der Siemens AG ab Beginn des Jahres 2011 wurden nicht mehr berücksichtigt. Die zeitliche Begrenzung der Fallstudien war zum einen wichtig, um eine stabile Ausgangsbasis für deren Analyse und Auswertung zu schaffen, und zum anderen, um die Lesbarkeit der vorliegenden Promotionsarbeit nicht durch spätere Ergänzungen oder Widersprüche in der Darstellung zu mindern. Aufgrund der retrospektiven Perspektive,[220] der zeitlich abgeschlossenen bzw. weit fortgeschrittenen Inhalte der Fallstudien sowie des besonderen Fokus auf die Anfangsphase und Identifizierung der untersuchten Themen sollten sich zudem keine größeren Nachteile für die Ergebnisse der vorliegenden Arbeit ergeben.[221]

---

[217] Vergleiche hierzu auch Abschnitt 3.1.2.1 zur Auswahl der Fallstudien bzw. Abschnitt 3.1.2 zum Vorgehen in der Fallstudienanalyse.
[218] Vergleiche hierzu auch Abschnitt 3.3 für die Ergebnisse der Cross-Case-Analyse.
[219] Im Anschluss erfolgten gemäß des definierten Interviewprozesses die Dokumentation der Interviews und deren Freigabe durch die Gesprächspartnern.
[220] Vergleiche hierzu auch Abschnitt 3.1.2.1 zur konkreten Fallstudienauswahl und der zusätzlich eingeführten Kriterien.
[221] Selbstverständlich können durch einen längeren Beobachtungszeitraum ggf. einzelne Erkenntnisse weiter bestätigt oder vertieft werden; für die wesentlichen Erkenntnisse und Aussagen sollten sich aber keinerlei Auswirkungen ergeben.

3.2.1 Überblick Siemens

Im Folgenden wird zuerst der Siemens-Konzern vorgestellt, bevor im Anschluss auf den Siemens-Energy-Sektor eingegangen wird.

3.2.1.1 Überblick Siemens-Konzern

Der Siemens-Konzern[222] ist ein global agierender, integrierter Technologiekonzern mit Kernaktivitäten auf den Gebieten Industrie und Energie sowie im Gesundheitssektor. Dabei nimmt Siemens in der Mehrzahl seiner Geschäftsfelder führende Marktpositionen ein. (Siemens AG 2010a, Teil 2, S. 50)

Vor über 160 Jahren wurde mit der Erfindung des störungsfreien Zeigertelegraphen[223] durch Werner von Siemens in einer Berliner Hinterhofwerkstatt die Grundlage für eines der größten und erfolgreichsten Unternehmen der Elektrotechnik gelegt. Am 1. Oktober 1847 gründete Werner von Siemens gemeinsam mit dem Universitätsmechaniker Johan Georg Halske die Telegraphenanstalt von Siemens & Halske. Seitdem hat das Unternehmen vielfältige Weiterentwicklungen in Bezug auf Größe, Produktportfolio, geografische Aufstellung und Verbreitung sowie Organisation erfahren; für ausführliche Informationen zur historischen Entwicklung sei z. B. auf Feldenkirchen (2003), Feldenkirchen (2005), Siemens Archiv (2008) oder Siemens AG (2011e) verwiesen.

Im Geschäftsjahr 2010[224] erwirtschafte Siemens mit seinen 405.000 Mitarbeitern eine Bilanzsumme von 102,827 Mrd. Euro, einen Jahresumsatz (fortgeführte Aktivitäten) von 75,978 Mrd. Euro, ein Ergebnis (Summe der Sektoren) von 7,789 Mrd. Euro und einen Gewinn (fortgeführte Aktivitäten) von 4,112 Mrd. Euro (Siemens AG 2010a, Teil 2, S. 4 f.). Abbildung 3.4 gibt einen Überblick über die wichtigsten (finanziellen) Kennzahlen.

Abbildung 3.5 zeigt die Verteilung von Mitarbeitern, Umsatz und Anzahl wichtiger Fertigungsstätten nach wichtigen Regionen; hierbei kann man sowohl die Wichtigkeit des Heimatmarkts erkennen als auch die enorme Bedeutung der weltweiten Präsenz.

---

[222] Im Folgenden wird aus Gründen der Übersichtlichkeit der Name Siemens anstelle von Siemens AG verwendet.
[223] „Der störungsfreie Zeigertelegraph war eine Weiterentwicklung der bestehenden Technologie, die einen selbständig gesteuerten Synchronlauf zwischen Sender und Empfänger ermöglichte. Diese Weiterentwicklung und die Erfindung der Kabelisolierung mit Guttapercha schufen die Voraussetzungen für die Entstehung des Nachrichtenverkehrs in der damaligen Zeit." (Schanz 2009, S. 147)
[224] Das Siemens-Geschäftsjahr 2010 dauerte vom 1. Oktober 2009 bis zum 30. September 2010.

Umsatz in drei Sektoren

- Healthcare 12.4 Mrd. EUR — 16%
- Cross-Sector Businesses 4.8 Mrd. EUR — 6%
- Industry 34.9 Mrd. EUR — 45%
- Energy 25.5 Mrd. EUR — 33%

Gesamtumsatz Sectors und Cross-Sector Businesses

Umsatz nach Regionen

- Deutschland — 15%
- Europa, CIS, Afrika, Mittlerer Osten (ohne Deutschland) — 40%
- Amerika — 27%
- Asien, Australien — 18%

Nach Sitz des Kunden

Umsatz und Mitarbeiter

(Diagramm: Mitarbeiter in Tausend und Umsatz in Millionen Euro, FY 1985–2010)

Kennzahlen

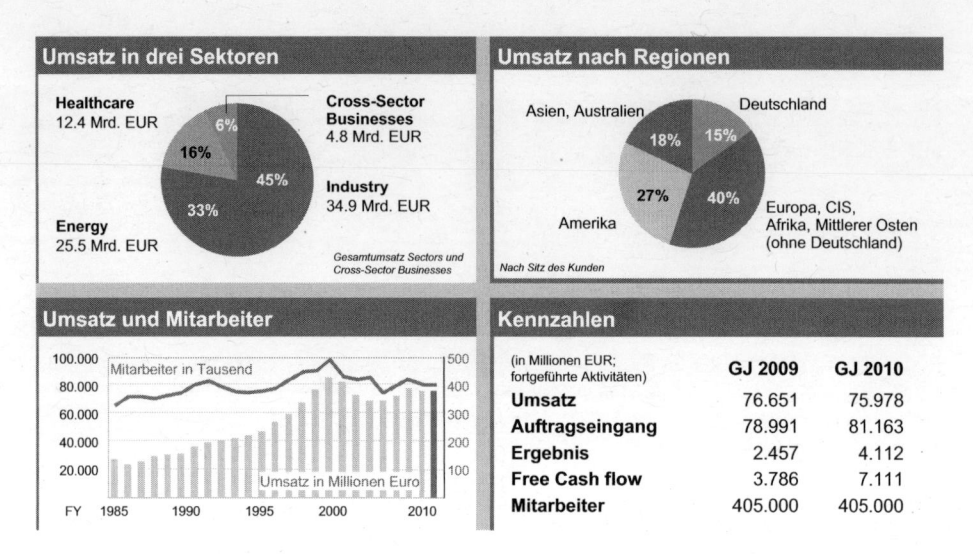

(in Millionen EUR; fortgeführte Aktivitäten)	GJ 2009	GJ 2010
Umsatz	76.651	75.978
Auftragseingang	78.991	81.163
Ergebnis	2.457	4.112
Free Cash flow	3.786	7.111
Mitarbeiter	405.000	405.000

Abbildung 3.4: Wichtige (finanzielle) Kennzahlen der Siemens AG – GJ 2010 (Siemens AG (2011d, S. 3))

„Der Siemens-Konzern umfasst die Siemens AG, eine Aktiengesellschaft nach deutschem Recht, als Muttergesellschaft und insgesamt ungefähr 1.000 Gesellschaften, einschließlich Minderheitsbeteiligungen. Der Sitz [des] Unternehmens ist Deutschland, mit der Konzernzentrale in München." (Siemens AG 2010a, Teil 2, S. 50) „Die Unternehmensstruktur von Siemens gliedert sich unterhalb des Vorstands in drei Sektoren, zwei Sektorübergreifende Geschäfte [Siemens IT Solutions and Services und Siemens Financial Services (SFS)], die die Sektor-Aktivitäten als Geschäftspartner unterstützen und gleichzeitig auch eigene Geschäfte mit externen Kunden betreiben, Sektorübergreifende Dienstleistungen, die gemeinsame Dienstleistungen für andere Siemens-Einheiten erbringen, zentrale Unternehmenseinheiten, die fachspezifische Aufgaben wahrnehmen, sowie regionale Cluster. Die Sektoren sind in Divisionen und diese wiederum in Geschäftseinheiten untergliedert." (Siemens AG 2010a, Teil 2, S. 50)

„Die Sektoren, deren Divisionen und Geschäftseinheiten sowie die Sektorübergreifenden Geschäfte tragen als ‚Weltunternehmer' eine durchgängige Geschäftsverantwortung einschließlich der Ergebnisverantwortung. Ihre geschäftlichen Entscheidungen sind daher vorrangig von den regionalen Clustern und Länderorganisationen zu beachten (‚Vorfahrtsregelung'). Die regionalen Einheiten (Cluster und Länderorganisationen) sind verantwortlich für das lokale Kundenbeziehungsmanagement und die Umsetzung der Geschäftsstrategien der Sektoren und Sektorübergreifenden Geschäfte sowie der Vorgaben von Unternehmensfunktionen." (Siemens AG 2010a, Teil 2, S. 50)

3.2 Fallstudien @ Siemens   153

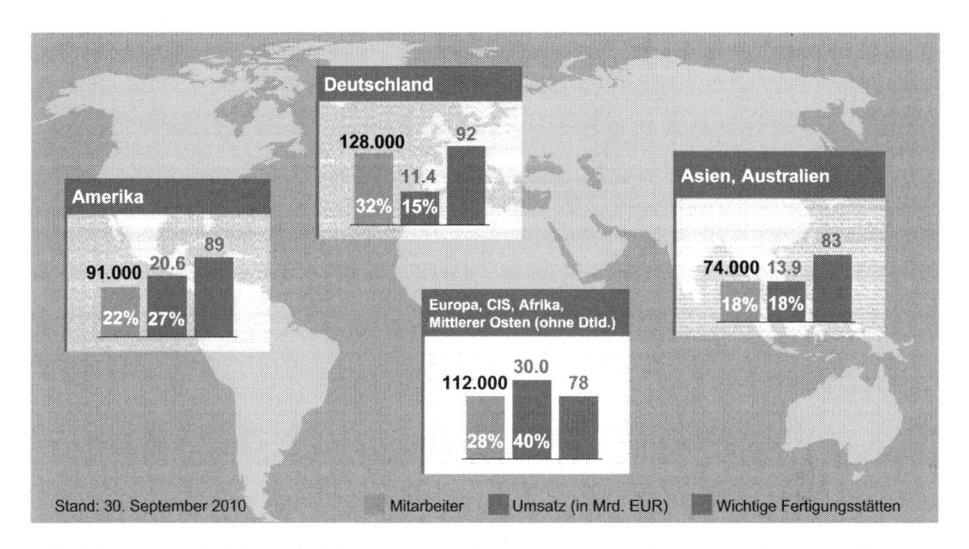

[Weltkarte mit Balkendiagrammen für vier Regionen:
- Amerika: 91.000 Mitarbeiter, 20,6 Mrd. EUR Umsatz (22%), 89 Wichtige Fertigungsstätten (27%)
- Deutschland: 128.000 Mitarbeiter, 11,4 Mrd. EUR Umsatz (32%), 92 Wichtige Fertigungsstätten (15%)
- Europa, CIS, Afrika, Mittlerer Osten (ohne Dtld.): 112.000 Mitarbeiter, 30,0 Mrd. EUR Umsatz (28%), 78 Wichtige Fertigungsstätten (40%)
- Asien, Australien: 74.000 Mitarbeiter, 13,9 Mrd. EUR Umsatz (18%), 83 Wichtige Fertigungsstätten (18%)
Stand: 30. September 2010]

Abbildung 3.5: Weltweite Präsenz der Siemens AG – GJ 2010 (Siemens AG (2011d, S. 4))

Sektoren

Der „*Sektor Industry* bietet ein komplettes Spektrum an Produkten, Dienstleistungen und Lösungen, mit denen sich Ressourcen und Energie effizienter nutzen und die Produktivität von Industrie und Infrastruktur steigern lassen. Mit seinen integrierten Technologien und ganzheitlichen Lösungen richtet sich der Sektor in erster Linie an Industriekunden, beispielsweise aus der Prozess- und Fertigungsindustrie, sowie Infrastrukturkunden, insbesondere aus dem Transportwesen, dem Gebäudemanagement oder dem Versorgungsbereich. Das Portfolio umfasst Produkte und Dienstleistungen für die Industrieautomatisierung und Antriebstechnik, Gebäude-, Beleuchtungs- und Transportlösungen. Systemintegration und Lösungen für das produzierende Gewerbe sind ebenfalls enthalten. [Der] Sektor Industry besteht aus den sechs Divisionen Industry Automation, Drive Technologies, Building Technologies, OSRAM, Industry Solutions und Mobility." (Siemens AG 2010a, Teil 2, S. 51)

Der „*Sektor Energy* bietet ein weites Spektrum an Produkten, Dienstleistungen und Lösungen für das Erzeugen, Übertragen und Verteilen von elektrischer Energie sowie für das Gewinnen, Umwandeln und den Transport von Öl und Gas. Der Sektor bedient vor allem den Bedarf von Energieversorgungsunternehmen. Auch Industrieunternehmen, insbesondere der Öl- und Gasindustrie, gehören zu seinen Kunden. Der Sektor Energy deckt die gesamte Energieversorgungskette ab. Er umfasst die sechs Divisionen Fossil Power Generation, Renewable Energy, Oil&Gas, Energy Service, Power Transmission und Power Distribution.„ (Siemens AG 2010a, Teil 2, S. 51)

Der „*Sektor Healthcare* bietet seinen Kunden ein umfassendes Portfolio medizinischer Lösungen entlang der Wertschöpfungskette, von medizinischer Bildgebung über In-vitro-Diagnostik bis zu interventionellen Verfahren und klinischer Informationstechnologie. [...] Außerdem übernimmt der Sektor technische Wartung, professionelle Dienst- und Beratungsleistungen sowie Finanzierungsleistungen für seine Kunden. Bis zum 30. September 2010 setzte sich unser Sektor Healthcare aus den drei Divisionen Imaging & IT, Workflow & Solutions und Diagnostics zusammen. [...] Seit der Organisationsänderung [zum 01. Oktober 2010] besteht der Sektor aus den drei Divisionen Imaging and Therapy Systems, Clinical Products und Diagnostics." (Siemens AG 2010a, Teil 2, S. 52)

Strategie

Die Siemens-Strategie ist an *globalen Megatrends* ausgerichtet; hierunter werden langfristige Prozesse verstanden, die die globale Nachfrage in den kommenden Jahrzehnten maßgeblich beeinflussen werden. Siemens zählt zu den globalen Megatrends:[225] Demografischer Wandel,[226] Urbanisierung, Klimawandel und Globalisierung.

Das *strategische Ziel* von Siemens ist nachhaltiges, profitables Wachstum. Die Voraussetzung dafür ist, eine führende Position an regionalen und technologischen Märkten einzunehmen und die Wettbewerber zu übertreffen. Siemens möchte so als integrierter Technologiekonzern von den oben beschriebenen Megatrends besonders profitieren. Um die Strategie zu erreichen, existieren drei strategische Stoßrichtungen (Siemens AG 2010b, Teil 2, S. 54):

- den Fokus auf innovationsgetriebene Wachstumsmärkte richten,
- ein starker Partner der Kunden vor Ort sein sowie
- die Kraft von Siemens nutzen.

Um das Ziel der nachhaltigen Steigerung des Unternehmenswerts und der vollkommenen Ausschöpfung des Potenzials des integrierten Technologiekonzerns sicherzustellen, sind für jede strategische Stoßrichtung drei Fokusthemen für die nächsten Jahre definiert. So sind z. B. für die Strategische Stoßrichtung ‚Fokus auf innovationsgetriebene Wachstumsmärkte' folgende drei Fokusthemen definiert: ‚Fokussierung auf innovations- und technologiegetriebene Wachstumsmärkte', ‚ak-

---

225 Vergleiche hierzu auch Siemens AG (Oktober 2006), Siemens AG (2009a, Teil 2, S. 46 f.), Siemens AG (2010a, Teil 2, S. 53 f.) oder Siemens AG (2010b, S. 6 ff.) für weitere Informationen.
226 Der demografische Wandel umfasst sowohl das weitere Bevölkerungswachstum als auch das steigende allgemeine Durchschnittsalter der Weltbevölkerung.

tives und systematisches Portfoliomanagement' sowie ‚Ausbau des Umweltportfolios'.[227,228]

Abbildung 3.6 fasst die Strategischen Stoßrichtungen, die *organisatorischen Grundsätze*, die *Vision* sowie die Unterstützung durch die Megatrends zusammen.[229]

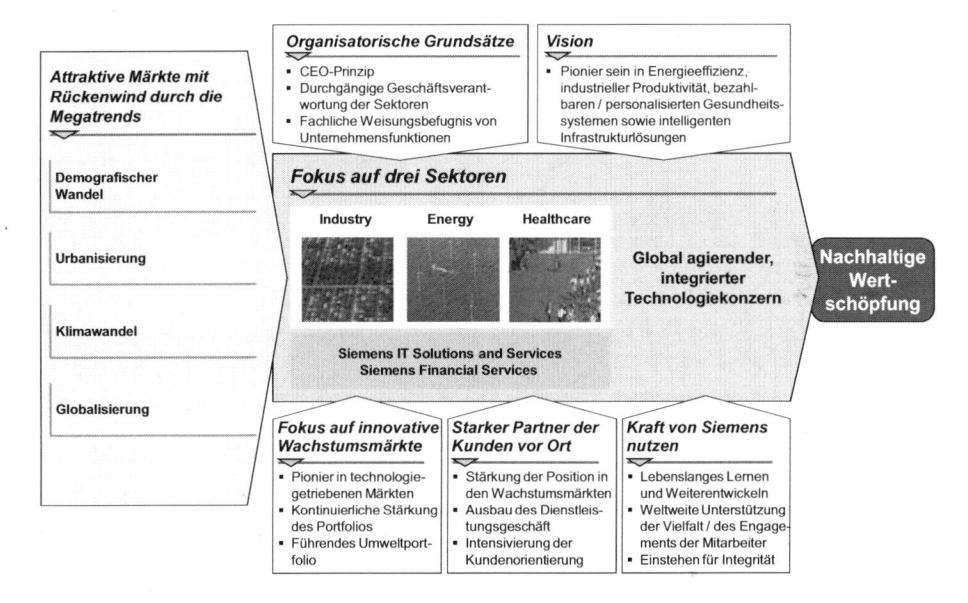

Abbildung 3.6: Überblick Megatrends, organisatorische Grundsätze, Vision und Strategie (eigene Darstellung, basierend auf Informationen aus Siemens AG (2010a, Teil 2, S. 50 ff.))

Forschung & Entwicklung

Eine starke Innovationskraft ist Kernvoraussetzung, um das strategische Ziel ‚nachhaltiges und profitables Wachstum' zu erreichen und die Markt- und Technologieführerschaft in den Geschäftsgebieten einzunehmen (vergleiche Abbildung 3.7 für ausgewählte Siemens Innovationen zwischen 1847 und 2010.).

Um die Innovationskraft weiter zu stärken, investierte Siemens im Geschäftsjahr 2010 3,846 Mrd. Euro für Forschung und Entwicklung (F&E), was 5,1 % des

---

[227] Siemens zählt hierzu alle Technologien für erneuerbare Energien, alle Umwelttechnologien und alle Produkte und Lösungen mit außergewöhnlicher Energieeffizienz. (Siemens AG 2011d, S. 34)

[228] Vergleiche hierzu auch Siemens AG (2010a, Teil 2, S. 55) für einen Überblick über alle Fokusthemen der strategischen Stoßrichtungen sowie weitere Informationen.

[229] Vergleiche hierzu auch Siemens AG (2010a, Teil 2, S. 50 ff.) für weitere Informationen oder Erläuterungen.

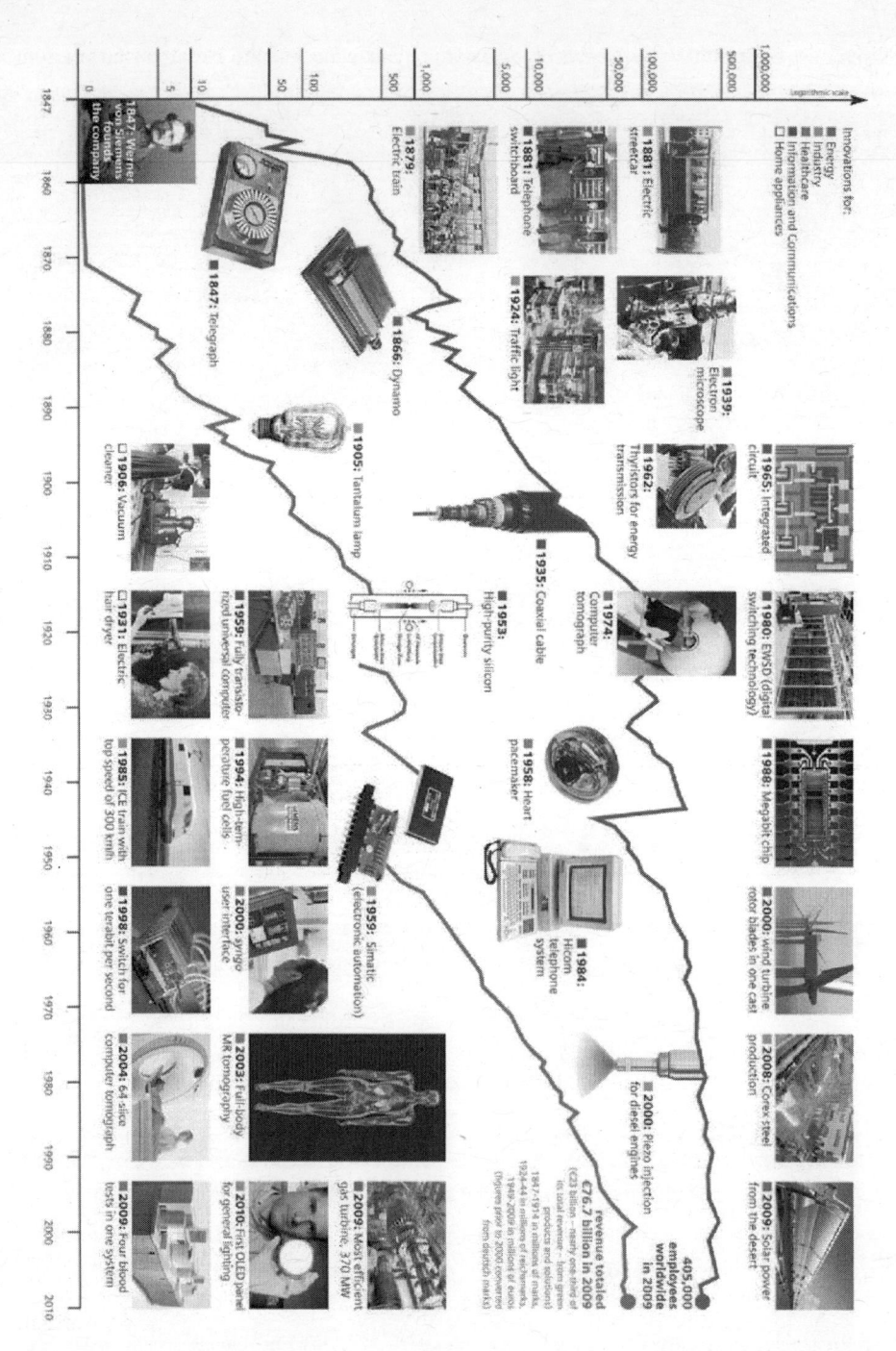

Abbildung 3.7: Ausgewählte Siemens-Innovationen von 1847 bis 2010 (Siemens AG 2011a, S. 17)

3.2 Fallstudien @ Siemens   157

Umsatzes entsprach;[230] dieser Anteil lag trotz Wirtschafts- und Finanzkrise auf dem gleichen Niveau wie der Vorjahreswert und übertraf den Wert des Geschäftsjahrs 2008. Das Investitionsvolumen in F&E verteilte sich hierbei wie folgt: Sektor Industry 1,7 Mrd. Euro (F&E Intensität von 4,9 %), Sektor Energy 0,8 Mrd. Euro (F&E Intensität von 3,1 %), Sektor Healthcare 1,1 Mrd. Euro (F&E Intensität von 9,0 %); die restlichen Aufwendungen entfielen auf die zentrale Forschungsabteilung (Corporate Technology, CT) und auf Siemens IT Solutions and Services. Siemens beschäftigt an knapp 180 Standorten in aller Welt 30.100 F&E Mitarbeiter, hiervon 12.800 Mitarbeiter in Deutschland und weitere 17.300 F&E-Mitarbeiter in rund 30 Ländern außerhalb Deutschlands, darunter die USA, China, Österreich und Indien, die Slowakei sowie die Schweiz, Großbritannien, Kroatien, Schweden, Dänemark, die Tschechische Republik und Frankreich (vergleiche Abbildung 3.8 für eine Übersicht über wichtige F&E Standorte und die geografische Verteilung der F&E-Mitarbeiter.) (Siemens AG 2010a, Teil 1, S. 2; Teil 2, S. 62).

Abbildung 3.8: Übersicht über wichtige F&E-Standorte und geografische Verteilung der F&E-Mitarbeiter (Siemens AG (2011a, S. 46))

Bei der Forschungs- und Entwicklungsarbeit fokussieren sich die Sektoren / Divisionen sowie die CT auf unterschiedliche Handlungsfelder. „Die Sektoren konzentrieren sich mit ihren F&E-Anstrengungen auf die nächste Generation ihrer Produkte und Lösungen und bereiten deren erfolgreiche Markteinführung vor. Im Vergleich dazu richten die Forschungs- und Entwicklungsspezialisten von CT das Augenmerk auf die übernächste Generation und bereiten deren technologische Basis vor.[231] [...] Zu den rund 50 globalen Technologiefeldern, die von CT abgedeckt werden,

---
230 Vergleiche hierzu auch Rammer (2011) für einen Überblick zu F&E-Intensitäten nach Branchen und Technologieklassen in Deutschland.
231 Vergleiche hierzu auch Schwair (2001) für weitere Informationen.

gehören die Themengebiete Materialien und Mikrosysteme, Produktionsverfahren, Sicherheit, Software und Engineering, Energietechnik, Sensorik, Automatisierung, medizinische Informationssysteme und bildgebende Verfahren, Informations- und Kommunikationstechnologien, das Gewinnen und Verarbeiten von Rohstoffen sowie nicht netzgekoppelte Energieerzeugung. Zudem enthält das Technologieportfolio mehrere Leuchtturm-Projekte, die darauf abzielen, neue Geschäftschancen für Siemens zu erschließen. Diese decken Bereiche wie Elektromobilität oder Smart Grids ab – also Themen mit großen strategischen Herausforderungen. Die Kombination neuer Technologien und die intensive Kooperation mit den Sektoren können hier völlig neue Lösungen aufzeigen. Die SMART-Lösungen (Simplicity, Maintenance friendly, Affordable, Reliable und Timely to market) setzen neue Technologien so um, dass sie auch in niedrigpreisigen Märkten wettbewerbsfähig werden." (Siemens AG 2010a, Teil 2, S. 64) Neben der internen F&E-Arbeit liefert auch die Zusammenarbeit mit Universitäten und nicht universitären Forschungseinrichtungen einen wichtigen Beitrag zur Innovationskraft von Siemens.

3.2.1.2 Überblick Siemens-Energy-Sektor

Der „*Sektor Energy* bietet ein weites Spektrum an Produkten, Dienstleistungen und Lösungen für das Erzeugen, Übertragen und Verteilen von elektrischer Energie sowie für das Gewinnen, Umwandeln und den Transport von Öl und Gas. Der Sektor bedient vor allem den Bedarf von Energieversorgungsunternehmen. Auch Industrieunternehmen, insbesondere der Öl- und Gasindustrie, gehören zu seinen Kunden. Der Sektor Energy deckt die gesamte Energieversorgungskette ab." (Siemens AG 2010a, Teil 2, S. 51).

Organisatorisch gliedert sich der Sektor Energy in die sechs Divisionen Fossil Power Generation, Renewable Energy, Oil&Gas, Energy Service, Power Transmission und Power Distribution; in seiner heutigen Form besteht er seit dem 1. Januar 2008 und ist aus den beiden ehemaligen Siemens Bereichen Power Generation und Power Transmission and Distribution hervorgegangen.[232] Tabelle 3.3 fasst die wichtigsten finanziellen Kennzahlen des Energy-Sektors und der Divisionen zusammen.

Segment-Strategie Energy-Sektor

Der Sektor Energy sieht sich als weltweit einziges Unternehmen, das die Effizienz entlang der gesamten Energieumwandlungskette steigern kann: von der Öl- und Gasförderung über die Erzeugung bis hin zur Übertragung und Verteilung elektrischer Energie. Als integriertes Technologieunternehmen nimmt der Sektor in seiner Branche eine technologische Spitzenposition ein und setzt Industriestandards. Der Sektor Energy hat den Anspruch, durch überdurchschnittliches, profitables Wachstum in jedem einzelnen Geschäftsfeld eine führende Marktposition einzunehmen (Siemens AG 2010a, Teil 2, S. 56).

---

[232] Vergleiche hierzu auch Löscher (29.11.2007) für weitere Informationen.

Tabelle 3.3: Auftragseingang, Umsatz, Ergebnis und Ergebnismarge des Energy-Sektors und seiner Divisionen – GJ 2010 (nach Siemens AG (11.11.2010, S. 9))

(in Mio. Euro)	Auftragseingang	Umsatz	Ergebnis	Ergebnismarge
Fossil Power Generation[a]	9.920	9.550	1.516	15,9 %
Renewable Energy	5.929	3.272	368	11,3 %
Oil&Gas[a]	4.943	4.156	487	11,7 %
Power Transmission	6.770	6.143	763	12,4 %
Power Distribution	3.231	3.039	422	13,9 %
Sektor Energy[b]	30.122	25.520	3.562	14,0 %

a Die finanziellen Ergebnisse der Division Energy Service sind in der externen Berichterstattung in den Finanzkennzahlen der Divisionen Fossil Power Generation und Oil&Gas enthalten (Siemens AG 2010a, Teil 2, S. 51).
b Aufgrund von Rundungen ist es möglich, dass sich einzelne Zahlen nicht genau zur angegebenen Summe aufaddieren (Siemens AG 11.11.2010, S. 9).

Hierbei profitiert der Sektor Energy auch von den identifizierten Megatrends; aufgrund des demografischen Wandels und des Klimawandels sowie der zunehmenden Ressourcenknappheit wird es zu einem weiter steigenden Energieverbrauch, einer Zunahme der Elektrifizierung der Gesellschaft und einer steigenden Nachfrage nach ‚sauberem' Strom kommen und somit einem steigenden Bedarf an Produkten und Lösungen, die durch den Sektor Energy bedient werden können.[233]

Der Sektor Energy investierte im Geschäftsjahr 2010 0,8 Mrd. Euro in F&E, was einer F&E-Intensität[234] von 3,5 % entspricht.[235] „Der Schwerpunkt [der] FuE-Aktivitäten im Sektor Energy liegt auf der Entwicklung von Verfahren zur effizienten Stromerzeugung, -übertragung und -verteilung. Dabei wird insbesondere der Umbau bestehender Stromnetze zu Smart Grids eine wesentliche Rolle spielen. Diese intelligenten Netze sind die Voraussetzung für nachhaltige Energiesysteme und die optimale Einbindung immer größerer Mengen erneuerbarer Energien sowie zukünftiger Elektrofahrzeuge. Optimierte Lösungen für solarthermische Kraftwerke gehören ebenso zu den F&E-Themen des Sektors Energy wie schwimmende Windkraftanlagen auf hoher See, innovative Techniken zur verlustarmen Stromübertragung, Wirkungsgradsteigerungen von Kraftwerken durch neue Materialien für Turbinenschaufeln oder Technologien zur Abscheidung des Treibhausgases Kohlendioxid aus dem Rauchgas von fossil befeuerten Kraftwerken." (Siemens AG 2010a, Teil 2, S. 63)

---

233 Vergleiche hierzu auch Niehage (3.12.2009) für weitere Informationen.
234 Die F&E-Intensität ist definiert als Verhältnis von F&E-Aufwendungen zum Umsatz.
235 Vergleiche hierzu auch Rammer (2011) für einen Überblick zu F&E-Intensitäten nach Branchen und Technologieklassen in Deutschland.

3.2.2 Fallstudie 1 – Konzernaktivitäten

Die ‚Fallstudie 1 – Konzernaktivitäten' stellt die Top-down-Sicht der Fallstudienanalyse auf die Strategische Frühaufklärung innerhalb von Siemens dar.[236]

Ziel der Fallstudie zu den ‚Konzernaktivitäten' ist es, Ansätze und Methoden auf Konzernebene zur Strategischen Frühaufklärung darzustellen, erfolgreiche Beispiele zu identifizieren und Einblicke in die Innovationskultur von Siemens zu vermitteln. Der erste Abschnitt stellt u. a. die Innovationsstrategie und deren Umsetzung, die Innovationskultur sowie die Rolle des Chief Technology Officers (CTO) als zentralen Knoten im Innovationsnetzwerk inklusive seiner Aufgaben und der hierfür vorhandenen Gremien, Organisationen und Prozesse vor. Dieser Abschnitt kann als Fallstudienkontext verstanden werden, der einen Überblick über den Rahmen für die Fallstudie gibt und vor dessen Hintergrund die übrigen Abschnitte zu sehen sind. Die beiden nächsten Abschnitte gehen auf die ‚Open Innovation'-Aktivitäten und die ‚Pictures of the Future (PoF)'-Methode von Corporate Technology (CT) ein. Diese beiden Aspekte der Fallstudie zeigen erfolgreiche Beispiele, wie Veränderungen im Unternehmensumfeld / Zukunftstrends frühzeitig aufgespürt und verstanden werden können. Der dritte Abschnitt der Fallstudie, der ‚Corporate Innovation Process (CIP)', stellt einen Rahmen dar, mit dem disruptive und radikale Veränderungen des Unternehmensumfelds erkannt, Reaktionen im Unternehmen bewirkt und deren Umsetzung sichergestellt werden; dieser Abschnitt zeigt ein Beispiel, wie die beiden Aufgaben der Strategischen Frühaufklärung – die Identifizierung von Veränderungen und das Anstoßen von Veränderungen[237] – in der Praxis miteinander verbunden werden können. Zum Abschluss werden die Fallstudie zusammengefasst und die Einzelfallschlussfolgerungen und Erkenntnisse für die Entwicklung des ganzheitlichen Ansatzes abgeleitet.

Die Fallstudie beruht auf sieben Interviews mit direktem Bezug zu den drei Fallstudienteilen sowie weiteren vier Gesprächen, die nicht unmittelbar zugeordnet werden können, aber weitere Erkenntnisse beigetragen haben. Die Gespräche wurden im Frühling und Sommer 2010 geführt und anschließend gemäß dem definierten Interviewprozess dokumentiert und von den Gesprächspartnern freigegeben.[238] Neben den Interviews wurden unternehmensinterne Dokumente, wie z. B. Präsentationen oder Handbücher, unternehmensexterne Dokumente, wie z. B. Fachpublikationen des Unternehmens oder einzelner Mitarbeiter, und externe Sekundärquellen, wie z. B. Presseartikel verwendet.[239]

---

[236] Vergleiche hierzu auch Abschnitt 3.1.2 zum Fallstudiendesign und zu deren Auswahl.
[237] Vergleiche hierzu auch Abschnitt 2.2.2.
[238] Vergleiche hierzu auch den Interviewprozess und das allgemeine Vorgehen in Abschnitt 3.1.2.2.
[239] Die Datenerhebung aus weiteren Informationsquellen erfolgte bis Ende 2010.

3.2.2.1 Fallstudienkontext

Neben einem aktiven Portfoliomanagement mit Fokus auf innovations- und technologiegetriebene Wachstumsmärkte, Kundenorientierung und Unternehmergeist ist das Management von Innovationen ein wichtiger Bestandteil des integrierten Technologiekonzerns.

Siemens sieht sich als Trendsetter, der Marktmacht und technologische Stärke (Trends setzen) in seinen Geschäftsfeldern vereint, um einen möglichst großen Wettbewerbsvorsprung zu sichern (vergleiche Abbildung 3.9 zur Innovationsstrategie[240]).

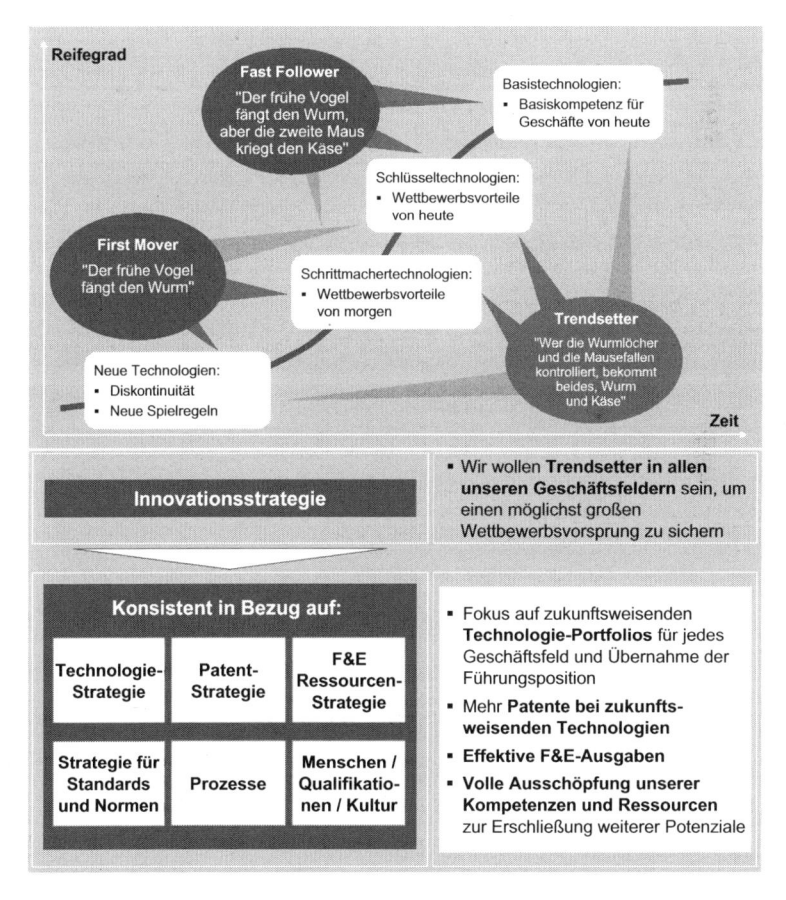

Abbildung 3.9: Die Innovationsstrategie: Trends setzen und Märkte bestimmen (Siemens AG (2011a, S. 23 f.))

Die Innovationsstrategie umfasst dabei verschiedene Aspekte wie die Technologiestrategie, die Optimierung der Ressourcen für Forschung und Entwicklung, die

---
[240] Vergleiche hierzu auch Abschnitt 2.1.2 zu den verschiedenen Technologiephasen.

Gestaltung der Innovationsprozesse sowie die Patent- und Standardisierungsstrategie, die im konsistenten Zusammenspiel erst ihre ganze Stärke entfalten. Darüber hinaus fügt sie sich in die Geschäftsstrategie ein, die Ausrichtung auf attraktive, nachhaltig wachsende Märkte (Siemens AG 2008a, S. 64).

„Der Chief Technology Officer (CTO) von Siemens, Prof. Hermann Requardt – zugleich Leiter Corporate Technology – ist der zentrale Knoten in diesem Innovationsnetzwerk. Um die Innovationsstärke von Siemens als Wettbewerbsvorteil zu sichern, gehört es daher vor allem zu seinen Aufgaben:

- sektorübergreifende Innovationen und Geschäfte voranzutreiben,
- die Effizienz der Forschung und Entwicklung zu erhöhen,
- die Innovationskraft im Unternehmen offen und transparent zu beurteilen,
- weltweit offene Innovationsnetzwerke zu schaffen – sowohl intern als auch zu Universitäten, Forschungsinstituten oder anderen Firmen – und
- die Kommunikation von Innovationen nach innen und außen zu verbessern.

Der CTO kann dabei wie ein Unternehmer handeln und Geschäftschancen erschließen, die von den einzelnen Siemens-Sektoren zunächst nicht aufgegriffen werden (z. B. eCar). Wesentliche Voraussetzung hierfür ist es, aktuelle und künftige Trends zu erkennen, neue Technologien zu identifizieren und mithilfe des Innovationsnetzwerks effizient und effektiv zur Verfügung zu stellen. Zur Erfüllung dieser Aufgaben stehen dem Chief Technology Officer unterschiedliche Gremien, Organisationen und Prozesse zur Verfügung:

- Diskussionen im Siemens Managing Board, zum Beispiel in den Strategiedurchsprachen des Konzerns *(Strategy Review)* oder bei Präsentationen zur Innovationskraft des Unternehmens *(Innovation Review)*, sowie vertiefende Durchsprachen der Innovationsstrategien auf Divisions-Ebene [*Division meets CTO*],
- das *Steering Committee Innovation* als Gremium des CTO, in dem vor allem die CEOs der Divisions vertreten sind, und der *Arbeitskreis Innovation,* der aus den CTOs der Divisions gebildet wird,
- die *Corporate Technology* mit ihrer Technologie-, Applikations- und Innovationsprozess-Kompetenz und ihrem Wissen über Patente sowie Standardisierungs- und Regulierungsthemen" (Siemens AG 2008a, S. 64), sowie
- der *Corporate Innovation Process* (CIP), ein Prozess zur frühzeitigen Identifizierung von Herausforderungen im Zusammenhang mit der Kommerzialisierung disruptiver Technologien und dem Ausschöpfen des damit verbundenen Geschäftspotenzials.[241]

---

[241] Vergleiche den Fallstudienteil – Corporate-Innovationprozess in Abschnitt 3.2.2.4 für detailliertere Informationen hierzu.

Bei der Wahrnehmung seiner Aufgaben wird der CTO seit Mitte 2008 durch das Chief Technology Office (CT Office) unterstützt. Rund 25 Mitarbeiter bewerten die Innovationsstrategien von Sektoren und Divisionen, stoßen Innovationsprojekte an, fördern Kooperationen mit Universitäten, Forschung und Wissenschaft und verbessern Projektmanagementprozesse und -kompetenzen. Ziel ist es, vorhandene Ansätze im Konzern zu bündeln und zusammen mit den geschäftsführenden Einheiten, den Regionen und Zentraleinheiten die Innovationskraft weiter zu stärken (Siemens AG 2009b). Das CT Office stellt einen der vier Hauptsäulen von Corporate Technology dar:

- *CT T (Corporate Research and Technology):* Zentrale Forschungs- und Entwicklungsabteilung für die Sektoren und Regionen

- *CT DC (Corporate Development Center):* Entwicklung von Software für die drei Sektoren

- *CT IP (Corporate Intellectual Property):* IP-Dienstleistungen (Patent- und Markenrecht), Standardisierung und Regelsetzung sowie Bereitstellung / Recherche von weltweiten Fachinformationen für das gesamte Unternehmen

- *CT O (Chief Technology Office):* Unterstützung des CTOs bei seinen Aufgaben

3.2.2.2 Fallstudienteil – Open Innovation

Die strategische Öffnung des Unternehmens über Abteilungs- und Regionengrenzen hinweg sowie nach außen stellt einen wichtigen Baustein zur Steigerung der Innovationsfähigkeit von Siemens dar. Ziel des bei Siemens im Geschäftsjahr 2009 eingeführten ‚Open Innovation'-Programms ist es, neue Innovationsmöglichkeiten zu identifizieren und diese in einem Netzwerk aus internen und externen Forschern / Entwicklern zu fördern; Siemens erhofft sich hieraus eine Beschleunigung der Innovationsprozesse. Hierzu werden im Rahmen des Open-Innovation-Programms Methoden entwickelt und zur Verfügung gestellt, die Innovationsprozesse beschleunigen und die Effektivität der eingesetzten F&E-Mittel erhöhen. Konkret bedeutet dies z. B. eine unternehmensweite IT-unterstützte Vernetzung von Experten, um das im Konzern vorhandene Wissen über Technologien und Märkte effizienter zu verknüpfen (Siemens AG (2008a, S. 65), Siemens AG (2010a, Teil 2, S. 62)).[242]

Die *Open-Innovation-Aktivitäten* bei Siemens variieren in der Phase des Innovationsprozesses, die sie adressieren, und im Grad der Offenheit, die mit ihnen verbunden sind (vergleiche hierzu auch Abbildung 3.10.). Die Aktivitäten können in etablierte (‚Already done') und in neuere Aktivitäten (‚New potential') unterschieden werden:

---

242 Vergleiche hierzu auch Siemens AG (2010, Frühling, S. 84 ff.).

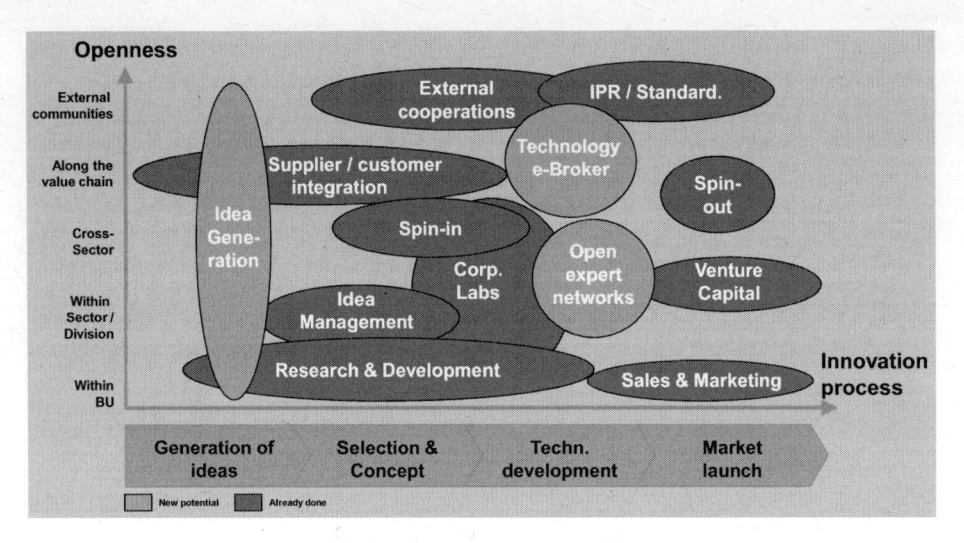

Abbildung 3.10: Die gegenwärtige Open Innovation Landscape @ Siemens (Langen und Lackner (6.10.2009, S. 8) + eigene Ergänzungen)

Etablierte Open-Innovation-Aktivitäten (ausgewählte):

1. Corporate Technology (CT) verfolgt als zentraler Knoten im Innovationsnetzwerk die vorrangigen Ziele, die Innovationskraft des gesamten Konzerns voll auszuschöpfen und die technologische Wettbewerbsfähigkeit nachhaltig zu sichern, und wirkt somit als Katalysator der internen Vernetzung.

2. Siemens kooperiert mit rund 600 Universitäten in 70 Ländern und vielen Forschungseinrichtungen auf der ganzen Welt. Diese Beziehungen basieren vor allem auf Vertrauen. Sie arbeiten in kleinen Teams im Rahmen von Kooperations- und Forschungsprojekten.

3. Die Technology-to-Business Center (TTB) in Berkley und Shanghai verwenden innovative Ideen aus akademischen Communities und unterstützen Siemens so bei der Entwicklung von neuen Technologien und Geschäftsmodellen. Auf Basis dieses Spin-in-Modells wurden bereits mehr als 30 Innovationen erfolgreich realisiert.

4. Der Siemens Technology Accelerator (STA) bietet Potenzial für hochinnovative Technologien, die innerhalb von Siemens entwickelt wurden, aber im Unternehmen keine Anwendung finden. Stattdessen wird in neue Start-up-Unternehmen investiert (Spin-out-Modell) (Siemens AG 2011b).

Neuere Open-Innovation-Aktivitäten:
Neuere Aktivitäten, die insbesondere auf kollaborative Ansätze zurückgehen und den Input von internen und externen Experten einbinden, sind besonders dazu

3.2 Fallstudien @ Siemens

geeignet, etablierte Ansätze in den Bereichen Ideengenerierung und Technologieentwicklung zu ergänzen.

Siemens verfolgt hierzu gegenwärtig fünf verschiedene Ansätze (vergleiche hierzu auch Abbildung 3.11):

- Die drei Ansätze *Idea Contest, E-Broker, Innovation Jam* zielen darauf ab, das Wissen vieler Experten in den Innovationsprozess mit einzubeziehen und Antworten auf festgelegte Fragestellungen zu bekommen. Es handelt sich dabei um Event-basierte Ansätze, die innerhalb eines festgelegten Zeitraumes stattfinden.

- Die beiden weiteren Ansätze – *TechnoWeb2.0, Enterprise for Technology Search* – konzentrieren sich auf die notwendige Infrastruktur, um die unternehmensinterne Vernetzung zu unterstützen und zu verbessern. Sie zielen darauf ab, die innerhalb von Siemens vorhandenen Experten zu einem bestimmten Thema zu finden und existierendes Wissen im Unternehmen besser miteinander zu vernetzen (Blumoser (2009, S. 4), Siemens AG (2011b)).

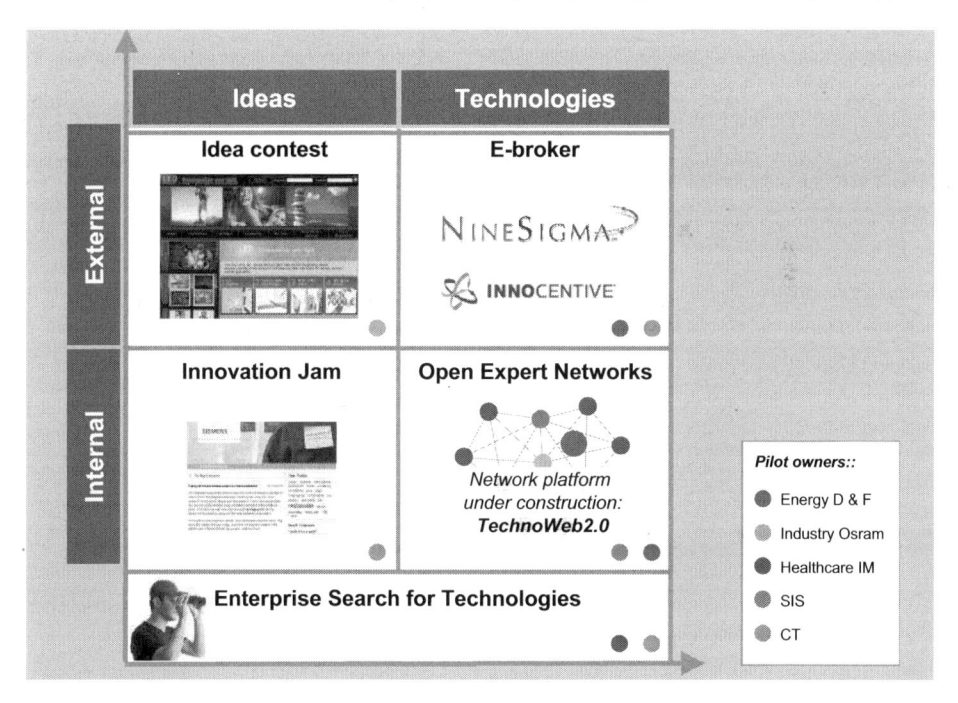

Abbildung 3.11: Neuere Open Innovation Landscape @ Siemens (Blumoser 2009, S. 4)

- Ein *Idea Contest* ist ein Wettbewerb zur kollaborativen Gewinnung von innovativen Ideen unter Einbindung von externen Teilnehmern. Unterstützt

durch Web-2.0-Technologien werden Ideen gemeinschaftlich erarbeitet, bewertet und stetig verbessert. Der Vorschlag wird somit kollaborativ in der Community verbessert, bevor er final von einer internen Jury bewertet wird (Langen und Lackner (6.10.2009, S. 17 ff.), Blumoser (2009, S. 5 ff.), Heiss (2.12.2010, S. 4 ff.)).
Beispiele: Osram-Designwettbewerb (2009),[243] Siemens Sustainability Idea Contest (2010)[244]

- Während *Innovation Jams* wird Siemens-intern in strukturierten und zeitlich begrenzten Online-Diskussionen ein ausgewähltes Thema debattiert. Dabei werden gemeinsam neue geschäftsrelevante Ideen entwickelt oder zukünftige Technologietrends diskutiert. Der eingesetzte Blogging-Ansatz erlaubt eine direkte Diskussion der klar begrenzten Themen / Fragen zwischen den Teilnehmern. Die einzelnen Themen werden in separaten Foren diskutiert, die von einem Moderator strukturiert und geleitet werden. Nach Ende des Innovation Jams werden die Ergebnisse dann herausdestilliert und den Auftraggebern zur Verfügung gestellt. (Langen und Lackner 6.10.2009, S. 10 ff.)
Beispiel: Disruptive ICT Trends Jam (2009)

- *E-Broker* sind Online-Technologie-Makler, über die Ideensucher mit Lösungsanbietern verbunden werden. NineSigma und Innocentive sind bekannte Anbieter solcher Internetplattformen. (Blumoser 2009, S. 13)
Beispiele: Challenges aus den Bereichen Energieverteilung, Sensorik, Semantische Suche und Logistik

- *TechnoWeb2.0* ist eine Plattform im Siemens-Intranet, auf der sich Experten zu Technologiethemen vernetzen und austauschen können. Hierbei werden drei Hauptziele verfolgt:

    – Vernetzung von Personen: TechnoWeb erlaubt es, relevante Personen zu speziellen Technologiethemen zu finden und mit ihnen in Kontakt zu treten.

    – Finden / Erstellen von Netzwerken: Mithilfe von TechnoWeb ist es möglich, Technologienetzwerke zu erzeugen; jedes Netzwerk hat eine Umgebung, bei der die Teilnehmer Informationen sammeln, austauschen und gemeinsam bearbeiten können.

    – Helfen oder Hilfe bekommen: Über die Netzwerkseite können die Teilnehmer sehr schnell eine große Anzahl an Teilnehmern zu einer Frage um Hilfe bitten bzw. anderen Teilnehmer ihre Kenntnisse als Hilfe anbieten.

  (Siemens AG (2011b), Heiss (2.12.2010, S. 11 ff.))

---

[243] Vergleiche hierzu auch *LED - Emotionalize your light* (2009) oder Preuss (2009).
[244] Vergleiche hierzu auch *Siemens Sustainability IDEA Contest* (2010).

- Im Projekt *Enterprise Technology Search* wird die Intranetsuche optimiert, um das Auffinden von Experten und vorhandener Expertise möglichst vollständig und effektiv zu ermöglichen (Siemens AG 2011b).

Erkenntnisse / Learnings aus den neueren Open-Innovation-Aktivitäten

Durch die Nutzung der neueren Open-Innovation-Aktivitäten in den vergangenen Jahren konnten einige wichtige Erkenntnisse und Learnings gewonnen werden. Die grundlegende Erkenntnis ist folgende:

- Die *Mehrzahl der gesuchten Informationen oder das benötigte Wissen liegen bereits an einer Stelle (im Unternehmen) vor*; die neueren Open-Innovation-Aktivitäten sind gut geeignet, dieses verteilte, unerschlossene und implizite Potenzial zu erschließen und in explizites Wissen umzuwandeln.

Darüber hinaus konnten wichtige Erfolgsfaktoren für die Verwendung von Open-Innovation-Aktivitäten gewonnen werden:

- *Bekenntnis der Auftraggeber* zu den Aktivitäten; d. h. sie müssen bereit sein, Geld, Ressourcen und Reputation in die Nutzung der Ansätze zu investieren. Insbesondere die Vorbereitung, die direkte Nutzung der Ansätze und die Nachbereitung sind sehr zeitintensiv, hierfür müssen entsprechende Ressourcen bereitgestellt werden.

- *Definition der nächsten Schritte* vor dem Start der Aktivitäten; d. h. die Nutzung und Weiterverwendung der gewonnenen Informationen sollte geklärt sein, und die notwendigen Mittel und Ressourcen sollten bereitstehen, bevor die Aktivitäten gestartet werden.

- *Sicherstellung der nachhaltigen Motivation der Teilnehmer*; d. h. die Teilnehmer investieren Zeit und ihr Wissen in die Aktivitäten und haben meistens keinen unmittelbaren Vorteil. Von daher müssen Anreize geschaffen werden, dass sie sich dennoch in aktuelle und zukünftige Aktiväten einbringen. Die hierfür notwendige Motivation kann z. B. mittels Anerkennung, Reputationsgewinn sowie Teilhabe an den gewonnenen Erkenntnisse und Informationen über die Verwendung geschaffen werden. Hierfür eignen sich z. B. folgende Maßnahmen:

    - Rückmeldung der Ergebnisse an die Teilnehmer
    - Weiterverwendung der Ergebnisse und Information der Teilnehmer hierüber
    - Wertschätzung der Mitarbeit durch die unmittelbaren Vorgesetzten und das (Top-)Management
    - Offene Unternehmenskultur, die durch den Austausch und die Weitergabe von Ideen geprägt ist

- *Steigerung der Akzeptanz der Ergebnisse* durch das Management; dies gelingt z. B. durch:
  - frühzeitige Einbindung des (Top-)Managements in den Prozess
  - zielgruppenorientierte Kommunikation der Ergebnisse
- *Intuitiv bedienbare und optisch ansprechende Tools und Methoden*; dadurch, dass die Aktivitäten eine breite Anzahl an Personen ansprechen, diese aber nicht intensiv in der Verwendung trainiert werden können und diese die Aktivitäten meist neben ihrer normalen Tätigkeit durchführen, müssen die Tools und Methoden selbsterklärend und ansprechend sein, weil sich die Personen ansonsten nicht einbringen.
- *Glaubwürdige Kommunikation und Werbung* für die Aktivitäten mithilfe von Multiplikatoren und viralem Marketing.

3.2.2.3 Fallstudienteil – Pictures of the Future (PoF)

Um das Ziel der Innovationsstrategie,[245] Trendsetter in den eigenen Geschäften zu sein, zu erreichen, müssen Trends und Veränderungen weltweit identifiziert und bewertet werden. Unter dem Namen ‚Pictures of the Future' fasst Siemens einen Ansatz zur systematischen Entwicklung von Zukunftsbildern zusammen. Kernbestandteil ist die Verwendung zweier gegenläufiger Sichtweisen, die sich gegenseitig ergänzen: auf der einen Seite die Extrapolation aus der ‚Welt von heute' und auf der anderen Seite die Retropolation aus der ‚Welt von morgen' (Stuckenschneider und Schwair (2005), Pillkahn (2007, S. 214 ff.))[246] (vergleiche Abbildung 3.12).

„Der Blick nach vorne, die *Extrapolation*, entspricht dem sogenannten ‚Road Mapping'.[247] Dabei werden die derzeit bekannten Technologien und Produktfamilien in die Zukunft fortgeschrieben und als Generationenfolge dargestellt. Man versucht, möglichst präzise abzuschätzen, zu welchem Zeitpunkt notwendige Änderungen verfügbar sind und gebraucht werden. Der Vorteil dieses Verfahrens – die sichere Ausgangsbasis – ist zugleich sein größter Nachteil: Diskontinuitäten und Entwicklungssprünge lassen sich damit nicht vorhersagen." (Stuckenschneider und Schwair 2005, S. 774) „Dies aber lässt sich mit einem komplementären Verfahren, der Szenariotechnik, besser handhaben. Man versetzt sich dazu in Gedanken, ‚Strategic Visioning' genannt, mehrere Produktgenerationen weit in die Zukunft, also etwa um zehn bis fünfzehn Jahre. Für den gewählten Zeithorizont wird dann ein umfassendes Szenario entworfen, das aus den wichtigsten Einflussfaktoren und Trends[248]

---

245 Vergleiche hierzu auch Abschnitt 3.2.2.1 und Abbildung 3.9.
246 Vergleiche auch Weyrich und Brodbeck (1998, S. 725 f.) oder Corporate Technology (2004, S. 6 ff.) für weitere Informationen.
247 Vergleiche hierzu auch Möhrle und Isenmann (2008), Specht und Behrens (2008, S. 145 ff.) oder Farrokhzad, Kern und Fritzhanns (2008, S. 325 ff.) für weitere Informationen.
248 Vergleiche hierzu auch die identifizierten Megatrends in Abschnitt 3.2.1.1.

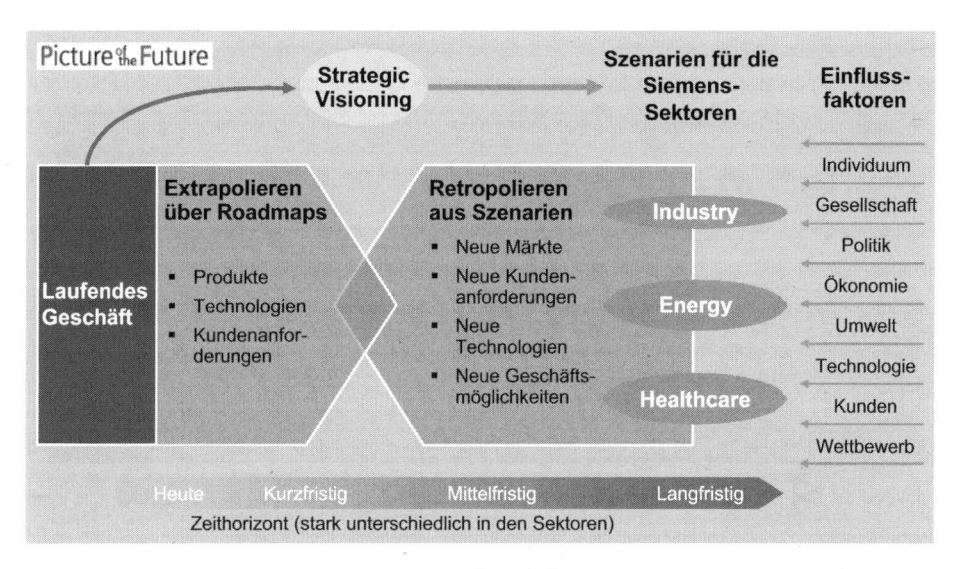

Abbildung 3.12: Pictures of the Future (PoF) (Siemens AG 2011a, S. 38)

gebildet wird. [...] Diese Veränderungen werden getrieben von gesellschaftlichen und politischen Trends, wirtschaftlichen Zwängen und Entwicklungen, technischen Möglichkeiten und Umbrüchen, aber auch neuen Kundeninteressen und Bedürfnissen. [...] Durch die Extrapolation solcher Trends wird dann – zunächst auf Basis von Hypothesen – ein erstes Szenario entworfen. Die wesentlichen Elemente dieses Szenarios werden anschließend im Rahmen von Interviews mit kompetenten Partnern und Meinungsführern[249] diskutiert mit dem Ziel, ein möglichst breit akzeptiertes und wahrscheinliches Szenario zu generieren. Aus diesem, dann festgeschriebenen Szenario lassen sich anschließend durch *Retropolation* in die Gegenwart die Aufgaben und Problemstellungen identifizieren, die heute angegangen werden müssen, um in der Welt von morgen zu bestehen." (Stuckenschneider 2008, S. 233 f.)

Durch die Kombination von Extrapolation und Retropolation werden die beiden Sichtweisen in Einklang gebracht und möglichst konsistente Bilder der Zukunft, die *Pictures of the Future*, entwickelt. „Mit diesen ‚Pictures of the Future' werden nicht nur Visionen aufgezeigt, sie dienen vor allem dazu, in einem systematischen, fortdauernden Prozess Zukunftsmärkte qualitativ darzustellen, Diskontinuitäten aufzuspüren, künftige Kundenanforderungen zu antizipieren und Technologien mit hohem Wachstumspotenzial und großer Breitenwirkung zu identifizieren." (Stuckenschneider und Schwair 2005, S. 775).

Mithilfe dieser Erkenntnisse können Veränderungen für das bestehende Geschäft antizipiert, neue Geschäftsmöglichkeiten identifiziert und eine stimmige Technologievision geschaffen werden. Auf diese Weise können eine Vielzahl von Geschäfts-

---

[249] Als Gesprächspartner dienen hierfür Experten und Führungskräfte aus Universitäten / Forschungsinstituten bis hin zu Kunden und Lieferanten.

möglichkeiten geschaffen werden, die dann im Einzelnen analysiert, bewertet und umgesetzt werden. Die Pictures of the Future tragen somit einen wichtigen Teil zur Zukunftsgestaltung im Unternehmen bei; strategisch wichtig ist hierbei, dass Konsequenzen aus den Erkenntnissen abgeleitet und umgesetzt werden. Diese beiden Punkte stellen die letzten Schritte des Pictures-of-the-Future-Frameworks dar. Abbildung 3.13 verdeutlicht noch einmal den detaillierten Ablauf.

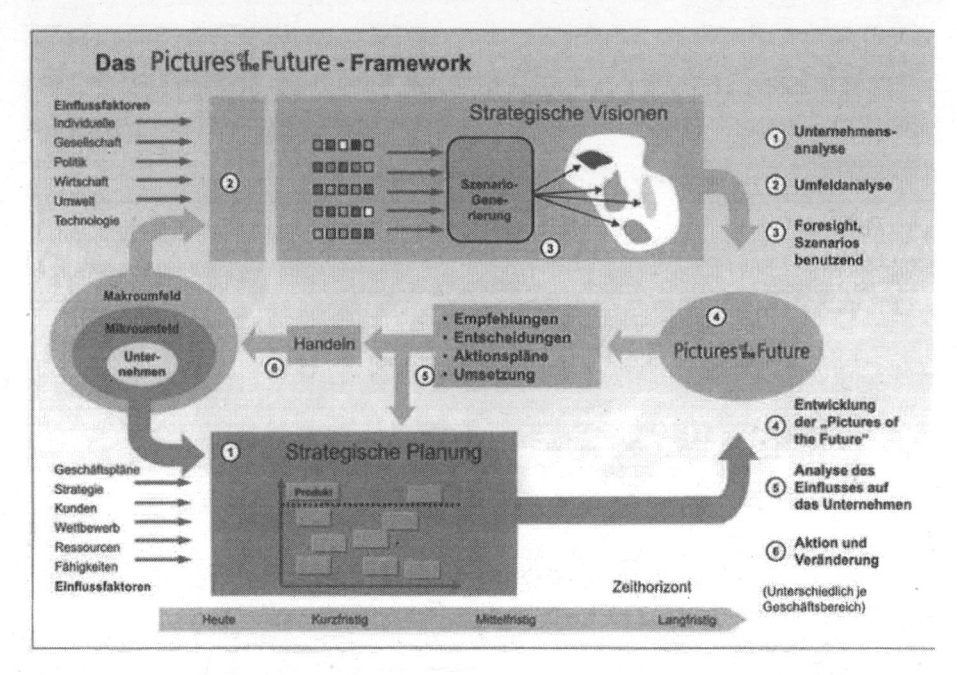

Abbildung 3.13: Das Pictures-of-the-Future-(PoF-)Framework: detaillierter Ablauf (Pillkahn 2007, S. 216)

„Die Vorgehensweise bei den ‚Pictures of the Future' versucht nicht, aus der Unendlichkeit der möglichen künftigen Entwicklungen die tatsächliche herauszusuchen. Solche Erwartungen würden [die] Leistungsfähigkeit weit übersteigen. *Der Ansatz ist vielmehr, die Zukunft als eine Resultante aus wichtigen Entscheidungen zu begreifen und daher nicht erwartend, sondern gestaltend zu agieren.* Daher sind die Entscheidungen auch an vorherrschenden Trends und an anderen einflussreichen Treibern auszurichten. Ziel ist es, nicht gegen den Strom, sondern mit dem Strom zu schwimmen und dabei die Kräfte und Kreativität so einsetzen, dass die Ziele schneller und ohne Umwege erreicht werden. Dafür ist ein breiter Konsens über die Ziele [im] Unternehmen und über [das] Unternehmen hinaus von größter Bedeutung." (Stuckenschneider 2008, S. 243)

Neben der Generierung eines konsistenten Bilds der Zukunft und der Definition des Wegs dorthin stellen die Pictures of the Future auch ein ausgezeichnetes Kommunikationswerkzeug dar. Die Zukunftsbilder können zum einen zur Kommunikation

3.2 Fallstudien @ Siemens

im Unternehmen und zum anderen zur Diskussion mit geschäftlichen Partnern, politischen Vertretern oder der Öffentlichkeit genutzt werden.

Für jedes Arbeitsgebiet werden Gesamt- und Teilszenarien durch sehr detaillierte Illustrationen anschaulich gemacht. Die Visualisierung vermittelt zum einen einen schnellen Einstieg und Überblick über die Ergebnisse, und zum anderen ermöglicht sie eine einfachere Identifikation des Einzelnen mit den Ergebnissen inklusive der Überlegungen, was diese für das eigene Geschäft / die eigene Arbeit bedeutet. Neben der Visualisierung existiert auch die halbjährlich erscheinende Zeitschrift ‚Pictures of the Future – Die Zeitschrift für Forschung und Innovation' (Siemens AG 2011c),[250] die wesentliche Technologietrends vorstellt und Einblicke in die Siemens-Labore gibt. Neben der Vorstellung von Zukunftsszenarien und Reportagen über entsprechende F&E-Aktivitäten bei Siemens kommen auch internationale Experten in Interviews zu Wort.

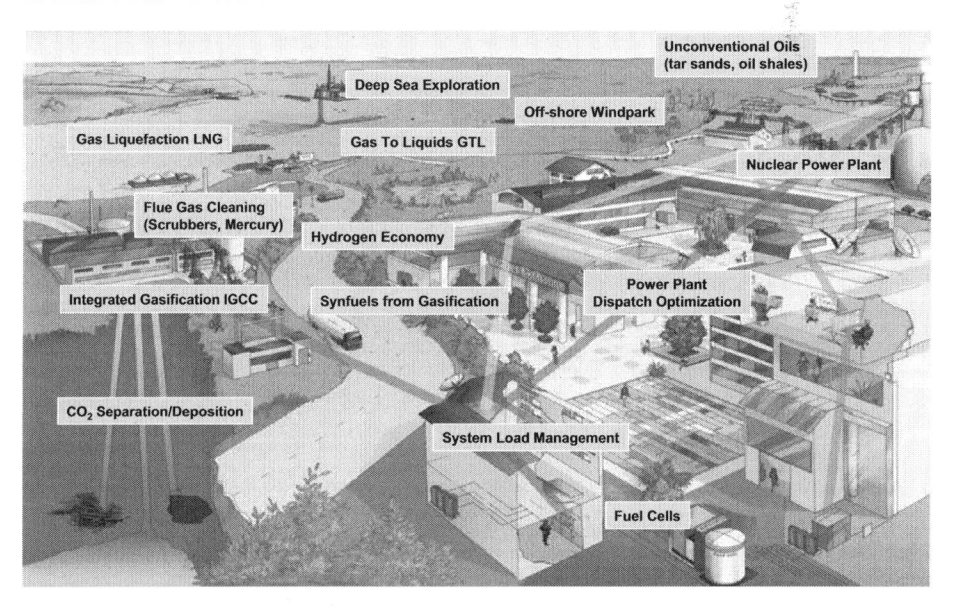

Abbildung 3.14: Pictures of the Future (PoF): Energy (2003) – Vereinfachte Visualisierung der Energieversorgung der nächsten Jahrzehnte (Voges 23.-24.02.2006, S. 7)

Abbildung 3.14 stellt die vereinfachte Visualisierung der ‚Pictures of the Future: Energy'-Studie aus dem Jahr 2003 zur Energieversorgung der kommenden Jahrzehnte dar.[251] „Die nächsten Jahrzehnte der Energieversorgung werden [hierbei]

---

[250] Vergleiche hierzu auch die Ausgaben der vergangenen Jahre: Siemens AG (2008, Frühjahr), Siemens AG (2008, Herbst), Siemens AG (2009, Frühling), Siemens AG (2009, Special Edition), Siemens AG (2009, Herbst), Siemens AG (2010, Frühling), Siemens AG (2010, Herbst); die Zeitschrift selbst existiert bereits seit 2001.
[251] Vergleiche Corporate Technology (2004, S. 12 ff.) für eine detailliertere Visualisierung des Gesamtszenarios sowie weiterer Teilszenarien.

von einem ausgewogenen Mix aus zentralen und dezentralen Kraftwerken sowie aus solchen mit erneuerbaren Ressourcen [On- und Offshore-Windparks, Strömungs-, Aufwindkraftwerke und solarthermische Anlagen] bestimmt. Bei fossil betriebenen Kraftwerken bieten Effizienzsteigerungen einen kostengünstigen Weg zur Kohlendioxidreduktion – langfristig auch die Abtrennung und Lagerung von CO_2. Hocheffiziente, schadstoffarme und fehlertolerante Gas- und Dampfturbinen bleiben zentrale Komponenten dieser Kraftwerke. In der Öl- und Gasindustrie wachsen die Prozesse der Stromerzeugung und der Produktion von Synthesegas zusammen. Der Betrieb der Stromnetze wird globaler, flexibler und stärker auf dezentrale Komponenten ausgerichtet. Bestimmende Kräfte der liberalisierten Märkte sind die Marktmechanismen und die Beeinflussung der Prozesse in Echtzeit." (Corporate Technology 2004, S. 12)

Erkenntnisse / Learnings aus den Pictures of the Future

Die Pictures-of-the-Future-Projekte und die damit verbundene Methodik haben sich in der Praxis in über zehn Jahren der Anwendung bewährt und eine hohe Akzeptanz im Unternehmen erreicht; hierdurch konnten die definierten *Ziele erreicht* werden:

- „Bewertung der wahrscheinlichen Veränderungen in den heutigen Geschäften, einschließlich neuer Geschäftsmöglichkeiten.
- Identifizierung von Schlüsseltechnologien, die diese Veränderungen treiben.
- Kommunikation und Diskussion der Ergebnisse mit geschäftlichen Partnern, politischen Interessenten und der Öffentlichkeit." (Stuckenschneider 2008, S. 243)

Die hohe Akzeptanz der Methodik wird durch klare Zielvorgaben an die Projekte erreicht, die zu entwickelnden *Szenarien müssen drei Eigenschaften erfüllen*:

- „technisch realisierbar
- wirtschaftlich attraktiv
- konsensfähig im Unternehmen und bei den Partnern" (Stuckenschneider 2008, S. 243)

Darüber hinaus sollten die Projekte aus dem jeweiligen Geschäft initiiert und nicht zentral verordnet werden.

Folgende weitere Erkenntnisse und Learnings konnten ebenfalls aus den Gesprächen und den weiteren Informationsquellen gewonnen werden:

- Die *Ableitung von Konsequenzen und deren Umsetzung* sind besonders wichtig, ohne diese beiden Punkte führen die Pictures of the Future zu keinem unmittelbaren Vorteil für das Unternehmen.
- Es bedarf *visionärer Manager, Forscher und Techniker*, die das Potenzial einer Idee oder Technik erkennen und diese dann vorantreiben.

- Die Qualität des Gesamtszenario und die Ergebnisse des Projekts hängen stark von der *umfassenden Erschließung des Wissens und dessen Verarbeitung* ab. Hierbei sind folgende Faktoren besonders hilfreich:
  - Ganzheitliche Betrachtung der Themen; Berücksichtigung von marktseitigen, technologischen, politischen, juristischen und gesellschaftlichen Aspekten;
  - Erschließung und Nutzung des intern vorhandenen Wissens;
  - Umfassende Nutzung von externen Quellen, z. B. durch Gesprächspartner aus Universitäten, Forschungseinrichtungen, Politik sowie von Kunden und Lieferanten;
  - Gemischte Teams mit möglichst verschiedenen Hintergründen und Kompetenzen und der Fähigkeit, sich vom Alltagsgeschäft zu lösen und kreativ zu arbeiten; darüber hinaus erhöhen gemischte Teams mit Vertretern aus den operativen Einheiten die Akzeptanz der Ergebnisse
- Genauso wichtig wie das Erschließen des Wissens ist das Schaffen einer *Kultur, in der sich das Wissen entfalten kann.* Manager sind eher risikoavers, sie versuchen eher Bestehendes und Bekanntes weiterzuentwickeln, als sich auf etwas Neues einzulassen. Somit werden radikale oder innovative Themen eher ausgesiebt, da die Wahrscheinlichkeit eines Misserfolgs bei neuen Themen hoch ist. Es wird daher eine offene Kultur benötigt, in der Fehlschläge als ‚normal' akzeptiert werden und sich dies auch in Karrierepfaden, Incentives sowie der Unternehmenskultur widerspiegelt.
- ‚Spielgeld', das frei von den Forschern investiert werden kann, ist eine Möglichkeit, unbekannten, neuen oder unkonventionellen Themen eine Chance zu geben und sie nicht direkt auszusieben.
- Die *Kommunikation und Diskussion der Ergebnisse* ist wichtig, dies steigert zum einen die Akzeptanz der Ergebnisse und die Bereitschaft sich mit der Zukunft auseinanderzusetzen und erhöht zum anderen die Legitimität der Strategischen Frühaufklärung. Besonders gilt hierzu folgendes zu betonen:
  - Umfassende Kommunikation und Diskussion nach innen und nach außen
  - Zielgruppenorientierte Aufbereitung der Ergebnisse

3.2.2.4 Fallstudienteil – Corporate Innovation Process (CIP)

Nachdem die beiden vorherigen Abschnitte Ansätze und Methoden aufgezeigt haben, die Veränderungen im Unternehmensumfeld sowie Zukunftstrends frühzeitig aufspüren, stellt dieser Abschnitt den ‚Corporate Innovation Process (CIP)' vor, einen groben Rahmen, mit dem disruptive und radikale Veränderungen des Unternehmensumfelds erkannt, Reaktionen im Unternehmen bewirkt und deren Umsetzung sichergestellt werden. Dieser Abschnitt zeigt somit ein Best Practice, wie die beiden Aufgaben der Strategischen Frühaufklärung – die Identifizierung von Veränderungen und das Anstoßen von Veränderungen[252] – in der Praxis miteinander verbunden werden können; die zuvor vorgestellten Ansätze und Methoden können u. a. als Quelle oder Bestandteil dieses Prozesses verstanden werden.

Wie bereits im Theoriekapitel[253] gezeigt, empfiehlt es sich, zwischen inkrementellen und radikalen Innovationen zu differenzieren. Siemens differenziert Innovationen anhand der beiden Dimensionen technische Veränderungen und Veränderungen des Geschäftsmodells. Mithilfe der Unterscheidung des Veränderungsgrads in Gering und Hoch ergeben sich vier mögliche Veränderungen, die durch Innovationen hervorgerufen werden können (siehe hierzu auch Abbildung 3.15):

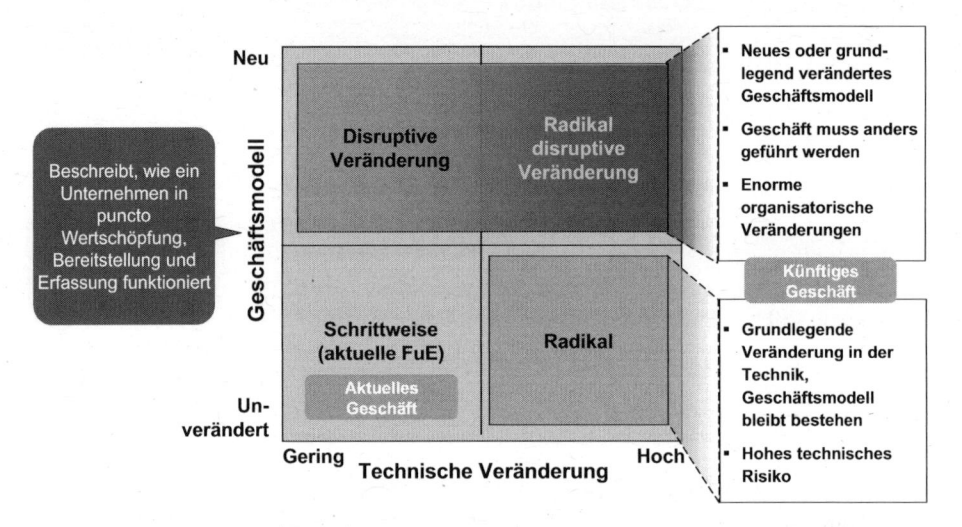

Abbildung 3.15: Unterschiedliche Eigenschaften von Innovationen (Siemens AG 2011a, S. 27)

Schrittweise Veränderungen werden insbesondere durch die F&E des aktuellen Geschäfts adressiert; die disruptiven Veränderungen führen zu neuen Geschäftsmöglichkeiten. Die folgenden exemplarischen Innovationen verdeutlichen, wie Innovationen / Veränderungen neue Geschäftsmöglichkeiten eröffnen können:

- „*Radikal disruptive Veränderung:* Zunehmende Digitalisierung der Fabrikplanung: Siemens kauft UGS,[254] um ein integriertes Management des gesamten Produktlebenszyklus zu verwirklichen (digitale Fabrik);

---

252 Vergleiche hierzu auch Abschnitt 2.2.2.
253 Vergleiche hierzu auch Abschnitt 2.1.3.3.
254 Siemens übernahm 2007 die UGS Corp. aus den USA, einen weltweit führenden Anbieter von Software und Services für Product Lifecycle Management (PLM). Für weitere Informationen vergleiche auch Siemens AG (25.01.2007).

- *Radikale Veränderung:* Neue Materialien (z. B. Keramik mit verbesserten Eigenschaften): neuer Hitzeschutz für Turbinen bringt Wettbewerbsvorteile;
- *Disruptive Veränderung:* Energiespar-Contracting: Siemens verkauft Energieeinsparung und wird in % an der erzielten Einsparung beteiligt" (Siemens AG 2011a, S. 28).

Innovationen oder Veränderungen, die zu neuen Geschäftsmöglichkeiten führen, bedürfen ggf. besonderer Aufmerksamkeit, um sicherzustellen, dass sie ausreichend adressiert werden. Diese Innovationen existieren auf jeder Unternehmensebene (Konzern, Sektor, Division, Business Unit, ...); manche Innovationsfelder sind hierbei aber sehr wichtig für das gesamte Unternehmen, insbesondere wenn sie sich über Divisions- und Sektorgrenzen hinweg erstrecken. Diese Innovationsfelder werden als Corporate-Innovation-Felder bezeichnet und auf Konzernebene gemonitort und getrieben; die verbleibenden Innovationsfelder werden in den jeweiligen Geschäften behandelt.

Um als *Corporate-Innovation-Feld* zu gelten, müssen die Innovationsfelder verschiedene Kriterien erfüllen:

- Disruptive Veränderung für Siemens (im Vergleich zu den bestehenden Geschäften)(vergleiche Abbildung 3.15)
- Neue Geschäftsmöglichkeit und hohe Bedeutung für das zukünftige Geschäft
- Geschäftsmöglichkeit erstreckt sich über Sektor- oder Divisionsgrenzen hinweg
- Strategische Notwendigkeit, um die Siemens-Portfolio-Strategie / -Vision zu erreichen
- Kannibalisierung eines bestehenden Geschäftsfelds von Siemens
- Hoher Investitionsbedarf

Diese Kriterien müssen allerdings nicht alle gleichzeitig zutreffen, um als Corporate-Innovation-Feldern zu gelten; insbesondere die zukünftige Bedeutung für Siemens und der Investitionsbedarf haben eine Filterfunktion, um auf Konzernebene die Fokussierung auf einige wenige Themen zu ermöglichen.

Der *Corporate Innovation Process (CIP)* ist ein grober Rahmen für den Prozess von der Identifizierung über die Priorisierung bis hin zur Implementierung von Corporate-Innovation-Felder. Der Prozess ist auf der einen Seite ausreichend flexibel, um der Individualität der einzelnen Themen zu genügen und nicht ‚ohne Nachzudenken' einen Prozess abzuarbeiten, und auf der anderen Seite strukturiert er das Vorgehen und klärt Verantwortlichkeiten und notwendige Endergebnisse. Der CIP verfolgt hierbei mehrere Ziele:

- Frühzeitige Identifizierung von Herausforderungen in Verbindung mit der Kommerzialisierung disruptiver Technologien

- Sicherstellung der Ausschöpfung des damit verbundenen Geschäftspotenzials
- Stringente und ganzheitliche Kapitalallokation (auch im Vergleich zu M&A-Aktivitäten und Investitionen in bestehende Geschäfte)
- Etablierung klarer operativer Verantwortung und eines durchgängigen und regelmäßigen Prozesses
- Sicherstellung der Aufmerksamkeit der Unternehmensführung

Der *Prozess* besteht aus den vier Hauptphasen ‚Identifikation und Erfassung', ‚Analyse und Ausarbeitung', ‚Diskussion im Vorstand' und ‚Implementierung und Nachverfolgung':

1. Identifikation und Erfassung:
- Identifikation und Erfassung von Innovationfelder im Unternehmen; mögliche Quellen hierfür sind der Siemens Innovation Day, Pictures of the Future,[255] Open-Innovation-Aktivitäten, Wettbewerber- und Marktanalysen, Meldungen aus den Sektoren, Divisionen und Ländern, ...
- Übergang Phase 1 -> Phase 2: Vorauswahl der Corporate-Innovation-Felder

2. Analyse und Ausarbeitung:
- 2a: Analyse der Corporate-Innovation-Felder und erste Ausarbeitung von möglichen Geschäftsmöglichkeiten
- Übergang Phase 2a -> Phase 2b: Priorisierung der Corporate-Innovation-Felder
- 2b: Detaillierte Analyse und Ausarbeitung der Geschäftsmöglichkeiten in den priorisierten Corporate-Innovation-Feldern; hierzu gehören u. a. auch die Ausarbeitung von vorläufigen Geschäftsplänen und die Identifizierung der zukünftig Verantwortlichen für die Themen

3. Diskussion im Vorstand
- Diskussion und finale Priorisierung der Corporate-Innovation-Felder durch den CEO, CFO und CTO
- Diskussion der Corporate-Innovation-Felder im Vorstand im Rahmen der Portfoliodiskussion
- Übergang Phase 3 -> Phase 4: Beschlüsse des Vorstands zum weiteren Vorgehen, ggf. mit Kapitalallokationen für die Themen

4. Implementierung und Nachverfolgung:
- Detaillierung des vorhandenen Geschäftsplans und individuelle Implementierung des jeweiligen Themas

---

255 Vergleiche hierzu auch Abschnitt 3.2.2.3.

- Nachverfolgung des Status der Beschlüsse und deren Implementierung im Vorstand

Abbildung 3.16 gibt noch einmal einen Überblick über die Ziele und die Prozessschritte des Corporate-Innovation-Prozesses.

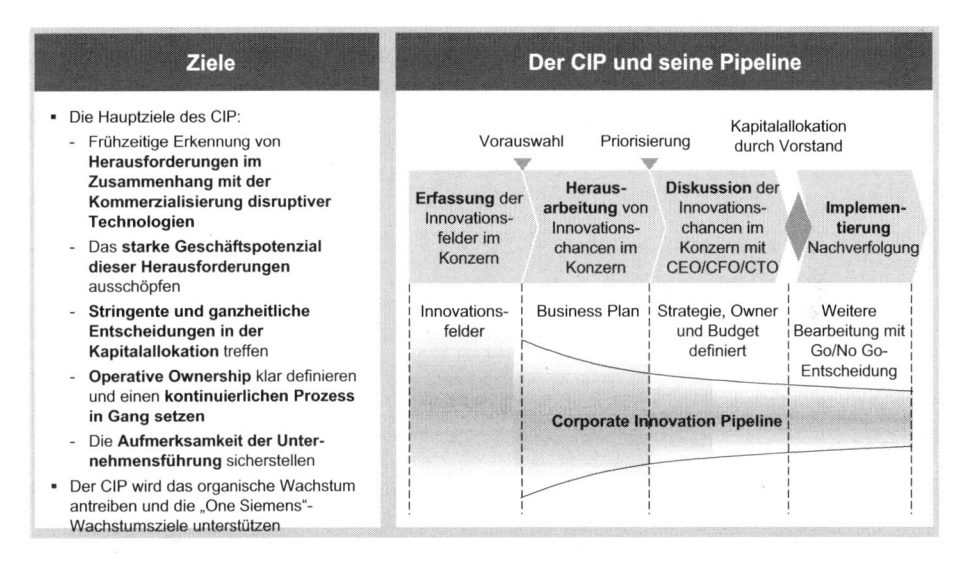

Abbildung 3.16: Überblick Corporate-Innovation-Prozess (CIP) (Siemens AG 2011a, S. 29)

Verantwortliche: Der Prozess wird gemeinsam durch die zentrale Strategieabteilung und die Strategieabteilung der zentralen Forschungs- und Entwicklungsabteilung koordiniert und getrieben; je nach Bedarf werden Experten aus Fachabteilungen oder den operativen Einheiten eingebunden. Der zukünftig Verantwortliche des jeweiligen Themas wird möglichst frühzeitig in Phase 2 definiert und eingebunden; danach treibt er dann maßgeblich die Weiterentwicklung des Themas und ist für die Implementierung verantwortlich.

Erkenntnisse / Learnings aus dem Corporate Innovation Process (CIP)

Der Corporate Innovation Process hat sich in der Praxis bewährt und erfolgreich Innovationsthemen vorangebracht; *die mit dem CIP verbundenen Ziele wurden erfüllt*:

- Disruptive Themen für Siemens wurden frühzeitig identifiziert und somit die Ausschöpfung der damit verbundenen Geschäftspotenziale ermöglicht.
- Die operative Verantwortung wurde klar definiert und sichergestellt.
- Die Förderung und Umsetzung der Themen wurden mittels Kapitalallokationen gewährleistet.

- Die notwendige Aufmerksamkeit des Top-Managements für die Corporate-Innovation-Felder wurde geschaffen.

Neben der Erreichung der Ziele wurden weitere wichtige Erkenntnisse und Learnings gewonnen:

- Ein *erfolgreicher Business Case* ist immer notwendig.
- Die *organisatorische Verankerung* von disruptiven Themen in der Linie ist besonders wichtig für den Erfolg und muss immer individuell geprüft werden.
- Der Erfolg hängt auch stark von der *Persönlichkeit des Verantwortlichen* und des Umfelds ab; hierbei sind insbesondere Entrepreneur-Eigenschaften und eine ‚Pioneerkultur' notwendig; diese Punkte müssen auch entsprechende Berücksichtigung in den Themen Incentive, Karrierepfade, Werte, ... finden.
- Das Wissen um mögliche Themen und damit verbundene Informationen liegen meist an einer Stelle im Unternehmen vor; das *Erschließen dieses intern vorhandenen Wissens* ist extrem wichtig.
- Verschiedene *Prozesseigenschaften* müssen erfüllt sein:
  - Frühzeitige Einbindung und Definition des zukünftigen Geschäftsverantwortlichen
  - Einbindung des Top-Managements
  - Kritische Hinterfragung der Themen; kein reines Abarbeiten eines Prozesses
  - Herbeiführung echter Entscheidungs-Meetings inklusive Kapitalallokation
  - Flexibilität, um auf die individuellen Besonderheiten der Themen eingehen zu können
  - Einfache und verständliche Struktur; optimalerweise Orientierung an bestehenden und etablierten Prozessen[256]

3.2.2.5 Zusammenfassung und Einzelfallschlussfolgerungen

Die ‚Fallstudie 1 – Konzernaktivitäten' hat Ansätze, Methoden und Best Practices auf Konzernebene zur Strategischen Frühaufklärung identifiziert und dargestellt sowie Einblicke in die Innovationskultur von Siemens vermittelt. Auf diese Weise konnten nicht nur Erkenntnisse und Learnings aus der Analyse der bestehenden Literatur[257] bestätigt und ergänzt, sondern auch neue Ergebnisse gewonnen werden. Neben den unmittelbar nach den Fallstudienteilen dokumentierten Erkenntnissen

---

[256] Der Corporate Innovation Process orientiert sich in Struktur und Ablauf an einem schon länger bestehenden M&A-Prozess.
[257] Vergleiche hierzu auch Abschnitt 2.4.

3.2 Fallstudien @ Siemens

und Learnings sollen im Folgenden noch einmal die wichtigsten Ergebnisse und Einzelfallschlussfolgerungen zusammengefasst werden.

Erkenntnisse zum Prozess

- *Ein Prozess oder eine vergleichbare Grundstruktur sollte existieren*, um das Vorgehen zu strukturieren, Verantwortlichkeiten und Rollen zu klären, Endergebnisse vorzugeben und Schnittstellen zu anderen Prozessen zu definieren. Hierbei sollte der Prozess auf der einen Seite genügend Struktur vorgeben, aber auf der anderen Seite genügend flexibel sein, um der Individualität der einzelnen Themen zu genügen. Kritisches Hinterfragen statt reines Abarbeiten eines Prozesses!
- Die *vierphasige Grundstruktur* aus der Literaturanalyse[258] konnte auch in der Praxis bestätigt werden.
- Der Prozess sollte *einfach und verständlich* sein; die Orientierung an Bestehendem und Etabliertem kann die Implementierung verbessern und die Akzeptanz erhöhen.
- Die *Ableitung von Konsequenzen und deren Umsetzung* sind die wichtigsten Aspekte.
- Die *organisatorische Verankerung von (disruptiven) Themen* sollte frühzeitig und individuell durch den Prozess geklärt werden.
- *Kommunikation und frühzeitige Einbindung des Top-Managements und der Verantwortlichen* müssen sichergestellt sein.
- Der *Review des Prozesses selber und seiner Ergebnisse* muss Teil des Prozesses sein.

Erkenntnisse zu Methoden

- Ein vorhandenes *Methodenset* hat sich in der Praxis bewährt; die Auswahl der richtigen Methode erfolgt immer individuell.
- Die *Methodenkompetenz sollte zentral vorgehalten und weiterentwickelt* werden; die *Anwendung erfolgt gemeinsam mit dem Geschäft*.
- Die eingesetzten Tools und Methoden sollten *intuitiv bedienbar und ansprechend gestaltet* sein.
- Eine *umfangreiche Diskussion und Überprüfung der Ergebnisse* sollte immer stattfinden; auf diese Weise wird auch die Akzeptanz der Ergebnisse erhöht.
- Die Ergebnisse sollten immer hinsichtlich ihrer Wirtschaftlichkeit im Rahmen eines *Business Cases* überprüft werden.

---

258 Vergleiche hierzu auch die Abschnitte 2.3.1.1 und 2.4.

Erkenntnisse zu Informationen und Wissen

- Die Mehrzahl der gesuchten Informationen oder das benötigte Wissen liegen bereits an einer Stelle (im Unternehmen) vor; die *Erschließung und Nutzung des intern vorhandenen Wissens* sind extrem wichtig.

- *Externe Quellen* sollten mindestens zum Abgleich der internen Quellen genutzt werden.

- Eine *ganzheitliche Betrachtung* unter Berücksichtigung von marktseitigen, technologischen, politischen, juristischen und gesellschaftlichen Aspekten ist immer notwendig.

- Die Wissenserschließung und -nutzung muss *durch eine entsprechende Kultur unterstützt* werden.

Erkenntnisse zu Organisation und Personen

- Das *zentrale Vorhalten und Weiterentwickeln der Methodenkompetenz* empfiehlt sich.

- *Visionäre Manager, Forscher und Techniker* sind notwendig, um das Potenzial einer Idee zu erkennen und diese dann voranzutreiben.

- Besonders gut arbeiten *gemischte Teams mit möglichst verschiedenen Hintergründen und Kompetenzen und der Fähigkeit, sich vom Alltagsgeschäft zu lösen und kreativ zu arbeiten.*

- Die *nachhaltige Motivation der beteiligten Personen* sollte durch die Verwendung / Umsetzung der Ideen, die Anerkennung durch das Management und eine entsprechende Kommunikation sichergestellt werden.

- Das *Top-Management und die zukünftig Geschäftsverantwortlichen sollten frühzeitig eingebunden werden.*

- Das Management und die unmittelbaren *Auftraggeber sollten sich klar zu den Aktivitäten bekennen*, diese am besten initiieren und die notwendigen Ressourcen bereitstellen.

- Die *umfangreiche und zielgruppenorientierte Kommunikation* ist besonders wichtig für die Akzeptanz der Ergebnisse und der Strategischen Frühaufklärung im Allgemeinen.

Erkenntnisse zu Kultur und Umfeld

- Der Erfolg der Strategischen Frühaufklärung hängt nicht nur von den individuellen Ergebnissen ab, sondern auch von dem *Umfeld, das offen für Innovationen und Neues* ist.

- Eine *Pionier- oder Intrapreneur-Kultur*, die offen für Veränderungen und damit auch für Fehlschläge ist, *sollte dies auch in Karrierepfaden, Incentives, ... widerspiegeln.*

3.2.3 Fallstudie 2 – CO_2-Reduktion in der fossilen Energieerzeugung

Die ‚Fallstudie 2 – CO_2-Reduktion in der fossilen Energieerzeugung' ist die erste Fallstudie aus der Bottom-up-Sicht[259] und gibt einen Überblick über die Aktivitäten und deren Entwicklung zur CO_2-Reduktion und -Abscheidung (Carbon Capture and Storage (CCS)) in der fossilen Energieerzeugung der Division Fossil Power Generation.

Ziel der Fallstudie ist es, Best Practices und Learnings aus dem erfolgreichen Praxisbeispiel abzuleiten, Erkenntnisse aus der Innovationskultur des ehemaligen Siemens-Bereichs Power Generation bzw. später aus der Division Fossil Power Generation zu gewinnen und somit die Erkenntnisse aus der Analyse der bestehenden Literatur[260] und der übrigen Fallstudien[261] zu bestätigen, zu detaillieren und um neue Erkenntnisse zu ergänzen.

Der erste Abschnitt erläutert den Kontext der Fallstudie, hierzu gibt er einen Überblick über die Division Fossil Power Generation und den allgemeinen Markt für fossile Energie. Der nächste Abschnitt stellt die eigentliche Fallstudienbeschreibung dar, bevor zum Schluss die Einzelfallschlussfolgerungen und Erkenntnisse für die Entwicklung des ganzheitlichen Ansatzes abgeleitet und zusammengefasst werden.

Die Fallstudie beruht auf drei Interviews sowie umfangreichen unternehmensinternen Dokumenten, wie z. B. Präsentationen, unternehmensexternen Dokumenten, wie z. B. Publikationen des Unternehmens oder einzelner Mitarbeiter, und externen Sekundärquellen, wie z. B. Branchenreports. Die Gespräche wurden im Frühjahr / Sommer 2010 geführt und anschließend gemäß dem definierten Interviewprozess dokumentiert und von den Gesprächspartnern freigegeben.[262]

3.2.3.1 Fallstudienkontext

Die Division Fossil Power Generation (E F) bündelt im Sektor Energy alle Produkte und Lösungen zur zuverlässigen und effizienten Stromerzeugung aus fossilen Energieträgern. Zu dem breiten Produkt- und Lösungsportfolio gehören „Schlüsselkomponenten für hocheffiziente Gas- und Dampfkraftwerke sowie Kohlekraftwerke, wie Gas- und Dampfturbinen, Generatoren und Prozessleittechnik. [...] Hinzu kommen Produkte für eine CO_2-arme Stromerzeugung mit fossilen Brennstoffen." (Siemens Energy 2011a) Abbildung 3.17 gibt einen detaillierten Überblick über das Lösungsportfolio.

---

[259] Vergleiche hierzu auch Abschnitt 3.1.2 und Abbildung 3.2 auf Seite 142.
[260] Vergleiche hierzu auch Abschnitt 2.4.
[261] Vergleiche hierzu auch die Abschnitte 3.2.2, 3.2.4 und 3.2.5 sowie für die Cross-Case-Analyse Abschnitt 3.3.
[262] Vergleiche hierzu auch den Interviewprozess und das allgemeine Vorgehen in Abschnitt 3.1.2.2.

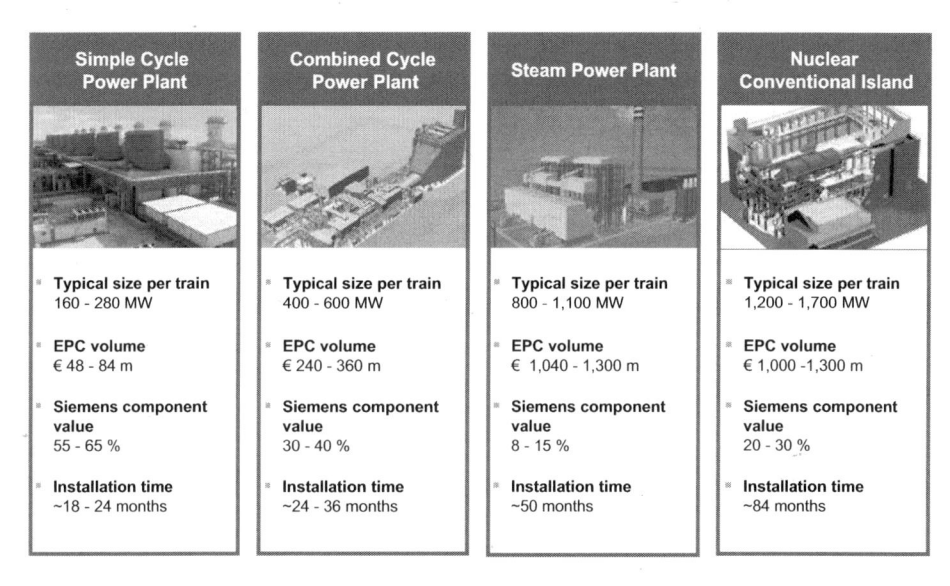

Simple Cycle Power Plant	Combined Cycle Power Plant	Steam Power Plant	Nuclear Conventional Island
Typical size per train 160 - 280 MW	Typical size per train 400 - 600 MW	Typical size per train 800 - 1,100 MW	Typical size per train 1,200 - 1,700 MW
EPC volume € 48 - 84 m	EPC volume € 240 - 360 m	EPC volume € 1,040 - 1,300 m	EPC volume € 1,000 -1,300 m
Siemens component value 55 - 65 %	Siemens component value 30 - 40 %	Siemens component value 8 - 15 %	Siemens component value 20 - 30 %
Installation time ~18 - 24 months	Installation time ~24 - 36 months	Installation time ~50 months	Installation time ~84 months

Abbildung 3.17: Portfolio der Division Fossil Power Generation (Suess 29.06.2010, S. 5 f.)

Organisatorisch unterteilt sich die Division in die drei Business Units ‚Products', ‚Energy Solutions' und ‚Instrumentation and Electrical' und die beiden Business-Segmente ‚Nuclear Power' und ‚New Technologies'; Abbildung 3.18 fasst die wichtigsten Informationen zur Division Fossil Power Generation zusammen.[263]

Das Business-Segment ‚New Technologies' (E F NT) bündelt alle Aktivitäten der Division zu neuen Technologien, wie z. B. Carbon Capture and Storage (CCS), Brennstoffvergasung, Energiespeicherung, Brennstoffzellen, ...; die Abteilung E F NT CCS fasst hierbei die Aktivitäten und Produkte/Komponenten zur CO_2-Abspaltung im Rauchgas zusammen und bündelt somit alle wichtigen Komponenten für CO_2-arme Kraftwerke mit CO_2-Speicherung.

Marktübersicht

Der globale Stromverbrauch und damit auch der Kraftwerkstechnikmarkt wird voraussichtlich, u. a. durch verschiedene Megatrends[264] getrieben, stark in den kommenden Jahren wachsen (vergleiche hierzu auch Abbildung 3.19).

Schätzungen zufolge wird der jährliche weltweite Stromverbrauch von ca. 20.000 TWh im Jahr 2009 auf etwa 33.000 TWh im Jahr 2030 wachsen; hierbei werden fossile Energieträger weiterhin die Hauptlast im Energie-Mix stellen.

---

263 Vergleiche auch Tabelle 3.3 auf Seite 159 für die finanzielle Eckdaten der Division.
264 Vergleiche hierzu auch Abschnitt 3.2.1.1.

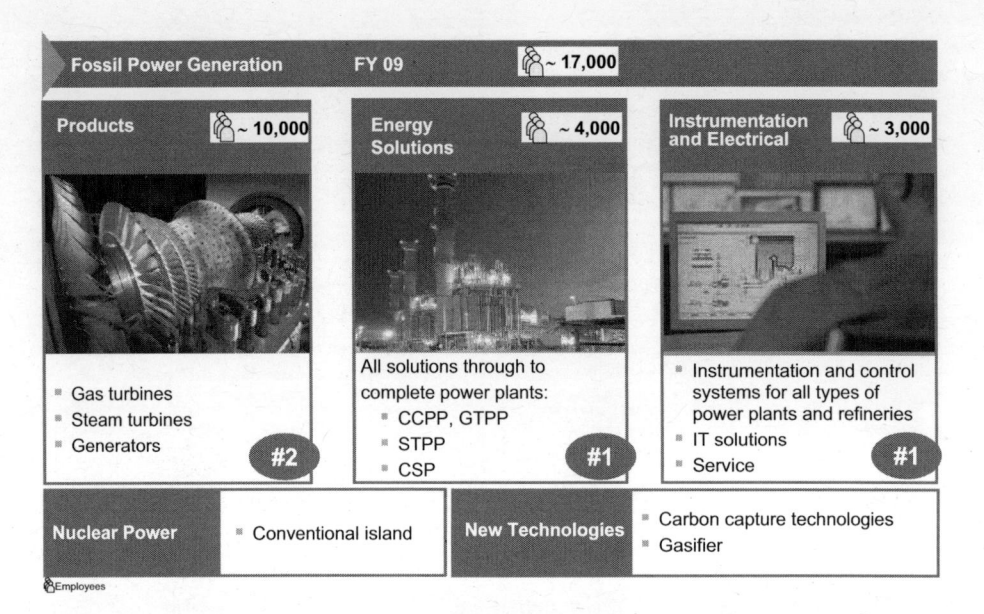

Abbildung 3.18: Überblick über die Division Fossil Power Generation (Suess 29.06.2010, S. 3)

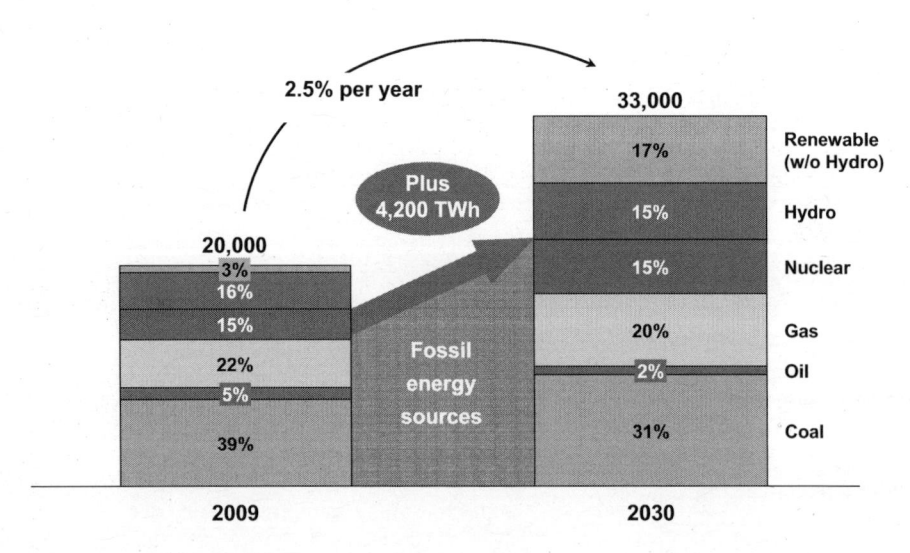

Abbildung 3.19: Entwicklung der Stromerzeugung nach Energieträger (in TWh) (Suess 29.06.2010, S. 9)

Mit der Zunahme fossil erzeugter Energie wird auch deren Einfluss auf die Klimaerwärmung immer größer; nach dem gegenwärtigen wissenschaftlichen Verständnis wird der natürliche Treibhauseffekt durch menschliches Handeln ‚sehr wahrscheinlich'[265] verstärkt (IPCC 2007a). Die durch Menschen verursachte Erwärmung geht vor allem auf die Verbrennung fossiler Brennstoffe und die damit verbundene Erzeugung des Treibhausgases CO_2 sowie auf die Land- und Viehwirtschaft zurück[266] Das Ziel der internationalen Klimapolitik ist, die globale Erderwärmung am Ende des Jahrtausends auf maximal $2\,°C$[267] gegenüber dem Niveau vor der Industrialisierung zu begrenzen.[268] Selbst um die Erderwärmung auf einen Wert zwischen $1,5\,°C$ und $2,8\,°C$ zu stabilisieren, müssen erhebliche Mengen an weltweiter CO_2-Emission eingespart werden.[269]

Siemens betrachtet sein Energieerzeugungsportfolio als geeignet, um sowohl den Anforderungen der CO_2-Reduktion als auch der Nachfrage nach verlässlicher Energieversorgung Sorge zu tragen (vergleiche hierzu auch Abbildung 3.20).

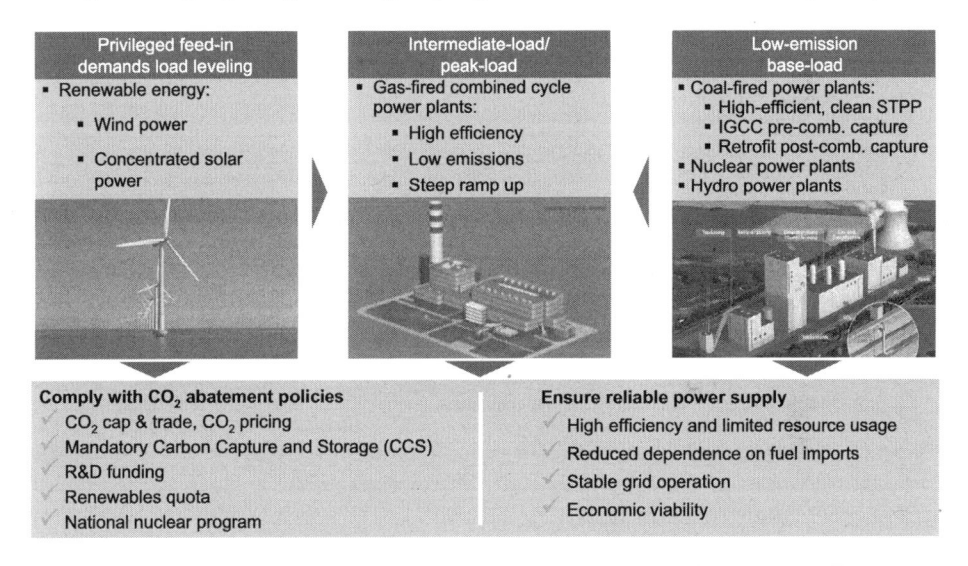

Privileged feed-in demands load leveling
- Renewable energy:
  - Wind power
  - Concentrated solar power

Intermediate-load/ peak-load
- Gas-fired combined cycle power plants:
  - High efficiency
  - Low emissions
  - Steep ramp up

Low-emission base-load
- Coal-fired power plants:
  - High-efficient, clean STPP
  - IGCC pre-comb. capture
  - Retrofit post-comb. capture
- Nuclear power plants
- Hydro power plants

Comply with CO_2 abatement policies
- CO_2 cap & trade, CO_2 pricing
- Mandatory Carbon Capture and Storage (CCS)
- R&D funding
- Renewables quota
- National nuclear program

Ensure reliable power supply
- High efficiency and limited resource usage
- Reduced dependence on fuel imports
- Stable grid operation
- Economic viability

Abbildung 3.20: Technologieoptionen für einen künftigen CO_2-armen Energie-Mix (Voges 21.-22.06.2007, S. 11)

Die folgende Fallstudie geht auf die Siemens-Aktivitäten zur CO_2-Abscheidung und -speicherung (Carbon Capture and Storage (CCS)) in der fossilen Energieerzeugung ein und klammert die CO_2-Reduktion durch Effizienzsteigerung oder die komplette CO_2-Einsparung durch erneuerbare Energiequellen[270] aus.

---

265 ‚Sehr wahrscheinlich' entspricht nach dem Sprachgebrauch des vierten IPCC-Reports einer Wahrscheinlichkeit von mindestens 90 % (IPCC 2007a).
266 Vergleiche hierzu auch IPCC (2007b, S. 4 ff.).
267 Das $2\,°C$-Ziel wird teilweise als zu wenig ambitioniert gehalten, sodass in internationalen Verhandlungen auch ein verschärftes $1,5°$-C-Ziel gefordert wird.
268 Vergleiche hierzu auch WBGU – Globale Umweltveränderungen (2009) oder IPCC (2007a) für weitere Informationen.
269 Vergleiche hierzu auch IPCC (2007a) für weitere Informationen.
270 Vergleiche Fallstudie 3 – Offshore Wind Power in Abschnitt 3.2.4 zur Entwicklung des Siemens-Offshore-Windgeschäfts.

3.2.3.2 Fallstudie 2 – Entwicklung der Carbon-Capture-and-Storage-Aktivitäten in der fossilen Energieerzeugung

CO_2-Emissionen der fossilen Energieerzeugung sind ein bedeutender Verursacher der Klimaerwärmung; insbesondere vor dem Hintergrund der weiteren Zunahme des weltweiten Bedarfs an Strom und des weiterhin großen Anteils fossiler Energieträger an dessen Erzeugung stellt die CO_2-Reduktion hierbei einen wichtigen Aspekt dar.

Die vorliegende Fallstudie zeigt die Entwicklung der Siemens-Aktivitäten zur CO_2-Abscheidung und -speicherung (Carbon Capture and Storage (CCS)) in der fossilen Energieerzeugung von den ersten Überlegungen bis hin zu den ersten Pilot- und Demonstrationsanlagen; die Fallstudie adressiert hierbei nicht die Speicherung des abgeschiedenen CO_2. Zum besseren Verständnis werden die Informationen chronologisch strukturiert.

Generelle Anmerkungen zu Carbon Capture and Storage (CCS)

Prinzipiell existieren drei unterschiedliche Technologiepfade für Carbon Capture and Storage (CCS):[271]

- Pre-Combustion (CO_2-Abscheidung vor der Verbrennung)
- Oxyfuel (Integrierte CO_2-Abscheidung)
- Post-Combustion (CO_2-Abscheidung nach der Verbrennung)

Das *Pre-Combustion-Verfahren* trennt das CO_2 bereits vor der Verbrennung ab; hierzu wird durch einen Vergasungsprozess Kohle in ein Gemisch aus CO_2 und Wasserstoff umgewandelt, aus dem das CO_2 dann abgeschieden werden kann. Der Wasserstoff kann dann entweder weiterverwendet oder zur Stromerzeugung genutzt werden (E.ON AG 2009, S. 6).
Pre-Combustion stellt die am weitesten entwickelte CCS-Technologie dar; IGCC-Kraftwerke (Integrated Gasification Combined Cycle Plants) existieren als Pilotanlage seit den 70ern (z. B. Lünen, Deutschland) und seit den 90ern auch als reguläre Kraftwerke (z. B. Puertollano, Spanien).[272] Die Stärken des Verfahrens sind das einfachere CO_2-Abtrennen als beim Post-Combustion-Verfahren, die weit entwickelte Technik und die Möglichkeit der anderweitigen Verwendung bzw. Speicherung des Wasserstoffs. Die größten Schwächen der Technologie liegen in der Komplexität der Anlage und der Prozesse sowie den Wirkungsgradeinbußen durch die Vergasung (E.ON AG 2011c).

Das *Oxyfuel-Verfahren* verbrennt Kohle mit nahezu reinem Sauerstoff anstelle von normaler Luft. Die Abgase bestehen daher fast ausschließlich aus Wasser und CO_2, das dann abtransportiert und gespeichert werden kann (E.ON AG 2009, S. 6).

---

[271] Vergleiche auch IPCC (2005) für umfassendere Informationen zum Thema CCS, insbesondere auch zu Lagerung, Risiken und rechtlichen Rahmenbedingungen.
[272] In den beschriebenen IGCC-Kraftwerken wurde die Kohlevergasung realisiert, aber nicht die großtechnische CO_2-Abscheidung und -speicherung; für ausführlichere Informationen zu IGCC-Kraftwerken vergleiche auch Karg (2009).

3.2 Fallstudien @ Siemens

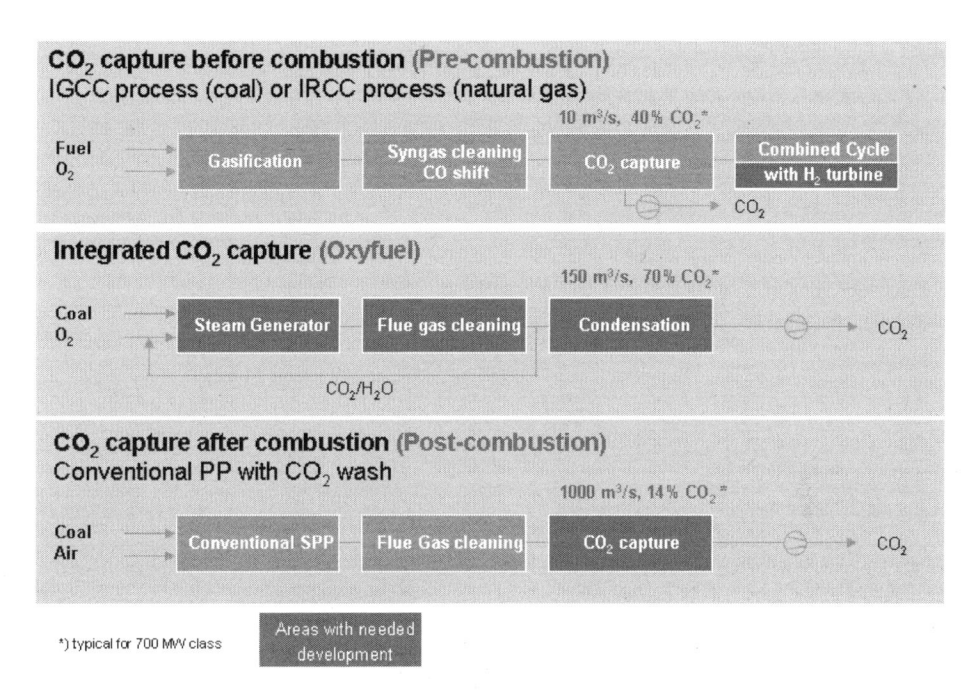

Abbildung 3.21: Generelle Technologiepfade für Carbon Capture and Storage (CCS) (Karg 2009, S. 6)

Das Oxyfuel-Verfahren liegt am weitesten zurück in der Entwicklungsphase. Das Verfahren setzt auf bekannten Technologien und Prozessen auf und benötigt Modifikationen primär auf der Rauchgasseite und belässt den Wasserdampf-Kreislauf unverändert; weitere Stärken sind der vergleichsweise geringe Platzbedarf und der nicht notwendige Einsatz von Waschmitteln. Schwächen sind vor allem der hohe Energiebedarf für die Luftzerlegung und die CO_2-Aufbereitung (E.ON AG 2011a).

Das *Post-Combustion-Verfahren* fügt den nachgeschalteten Reinigungsprozessen der Rauchgase einen weiteren Schritt zur CO_2-Abtrennung hinzu. Hierzu wird das Rauchgas durch eine flüssige Reinigungssubstanz geleitet, die das CO_2 aufnimmt. Für den Abtransport und die Speicherung wird das CO_2 durch Erhitzen der wässrigen Lösung anschließend wieder abgeschieden. Die Reinigungssubstanz ihrerseits wird in den Prozess zurückgeleitet, um einen kontinuierlichen Kreislauf zu erzeugen (E.ON AG 2009, S. 6).[273]

Die für das Post-Combustion-Verfahren notwendige CO_2-Wäsche stellt zwar eine bewährte Technologie in der chemischen Prozessindustrie sowie in der Oil&Gas-Industrie dar, eine direkte Übertragung auf Kraftwerke ist jedoch nicht möglich. Für die Anwendung in Kraftwerken werden zum einen neue Waschmittel und

---

[273] Vergleiche auch Jockenhövel, Schneider und Rode (2008) oder Siemens Energy (2010b) für weitere Informationen zum Post-Combustion-Verfahren und diesbezüglichen Siemens-Aktivitäten.

zum anderen modifizierte Prozesse benötigt; das Verfahren wird aktuell in Pilot-/ Demonstrationsanlagen getestet. Die Hauptstärke der Technologie liegt in der großen, bestehenden Flotte fossiler Kraftwerke, die ggf. nachgerüstet werden können,[274] darüber hinaus hat die Technologie geringe Auswirkungen auf die Verfügbarkeit des Kraftwerks. Die Schwächen der Technologie liegen in dem großen, zusätzlichen Platz- und Kühlwasserbedarf, den Wirkungsgradeinbußen und hohen Betriebskosten sowie dem Umfang und der Komplexität der notwendigen chemischen Prozesse (E.ON AG 2011b).

Das Pre-Combustion- und das Post-Combustion-Verfahren sind die von Siemens bevorzugten Technologien;[275] das Engagement im Bereich Oxyfuel ist beschränkt und umfasst vor allem die Beobachtung der Weiterentwicklung dieses Ansatzes (vergleiche auch Abbildung 3.22).

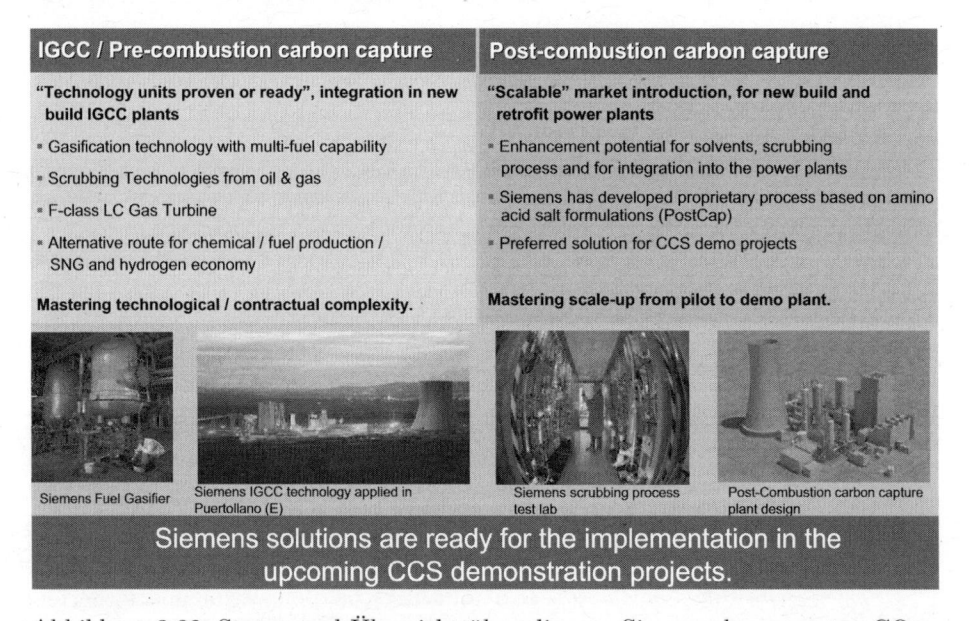

IGCC / Pre-combustion carbon capture	Post-combustion carbon capture
"Technology units proven or ready", integration in new build IGCC plants	"Scalable" market introduction, for new build and retrofit power plants
▪ Gasification technology with multi-fuel capability	▪ Enhancement potential for solvents, scrubbing process and for integration into the power plants
▪ Scrubbing Technologies from oil & gas	▪ Siemens has developed proprietary process based on amino acid salt formulations (PostCap)
▪ F-class LC Gas Turbine	
▪ Alternative route for chemical / fuel production / SNG and hydrogen economy	▪ Preferred solution for CCS demo projects
Mastering technological / contractual complexity.	**Mastering scale-up from pilot to demo plant.**

Siemens Fuel Gasifier | Siemens IGCC technology applied in Puertollano (E) | Siemens scrubbing process test lab | Post-Combustion carbon capture plant design

Siemens solutions are ready for the implementation in the upcoming CCS demonstration projects.

Abbildung 3.22: Status und Übersicht über die von Siemens bevorzugten CO_2-Abtrennungstechnologien (Siemens Energy 2011e, S. 2)

Entwicklung der Carbon-Capture-and-Storage-(CCS-)Aktivitäten bei Siemens

- *Vor 2004:* Keine expliziten Überlegungen zu Carbon Capture and Storage (CCS)

---

[274] Bei neueren Kraftwerken (CCS-ready) wird eine mögliche Nachrüstung bereits im Design berücksichtigt.
[275] Vergleiche hierzu auch Jockenhövel (2009) für weitere Informationen.

- In den Jahren vor 2004 erfolgten keine konkreten Aktivitäten zu CCS; implizit fanden einzelne Überlegungen im Rahmen anderer Projekten, z. B. IGCC-Projekten, statt.

- 2003: Im Rahmen des ‚Pictures of the Future: Energy'-Projekts[276] die Kohlevergasung und die CO_2-Abscheidung als langfristige Marktanforderung identifiziert (Siemens AG 2003).

- *2004:* Erste interne Überlegungen zu Carbon Capture and Storage (CCS)

  - Erste interne Überlegungen und (Vor-)Studien zum Thema CCS im Bereich Power Generation; das Thema wird intern diskutiert, erscheint aber noch nirgendwo in Aufgaben oder Tätigkeitsbeschreibungen.

  - Finanzierung über einen allgemeinen Studientopf, über dessen Mittelverwendung die Fachabteilungen frei und selbstständig entscheiden können.

- *2005:* Erste Berücksichtigung in der F&E-Planung zu Carbon Capture and Storage (CCS)

  - Fortsetzung der internen Überlegungen und Studien zu CCS.

  - Externe Vergabe von Teilstudien an Corporate Technology sowie an externe Institutionen, soweit das notwendige Know-how nicht intern vorliegt (z. B. Chemieprozesse).

  - Berücksichtigung des CCS-Themas in der F&E-Planung; hierdurch wird die Finanzierung des Themas teilweise sichergestellt, was wiederum zu einer gewissen Kontinuität führt.

- *2005 – 2006:* Ausbau des Portfolios für Luftreinhaltungstechnologien

  - 2005: Übernahme von ‚Wheelabrator Air Pollution Control Inc.', Pittsburg, USA, und damit Erweiterung des Portfolios um Produkte und Systeme zur Überwachung und Verringerung der Emissionen von Stäuben, Schwefeldioxid, Stickoxiden und Quecksilber aus kohlebefeuerten Kraftwerken und industriellen Anwendungen (Siemens Power Generation 6.10.2005).

  - 2006: Übernahme von ‚Advanced Burner Technologies, Inc. (ABT)', Pluckemin, USA, und damit Erweiterung des Portfolios um Produkte und Systeme zu Low-NOx-Brenner und Kesseloptimierung, um so Emissionen bereits an der Entstehungsquelle zu reduzieren (Siemens Power Generation 2.06.2006). Abbildung 3.23 verdeutlicht nochmals die Siemens-Motivation für den Einstieg in den Markt für Luftreinhaltungstechnologien.[277]

---

[276] Vergleiche hierzu auch Abschnitt 3.2.2.3 zur ‚Picture of the Future'-Methode.
[277] Der Ausbau des Portfolios für Luftreinhaltungstechnologien hatte zwar keinen unmittelbaren Bezug zu CCS; die Portfolioverstärkung zeigt aber die zunehmende Bedeutung und die Wichtigkeit des Themas Umweltschutz in der fossilen Energieerzeugung.

Air pollution control (APC) is gaining increasing importance – PG entered the market successfully

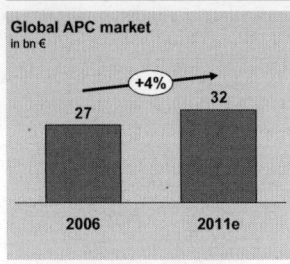

Global APC market
in bn €

27 (2006) → 32 (2011e), +4%

PG sales within APC business
indexed based on €

100 (2006) → 420 (2011e), +33%

Market, Technology
- Coal-fired power plants increasingly used for base load
- Air pollution has risen by 40% over the last 20 years
- Compliance with multi-pollutant emission regulation, especially in North America and Europe
- Strongly growing global market in the mid-term driven by impending legislation

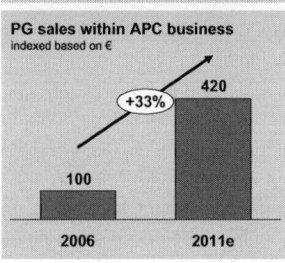

Siemens PG activities
- Acquisition of US-based Advanced Burner Technologies (ABT) and Wheelabrator leads to strong position for extended environmental systems & services
- Front-end: Low NOx burners
- Back-end: Flue gas clean-up
- Focus on increasing market share in APC outside the US

Abbildung 3.23: Marktübersicht für Luftreinhaltungstechnologien und Motivation des Markteintritts (Voges 21.-22.06.2007, S. 15)

- *2006:* Umfassende interne Diskussionen zu Carbon Capture and Storage (CCS) sowie erste Kundenanfragen

    – CCS wird intern umfassend diskutiert; in der Außenkommunikation wird es aber noch nicht aktiv beworben, sondern maximal als Randthema erwähnt.

    – Das CCS-Thema findet noch keine Berücksichtigung in der übergeordneten Marktbetrachtung.

    – Organisatorisch ist das Thema noch über verschiedene Abteilungen verteilt; insbesondere das Personal ist teilweise aus anderen Abteilungen (z. B. CT) entliehen.

    – Erste Kundenanfragen bestätigen die Marktrelevanz und ein Kundeninteresse.

    – Der Klimawandel gewinnt zusehends an politischer Bedeutung, so wurden z. B. auf EU-Ebene erste Reduktionsziele für Treibhausgase[278] oder

---

[278] Neben der Reduktion der EU-weiten Treibhausgase um 20 % gegenüber dem Stand von 1990 wurden auch der Handel mit CO_2-Zertifikaten und der Ausbau erneuerbarer Energiequellen beschlossen; für weitere Informationen hierzu vergleiche auch European Commission (2010).

eine Nachrüstpflicht[279] für CO_2-Abscheidetechnik in neuen Kraftwerken diskutiert; dies steigerte die Bedeutung von CO_2-Abscheidung und -vermeidung für das Kraftwerksgeschäft weiter.

- *2006:* Erweiterung des CCS-Portfolio um eine Schlüsselkomponente des Pre-Combustion-Verfahrens
  - Übernahme des Kohlevergasungsgeschäfts der Schweizer Sustec-Gruppe in Freiberg, Deutschland (Siemens Power Generation (16.05.2006), Hannemann, Schingnitz und Zimmermann (2007, S. 4)).
  - Das Flugstrom-Vergasungsverfahren der Sustec-Gruppe kann sowohl verschiedene Kohlesorten als auch Biomasse, Petrolkoks und Raffinerierückstände zu Synthesegas umwandeln.
  - Die Vergasertechnologie ist sowohl eine Schlüsselkomponente für IGCC-Kraftwerke und das Pre-Combustion-Verfahren als auch für die kommerzielle Produktion von Chemikalien und synthetischen Kraftstoffen, wie Methanol oder Ammoniak.
  - Abbildung 3.24 zeigt die Geschäftsmöglichkeiten der Vergasung von Brennstoffen und die Siemens-Motivation für die Übernahme des Kohlevergasungsgeschäfts.

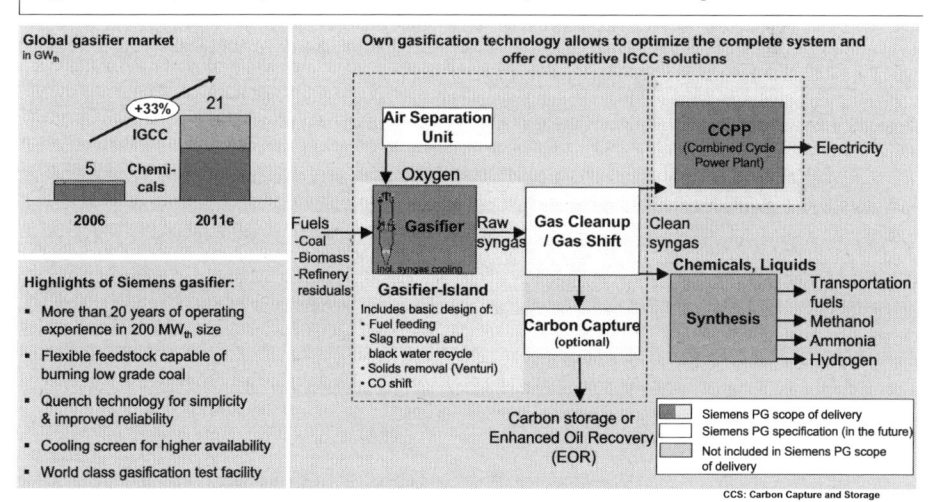

Abbildung 3.24: Geschäftsmöglichkeiten durch Vergasung von Brennstoffen (Voges 21.-22.06.2007, S. 16)

---

[279] Der TÜV Nord hat hierzu zwischenzeitlich einen eigenen Standard definiert und vergibt ein ‚CCS ready'-Zertifikat; vergleiche hierzu auch TÜV Nord Gruppe (2010).

- *2007:* Signifikante Entwicklung des Carbon-Capture-and-Storage-(CCS-)Themas
    - Organisatorische Abbildung der CCS-Aktivitäten als eigene Abteilung (PG E EIP – Innovative Plant Concepts).
    - Übernahme der beteiligten Personen aus anderen Organisationseinheiten sowie weiterer Personalaufbau.
    - Erste offizielle Berücksichtigung in der übergeordneten Marktbetrachtung.
- *Ab 2008:* Weiterentwicklung von Carbon Capture and Storage (CCS) im Hinblick auf Projekte
    - Weiterentwicklung insbesondere der Post-Combustion-Technologie mit dem Ziel diese in Pilot- / Demonstrationsanlagen gemeinsam mit Kunden zu testen.
    - Gemeinsam mit Kunden durchgeführte Pilot- / Demonstrationsprojekte haben mehrere Vorteile:
        * Fokussieren auf das Wesentliche und kein ‚Am Markt vorbei'-Entwickeln bzw. Overengineeren
        * Nutzung und Einbringen des Wissens und der Expertise beider Seiten
        * Zusätzliche Finanzierungsquelle der Entwicklung
        * Referenzprojekte und Reputationsaufbau
- 2009: Pilot- / Demonstrationsanlagen zu Carbon Capture and Storage (CCS) – insbesondere zum Post-Combustion-Verfahren
    - Errichtung und Inbetriebnahme einer Pilotanlage zum Post-Combustion-Verfahren am Kohlekraftwerk Staudinger, Deutschland, durch Siemens und E.ON (Siemens Energy (19.02.2009), Siemens Energy (18.09.2009)).
    - Entwicklung einer Studie zur CO_2-Abscheidung für GuD-Kraftwerke für den norwegischen Energieerzeuger Statkraft (Siemens Energy 23.03.2009).
    - Vereinbarung zur Zusammenarbeit zwischen Siemens und TNO, Niederlande, auf dem Sektor der CO_2-Abscheidung bei fossil befeuerten Kraftwerken (Siemens Energy 24.06.2009).
    - Kooperation im Rahmen eines Demonstrationsprojekts zur CO_2-Abscheidung und -speicherung mit den beiden finnischen Energieversorgern Fortum und Teollisuuden Voima (TVO) (Siemens Energy 14.10.2009).
- *2010:* Weiterentwicklung der Technologien mithilfe der bestehenden Pilot- / Demonstrationsanlagen und Ausbau der Pilot- / Demonstrationsanlagen sowie der Forschungskooperationen

3.2 Fallstudien @ Siemens

- Auftrag über eine Prozessauslegungs-Studie für ein IGCC-Kraftwerk in Penwell, USA, sowie Lieferung der Kohlevergasungstechnologie und des Power Blocks. In der Anlage können bis zu 90 % des CO_2 abgeschieden werden; dieses wird dann zur besseren Ausbeutung von Erdöllagerstätten im Westen von Texas verwendet (Siemens Energy 19.07.2010b).

- Auftrag zum Bau und Betrieb einer ersten Pilotanlage zur CO_2-Abscheidung aus Kohlekraftwerken auf Basis von umweltfreundlichem Aminosäuresalz in Hillsborough County, USA (Siemens Energy 19.07.2010a).

- Praktische Bestätigung des entwickelten Post-Combustion-Capture-Verfahrens (PostCap) mit einer CO_2-Abscheideleistung von mehr als 90 % und nahezu keiner Waschmittelemissionen in der Pilotanlage Staudinger, Deutschland (Siemens Energy 19.11.2010).

Die Entwicklung von Carbon Capture and Storage (CCS) zeigt den Umgang mit einem Thema, das noch sehr stark mit Unsicherheiten verbunden ist und das in seinen verschiedenen Dimensionen (Markt, Technologie, Politk, ...) unterschiedlich weit entwickelt ist. Die Fallstudie ist somit ein gutes Beispiel dafür, dass Themen ganzheitlich betrachtet und alle Dimensionen berücksichtigt werden müssen und dass eine regionale Differenzierung ggf. sogar notwendig ist.

Aufgrund der Notwendigkeit, die weltweiten CO_2-Emissionen zu reduzieren, gibt es einen potenziellen Markt für Carbon Capture and Storage (CCS) in der Zukunft. Die grundlegende Frage ist ‚nur', wann die CO_2-Abscheidung weit genug fortentwickelt ist, dass sie sich auf dem Markt durchsetzt, und ob sie dann mehr als ein Nischenprodukt sein wird. Die Entwicklung hängt hierbei von mehreren wichtigen Faktoren ab: erstens von den gesetzlichen Rahmenbedingungen, zweitens vom CO_2- und Gas-Preis und damit von der Wirtschaftlichkeit, drittens von der Entwicklung anderer Energiequellen (Erneuerbare Energiequellen, Kernkraft, ...) und viertens von der Verfügbarkeit von CO_2-Lagerstätten und deren Akzeptanz durch die Bevölkerung.[280] Die Faktoren müssen hierbei allerdings geografisch differenziert gesehen werden; so können z. B. in Deutschland der starke Ausbau erneuerbarer Energiequellen, gesellschaftliche Vorbehalte gegen CO_2-Lagerstätten und rechtliche Schwierigkeiten bei der Genehmigung das Potenzial von CCS stark reduzieren, während in China aufgrund des hohen Kohleanteils an der Stromerzeugung und geringerer Vorbehalte ein großes Potenzial besteht.

Um der Unsicherheit, die noch mit dem Thema Carbon Capture and Storage (CCS) verbunden ist, zu begegnen, wurden unterschiedliche Ansätze genutzt, um Risiken zu minimieren:

---

280 Vergleiche auch Viebahn, Fischedick und Vallentin (2009), Luhmann (2009) oder Höller, Vallentin und Esken (2010) zu den Einsatzmöglichkeiten von Carbon Capture and Storage (CCS), zu Problemen und Schwierigkeiten bei der Einführung und Umsetzung sowie zur Konkurrenz mit anderen Energiequellen.

- Zusammenarbeit mit externen Partnern im Rahmen von gemeinsamen Pilot- / Demonstrationsanlagen oder Forschungskooperationen[281]
- Beobachten und Verfolgen unterschiedlicher Technologiestränge[282]
- Doppelverwendung von Technologien[283]
- Aufbau der notwendigen Expertise, um sowohl dem Markt etwas anbieten als auch schnell auf Veränderungen reagieren zu können.

Die Aktivitäten zu Carbon Capture and Storage (CCS) sowie der Einstieg und Ausbau der Stromerzeugung aus erneuerbaren Energiequellen[284] können auch als große Hedging-Strategie für das gesamte Power-Generation-Geschäft von Siemens zu Beginn der 2000er-Jahre gesehen werden. Zum einen wurden künftige Märkte erschlossen und entwickelt, und zum anderen wurde der Bereich Power Generation gegen jegliche Verschiebungen im Energie-Mix abgesichert. Mithilfe der CCS-Technologie wurden die damaligen Kernprodukte (Gas- und Dampfturbinen) gegen Unsicherheiten bei den Gas- und CO_2-Preisen abgesichert (überzeichnete Darstellung):

- Niedriger CO_2-Preis / hoher Gas-Preis: Dampfturbinen für Kohlekraftwerke sowie Gas- / Dampfturbinen für IGCC-Kraftwerke
- Niedriger CO_2-Preis / niedriger Gas-Preis: Gas- / Dampfturbinen für GuD-Kraftwerke
- Hoher CO_2-Preis / hoher Gas-Preis: Windkraftanlagen, Dampfturbinen für den konventionellen Teil von Kernkraftwerken sowie Dampfturbinen für Kohlekraftwerke in Verbindung mit CCS
- Hoher CO_2-Preis / niedriger Gas-Preis: Gas- / Dampfturbinen für GuD-Kraftwerke sowie Windkraftanlagen

3.2.3.3 Zusammenfassung und Einzelfallschlussfolgerungen

Die ‚Fallstudie 2 – CO_2-Reduktion in der fossilen Energieerzeugung' hat detailliert die Entwicklung der Siemens-Aktivitäten im Bereich von Carbon Capture and Storage (CCS) von deren Anfängen bis hin zu den ersten Pilot- / Demonstrationsanlagen beschrieben. Mithilfe dieses konkreten Praxisbeispiels konnten nicht nur Einblicke in die Innovationskultur des ehemaligen Siemens-Power-Generation-Bereichs / der

---

281 Vergleiche hierzu auch die zuvor aufgeführten Vorteile eine partnerschaftlichen Entwicklung.
282 Siemens investiert in die Weiterentwicklung der Pre-Combustion- und Post-Combustion-Verfahren, beobachtet parallel aber auch die technologische Entwicklung des Oxyfuel-Verfahrens, um auch auf Entwicklungen in diesem Technologiestrang reagieren zu können.
283 Die Vergasertechnologie ist eine Schlüsselkomponente für IGCC-Kraftwerke und das Pre-Combustion-Verfahren, kann aber auch als eigenständige Lösung zur Erzeugung von Chemikalien und synthetischen Kraftstoffen verkauft werden.
284 Vergleiche auch ‚Fallstudie 3 – Offshore Wind Power' in Abschnitt 3.2.4 zum Einstieg in das Windgeschäft und zum Ausbau der Offshore-Wind-Aktivitäten.

Division Fossil Power Generation, sondern auch Erkenntnisse und Learnings zu Ansätzen, Methoden, Strukturen, ... der Strategischen Frühaufklärung gewonnen werden.

Die vorliegende Fallstudie hat weniger Erkenntnisse zur ‚reinen' Identifikation geliefert, sondern vielmehr wertvolle Erkenntnisse und Informationen zum Umgang mit Unsicherheiten in der Anfangsphase eines Themas und deren Mitigation. Im Folgenden werden die wichtigsten Einzelfallschlussfolgerungen sowie weitere indirekte Erkenntnisse aus den Gesprächen noch einmal zusammengefasst.

Erkenntnisse zum Prozess

- Eine *Struktur zur Organisation der Aktivitäten* zur Strategischen Frühaufklärung hat sich bewährt; neben der Identifizierung und Analyse von Themen sollte diese auch auf Entscheidungsfindung und Umsetzung fokussieren.

- Die *Struktur muss einfach sein und regelmäßig wiederholt werden*, sonst wird der Prozess nicht akzeptiert.

- Eine *zielgruppenorientierte und leicht verständliche Visualisierung* von Informationen und Ergebnissen sollte immer Teil der Struktur sein.

- Die *regelmäßige Überprüfung der Gültigkeit der gemachten Annahmen und der verwendeten Informationen* während der Umsetzung muss Teil der Struktur sein.

- Die Struktur muss versuchen, alle *relevanten Personen (frühzeitig) einzubinden*, um so die Akzeptanz der Ergebnisse zu steigern.

Erkenntnisse zu Methoden

- Die *Nutzung aufwendiger Methoden ist nicht unbedingt notwendig*, viele Themen lassen sich mit gesundem Menschenverstand und kritischer Bewertung der Informationen identifizieren.

- Die *Verbindung von langfristigen Trends, Kunden-Input und vorhandenem eigenem Wissen* erlaubt es, wichtige Entwicklungen abzusehen und die hierfür notwendigen Schritte abzuleiten.

- Die *Überlagerung aus Bottom-up-Themensammlung in den Fachabteilungen und Top-down-Management-Input* hat sich zur Themenidentifizierung bewährt.

- Langfristige Trends können z. B. mithilfe der ‚Pictures of the Futures'-Methode[285] identifiziert werden.

- *Berücksichtigung des Aufwands bei der Wahl der Methoden* (Abwägung der Ergebnisqualität vs. Ressourceneinsatz vs. weniger aufwendige Alternative).

---

285 Vergleiche hierzu auch Abschnitt 3.2.2.3.

- Alle Informationen und *Ergebnisse sollten von Personen mit Geschäftsverständnis und Zukunftsblick kritisch diskutiert und hinterfragt* werden.

- *Ein Business Case ist immer notwendig*; hierbei müssen unterschiedliche Veränderungen des Umfelds durchgespielt werden.

Erkenntnisse zu Informationen und Wissen

- Eine *ganzheitliche Betrachtungen* eines Themas sollte immer durchführt werden; d. h. Technik, Markt, Wettbewerb, Kunden, Politik, Gesellschaft, ... sowie deren Wechselwirkungen sollten berücksichtigt werden.

- *Informationen und Trends müssen (wenn nötig) geografisch differenziert betrachtet* werden.

- Informationen können aus unterschiedlichen Quellen kommen:

    - *Kunden (Top-Management):* Informationen können direkt aus Kundengesprächen auf Top-Management-Ebene, aus Vertriebsverhandlungen oder aus der Projektabwicklung gewonnen werden.

    - *Wettbewerberbeobachtung:* Hierbei dürfen nicht nur die unmittelbaren Wettbewerber beobachtet werden, sondern auch potenziell künftige aus anderen Branchen.

    - *Von dritten Parteien (Informations-Broker, Forschungsinstitute, NGOs, ...):* Die Informationen müssen immer unter Berücksichtigung deren allgemeiner Motivation / Intention interpretiert werden.

- *Indikatoren für gute Ideen und deren Zeithorizont:*

    - Investments durch Venture-Capital-Firmen (aussagekräftiger als Government Spendings)

    - Existenz von Pilot- / Demonstrationsanlagen:
    Falls ja, existiert ein möglicher Markt in drei bis sechs Jahren
    Falls nein, existiert ein möglicher Markt in frühestens sechs bis zehn Jahren, oder das Thema ist ein Ladenhüter

    - Wurde das Produkt schon verkauft?

- *Viele Informationen oder Expertise liegen intern bereits vor*, diese müssen erschlossen werden; ein *regelmäßiger Austausch zwischen Kollegen auch über Abteilungsgrenzen hinweg* ist förderlich.

Erkenntnisse zur Umsetzung

- Das *Treffen von Entscheidungen und deren Umsetzung* sind besonders wichtige Punkte der Strategischen Frühaufklärung.

- Nicht nur Erfolgsfaktoren sollten verfolgt werden, sondern auch *für identifizierte Hemmnisse oder Risiken sollten Mitigationen gesucht werden*.

- Risiken und Unsicherheiten können durch unterschiedliche Ansätze reduziert werden:
  - *Zusammenarbeit mit externen Partnern* im Rahmen von gemeinsamen Pilot- / Demonstrationsanlagen oder Forschungskooperationen
  - *Beobachten und Verfolgen unterschiedlicher Technologiestränge*
  - *Doppelverwendung von Technologien*
- *Annahmen, verwendete Informationen und getroffene Entscheidungen müssen immer wieder während der Umsetzung auf ihre weitere Gültigkeit überprüft werden.*
- Die *gezielte Auswahl von Referenzprojekten* in der Frühphase eines Marktes ist besonders wichtig für das Gewinnen weiterer Erfahrungen und den Aufbau von Reputation.

Erkenntnisse zu Organisation und Personen

- Die *organisatorische und räumliche Zusammenlegung eines Teams* erhöht die Motivation, verbessert das Schnittstellenmanagement und den Wissensaustausch und klärt auch Verantwortlichkeiten.
- Ein *genereller Studientopf (Seed Money), der unbürokratisch durch die Fachabteilung verwaltet wird,* ist extrem hilfreich zur frühzeitigen Identifizierung von Zukunftsthemen.[286] Solche Studientöpfe müssen durch eine Kultur, die sowohl durch Vertrauen als auch durch Accountability geprägt ist, unterstützt werden.
- Die beteiligten *Personen sollten zum einen die Freiheit haben, Informationen kritisch zu überdenken, und zum anderen die Zeit haben, sich auch aus dem Tagesgeschäft zu lösen.*
- Das *Top-Management sollte frühzeitig eingebunden werden.*

Erkenntnisse zu Kultur und Umfeld

- Die *Kultur muss sowohl durch Vertrauen als auch durch Accountability geprägt sein,* d. h. das Management muss zum einen den Mitarbeitern einen gewissen Freiraum für eigene Überlegungen und Projekte geben, und zum anderen müssen die Mitarbeiter auch langfristig für die von ihnen besetzten Themen stehen.

---

286 Mittels eines solchen Topfes können Ideen in einem frühen Stadium ausprobiert oder vertieft werden, ohne dass die Bedeutung oder das finale Potenzial bereits bekannt ist.

- Man muss den *Mut haben, viele Themen zu starten, aber auch gleichzeitig den Mut haben, sie regelmäßig zu überprüfen und ggf. zu beerdigen.* Die Überprüfung von Forschungsthemen sollte mindestens jährlich durch ein Team erfolgen, dessen Teilnehmer die Themen und ihr Potenzial sowohl von einer technischen als auch von einer strategischen Seite bewerten können.

3.2.4 Fallstudie 3 — Offshore Wind Power

Die ‚Fallstudie 3 – Offshore Wind Power' stellt als Teil der Bottom-up-Sicht der Fallstudienanalyse[287] die Entwicklung des Offshore-Geschäfts der Business Unit Wind Power in der Division Renewable Energy dar.

Ziel der Fallstudie ist es, erfolgreiche Beispiele und Learnings aus dem erfolgreichen Praxisbeispiel abzuleiten, Erkenntnisse aus der Innovationskultur des ehemaligen Mittelständlers Bonus Energy A/S bzw. danach von Siemens Wind Power zu gewinnen und somit die Erkenntnisse aus der Analyse der bestehenden Literatur[288] und der übrigen Fallstudien[289] zu überprüfen, zu detaillieren sowie um neue Erkenntnisse zu ergänzen. Der erste Abschnitt erläutert den Kontext der Fallstudie, hierzu gibt er einen Überblick über die Business Unit Wind Power und deren Entwicklung sowie über den Markt für Erneuerbare Energie im Allgemeinen und für Windenergie im Besonderen. Der nächste Abschnitt stellt die eigentliche Fallstudienbeschreibung dar, bevor zum Schluss die Einzelfallschlussfolgerungen und Erkenntnisse für die Entwicklung des ganzheitlichen Ansatzes abgeleitet und zusammengefasst werden.

Die Fallstudie beruht auf drei Interviews sowie umfangreichen unternehmensinternen Dokumenten, wie z. B. Präsentationen, unternehmensexternen Dokumenten, wie z. B. Publikationen des Unternehmens oder einzelner Mitarbeiter, und externen Sekundärquellen, wie z. B. Branchen-Reports. Die Gespräche wurden im Sommer 2010 geführt und anschließend gemäß dem definierten Interviewprozess dokumentiert und von den Gesprächspartnern freigegeben.[290]

3.2.4.1 Fallstudienkontext

Die Division Renewable Energy (E R)[291] bündelt im Sektor Energy alle Aktivitäten zur Stromerzeugung aus erneuerbaren Energiequellen, wie Windturbinen (On- und Offshore), solarthermische Anlagen, Photovoltaik-Großanlagen und Komponenten für andere erneuerbare Energieträger, wie geothermische Energie oder Biomasse; organisatorisch unterteilt sie sich in die beiden Business Units ‚Wind Power' (E R WP) und ‚Solar Thermal Energy' (E R STE) und das Business-Segment ‚Photovoltaic' (E R PV).

Die Business Unit Wind Power ist durch die Übernahme von Bonus Energy A/S im Jahr 2004[292] und dem damit verbundenen Einstieg in den wachsenden Windenergiemarkt entstanden. Bonus gehörte damals zu den weltweit fünf größten

---

287 Vergleiche hierzu auch Abschnitt 3.1.2 und Abbildung 3.2 auf Seite 142.
288 Vergleiche hierzu auch Abschnitt 2.4.
289 Vergleiche hierzu auch die Abschnitte 3.2.2, 3.2.3 und 3.2.5 sowie für die Cross-Case-Analyse Abschnitt 3.3.
290 Vergleiche hierzu auch den Interviewprozess und das allgemeine Vorgehen in Abschnitt 3.1.2.2.
291 Vergleiche auch Tabelle 3.3 auf Seite 159 für finanzielle Eckdaten der Division.
292 Vergleiche hierzu auch Innovations Report (2004).

Anbietern von Windkraftanlagen und erzielte mit 750 Mitarbeitern einen Umsatz von rund 300 Mio. Euro. Bonus hatte zu diesem Zeitpunkt in über 20 Ländern mehr als 5.000 Turbinen mit einer Leistung von über 3 GW installiert und nahm gleichzeitig eine führende Position bei den Offshore-Windparks ein (Siemens Power Generation 21.10.2004) (vergleiche auch Abbildung 3.25).

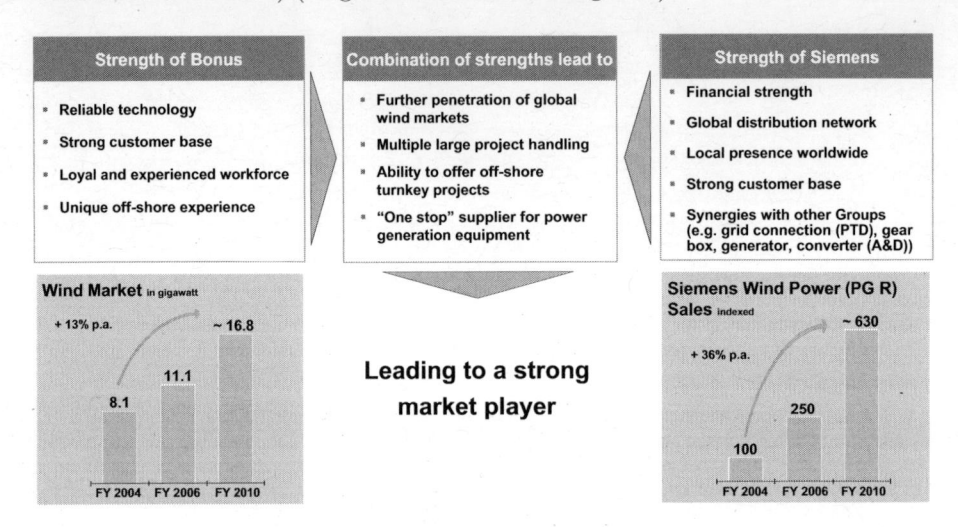

Strength of Bonus
- Reliable technology
- Strong customer base
- Loyal and experienced workforce
- Unique off-shore experience

Combination of strengths lead to
- Further penetration of global wind markets
- Multiple large project handling
- Ability to offer off-shore turnkey projects
- "One stop" supplier for power generation equipment

Strength of Siemens
- Financial strength
- Global distribution network
- Local presence worldwide
- Strong customer base
- Synergies with other Groups (e.g. grid connection (PTD), gear box, generator, converter (A&D))

Wind Market in gigawatt: +13% p.a.; FY 2004: 8.1; FY 2006: 11.1; FY 2010: ~16.8

Leading to a strong market player

Siemens Wind Power (PG R) Sales indexed: +36% p.a.; FY 2004: 100; FY 2006: 250; FY 2010: ~630

Abbildung 3.25: Motivation für den Kauf von Bonus Energy durch Siemens (Voges 23.-24.02.2006, S. 8)

Heute ist Siemens Wind Power ein führender Hersteller von Windenergieanlagen[293] für Onshore-, Offshore- und küstennahe Standorte mit mehr als 7.000 Mitarbeitern; im Bereich Offshore-Windenergie ist es die Nummer eins. Allein im Geschäftsjahr 2010 wurden 2,9 Gigawatt (GW) neu installiert, bei einem Auftragsbestand von über 10 Mrd. Euro. Zum 30. September 2010 waren mehr als 9.000 Windturbinen mit einer Leistung von über 11 GW weltweit von Siemens installiert. Siemens Wind Power verfolgt das Ziel, bis 2012 drittgrößter Windturbinenhersteller der Welt zu werden, und plant, seine Produktionsnetzwerk in den kommenden drei Jahren auf über insgesamt zwölf Standorte in sieben Ländern auszubauen. (Siemens Energy 2010d)[294] Abbildung 3.26 zeigt die Entwicklung der weltweiten Aktivitäten von Wind Power von 2008 bis 2010.

Das Produktportfolio umfasst gegenwärtig verschiedene 2,3-MW- und 3,6-MW-Windturbinen mit Getriebe und eine getriebelose 3,0-MW-Windturbine (Direct Drive).[295] Weitere Windturbinen, wie z. B. 2,3-MW- und 6-MW-Windturbinen mit Direct Drive, sind in der Erprobung oder Entwicklung.[296]

---

[293] Vergleiche Manwell, McGowan und Rogers (2009) für Informationen zum Aufbau von modernen Windturbinen, weiteren Konzepten und der Geschichte der Windenergie.
[294] Vergleiche auch Siemens Energy (9.12.2009) und Siemens Energy (3.12.2010) für weitere Informationen.
[295] Vergleiche hierzu auch Siemens Energy (2011f) für weitere Informationen.
[296] Vergleiche hierzu auch Siemens Energy (14.03.2011) für weitere Informationen.

3.2 Fallstudien @ Siemens 201

Wind 2008: SIEMENS
From a focused approach in 15 countries ...

Countries with projects won until 2008 ● Manufacturing locations established until 2008

Wind today: SIEMENS
... to a global player with ~500 bids out in >50 countries

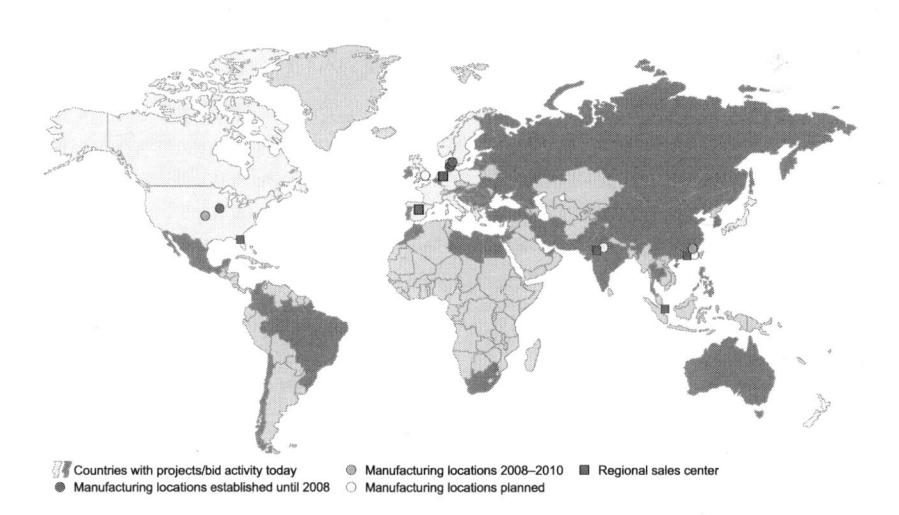

Countries with projects/bid activity today   ● Manufacturing locations 2008–2010   ■ Regional sales center
● Manufacturing locations established until 2008   ○ Manufacturing locations planned

Abbildung 3.26: Entwicklung von Siemens Wind Power 2008 – 2010 (Stand 2008) (Umlauft 29.06.2010, S. 7 f.)

Marktübersicht

Siemens Wind Power profitiert von der – auch durch die Megatrends[297] getriebenen – steigenden allgemeinen Nachfrage nach Energie, aber vor allem von der überproportionalen Nachfrage nach erneuerbarer Energie. Abbildung 3.27 zeigt eine Schätzung der Entwicklung der Stromerzeugung von 2005 - 2030; im Rahmen dieser Schätzung wird von einem durchschnittlichen jährlichen Anstieg von 2,7 % ausgegangen.

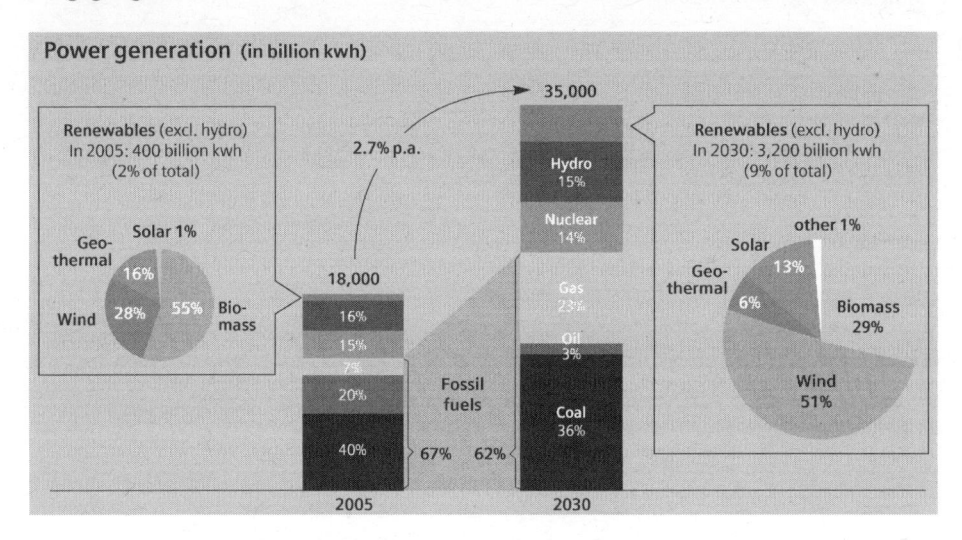

Abbildung 3.27: Entwicklung der Stromerzeugung 2005 bis 2030 (Prognose) (Siemens AG 2008b, S. 7)

In einer späteren Schätzung wurde das durchschnittliche jährliche Wachstum des Gesamtmarkts für erneuerbare Energie von 2007 bis 2010 mit 14 % geschätzt; das Wachstum des gesamten Windmarkts wurde im gleichen Zeitraum mit 18 % und das des Offshore-Segments sogar mit 76 % geschätzt (vergleiche Abbildung 3.28).

Der Offshore-Windmarkt stellt einen der wichtigsten Windmärkte für Siemens Wind Power dar, zum einen, da er ein hohes Wachstum und großes weiteres Potenzial ausweist, und zum anderen, da kein anderer Wettbewerber gegenwärtig über vergleichbare Erfahrung und Expertise auf diesem Gebiet verfügt. Abbildung 3.29 zeigt das Potenzial möglicher Offshore-Windparks in Europa, das auf rund 70 GW geschätzt wird; 2008 waren hiervon erst rund 1,5 % genutzt. Das geschätzte Potenzial in Europa umfasst noch nicht schwimmende Windturbinen (Floating Turbines),[298] diese erlauben ein noch weitaus größeres Potenzial in Gebieten mit größerer Wassertiefe. Die Entwicklung von größeren Offshore-Märkten in den USA und Asien wird ab 2012 erwartet.

---

297 Vergleiche hierzu auch Abschnitt 3.2.1.1
298 Vergleiche hierzu auch Abschnitt 3.2.4.2 und Abbildung 3.30.

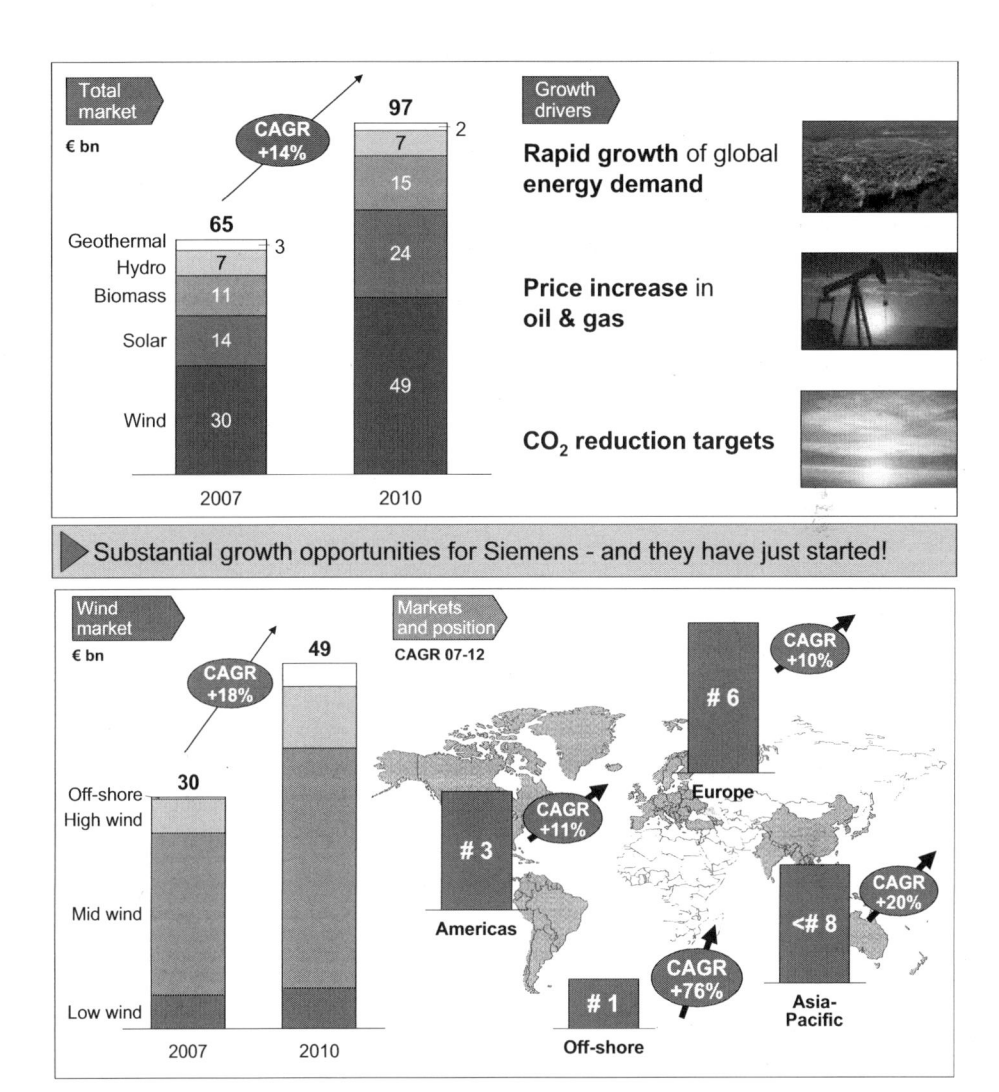

Abbildung 3.28: Entwicklung des Erneuerbare-Energie- und des Windmarkts 2007 bis 2010 (Prognose) (Umlauft 1.07.2008, S. 3 + 5)

3.2.4.2 Fallstudie 3 – Entwicklung des Offshore-Wind-Power-Geschäfts

Das Offshore-Geschäft[299] stellt einen der wichtigsten Märkte für Siemens Wind Power dar, zum einen aufgrund des hohen Wachstums und des weiterhin großen Potenzials und zum anderen infolge der hohen Expertise und Reputation, die

---

[299] Vergleiche Manwell, McGowan und Rogers (2009) für Informationen zum Aufbau von modernen Windturbinen, weiteren Konzepten und der Geschichte der Windenergie.

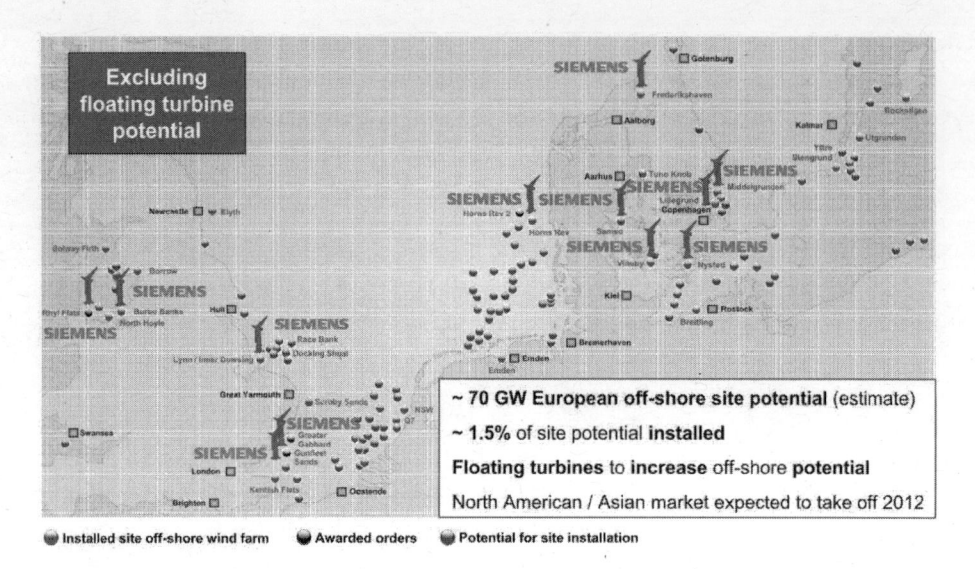

Abbildung 3.29: Übersicht möglicher europäischer Offshore-Windpark-Standorte (Umlauft 1.07.2008, S. 6)

Siemens in diesem Bereich besitzt und in den vergangenen 20 Jahren aufgebaut hat.

Die vorliegende Fallstudie zeigt detailliert die Entwicklung des Siemens-Offshore-Wind-Power-Geschäfts von den Anfängen in den 90er-Jahren bis hin zum etablierten Geschäft Mitte der 2000er-Jahre auf; darüber hinaus geht die Fallstudie auf die frühen Onshore-Wind-Power-Booms in Kalifornien und Indien ein, deren Erkenntnisse und Learnings die Entwicklung des Offshore-Geschäfts in der Frühphase maßgeblich beeinflusst haben. Zum besseren Verständnis werden die Informationen chronologisch strukturiert.

Wind-Power-Boom in Kalifornien (Onshore) – Frühe 1980er-Jahre

In der Frühphase der 1980er-Jahre erlebte Kalifornien einen wahren Wind-Power-Boom, innerhalb einer Periode von wenigen Jahren wurden in Kalifornien Tausende Windturbinen installiert, insbesondere in den Regionen Altamont Pass, San Gorgonio Pass und Tehachipi (Manwell, McGowan und Rogers 2009, S. 18). Ausschlaggebend für diesen Boom waren vor allem vier Faktoren:[300]

1. ein positives politisches Klima,
2. Steueranreize,
3. der Public Utility Regulatory Policies Act (PURPA Act) von 1978 und

---

300 Die Faktoren werden im Verlauf des Abschnitts weiter erläutert.

4. eine wohlwollende Regulierung der Energieversorgungsunternehmen (Righter 1996, S. 781 ff.).

Die zunehmende Bedeutung der Umweltbewegung und die Ölkrise von 1973 führten dazu, dass die Energieerzeugung und alternative Energiequellen in den Blickpunkt der amerikanischen Politik rückten und ein *positives politisches Klima erzeugten*, das besonders stark in Kalifornien vorherrschte. In 1978 verabschiedete die kalifornische Legislative den Mello Act, der das anspruchsvolle Ziel vorgab, dass bis 1987 1 % und bis 2000 10 % des erzeugten Stroms aus Windenergie stammen sollten; ab 1980 stellte der kalifornische Staat zudem entsprechende finanzielle Förderungen bereit.

Darüber hinaus offerierte Kalifornien zwischen 1978 und 1986 attraktive Steuerguthaben; kombiniert mit bundesstaatlichen Anreizen konnten so im ersten Betriebsjahr bis zu 50 % der Turbinenkosten abgeschrieben werden, mit weiteren vorteilhaften Abschreibungen in den Folgejahren. Die *Steueranreize* führten zu starken Investments, die ihren Höhepunkt mit allein 3.922 neu installierten Windturbinen 1984 erreichten.

Der Wind-Boom beruhte aber nicht allein auf den Steueranreizen, sondern auch auf einem sicheren und garantierten Markt. Der *PURPA Act* von 1978 schrieb vor, dass große Energieversorgungsunternehmen (Utilities) elektrische Energie aus kleinen Gas- oder Dampfturbinen sowie aus Solar, Wind und Wasser zu ‚Avoided Costs' übernehmen mussten. Zu diesen Kosten zählten die fixen und variablen Kosten, die ein Energieerzeugungsunternehmen (Utility) durch Ankauf vermeiden konnte, d. h. Energiekosten (Rohstoffe, Betrieb und Unterhaltung) und Kapitalkosten für Erzeugungskapazitäten während der Spitzennachfrage. PURPA ermöglichte so vielen Unternehmen mit kleinen Windparks den Einstieg in den bis dahin monopolisierten Energieerzeugungsmarkt. PURPA garantierte zwar Windparkbetreibern einen Markt, und Steueranreize schützten Investors vor Verlusten, aber erst die kalifornische *Regulierungskommission für Energieversorgungsunternehmen* ermöglichte Profite durch eine wohlwollende Festlegung der ‚Avoided Costs' und damit der Einspeisepreise.

Am 1. Januar 1987 wurden die Steueranreize neben anderen Maßnahmen durch die Reagan-Regierung abgeschafft, was zu einem kompletten Zusammenbruch des Windmarkts in den USA und besonders in Kalifornien führte. Die Mehrheit der amerikanischen Hersteller von Windturbinen verschwand in den folgenden Jahren vom Markt, und viele dänische Windturbinenhersteller, die ebenfalls dort aktiv waren, mussten schließen, restrukturieren oder fusionieren (Righter (1996, S. 781 ff.), Manwell, McGowan und Rogers (2009, S. 18 f.)).

Bonus Energy war ebenfalls in den 1980er-Jahre in Kalifornien aktiv gewesen und hatte stark an dem Windmarkt und Boom partizipiert. 1985 / 86 aber antizipierte der damalige Bonus CEO nach Überprüfung der politischen Rahmenbedingungen und der weiteren Gründe für den Boom, dass dieser langfristig nicht nachhaltig sein könnte. Daraufhin reduzierte Bonus das Engagement in Kalifornien und bereitete sich für die Zeit nach einem möglichen Ende der Steueranreize vor. Durch die Antizipation des Abschwungs und die Fokussierung auf andere Märkte konnte Bonus unbeschadet das Ende des Wind-Booms in Kalifornien überstehen.

Wind-Power-Boom in Indien (Onshore) – Frühe 1990er-Jahre

Zwischen 1992 und 1996 kam es in Indien ebenfalls zu einem Wind-Boom[301] – kleiner, aber in vielen Aspekten vergleichbar zu dem Wind-Boom in Kalifornien in den 1980er-Jahren. Während dieser Zeit offerierte die indische Regierung ein Anreizpaket für private Investoren, bestehend aus Steueranreizen, Zollerleichterungen, liberalisierten Regelungen für ausländische Investments, ... Private Investoren nutzen daraufhin die Anreize und investierten stark, was zu einem Wind-Power-Boom in Indien führte.

1997 kürzte die indische Regierung die Anreize u. a. aus innenpolitischen Gründen und änderte die Regelungen für ausländische Investments, sodass der indische Windmarkt für ausländische Investoren und Unternehmer vollkommen unattraktiv wurde und ebenfalls komplett zusammenbrach.

1996 entschied der Bonus CEO, nach Überprüfung der Marktbedingungen und nach Gesprächen mit Kunden und Regierungsvertretern, das Engagement in Indien direkt zu beenden, da der Markt (inklusive Kunden und staatlicher Rahmenbedingungen) komplett instabil war; ein halbes Jahr später kam es zum Marktzusammenbruch.

Learnings und Erkenntnisse aus den Wind-Power-Booms in Kalifornien und Indien

- Durch die Antizipation der Zusammenbrüche der Märkte in Kalifornien und Indien konnte Bonus jeweils vor ernsthaften Fehlschlägen und wirtschaftlichen Problemen bewahrt werden.

- *Alle Informationen*, die zur Beurteilung der Märkte notwendig waren und zur Antizipation der Zusammenbrüche führten, *waren für alle Marktteilnehmer frei verfügbar*; Bonus verfügte über keine weiteren Informationen oder spezielle Markteinblicke. Ausschließlich das *kritische Reflektieren der vorhandenen Informationen und die Fähigkeit, sich vom Tagesgeschäft zu lösen*, führten zur Antizipation der Zusammenbrüche und zur Vorbereitung des Unternehmens auf diese.

- Eine rein marktseitige Betrachtung hat sich als unzureichend erwiesen, es muss stattdessen immer eine *ganzheitliche Betrachtung* erfolgen, d. h. neben marktseitigen Informationen müssen auch technologische, politische, soziale und Umweltaspekte beachtet werden.

---

[301] Vergleiche hierzu auch Jagadeesh (2000), Rajsekhar, Hulle und Jansen (1999) oder Guey-Lee (1998) für weitere Informationen.

- Die *Mehrzahl der notwendigen Informationen und Quellen ist öffentlich verfügbar oder zugänglich.*
- Nicht das detaillierte Abarbeiten eines Prozesses führt zum Erfolg, sondern die Freiheit, kritisch nachzudenken, das *Bilden einer eigenen Meinung, das kritische Reflektieren von Informationen,* ...
- Die Personen benötigen die *Zeit und die Freiheit, kritisch zu denken* und sich vom Tagesgeschäft zu lösen.

Die aus den Wind-Power-Booms in Kalifornien und Indien gewonnenen Learnings und Erkenntnisse haben die generelle Philosophie von Bonus geprägt und sind auch in die Entwicklung des Offshore-Geschäfts eingeflossen.

Entwicklung des Bonus-Energy- / Siemens-Offshore-Wind-Power-Geschäfts

- *1989:* Entscheidung von Bonus Energy, den Offshore-Windmarkt zu erschließen
    - Entscheider: CEO und CTO / technischer Leiter
    - Informationsquellen: Keine oder nur vereinzelte Nutzung externer Quellen; die Entscheidung beruhte vor allem auf dem Wissen des CEO und CTO zu Markttreibern und Kundenbedürfnissen (in der Frühphase von Bonus verhandelte ein kleines Team von maximal fünf Personen inklusive CEO und CTO alle Projekte und führte die Kundengespräche)
    - Gründe für die Entscheidung: Langfristige Diversifizierung des Geschäfts und Entwicklung eines zweiten Geschäftszweigs neben dem Onshore-Wind-Power Geschäft; im Bereich des Onshore-Geschäfts existierte bereits Wettbewerb, den man in den kommenden Jahren wachsen sah.
    - Philosophie: Die hohen Qualitätsstandards aus dem Onshore-Geschäft sollten auf jeden Fall im Offshore-Geschäft fortbestehen.
- *1989:* Überlegungen der dänischen Regierung über einen ersten dänischen Pilot-Offshore-Windpark
    - Bonus startete hierauf Gespräche mit den großen dänischen Energieversorgungsunternehmen, um die generellen Marktanforderungen für künftige Offshore-Windprojekte zu identifizieren; als Hauptergebnis wurde der Wunsch nach größeren und leistungsstärkeren Turbinen identifiziert.
    - Bonus startete parallel hierzu ein internes Projekt zur Identifizierung der Anforderungen von Offshore-Projekten; die Ergebnisse und Learnings konnten vor allem aus den Erfahrungen mit küstennahen Projekten abgeleitet werden. Die Haupterkenntnisse waren:
        * Komplette Außenbeschichtung gegen Korrosion notwendig

* Keine Kühlung der Windturbine und des Innenraums der Gondel mittels Seeluft wegen Korrosionsgefahr, stattdessen Kühlung des gesamten Innenraums mittels Wärmetauscher
   * Entfeuchtung des gesamten Innenraums mittels Wasserabscheider
   * Weitere technische Hindernisse und Risiken scheinen lösbar
- *1990:* Aufforderung zur Abgabe eines Angebots für den ersten dänischen Offshore-Pilot-Windpark ‚Vindeby'.[302]
  - Entscheidung von Bonus, das Pilot-Projekt auf jeden Fall zu gewinnen: „We want this project, even with losses"; die Entscheidung wurde vom CEO und CTO getroffen.
  - Gründe für die Absicht, das Projekt zu gewinnen:
    * Der künftige Erfolg bei Offshore-Projekten würde hauptsächlich von zwei Kriterien abhängen: Qualität und Erfahrung / Reputation. Das Pilot-Projekt erlaubte es, Erfahrungen und Reputation zu gewinnen, und würde es somit einfacher machen, künftige Offshore-Projekte zu gewinnen.
    * Entwicklung eines weiteren, langfristig profitablen Geschäftsfelds neben dem von Wettbewerb geprägten Onshore-Geschäft – „Opening a niche in the long run to a landscape".
  - Informationsquellen: Hauptsächlich Kundengespräche, aber auch Informationen aus Konferenzen und Konferenzartikel.
    Informationen aus Konferenzen bestätigten die eigene Einschätzung des Offshore-Windmarkts, insbesondere durch das beobachtete Engagement weiterer Länder (z. B. Großbritannien) im Offshore-Wind-Bereich mittels Forschungsprojekten und Förderungen; dies zeigte, dass der Offshore-Windmarkt kein rein dänischer Markt war.
  - Eine interne Überprüfung ergab, dass das Offshore-Projekt technisch machbar ist.
- *1990:* Bonus erhält den Auftrag für den ersten dänischen Offshore-Pilot-Windpark ‚Vindeby'.
- *1991:* Erfolgreiche Konstruktion und Inbetriebnahme des Offshore-Windparks ‚Vindeby'.
- *1994:* Aufforderung zur Abgabe eines Angebots für den zweiten dänischen Offshore-Pilot-Windpark ‚Tunø Knob'.[303]

---

302 Vergleiche 4C Offshore (2011f) oder Siemens Energy (2011c) für weitere Informationen zum Offshore-Windpark ‚Vindeby'.
303 Vergleiche 4C Offshore (2011e) für weitere Informationen zum Offshore-Windpark ‚Tunø Knob'.

- Bonus gab ein Angebot für ‚Tunø Knob' ab, schätzte aber die Erfolgschancen aufgrund des bereits gewonnenen ersten Pilot-Windparks als gering ein.
- Vestas gewinnt den Auftrag für ‚Tunø Knob'.

- *1995:* Erfolgreiche Konstruktion und Inbetriebnahme des zweiten dänischen Offshore-Pilot-Windparks ‚Tunø Knob'.

- *1999:* Start der Verhandlungen zum ersten kommerziellen, dänischen Offshore-Windpark ‚Middelgrunden'[304]

  - Kunde: Konsortium aus lokalen Besitzern (50 %) und Københavns Energi (50 %).[305]

  - Technische Berater (Consultant): SEAS; SEAS war bereits als technischer Berater im ‚Vindeby'-Projekt tätig gewesen, man kannte sich also bereits.

  - Hauptwettbewerber: Vestas; Vestas war in einer besseren Ausgangsbasis als Bonus, zum einen als Marktführer im Onshore-Geschäft und zum anderen durch eine vorherige Beteiligung an der Entwicklung des Projekts. Bonus ging daher vor Beginn der Verhandlungen von einer geringeren Chance aus.

  - In Gesprächen zwischen dem Bonus CTO und den Kunden ermutigten und forderten diese Bonus auf, aktiv am Bieterprozess teilzunehmen.

  - Vestas zeigte sich unflexibel, in den Kundenverhandlungen auf deren Wünsche einzugehen; die Kunden forderten insbesondere Multi-Megawatt-Windturbinen.

  - Bonus entschied, seine neue 2,0- MW-Windturbine für das Projekt anzubieten und sich stark in das Bieterverfahren einzubringen; Ziel war es, das ‚Middelgrunden'-Projekt zu gewinnen. Zusammen mit dem ‚Vindeby'-Pilotprojekt würde das ‚Middelgrunden'-Projekt die Reputation von Bonus im Offshore-Markt festigen – „This would cement our reputation in the offshore business!".

- *2000:* Bonus gewinnt den Auftrag für den ersten kommerziellen dänischen Offshore-Windpark ‚Middelgrunden'.

  - Die Erfolgsfaktoren für den Gewinn des Projekts waren im Nachhinein:

    * Reputation aus dem ‚Vindeby'-Projekt
    * Flexibilität in den Verhandlungen mit Kunden
    * Gute Kundenbeziehung

---

304 Vergleiche 4C Offshore (2011a), Power Technology (2011) oder Siemens Energy (2011c) für weitere Informationen zum Offshore-Windpark ‚Middelgrunden'.
305 Københavns Energi schloss sich später mit anderen Versorgern zu Dong Energy zusammen.

- Elf Jahre nach der Entscheidung, in den Offshore-Windmarkt einzutreten, und zehn Jahre nach dem ersten gewonnenen Offshore-Pilot-Windpark konnte der Auftrag für den ersten kommerziellen Offshore-Windpark gewonnen werden.

- *2001:* Erfolgreiche Konstruktion und Inbetriebnahme des ersten kommerziellen dänischen Offshore-Windparks ‚Middelgrunden'.
- *2001:* Aufforderung zur Abgabe eines Angebots für die Offshore-Windparks ‚Horns Rev 1'[306] und ‚Nysted'[307]
  - ‚Horns Rev 1'-Windpark: Erster Offshore-Windpark in der Nordsee; ca. 18 km von der Küste entfernt.
    * Entscheidung von Bonus, nicht zu bieten; Grund hierfür war die Lage in der Nordsee, verbundenen mit einer hohen Küstenentfernung; man wollte zuerst die Erfahrungen aus dem ‚Middelgrunden'-Projekt abwarten, das im gleichen Jahr fertiggestellt wurde.
    * Philosophie: „First there have to be experiences from practice before going large scale, especially when entering the next level." – Ziel war immer die Minimierung möglicher Projektrisiken.
    * Bonus hatte bereits zwei prestigeträchtige Windpark-Projekte realisiert, es bestand daher keine unmittelbare Notwendigkeit, sich an einem solchen Projekt zu ‚verschlucken'.
    * Der Auftrag wurde von Vestas gewonnen, allerdings mussten alle Windturbinen nach einem Jahr Betrieb an Land aufgrund schwerwiegender technischer Probleme komplett überholt werden; eines der Hauptprobleme war starke Korrosion. Aufgrund dieser Schwierigkeit erlebte Vestas einen schweren Rückschlag im Offshore-Windmarkt und Bonus konnte weiter an Reputation gewinnen.
  - ‚Nysted'-Windpark: Offshore-Windpark in der Ostsee; ca. 10 km von der Küste entfernt
    * Hauptwettbewerber: Vestas – Vestas zeigte sich wieder unflexibel, in den Kundenverhandlungen auf deren Anforderungen einzugehen; der Kunde forderte vor allem leistungsstärkere Windturbinen.
    * Bonus zeigte sich flexibel in den Verhandlungen und bot die neue 2,3-MW-Windturbine an, die größer als die angebotene Vestas Windturbine war.

---

[306] Vergleiche 4C Offshore (2011a) für weitere Informationen zum Offshore-Windpark ‚Horn Rev 1'.
[307] Vergleiche 4C Offshore (2011d), Gerdes, Tiedemann und Zeelenberg (2007, S. 96 ff.) oder Siemens Energy (2011c) für weitere Informationen zum Offshore-Windpark ‚Nysted'.

* Bonus lud den Kunden zum Lasttest einer neuen Generation von Rotorblättern ein; die Rotorblätter brachen erst beim 2,6-fach höheren Level als spezifiziert – „Good marketing!".
* Bonus gewinnt den Auftrag in Verbindung mit der neuen 2,3-MW-Windturbine und den neuen Rotorblättern.

- *2003:* Erfolgreiche Konstruktion und Inbetriebnahme des ‚Nysted'-Windparks.
- *2001 / 2002:* Verhandlungen für den ‚North Hoyle'-Offshore-Windpark[308] in Großbritannien.
  – Der ‚North Hoyle'-Windpark war der erste größere Offshore-Windpark in Großbritannien.
  – Kunde: National Windpower; ein Kunde, zu dem Bonus seit den 1990er-Jahren aus mehreren Onshore-Projekten gute Beziehungen pflegte.
  – Juni 2002: National Windpower verlangte eine Inbetriebnahme des Parks in 2003.
  – Qualitätsphilosophie: Es müssen ausreichend Ressourcen verfügbar sein für den Fall, dass ein Problem auftreten könnte; dies war aber wegen des parallel verlaufenden Projekts ‚Nysted' nicht ausreichend gesichert. Vor diesem Hintergrund erschien die Zeitperiode von Juni 2002 bis Oktober 2003 zu kurz.
  – Da eine Verschiebung des Inbetriebnahmetermins nicht verhandelbar war, stoppte Bonus die Verhandlungen zu diesem Projekt.
  – Dies war das erste Mal, dass seitens der Stakeholder Druck auf den CEO und den CTO ausgeübt wurde, weiterzuverhandeln; die Qualitätsphilosophie behielt dennoch Gültigkeit.
- *2003 – heute:* Kontinuierliches Bieten und Gewinnen von Offshore-Windparks sowie deren erfolgreiche Konstruktion und Inbetriebnahme.[309]
  – Bonus / Siemens Wind Power ist Marktführer für Offshore-Windparks
  – Als Hauptgründe für den Erfolg gelten die starke Reputation, die hohe Qualität und die Verfügbarkeit der richtigen Produkte zum richtigen Zeitpunkt (Time-to-market); darüber hinaus ist die Finanzkraft von Siemens doppelt hilfreich, zum einen können so wichtige Investitionen zeitnahe realisiert werden, zum anderen kann der Kunde sicher sein, dass ggf. auftretende Probleme gelöst werden können.
  – Weiterentwicklung der bestehenden 2,3-MW und 3,6-MW-Windturbinen, z. B. durch größere Rotorblätter.[310]

---

308 Vergleiche 4C Offshore (2011c) für weitere Informationen zum Offshore-Windpark ‚North Hoyle'.
309 Vergleiche hierzu auch die Abbildung 3.31.
310 Vergleiche hierzu auch Siemens Energy (2011f).

– Entwicklung neuer Windturbinen, z. B. der 3,0-MW- und 6,0-MW-Windturbinen mit Direct Drive.[311]

– Hywind – Gemeinsame Entwicklung der ersten schwimmenden Windturbine durch Siemens und StatoilHydro; der im Herbst 2009 installierte Prototyp soll zwei Jahre lang Erkenntnisse über den Betrieb von Windturbinen auf ‚schwimmenden Fundamenten' und auf hoher See liefern. 18 Jahre nach der Inbetriebnahme des ersten Offshore-Windparks hofft man so, langfristig einen weiteren Markt durch die Erschließung der Windenergie auf dem Meer außerhalb von Flachwasserzonen zu erschließen.[312]

- *2004:* Siemens Power Generation erwirbt Bonus Energy A/S im Dezember 2004.[313]

Abbildung 3.30 fasst wichtige Stationen der Entwicklung des Offshore-Wind-Geschäfts zusammen (Stand Juli 2008).

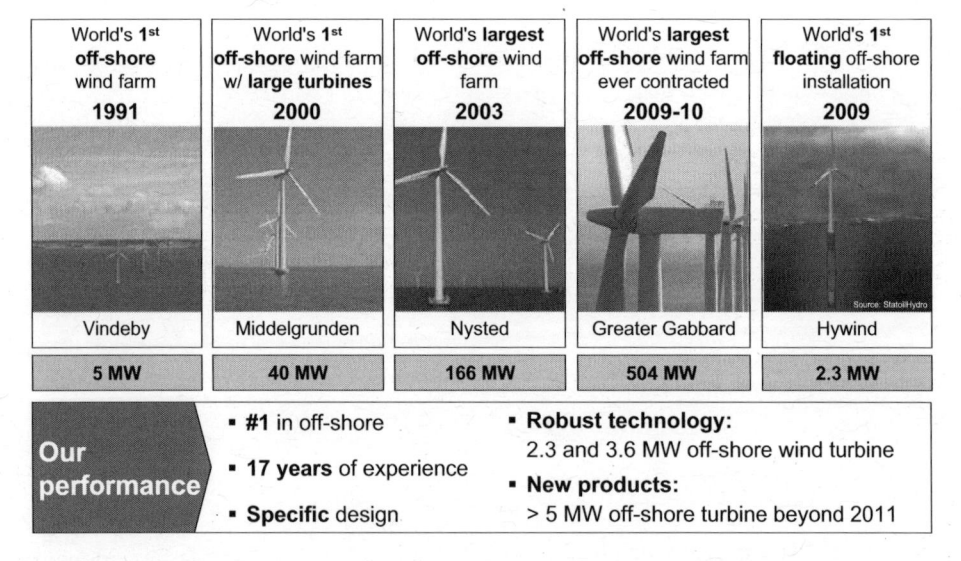

World's 1st off-shore wind farm 1991	World's 1st off-shore wind farm w/ large turbines 2000	World's largest off-shore wind farm 2003	World's largest off-shore wind farm ever contracted 2009-10	World's 1st floating off-shore installation 2009
Vindeby	Middelgrunden	Nysted	Greater Gabbard	Hywind
5 MW	40 MW	166 MW	504 MW	2.3 MW

Our performance	• #1 in off-shore • 17 years of experience • Specific design	• Robust technology: 2.3 and 3.6 MW off-shore wind turbine • New products: > 5 MW off-shore turbine beyond 2011

Abbildung 3.30: Übersicht der Entwicklung des Siemens-Offshore-Windgeschäfts (Stand Juli 2008) (Umlauft 1.07.2008, S. 7)

Abbildung 3.31 zeigt eine komplette Übersicht abgeschlossener und in der Abwicklung befindlicher Offshore-Projekte von Siemens Wind Power (Stand Dezember 2010).

---
311 Vergleiche hierzu auch Siemens Energy (2011f) und Siemens Energy (14.03.2011).
312 Vergleiche 4C Offshore (2011b), Siemens Energy (10.06.2009) oder Siemens Energy (2011c) für weitere Informationen zum Offshore-Windpark ‚Hywind'.
313 Vergleiche auch Siemens Power Generation (21.10.2004) und Voges (23.-24.02.2006, S. 8) für weitere Informationen zur Übernahme von Bonus durch Siemens.

3.2 Fallstudien @ Siemens

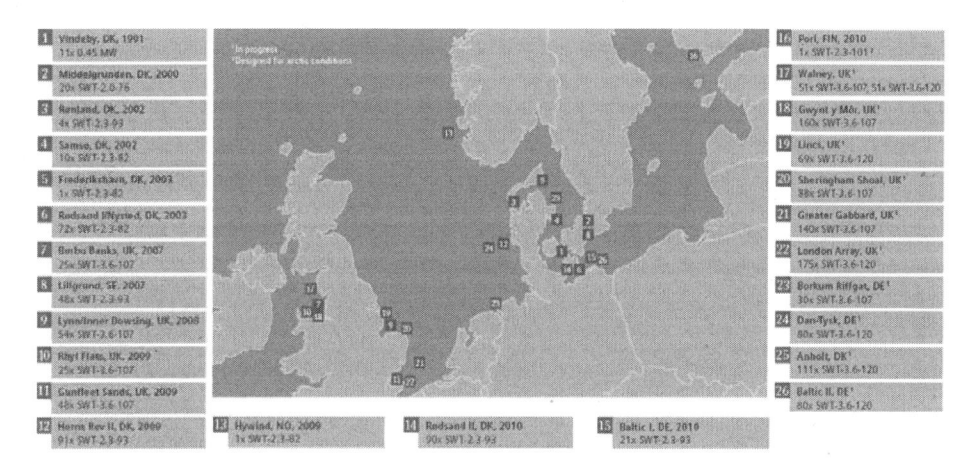

Abbildung 3.31: Übersicht abgeschlossener und aktueller Offshore-Projekte (Stand Dezember 2010) (Siemens Energy 2011c, S. 1)

Mit zunehmendem Wachstum des Geschäftsbereichs, des Offshore-Geschäftsfelds und der Anzahl und Größe der Projekte wurden die Strukturen, die Prozesse, ... ebenfalls an die neuen Bedingungen angepasst und weiterentwickelt. Das *Offshore Steering Committee Meeting (Offshore SCM)* stellt aktuell das zentrale Gremium / Steuerungs-Board für wichtige und strategische Entscheidungen des Geschäftsfelds Offshore dar:

- Ziele / Aufgaben:
  - Informationsaustausch über wichtige Neuerungen und Entwicklungen im Geschäftsumfeld.
  - Entscheidung und Vorantreiben von internen Projekten / Themen.
- Teilnehmer: CEO, CFO sowie die Leiter / Vertreter der Funktionen CTO, Engineering, Supply Chain Management, Sales, Project Management, Business Development, ...
- Frequenz: Regelmäßiges Zusammenkommen, ca. alle vier bis fünf Monate; bei Bedarf kann hiervon aber abgewichen werden.
- Struktur: Um sicherzustellen, dass kein Thema vergessen wird, existieren fünf Planungsfelder:
  1. Installationstechnik
  2. Location
  3. Produkt / Scope
  4. Neue Märkte
  5. Service

3.2.4.3 Zusammenfassung und Einzelfallschlussfolgerungen

Die ‚Fallstudie 3 – Offshore Wind Power' hat detailliert die Entwicklung des Siemens-Offshore-Wind-Power-Geschäfts von den Anfängen in den 1990er-Jahren bis hin zum etablierten Geschäft Mitte der 2000er-Jahre zusammengefasst; darüber hinaus ist sie auf die früheren Onshore-Wind-Power-Booms in Kalifornien und Indien und die daraus gewonnenen Erkenntnisse eingegangen. Mithilfe dieses konkreten Praxisbeispiels konnten nicht nur Einblicke in die Innovationskultur von Bonus Energy / Siemens Wind Power, sondern auch Erkenntnisse und Learnings zu Ansätzen, Methoden, Strukturen, ... der Strategischen Frühaufklärung gewonnen werden. Auf diese Weise konnten Erkenntnisse und Learnings aus der Analyse der bestehenden Literatur[314] bestätigt und ergänzt, sowie neue Ergebnisse gewonnen werden.

Im Folgenden werden die wichtigsten Einzelfallschlussfolgerungen sowie weitere indirekte Erkenntnisse aus den Gesprächen noch einmal zusammengefasst.

Erkenntnisse zum Prozess

- *Ein Ansatz zur Strukturierung von Themen, Aktivitäten und Informationen* wird als hilfreich angesehen; in einer kleinen Organisation oder in der Frühphase eines Geschäfts können informelle Strukturen noch ausreichen, mit zunehmendem Wachstum bedarf es aber eines gewissen formalen Rahmens.

- Starker Fokus auf das *Treffen von Entscheidungen und das Umsetzen der Erkenntnisse*.

Erkenntnisse zu Methoden

- *Aufwendige Methoden sind nicht unbedingt notwendig*, viel wichtiger ist die *kritische Reflektion der Ergebnisse durch visionäre Personen mit Geschäftsverständnis*.

- Beim Überprüfen der Ergebnisse durch Personen sollte immer sichergestellt sein, dass die *Freiheit, kritisch nachzudenken, das Bilden einer eigenen Meinung und das Lösen vom Tagesgeschäft* gewährleistet ist.

Erkenntnisse zu Informationen und Wissen

- Eine *ganzheitliche Betrachtung* unter Berücksichtigung von marktseitigen, technologischen, politischen, juristischen und gesellschaftlichen Aspekten ist immer notwendig.

- Die *Mehrzahl der notwendigen Informationen und Quellen ist häufig öffentlich zugänglich*.

- Informationen können aus unterschiedlichen Quellen kommen:

---

314 Vergleiche hierzu auch Abschnitt 2.4.

- *Kunden (Top-Management):* Informationen können direkt aus Kundengesprächen auf Top-Management-Ebene, aus Vertriebsverhandlungen oder aus der Projektabwicklung gewonnen werden. Ziel ist die Identifizierung von Marktanforderungen, Trends und der Entscheidungskriterien der Kunden.
  Kundeninformationen in Verbindung mit Markttrends erlauben die Entwicklung eines guten Marktverständnisses und eines realistischen Blicks in die Zukunft sowie die frühzeitige Identifizierung neuer Märkte.

- *Konferenzen:* Insbesondere Fachkonferenzen mit Praxisbezug.[315]

- *Publikationen / Fachzeitschriften:* Nur beschränkt geeignet, da die Informationen immer nachlaufend veröffentlicht werden.

• Die *Weiterverwendung / der Transfer von Wissen aus verwandten Gebieten* erlaubt, neues Wissen zu generieren und Risiken zu minimieren.[316]

• Der *regelmäßige Austausch zwischen den Kollegen* ist besonders förderlich; auf diese Weise werden das Erschließen und der Austausch internen Wissens gesteigert und die Entwicklung eines umfassenden (Markt-)Verständnisses in der Organisation vorangetrieben.

Erkenntnisse zur Umsetzung

• Das *Treffen von Entscheidungen und deren Umsetzung* sind extrem wichtig, sie ermöglichen erst einen Vorteil für das Unternehmen aus der Strategischen Frühaufklärung;[317] von daher sollten die folgende Aspekte besonders berücksichtigt werden:

  - Ableiten von Konsequenzen aus den gewonnenen Erkenntnissen
  - Treffen von Entscheidungen
  - Implementierung und Nachverfolgung der Entscheidungen

• Die frühzeitige Identifikation von Veränderungen und die Reaktion hierauf erlauben es, die *Zukunft zu gestalten und nicht nur ‚vorherzusagen'*.[318]

• In der Frühphase eines Marktes ist eine *gezielte Projektwahl* besonders wichtig; so können Erfahrungen und Erkenntnisse gewonnen, Show-Cases geschaffen und Reputation aufgebaut werden.

---

315 Im Falle des Windgeschäfts z. B. die EWEA (European Wind Energy Association)-Konferenz oder die AWEA (American Wind Energy Association)-Konferenz.
316 Beispielsweise konnten Erkenntnisse aus küstennahen Windprojekten zur Abschätzung der Risiken von Offshore-Projekten genutzt werden.
317 Nicht die Identifizierung der Instabilität des kalifornischen Wind-Booms sondern die Reduzierung des Engagements und die Fokussierung auf alternative Märkte konnten Bonus vor größeren wirtschaftlichen Schäden bewahren.
318 Der frühe Einstieg in den Offshore-Markt erlaubte es, diesen Markt zu entwickeln, Reputation aufzubauen und das Wind-Power-Geschäft diversifizierter aufzustellen.

- Die *gemeinsame Entwicklung neuer Produkte / Technologien mit Kunden* hilft, die Entwicklung zu fokussieren, verhindert das Overengineeren und sichert die Fertigstellung in der geplanten Zeit – „Better 95 % in time, than 110 % out of time!".
- Nicht nur das Fokussieren auf die Erfolgsfaktoren ist wichtig, auch das *Beseitigen und Verhindern von Hemmnissen.*

Erkenntnisse zu Organisation und Personen

- *Visionäre Personen mit Geschäftsverständnis* sind notwendig, um die Informationen kritisch zu reflektieren, das Potenzial einer Idee zu erkennen und diese dann voranzutreiben.
- Die Personen benötigen die *Zeit und die Freiheit, kritisch zu denken* und sich vom Tagesgeschäft zu lösen.
- Expertenwissen sowie Marktverständnis sind extrem wichtig; ein *regelmäßiges Austauschen mit Personen sowohl innerhalb als auch außerhalb des Unternehmens* ist daher besonders förderlich, insbesondere mit Kunden und in Gremien.
- Informationen, Chancen, Probleme sowie wichtige Entscheidungen sollten *in einer kleinen, kompetenten Gruppe diskutiert werden* (z. B. CEO, CFO, Leiter der wichtigsten Funktionen); die Gruppe sollte möglichst viele Hintergründe und Kompetenzen vereinen und die Fähigkeit haben, visionär zu denken und sich vom Alltagsgeschäft zu lösen.
- Das *Top-Management sollte frühzeitig eingebunden werden.*
- Besonders hilfreich ist eine *möglichst kompakte und gut abgestimmte Organisation*, die besonders in der Start-up-Phase auch räumlich nahe zusammen sitzt; dies ermöglicht kurze Wege, einen zügigen Informationsaustausch und schnelle Entscheidungen – „Ein permanentes Management-Meeting"'.

Erkenntnisse zu Kultur und Umfeld

- *Das Verfolgen einer langfristigen Strategie zahlt sich auch langfristig aus.*[319]
- Die große Zeitspanne, die zwischen der Identifizierung eines Themas und einer wirtschaftlichen Nutzung liegen, verlangt zum einen visionäre Personen zur Identifikation und Beurteilung des Themas und zum anderen eine *Kultur, die solchen Themen die notwendige Zeit zum Entwickeln gibt.*

---

[319] Elf Jahre nach der Entscheidung, in den Offshore-Windmarkt einzutreten, und zehn Jahre nach dem ersten gewonnenen Offshore-Pilot-Windpark konnte der Auftrag für den ersten kommerziellen Offshore-Windpark gewonnen werden; danach nahm die Bedeutung dieses Geschäftszweiges immer mehr zu.

- Es reicht nicht aus, nur den Wettbewerber zu kopieren, um erfolgreich zu sein; man muss etwas *Neues schaffen und dem Wettbewerb einen Schritt voraus sein*; immer bei gegebener Qualität!
- Die *umfangreiche und zielgruppenorientierte Kommunikation* der Strategie und von Erkenntnissen ist besonders wichtig für die Akzeptanz von Entscheidungen und der Strategischen Frühaufklärung im Allgemeinen.

3.2.5 Fallstudie 4 – Hochspannungs-Gleichstrom-Übertragung Plus (HGÜ Plus)

Die ‚Fallstudie 4 – Hochspannungs-Gleichstrom-Übertragung Plus (HGÜ Plus)' ist die letzte Fallstudie aus der Bottom-up-Sicht[320] und zeigt die Entwicklung des ‚HGÜ Plus'-Geschäfts der Business Unit Power Transmission Solutions in der Division Power Transmission.

Ziel der Fallstudie ist es, Best Practices und Learnings aus dem erfolgreichen Praxisbeispiel abzuleiten, Erkenntnisse aus der Innovationskultur des ehemaligen Siemens-Bereichs Power Transmission and Distribution bzw. später aus der Division Power Transmission zu gewinnen und somit Erkenntnisse aus der Analyse der bestehenden Literatur[321] und der übrigen Fallstudien[322] zu bestätigen, zu detaillieren und um neue Erkenntnisse zu ergänzen.

Der erste Abschnitt erläutert den Kontext der Fallstudie; hierzu gibt er einen Überblick über die Business Unit Power Transmission Solutions und deren Portfolio sowie über den Markt, die Wettbewerber und das Umfeld der HGÜ-Technologie. Der nächste Abschnitt stellt die eigentliche Fallstudienbeschreibung dar, bevor zum Schluss die Einzelfallschlussfolgerungen und Erkenntnisse für die Entwicklung des ganzheitlichen Ansatzes abgeleitet und zusammengefasst werden.

Die Fallstudie beruht auf drei Interviews sowie umfangreichen unternehmensinternen Dokumenten, wie z. B. Präsentationen, unternehmensexternen Dokumenten, wie z. B. Publikationen des Unternehmens oder einzelner Mitarbeiter, und externen Sekundärquellen, wie z. B. Branchenreports. Die Gespräche wurden im Frühjahr / Sommer 2010 geführt und anschließend gemäß des definierten Interviewprozesses dokumentiert und von den Gesprächspartnern freigegeben.[323]

3.2.5.1 Fallstudienkontext

Die Division Power Transmission (E T) bündelt im Energy-Sektor alle Produkte und Lösungen zur sicheren und effizienten Stromübertragung. Das „Produkt- und Lösungsangebot umfasst nahezu den gesamten Bereich der Hochspannungsübertragung. Dazu zählen Hochspannungsübertragungssysteme wie HGÜ ebenso wie Produkte und Systeme für die Hochspannungsschalttechnik sowie innovative Systeme für die Blindstromkompensation in Wechselstromübertragungen, mit denen sich beispielsweise Leistung und Stabilität von Netzen verbessern lassen. Ergänzt wird das Portfolio durch schlüsselfertige Anlagen wie Umspannwerke und ein nahezu

---

[320] Vergleiche hierzu auch Abschnitt 3.1.2 und Abbildung 3.2 auf Seite 142.
[321] Vergleiche hierzu auch Abschnitt 2.4.
[322] Vergleiche hierzu auch die Abschnitte 3.2.2, 3.2.3 und 3.2.4 sowie für die Cross-Case-Analyse Abschnitt 3.3.
[323] Vergleiche hierzu auch den Interviewprozess und das allgemeine Vorgehen in Abschnitt 3.1.2.2.

3.2 Fallstudien @ Siemens

vollständiges Angebot an Verteil- und Leistungstransformatoren, Ofentransformatoren, Stromrichtertransformatoren, Drosselspulen und Fahrzeugtransformatoren für Lokomotiven." (Siemens Energy 2011d)

Organisatorisch unterteilt sich die Division in die vier Business Units ‚High-Voltage Products', ‚Transformers', ‚High-Voltage Substations' und ‚Power Transmission Solutions'. Abbildung 3.32 fasst die wichtigsten Informationen zur Division Power Transmission zusammen.[324]

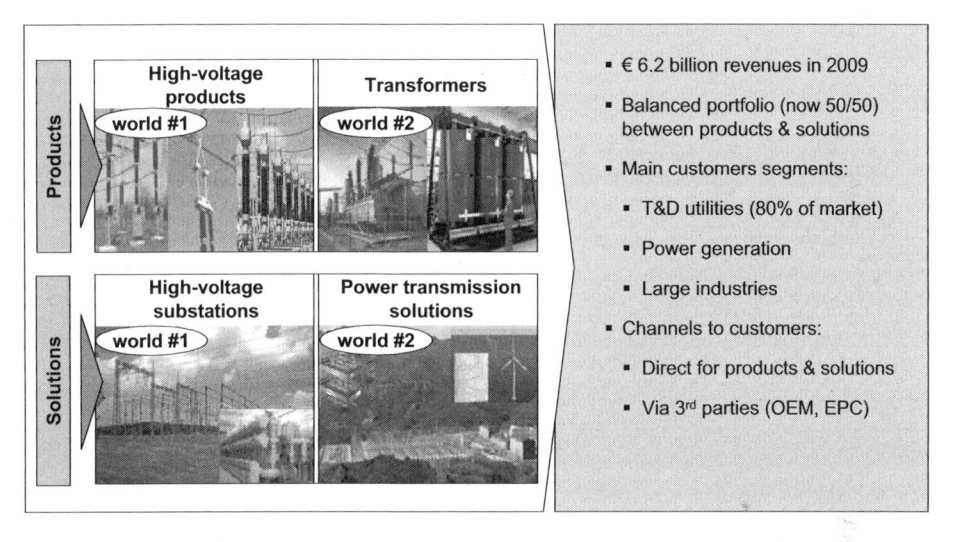

Abbildung 3.32: Überblick über die Division Power Transmission (Niehage 29.06.2010, S. 4)

Der generelle Marktausblick für die Division Power Transmission ist positiv; getrieben von den langfristigen Markttreibern ‚Infrastrukturausbau in Schwellenländern', ‚Ersatzinvestitionen für alternde Infrastruktur in Europa und den USA' sowie der ‚Netzanbindung erneuerbarer Energiequellen' und dem damit einhergehenden Netzumbau wird ein durchschnittliches, jährliches Marktwachstum von 4 bis 5 % zwischen 2010 und 2015 geschätzt (vergleiche Abbildung 3.33). Die Business Unit Power Transmission Solutions (E T PS) fungiert als Lösungsanbieter der Division und bietet Lösungen in den folgenden drei Geschäftsfelder an:

- *HVDC (High Voltage Direct Current / Hochspannungs-Gleichstrom-Übertragung, HGÜ):* Die Technik der Hochspannungs-Gleichstrom-Übertragung wird zur Übertragung elektrischer Leistung mittels Freileitung, Seekabel oder unterirdisch über lange Strecken verwendet. Die Technik wird auch dazu benutzt, asynchrone Netze miteinander zu verbinden, was mit konventionellen Drehstromverbindungen nicht möglich ist.[325]

---

[324] Vergleiche auch Tabelle 3.3 auf Seite 159 für finanzielle Eckdaten der Division.
[325] Vergleiche hierzu auch Siemens Energy (2009b) für weitere Informationen.

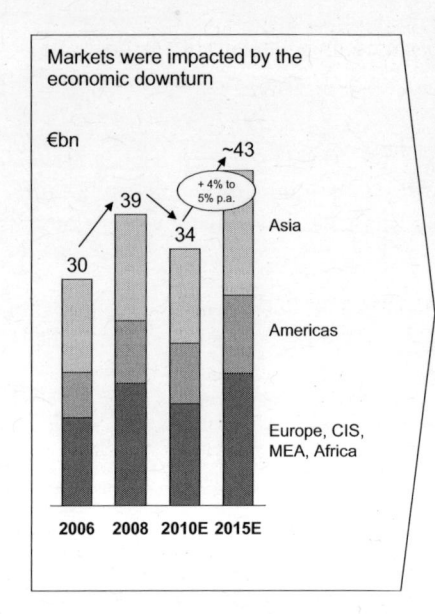

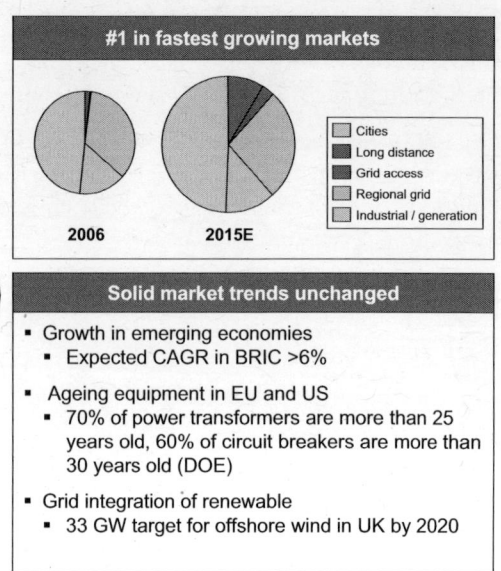

220 3 Strategische Frühaufklärung in der Unternehmenspraxis

Markets were impacted by the economic downturn

€bn: 30 (2006), 39 (2008), 34 (2010E), ~43 (2015E); +4% to 5% p.a.

Regionen: Asia; Americas; Europe, CIS, MEA, Africa

#1 in fastest growing markets (2006, 2015E)
- Cities
- Long distance
- Grid access
- Regional grid
- Industrial / generation

Solid market trends unchanged
- Growth in emerging economies
  - Expected CAGR in BRIC >6%
- Ageing equipment in EU and US
  - 70% of power transformers are more than 25 years old, 60% of circuit breakers are more than 30 years old (DOE)
- Grid integration of renewable
  - 33 GW target for offshore wind in UK by 2020

Abbildung 3.33: Überblick über den Power-Transmission-Markt (Niehage 29.06.2010, S. 7)

Siemens bietet drei unterschiedliche Lösungen im Bereich Hochspannungs-Gleichstrom-Übertragung an:

– HVDC Classic: Verbindung zweier separater Hochspannungsdrehstromnetze über lange Strecken mittels Freileitungen, Seekabel bzw. unterirdisch oder Verbindung zweier unabhängiger Netze mit unterschiedlichen Parametern.[326]

– Ultra HVDC: Besonders effiziente Hochspannungs-Gleichstrom-Übertragung bei 800 kV und einer Kapazität von bis zu 7 GW.[327]

– HVDC Plus: Besonders fortgeschrittene und flexible Lösung zur Hochspannungs-Gleichstrom-Übertragung, die u. a. dort zum Einsatz kommt, wo der verfügbare Platz besonders kritisch ist (z. B. bei der Anbindung von Offshore-Windparks).[328,329]

- *FACTS (Flexible AC Transmission Systems / flexibles Drehstromübertragungssystem):* FACTS umfasst Methoden zur Lastflusssteuerung und zur

---

326 Vergleiche hierzu auch Siemens Energy (2009a) für weitere Informationen.
327 Vergleiche hierzu auch Siemens Energy (2010c) für weitere Informationen.
328 High Voltage Direct Current-Power Link Universal System (HVDC Plus) oder HGÜ Plus sind die Siemens-Produktnamen für HGÜ-Anlagen, die mit IGBTs (Insulated-Gate Bipolar Transistor (IGBT) / Bipolartransistor mit isolierter Gate-Elektrode) arbeiten; ABB verkauft ein ähnliches Produkt unter HGP light.
329 Vergleiche hierzu auch Siemens Energy (2009e) oder Siemens Energy (2009c) für weitere Informationen.

Netzstabilisierung in elektrischen Wechselspannungsnetzen mittels Leistungselektronik.[330]

- *Grid Access Solutions:* Anbindung z. B. erneuerbarer Energiequellen an die bestehenden Übertragungsnetze.[331]

HGÜ-Technologie – Markt, Wettbewerber und Umfeld

Der Markt für HGÜ-Lösungen ist sehr übersichtlich, was insbesondere daran liegt, dass die Anzahl an Projekten / Standorten, in denen HGÜ-Lösungen aus wirtschaftlichen oder aus technischen Gründen Wechselspannungslösungen vorgezogen werden, beschränkt ist.

Der Markt hat unterschiedliche Phasen der Belebung erfahren, in denen die allgemeine Nachfrage durch die Nachfrage aus einzelnen Ländern oder Bereichen besonders gesteigert wurde (stark verallgemeinert):[332]

- Indien – insbesondere 1980er-Jahre
- China – insbesondere 1990er-Jahre
- Windparks – ab 2010

Die Kunden der Business Unit Power Transmission Solutions sind vor allem Übertragungsnetzbetreiber, in begrenztem Maße auch Oil&Gas-Unternehmen, die ihre Offshore-Plattformen via Kabel mit Strom vom Land versorgen möchten.[333] Aufgrund der geringen Anzahl an Projekten, die ein Kunde normalerweise realisiert (zwei bis drei Anlagen), ist die interne Kompetenz in Bezug auf HGÜ beschränkt; im Falle eines Projekts wird daher meistens die notwendige Kompetenz über die Beauftragung externer Consultants sichergestellt.

Zu den größten Herstellern von HGÜ-Anlagen zählen die Firmen Siemens, ABB und Alstom;[334] Mittelständler finden sich nicht in diesem Markt, da seitens der Kunden immer Lösungen – manchmal sogar als Turnkey – nachgefragt werden und Mittelständler nicht über entsprechende Fähigkeiten verfügen.

Die Fachwelt ist ebenfalls überschaubar und trifft sich vor allem in Gremien, wie z. B. IEEE[335] oder CIGRE,[336] d. h. durch die Mitgliedschaft in den entsprechenden Gremien erfährt man ‚Neuigkeiten' sehr schnell, sodass man immer einen relativ guten Überblick über den Stand der Technik und die von den Wettbewerbern eingesetzte Technologie hat.

---

330 Vergleiche hierzu auch Siemens Energy (2010a) für weitere Informationen.
331 Vergleiche hierzu auch Siemens Energy (2010d) für weitere Informationen.
332 Vergleiche auch Siemens Energy (2004), Asplund, Carlsson und Tollerz (2003a) oder Asplund, Carlsson und Tollerz (2003b) für weitere Informationen zur Entwicklung der HGÜ-Technik.
333 Aufgrund des eingeschränkten Platzes eignen sich hierfür vor allem HGÜ-Plus-Lösungen.
334 Das ehemalige Areva-HGÜ-Geschäft ist mittlerweile Teil von Alstom.
335 Institute of Electrical and Electronics Engineers (IEEE); vergleiche hierzu auch IEEE (2011).
336 Conseil International des Grands Réseaux Électriques / International Council on Large Electric Systems (Cigre); vergleiche hierzu auch CIGRE (2011).

Die Technologieentwicklung im Bereich der Energieübertragung ist eher durch eine sequentielle und nicht sprunghafte Entwicklung geprägt. Übertragungsnetzbetreiber sind vor dem Hintergrund der notwendigen Zuverlässigkeit ihrer Infrastruktur risikoavers und zeigen daher eine geringe Akzeptanz gegenüber technologischen Neuentwicklungen; meistens wird eine mindestens dreijährige Betriebserfahrung verlangt, was Pilotanlagen in Kundenprojekten schwierig macht. Schrittweise Verbesserungen sind daher eher vermittelbar. Der Wechsel von elektrischer Zündung zu Lichtzündung von Thyristoren in den 1980er-Jahren oder die Modular-Multilevel-Converter-(MMC-)Technologie[337] im Rahmen der Entwicklung von HGÜ Plus können schon als technologische Durchbrüche gewertet werden.

3.2.5.2 Fallstudie 4 – Entwicklung des HGÜ-Plus-Geschäfts

Die vorliegende Fallstudie zeigt detailliert die Entwicklung des Siemens-HGÜ-Plus-Geschäfts auf, von den ersten Überlegungen in der Wissenschaft in den 1990er-Jahren bis hin zum etablierten Geschäft heute; darüber hinaus werden die technologischen Unterschiede und Vorteile im Vergleich zu anderen Ansätzen zum besseren Verständnis der Fallstudie erläutert. Zum besseren Verständnis werden die Informationen chronologisch strukturiert.

Allgemeine Anmerkungen zur HGÜ-Technologie

- Die *klassische HGÜ-Technik* basiert auf einer netzgeführten Steuerung und nutzt hierfür Thyristoren. Thyristoren sind einschaltbare Halbleiterbauelemente, d. h. sie sind im Ausgangszustand nichtleitend und können durch einen kleinen Gatestrom oder durch Licht gezündet (eingeschaltet) werden; nach dem Einschalten bleiben sie auch ohne Gatestrom / Licht leitend. Abgeschaltet (in den Sperrzustand versetzt) werden Thyristoren durch Unterschreiten des Haltestroms, dies erfolgt im Allgemeinen durch Abschalten / Umpolen der Spannung im Laststromkreis oder im Stromnulldurchgang des Lastkreises. Die netzgeführte Steuerung führt bei der Umwandlung von Gleichstrom zu Wechselstrom zu zwei großen Nachteilen:

    - Erzeugung von Blindleistungen, die dann durch Kondensatoren in einer Kompensationsanlage kompensiert werden müssen; dies führt dann zu einem erhöhten Platzbedarf und zusätzlichen Kosten.

    - Erzeugung von Oberschwingungen, die durch entsprechende Filter ausgefiltert werden müssen; dies führt ebenfalls zu erhöhtem Platzbedarf und zusätzlichen Kosten.

- Die *HGÜ-Plus-Technologie* basiert auf selbstgeführten Stromrichtern (Spannungszwischenkreisumrichter / Voltage Source Converter (VSC)). Hierbei werden z. B. IGBTs (Insulated-Gate Bipolar Transistors) als schaltende Elemente genutzt. Dadurch ist der Strom beliebig an- und ausschaltbar, damit

---

[337] Vergleiche hierzu auch Abschnitt 3.2.5.2.

3.2 Fallstudien @ Siemens

der Phasenwinkel beeinflussbar und somit die Blindleistung gezielt steuerbar sind (auch eine Blindleistung von null ist realisierbar).

- Die Verwendung von beliebig schaltbaren Bauelementen gab es schon lange im Bereich der Motorensteuerung, aber die Verwendung im Bereich HGÜ ist noch relativ neu.

Abbildung 3.34 zeigt die typischen Verluste in Abhängigkeit von der Schaltfrequenz für die verschiedenen HGÜ-Technologien. Aufgrund der geringen Verluste sind Technologien mit netzgeführten Thyristoren (klassische HGÜ-Technik) die bevorzugten Lösungen für die Übertragungen großer Kapazitäten; die Verwendung selbstgeführter Stromrichter mit IGBTs ist abhängig von der jeweilig benötigten Lösung, insbesondere wenn schnelles Schalten notwendig ist.

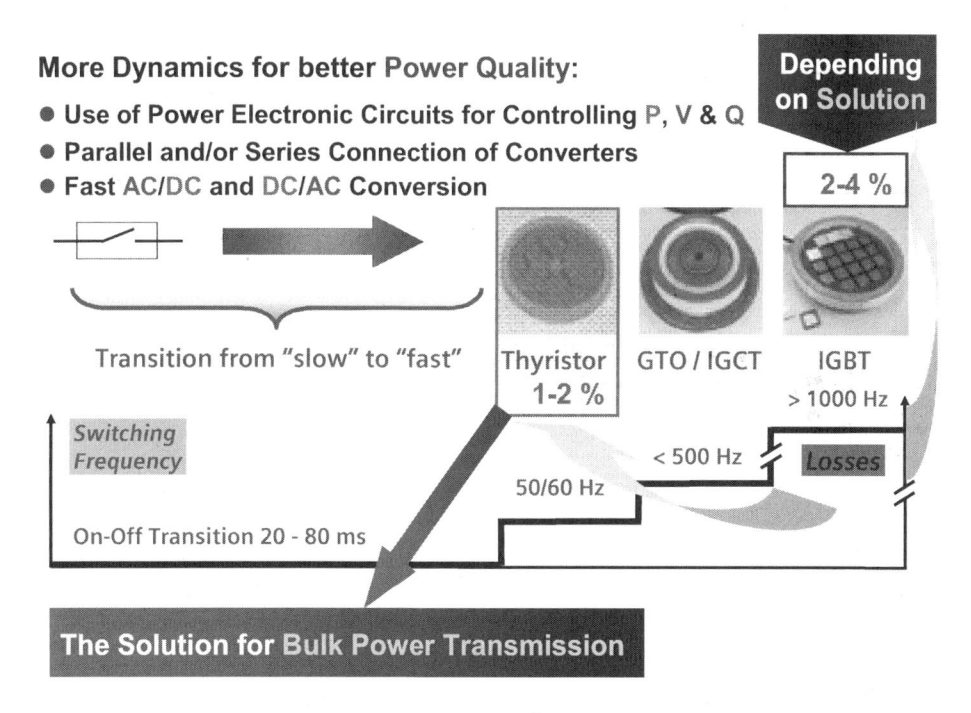

More Dynamics for better Power Quality:
- **Use of Power Electronic Circuits for Controlling P, V & Q**
- **Parallel and/or Series Connection of Converters**
- **Fast AC/DC and DC/AC Conversion**

Depending on Solution

Transition from "slow" to "fast" | Thyristor 1-2 % | GTO / IGCT | IGBT > 1000 Hz
Switching Frequency | 50/60 Hz | < 500 Hz | 2-4 %
On-Off Transition 20 - 80 ms | | | Losses

The Solution for Bulk Power Transmission

Abbildung 3.34: Typische Verluste von HGÜ-Technologien in Abhängigkeit von der Schaltfrequenz (Siemens Energy 2009c, S. 4)

Den Platzgewinn durch die Verwendung einer HGÜ-Plus-Anlage im Vergleich zur klassischen HGÜ-Technik verdeutlicht Abbildung 3.35.

Entwicklung von HGÜ Plus

- *1989:* Erste visionäre Überlegungen zur Übertragung von Ansätzen aus der Motorensteuerung mittels schaltbarer Bauelemente auf die Hochspannungs-

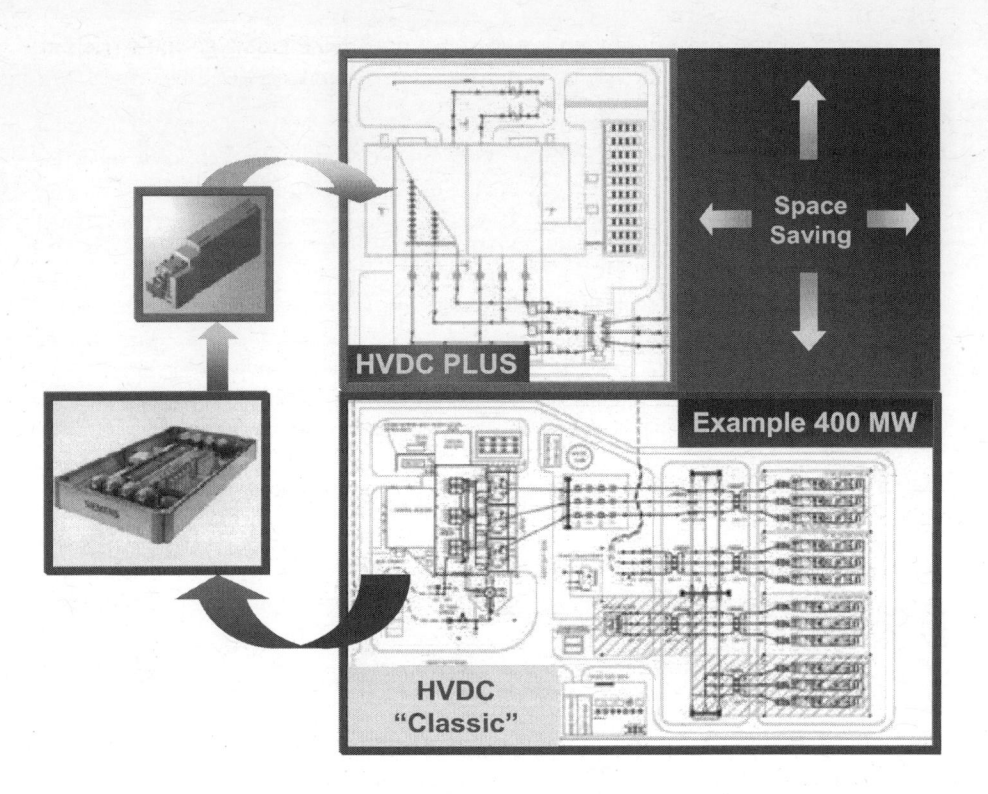

Abbildung 3.35: Platzeinsparung von HGÜ Plus im Vergleich zu HGÜ Classic (Siemens Energy 2009c, S. 15)

Gleichstrom-Übertragung durch den kanadischen Professor Boon Teck Ooi (Ooi und Wang 1990).
Einem hierzu gewährten Patent sowie entsprechenden Veröffentlichungen[338] wurde aus dem Energieübertragungsumfeld wenig Beachtung geschenkt; zum einen lag dies daran, dass die Steuerungselektronik noch nicht weit genug fortentwickelt war, und zum anderen, dass die Notwendigkeit für Lösungen dieser Art noch nicht gegeben war – aufkommende Kundenprojekte konnten alle mithilfe der klassischen, netzgeführten HGÜ-Technologie realisiert werden, da es an den HGÜ-Endstationen jeweils genügend Platz für Kompensationsanlagen und Filter gab.

- *Beginn der 1990er-Jahre:* Start eines geheimen ABB-Forschungsprojekts zur Weiterentwicklung der bestehenden HGÜ-Technologie unter Verwendung von komplett schaltbaren Bauelementen.

---

338 Vergleiche hierzu auch Ooi und Wang (1990) oder Ooi und Wang (1991).

3.2 Fallstudien @ Siemens

- Ziel war die Entwicklung einer Lösung für die Oil&Gas Industrie zur Stromversorgung von Offshore-Plattformen mittels Seekabel vom Land aus.
- Konstruktionsbedingt ist ab einer bestimmten Länge des Seekabels eine Versorgung über eine Wechselstromanbindung nicht mehr möglich, sodass ausschließlich Gleichstromverbindungen verwendet werden können. Aufgrund des Platzbedarfs klassischer HGÜ-Technologie und des zu geringen Platzes an Bord einer Plattform musste die HGÜ-Technik weiterentwickelt werden.
  Durch die Verwendung von selbstgeführten Stromrichtern können, wie bereits geschildert, der Phasenwinkel und die Blindleistung gezielt gesteuert werden, sodass auf die Kompensationsanlage klassischer HGÜ-Anlagen und auf den hierfür benötigten Platz verzichtet werden kann.
- Das ABB-Forschungsprojekt bezog sich auf die Entwicklung einer selbstgeführten HGÜ-Technologie mithilfe von IGBTs.[339]

- *1997:* Öffentliche Präsentation der ‚Hällsjön-Grängesberg'-Versuchsanlage mit selbstgeführter HGÜ-Technologie und Verwendung von IGBTs durch ABB (Weimers 1998).[340]

  - Die Versuchsanlage konnte über eine 10 km lange Freileitung eine maximale Leistung von 3 MW bei 10 kV übertragen.
  - Aufgrund des geringeren Platzbedarfs wurde die Technologie von ABB mit dem Markennamen HGÜ Light bezeichnet.[341]

- *1999:* Öffentliche Präsentation des ‚Gotland'-Projekts durch ABB, dem ersten kommerziellen HGÜ-Light-Projekt (Axselsson u. a. (1999), ABB (2010a)).[342]

  - Das Projekt verband auf einer Länge von 70 km den Süden von Gotland mit der Stadt Visby im Norden.
  - Die HGÜ-Light-Anlage konnte eine maximale Leistung von 50 MW bei 80 kV übertragen.
  - Das Projekt nutzte statt Freilandleitungen ein Erdkabel; die Verbindung war aber komplett an Land.

- *1999:* Entscheidung durch Siemens, eine zu HGÜ Light vergleichbare Technologie zu entwickeln und hierbei ABB technologisch noch zu übertreffen.

---

[339] Insulated-Gate Bipolar Transistor (IGBT); siehe hierzu auch ‚Allgemeine Anmerkungen zur HGÜ-Technologie' in Abschnitt 3.2.5.2 für weitere Informationen.
[340] Vergleiche hierzu auch ABB (19.11.2009).
[341] Vergleiche auch ABB (2010b) und ABB (2005) für ausführliche Informationen zu HGÜ Light.
[342] Vergleiche hierzu auch Axselsson u. a. (2001) und ABB (2009) für weitere Informationen zum Gotland Projekt und Erkenntnisse aus dem Betrieb.

- Start eines bereichsübergreifenden Forschungsprojekts zur Entwicklung der neuen Technologie unter Einbindung der beiden früheren Bereiche Automation&Drives (A&D)[343] und Power Transmission and Distribution (PTD).[344]
- Durch das bereichsübergreifende Projekt konnten Kenntnisse aus der Stromrichtertechnik (A&D) und aus der Anlagentechnik (PTD) eingebracht werden.

- *2001:* Stopp des Siemens-Forschungsprojekts zur Weiterentwicklung der HGÜ-Technologie
  - Gründe für den Stopp:
    * Technische Schwierigkeiten; Strategische Patente von ABB erschwerten u. a. die Entwicklung einer mit HGÜ Light vergleichbaren Technologie.
    * Fehlender Markt; der potenzielle Markt der Anbindung von Offshore-Windparks existierte weiterhin nur theoretisch, da es zum einen noch keine Offshore-Parks gab und zum anderen die geplanten Parks noch so küstennah waren, dass sie mit einer Wechselstromverbindung angeschlossen werden konnten.[345]
  - Dokumentation der bereits gewonnenen Ergebnisse und ‚On hold'-Setzen aller weiteren Aktivitäten.

- *2004:* Wiederaufnahme des Forschungsprojekts zur Weiterentwicklung der HGÜ-Technologie mittels Machbarkeitsstudie.
  - Gründe für die Wiederaufnahme: Absehbarer Markt; die meisten Windparks wurden weiterhin onshore errichtet, aber die Planungen für Offshore-Windparks waren schon konkreter geworden und somit auch der künftige Bedarf für deren Anbindung.
  - Durchführung einer Machbarkeitsstudie inklusive umfassender Analyse der ABB-Technologie; als Hauptergebnisse konnten folgende Punkte gewonnen werden:
    * ABB hatte mittlerweile einen großen Technologievorsprung.
    * Strategische Patente gestalteten die Entwicklung einer zu ABB ähnlichen Technologie äußerst schwierig.
    * Darüber hinausgehende technische Schwierigkeiten bestanden weiterhin.

---

343 Der frühere Bereich Automation&Drives entspricht heute weitestgehend den beiden Divisionen Industry Automation (IA) und Drive Technology (DT) im Sektor Industry.
344 Der frühere Bereich Power Transmission and Distribution entspricht heute weitestgehend den beiden Division Power Transmission und Power Distribution im Sektor Energy.
345 Vergleiche hierzu auch Abschnitt 3.2.4.2.

* Ein grundlegend anderer Ansatz zur Entwicklung einer selbstgeführten HGÜ-Technologie war notwendig.
– Umfangreiche Analyse des Forschungsumfelds auf der Suche nach alternativen Entwicklungsansätzen; hierzu wurden Veröffentlichungen, Forschungsberichte oder Patente analysiert, Konferenzen besucht und auch der direkte Kontakt zu Lehrstühlen gesucht (hier wurde allerdings das eigentliche Ziel nicht direkt erwähnt).
- *Ende 2004:* Identifikation der Arbeit von Prof. Marquardt zum MMC-Ansatz (Modular Multilevel Converter) mittels eines Konferenzbeitrags (Marquardt, Lesnicar und Hildinger 2002).[346]
  – Prof. Marquardt forscht und lehrt am Lehrstuhl für Leistungselektronik und Steuerungen der Bundeswehr Universität München.
  – Im Rahmen einer Zusammenarbeit mit Siemens Transportation Systems[347] im Jahr 1999 zum Thema ‚Leistungselektronische Systeme für die Energieversorgung in der Traktion' wurde der MMC-Ansatz (Modular Multilevel Converter) entwickelt;[348] zum damaligen Zeitpunkt war die mögliche Bedeutung für die Hochspannungs-Gleichstrom-Übertragung nicht gesehen worden.
  – Im Rahmen der Machbarkeitsstudie wurden dann aber die Übertragbarkeit auf die Hochspannungs-Gleichstrom-Übertragung und das dahintersteckende Potenzial erkannt.
  – Die bisher eingesetzte Voltage-Sourced-Converter-(VSC-)Technologie basierte auf Two-Level- oder Three-Level-Topologien,[349] wo durch entsprechendes Schalten zwei oder drei verschiedene Spannungslevel auf der Wechselspannungsseite erzeugt werden; durch PWM (Pulse-Width Modulation) und großen Filteraufwand kann so eine grobe Sinusform der Spannung erzeugt werden.
  Abbildung 3.36 zeigt die Arbeitsweise der VSC-Technologie mit Two-Level-Topologie; der grüne Kurvenverlauf zeigt hierbei die gewünschte Sinuskurve, während die rote Kurve den erreichten Verlauf angibt.
  – Der Modular-Multilevel-Converter-(MMC-)Ansatz nutzt eine Multilevel-Topologie, bei der durch geschicktes Schalten (Beipassen oder Zuschalten) vieler in Reihe geschalteter Kondensatoren eine Wechselspannung mittels kleiner Spannungsstufen fein nachgebaut werden kann (vergleiche hierzu auch Abbildung 3.37).[350] Der MMC-Ansatz nutzt

---

346 Vergleiche hierzu auch Lesnicar und Marquardt (2003).
347 Siemens Transportation Systems ist heute Teil der Division Mobility des Sektor Industry.
348 Vergleiche hierzu auch Glinka und Marquardt (2003).
349 Die ABB HGÜ-Light-Technologie beruht auf diesem Ansatz.
350 Vergleiche hierzu auch Siemens Energy (2009c), Marquardt, Lesnicar und Hildinger (2002), Lesnicar und Marquardt (2003) oder Marquardt und Lesnicar (2004) für weitere Informationen.

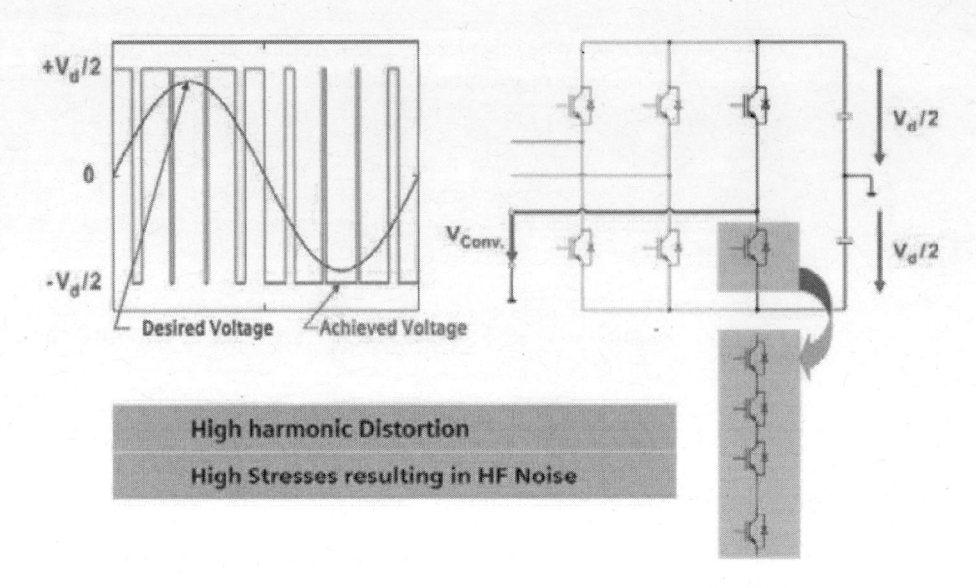

Abbildung 3.36: Arbeitsweise der Voltage-Sourced-Converter-(VSC-)Technologie mit Two-Level-Topologie (Siemens Energy 2009c, S. 7)

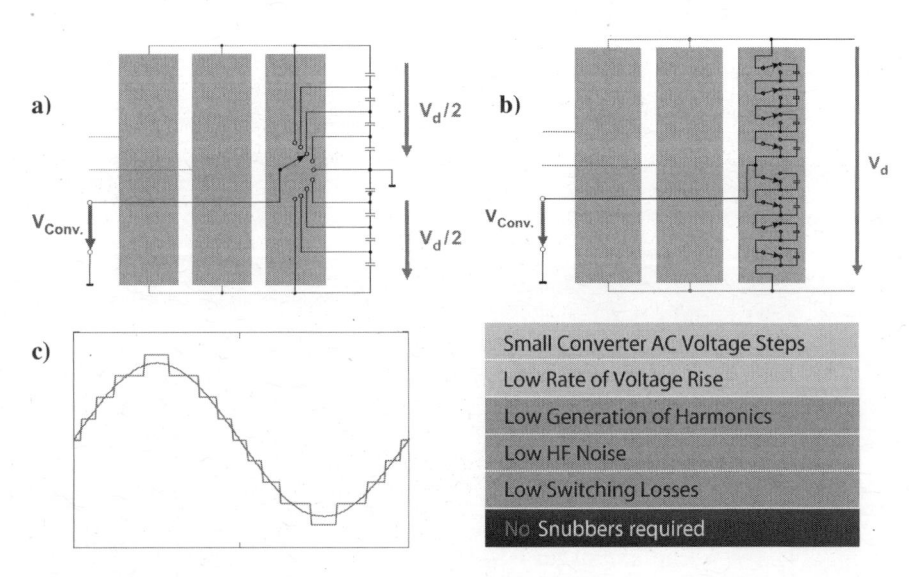

The Multilevel Approach
a) "Basic Idea"
b) The MMC Solution
c) Sinus Approximation – and Benefits

Abbildung 3.37: Überblick und Arbeitsweise des Modular-Multilevel-Converter-(MMC-)Ansatzes (Siemens Energy 2009c, S. 8)

3.2 Fallstudien @ Siemens 229

IGBTs in Modulen anstelle einzelner IGBTs; durch das Zusammenschalten vieler Module kann so jede Spannung nachgebaut werden. Neben dem feinen Nachbauen jeglicher Spannungen bietet der MMC-Ansatz noch weitere Vorteile:

* Reduktion des Anteils der Oberschwingungen und des Hochfrequenzrauschens in der erzeugten Wechselspannung.
* Reduktion der notwendigen Schaltfrequenz durch die Verwendung der hohen Anzahl an Levels.[351]
* Reduktion der Verluste des Umrichters aufgrund der verringerten Schaltfrequenz.

Abbildung 3.38 gibt einen Überblick über die verschiedenen Topologien im Hinblick auf die grundlegende Idee, die gewünschte und erzielte Spannungskurve sowie die verwendeten Halbleiterbauteile.

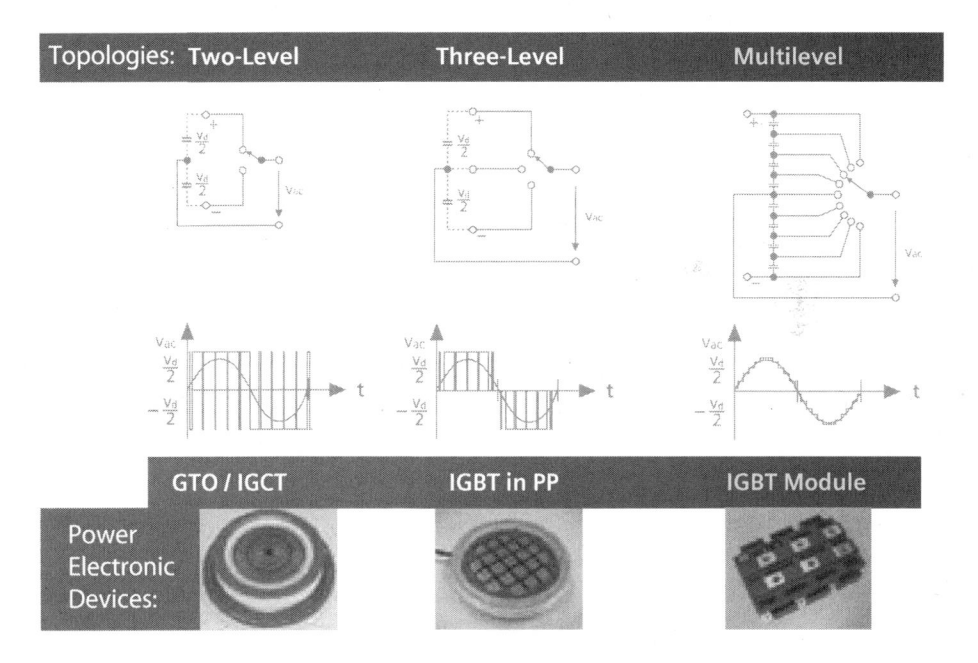

Abbildung 3.38: Überblick über die verschiedenen Topologien (VSC und HGÜ Plus) (Siemens Energy 2009c, S. 7)

- Prof. Marquardt hatte ein entsprechendes Patent ‚Stromrichterschaltungen mit verteilten Energiespeichern' (Marquardt 24.01.2001) Anfang 2001 für

---

351 Dies resultiert daraus, dass im Gegensatz zur bisherigen VSC-Technologie, bei der die IGBTs schnell schalten müssen, beim MMC-Ansatz jeder IGBT im Modul langsam schalten kann, während das Modul nach außen hin (in Summe) ebenfalls schnell schaltet.

Deutschland angemeldet; eine weltweite Anmeldung erfolgte von ihm als Privatperson nicht, da eine mögliche Nutzung zu diesem Zeitpunkt noch unklar war.³⁵²

- *2004 / 05:* Als Ergebnis der Entdeckung des MMC-Ansatzes wurde gemeinsam mit Prof. Marquardt eine einjährige Vorstudie durchgeführt, um die technologische Umsetzbarkeit und das Marktpotenzial zu analysieren. Die Studie kam zu folgenden Ergebnissen:

    – Der MMC-Ansatz ist auf die Hochspannungs-Gleichstrom-Übertragung-Technologie übertragbar, und die hiermit verbundenen technologischen Herausforderungen sind lösbar.

    – Die Verwendung von IGBT-Modulen hat neben den beschriebenen technischen Vorteilen den weiteren Vorteil, dass die Beschaffung einfacher ist. IGBT-Module sind Commodities in der Industrie, d. h. sie sind regulär am Markt von unterschiedlichen Lieferanten beziehbar, sodass keine Abhängigkeit von einem Lieferanten bestehen würde.

    – HGÜ Plus wäre mindestens technologisch gleichwertig zu HGÜ Light.

    – Die HGÜ-Plus-Technologie wäre nicht durch strategische Patente von ABB beeinflusst.

- *2005:* Aufgrund der Ergebnisse der Vorstudie wurde das bis dahin größte F&E-Projekt des Bereichs Power Transmission and Distribution (PTD) gestartet.

    – Ziel: Entwicklung und Fertigstellung der HGÜ-Plus-Technologie bis hin zur Markteinführung.³⁵³

    – Das F&E-Projekt wurde als extrem strategisch wichtig eingestuft, was zu einigen Besonderheiten gegenüber anderen Entwicklungsprojekten führte.

        * Dediziertes Team aus den besten Mitarbeiter; diese Mitarbeiter wurden von allen weiteren Aufgaben freigestellt.

        * Extreme Geheimhaltung; d. h. der Vertrieb durfte nur die klassischen HGÜ-Technologie anbieten, nicht aber die HGÜ-Plus-Technologie. Die Geheimhaltung sollte zum einen den Erfolgsdruck durch den Vertrieb von den F&E-Mitarbeitern nehmen, sodass diese ungestört ihrer Arbeit nachgehen konnten, und zum anderen die Wettbewerber in Sicherheit wiegen.

- *2006 / 2007:* Ausschreibung des ‚Trans Bay Cable'-Projekts.

---

352 2006 / 07 wurde das Schutzrecht der Siemens AG übertragen.
353 Vergleiche auch Dorn, Huang und Retzmann (2008), Dorn, Huang und Retzmann (2008) oder Peréz Andrés u. a. (2007) für weitere Informationen zu HGÜ Plus und der damit verbundenen Technologie.

- Das ‚Trans Bay Cable'-Projekt[354] ist ein Infrastrukturprojekt, das zum Ziel hat, die Stromversorgung von San Francisco (SFO) in der Zukunft zu sichern und unabhängiger von den bestehenden Leitungen über den südlichen Stadtzugang zu machen; hierzu sollte die Innenstadt ab 2010 von Norden her mit Strom versorgt werden. Als Lösung sollte die Innenstadt von San Francisco per Seekabel an eine Umspannstation in der Nähe von Pittsburg, Kalifornien, angebunden werden. Aufgrund der räumlichen Enge in San Francisco bot sich hierfür insbesondere die HGÜ-Plus-Technologie an. Abbildung 3.39 gibt einen Überblick über das ‚Trans Bay Cable' Projekt.

- Das ‚Trans Bay Cable'-Projekt war als Developer-Projekt ausgeschrieben; dies bedeutete:
    * Die genaue Realisierung der Aufgabe ist nicht durch den Kunden vorgeschrieben; dies erlaubt die Möglichkeit, auch neue Technologien anzubieten.
    * Keine Informationen aus dem Angebot dürfen von dem Kunden mit anderen Anbietern oder anderen Wettbewerbern diskutiert werden; auf diese Weise blieb die Geheimhaltung des Entwicklungsprojekts sichergestellt.

- Die damalige Business Unit und die Bereichsleitung zeigten den unternehmerischen Mut, die noch nicht komplett entwickelte HGÜ-Plus-Technologie für das ‚Trans Bay Cable'-Projekt anzubieten. Die Technologie sollte im Rahmen des Projekts zur Marktreife gebracht werden.

- Die ursprüngliche Überlegung, die HGÜ-Plus-Technologie im Rahmen eines kleineren Pilotprojekts, wenn möglich, ‚vor der Haustüre' zu realisieren, wurde zugunsten der Entscheidung, die HGÜ-Plus-Technologie direkt für dieses ‚Weltrekordprojekt' anzubieten, geändert. Die Chancen, die dieses Projekt bot, waren einmalig:
    * Möglichkeit der Schaffung eines Top-Referenzprojekts
    * Möglichkeit, ABB technisch zu überholen
    * Motivation und Ansporn für die an der Entwicklung beteiligten Personen

- *2007:* Siemens gewinnt den Auftrag für das ‚Trans Bay Cable'-Projekt und präsentiert HGÜ Plus der Öffentlichkeit.
    - Frühling 2007: Siemens gewinnt den Auftrag für das ‚Trans Bay Cable' Projekt

---

[354] Vergleiche hierzu auch Trans Bay Cable (2011) für weitere Informationen zum Projekt.

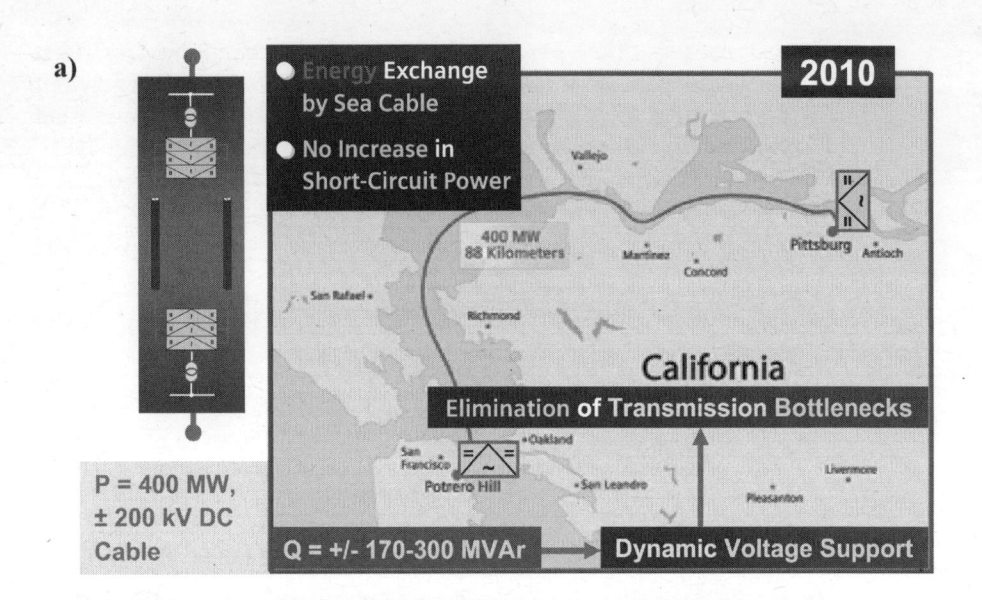

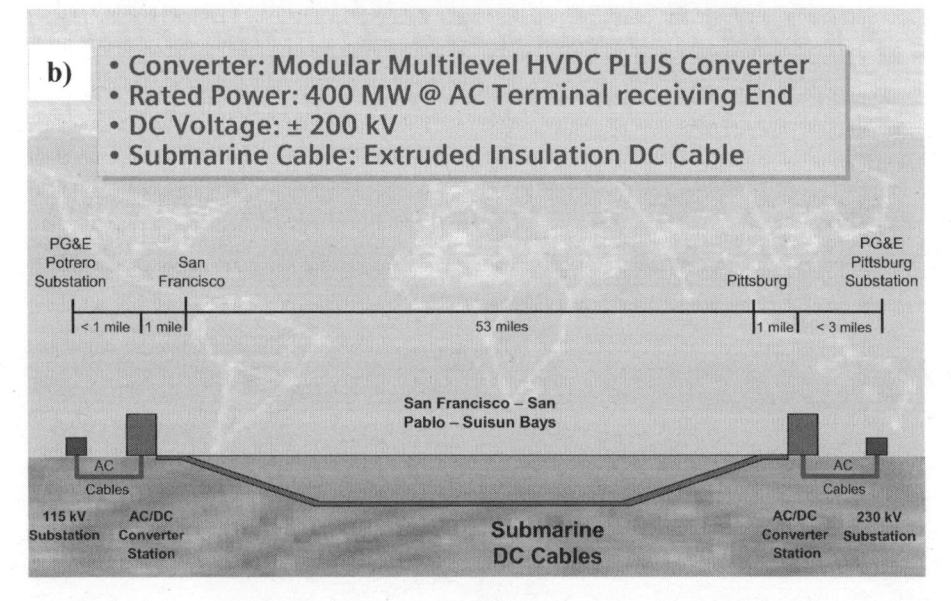

232 3 Strategische Frühaufklärung in der Unternehmenspraxis

Abbildung 3.39: Überblick über das ‚Trans Bay Cable'-Projekt (Siemens Energy 2009c, S. 16)

- Mai 2007: Offizielle Markteinführung von HGÜ Plus mit Kunden und der Fachpresse (Siemens Power Transmission and Distribution (22.05.2007), Breuer (22.05.2007))

3.2 Fallstudien @ Siemens

- Herbst 2007: NTP[355]-Erteilung an Siemens; Verkündung des ersten gewonnenen Auftrags für HGÜ Plus (Siemens Power Transmission and Distribution (26.09.2007), Siemens Power Transmission and Distribution (10.10.2007)).

- *2007–2010:* Weiterentwicklung der HGÜ-Plus-Technologie zur Marktreife.
  - Parallele und projektintegrierte Fertigentwicklung der HGÜ-Plus-Technologie.
  - Überprüfung der HGÜ-Plus-Technologie im Rahmen einer 30-MW-Demonstrationsanlage im Kreisbetrieb in Erlangen; dies diente zur Sicherheit für den Kunden und Siemens.

- *Ab 2008:* Identifizierung weiterer Einsatzmöglichkeiten des MMC-Ansatzes.
  - Parallele Identifizierung weiterer Einsatzmöglichkeiten des MMC-Ansatzes zur Fertigstellung der HGÜ-Plus-Technologie.
  - Durch die Möglichkeit der gezielten Erzeugung von beliebiger Wechselspannung kann eine Adaption von HGÜ Plus mittlerweile auch zur Stabilisierung von Drehstromnetzen eingesetzt werden.
  Diese Technik firmiert unter dem Namen SVC Plus[356] und hat einen zusätzlichen Markt gegenüber dem geplanten HGÜ-Plus-Einsatzmöglichkeiten (Offshore-Windparks / Oil&Gas-Plattformen und Umrichterstationen mit begrenztem Platz) geschaffen.
  Allein durch die verkündete Markteinführung von HGÜ Plus und das Referenzprojekt ‚Trans Bay Cable' konnten für SVC Plus drei neue Kunden gewonnen werden.
  - Darüber hinaus setzt die Division Mobility die Technik zur Verbindung des 1-phasigen Bahnnetzes mit dem regulären 3-phasigen Drehstromnetz ein.

- *2010:* Erfolgreiche Konstruktion und Inbetriebnahme des ersten kommerziellen HGÜ-Plus-Projekts ‚Trans Bay Cable'.
  - San Francisco wird nun mittels eines 88 km langen Seekabels und eingesetzter HGÜ-Plus-Technologie von Norden her mit Strom versorgt; hierbei kann eine maximale Leistung von 400 MW bei 200 kV übertragen werden.
  - Das ‚Trans Bay Cable'-Projekt hat die Vorteile der HGÜ-Plus-Technologie bei räumlicher Enge bewiesen, allerdings entsprach es noch nicht dem Projekttyp, für den die Technik hauptsächlich eingesetzt werden soll, der Anbindung von Offshore-Windparks.

---

355 Notice to Proceed (NTP)
356 Vergleiche hierzu auch Siemens Energy (2009d)

- *Juni 2010:* Siemens gewinnt den Auftrag den Offshore-Windpark ‚BorWin2'
  per HGÜ Plus anzubinden (Siemens Energy 11.06.2010).

  – ‚BorWin2' ist der erste Offshore-Windpark der mithilfe der HGÜ-Plus-
    Technologie an das Netz angeschlossen werden soll.

  – Im Rahmen des Projekts sollen die beiden Windparks ‚Veja Mate' und
    ‚Global Tech 1' (ungefähr 125 km nordwestlich der Insel Borkum und
    mit einer geplanten Leistung von 800 MW) per HGÜ Plus mit dem
    Stromnetz auf dem Festland verbunden werden.

  – Die Inbetriebnahme der HGÜ-Plus-Verbindung ist für 2013 geplant.

- *Juli 2010:* Siemens gewinnt den Auftrag den Offshore-Windpark ‚HelWin'
  per HGÜ Plus anzubinden (Siemens Energy 16.07.2010).

- *Januar 2011:* Siemens gewinnt den Auftrag, eine HGÜ-Plus-Verbindung
  zwischen Frankreich und Spanien als Teil des Trans-European Networks zu
  errichten (Siemens Energy 12.01.2011).

Abbildung 3.40 zeigt eine Übersicht abgeschlossener und in der Abwicklung befindlicher HGÜ-Plus-Projekte von Siemens (Stand Januar 2011).

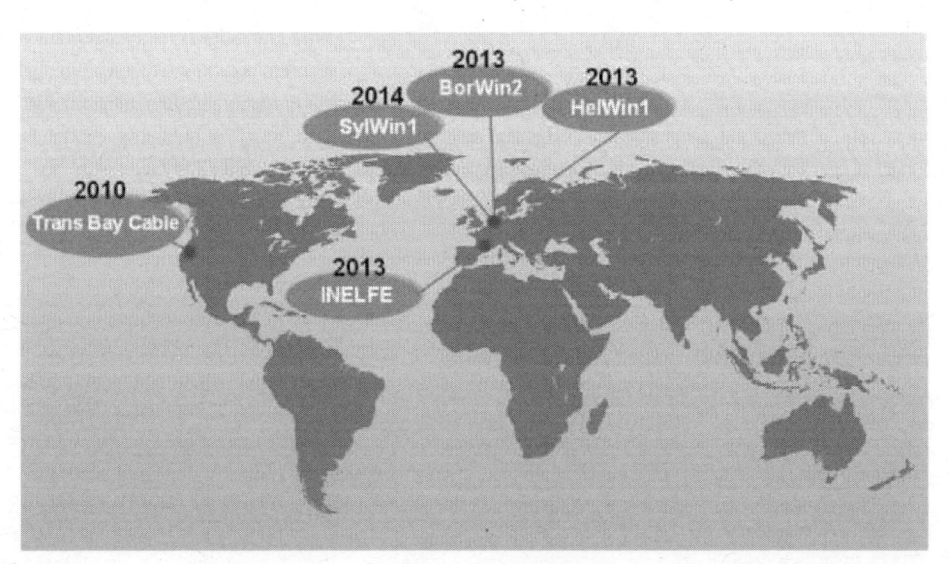

Abbildung 3.40: Übersicht abgeschlossener und in der Abwicklung befindlicher HGÜ-Plus-Projekte (Stand Januar 2011) (Siemens Energy 2011b)

3.2.5.3 Zusammenfassung und Einzelfallschlussfolgerungen

Die ‚Fallstudie 4 – Hochspannungs-Gleichstrom-Übertragung Plus (HGÜ Plus)' hat detailliert die Entwicklung des Siemens-HGÜ-Plus-Geschäfts zusammengefasst, von den ersten Überlegungen in der Wissenschaft in den frühen 1990er-Jahren bis hin zum etablierten Geschäft heute. Mithilfe dieses konkreten Praxisbeispiels konnten Einblicke in die Innovationskultur des ehemaligen Power-Transmission-and-Distribution-Bereichs / der Division Power Transmission gewonnen werden; darüber hinaus konnten auch erfolgreiche Beispiele und Learnings zu Ansätzen, Methoden, Strukturen, ... der Strategischen Frühaufklärung identifiziert werden. Auf diese Weise konnten Erkenntnisse und Learnings aus der Analyse der bestehenden Literatur[357] bestätigt und ergänzt, sowie neue Ergebnisse gewonnen werden.

Im Folgenden werden die wichtigsten Einzelfallschlussfolgerungen sowie weitere indirekte Erkenntnisse aus den Gesprächen noch einmal zusammengefasst.

Allgemeine Erkenntnisse

- Es gab drei wichte Erfolgsfaktoren für die HGÜ-Plus-Entwicklung und somit deren technologischen Durchbruch:
    - Das Finden der Marquardt-Studie und damit die *Identifizierung des MMC-Ansatzes*.
    - Das Schaffen eines *dedizierten Projektteams* inklusive der besten Mitarbeiter.
    - Die Entwicklung im Rahmen des ‚Trans Bay Cable'-*Kundenprojekts* und somit das gleichzeitige Schaffen eines *Top-Referenzprojekts*.
- *„Eine gute Idee + die richtige Mannschaft + ein echtes Kundenprojekt = Erfolgreiches Projekt."*

Erkenntnisse zum Prozess

- *Ein Ansatz zur Strukturierung von Themen, Aktivitäten und Informationen* wird als hilfreich angesehen.
- Der Prozess sollte die *Entscheidungsfindung und die Umsetzung* (soweit möglich in konkreten Projekten) forcieren.
- *Operative Prozesse sollten über entsprechende Schnittstellen in den Frühaufklärungsprozess eingebunden sein*; d. h. Informationen aus der operativen Projektabwicklung, aus Vertriebsgesprächen oder der Wettbewerberbeobachtung sollten der Strategischen Frühaufklärung zur Verfügung stehen.

---

357 Vergleiche hierzu auch Abschnitt 2.4.

- Eine regelmäßige, kritische Überprüfung der gemachten Annahmen, der genutzten Informationen und des Fortschritts der Implementierung sollten Bestandteil des Prozesses sein.

Erkenntnisse zu Methoden

- *Aufwendige Methoden sind für die Identifizierung neuer Geschäftsfelder nicht zwingend notwendig*, viel wichtiger ist die *kritische Reflektion der Ergebnisse durch visionäre Personen mit Geschäftsverständnis*.

- Die gezielte Suche und Analyse von Veröffentlichungen, Patente, die Teilnahme an Gremien[358] und Konferenzen oder der direkte Kontakt zu Universitäten hat sich zur *Identifizierung technischer Ansätze* bewährt.

- Die *Ergebnisse sollten immer von Personen überprüft werden*, die zum einen visionär denken und zum anderen das Potenzial einer Idee abschätzen können.

Erkenntnisse zu Informationen und Wissen

- Eine *ganzheitliche Betrachtung* unter Berücksichtigung von marktseitigen, technologischen, politischen, juristischen und gesellschaftlichen Aspekten ist immer notwendig.

- Aus *langfristigen Trends und Marktbeobachtungen* lassen sich frühzeitig *Bedürfnisse von Kunden identifizieren* und hieraus notwendige Technologien ableiten.

- Informationen können aus unterschiedlichen Quellen kommen:
  - *Kunden (Top-Management)*
  - *Konferenzen und Gremien*[359]
  - *Publikationen und Patente* (vor allem für technische Fragestellungen)

- Viele Themen und das dazugehörige Wissen sind intern bekannt, daher ist das *Erschließen des intern vorhandenen Wissens* extrem wichtig.

- Expertenwissen und Verständnis des Markets sind extrem wichtig; *regelmäßiges Austauschen mit Personen innerhalb wie auch außerhalb des Unternehmens* ist besonders förderlich (insbesondere mit Kunden und in Gremien); innerhalb des Unternehmens sollte der Austausch nicht an Abteilungs- oder Bereichsgrenzen stoppen.

---

[358] Im Rahmen der Fallstudie z. B. die Mitarbeit im IEEE und im CIGRE.
[359] Im Falle des HGÜ-Plus-Geschäfts z. B. IEEE und CIGRE.

Erkenntnisse zur Umsetzung

- Das *Treffen von Entscheidungen und deren Umsetzung* sind extrem wichtig, sie ermöglichen erst einen Vorteil für das Unternehmen aus der Strategischen Frühaufklärung.
- Während der Umsetzung müssen regelmäßig die gemachten Annahmen und die verwendeten Informationen auf Gültigkeit überprüft werden, sodass *Entscheidungen falls notwendig angepasst* werden können.[360]
- Die *Projektwahl* stellt insbesondere in der Frühphase einer Technologie einen wichtigen Faktor dar.
- Die *Entwicklung im Rahmen eines Kundenprojekts* hat mehrere Vorteile
  - Fokussierung auf das Wesentliche und Sicherstellung der Fertigstellung in der geplanten Zeit – „Lieber 95 % einer Technologie rechtzeitig entwickelt und an den Markt gebracht als 100 % zu spät entwickelt".
  - Vorhandenes Referenzprojekt und Reputation bei Markteinführung.
  - Motivation und Ansporn für die beteiligten Personen.
  - Finanzierung der Entwicklung sichergestellt.
- Die *geheime Entwicklung einer neuen Technologie* hat sich bewährt und bietet mehrere Vorteile:
  - Reduktion des Drucks seitens des Vertriebs auf die Entwicklungsabteilung.
  - Sicherung eines technologischen Vorsprungs gegenüber dem Wettbewerber.
- *Dedizierte Teams und klar definierte Verantwortlichkeiten* sind in der Umsetzung hilfreich und notwendig.

Erkenntnisse zu Organisation und Personen

- *Visionäre Personen mit Geschäftsverständnis* sind notwendig, um die Informationen kritisch zu reflektieren, das Potenzial einer Idee zu erkennen und diese dann voranzutreiben.
- Expertenwissen sowie Marktverständnis sind extrem wichtig; ein *regelmäßiges Austauschen mit Personen innerhalb wie auch außerhalb des Unternehmens* ist daher besonders förderlich, insbesondere mit Kunden und in Gremien.

---

[360] In der Fallstudie wurde das Forschungsprojekt zur HGÜ-Plus-Technologie u. a. aufgrund des kurzfristig absehbar ‚nicht kommenden Markts' gestoppt und dann später wieder neu gestartet.

- Die *Motivation der beteiligten Personen* ist wichtig und kann z. B. durch ein gemeinsames Projektziel erreicht werden.[361]
- *Dedizierte Teams* steigern über ein ‚Wir'-Gefühl die Motivation und definieren auch Verantwortlichkeiten.
- Das *Top-Management sollte frühzeitig eingebunden werden.*

Erkenntnisse zu Kultur und Umfeld

- Die Entwicklung einer neuen Idee muss durch eine Kultur, die zum einen durch *unternehmerischen Mut und langfristiges Denken* geprägt ist und zum anderen durch die *Bereitschaft, auch Entscheidungen zu ändern*, unterstützt werden.

---

361 Im Rahmen der Fallstudie war das Top-Referenzprojekt ‚Trans Bay Cable' Ansporn und Motivation zugleich.

3.3 Cross-Case-Analyse

Nachdem im vorherigen Abschnitt die vier durchgeführten Fallstudien diskutiert sowie die Erkenntnisse der jeweiligen Einzelfalluntersuchungen abgeleitet wurden, fasst dieser Abschnitt die Ergebnisse der Cross-Case-Analyse zusammen. Das Vorgehen und die Analyse folgen hierbei dem von Eisenhardt (1989, S. 539 ff.) vorgeschlagenen Vorgehen, sowohl *Einzelfalluntersuchungen ('Within-Case-Analyses')* als auch eine *nachgelagerte und fallübergreifende Analyse ('Cross-Case-Analysis')* zu verwenden.[362]

Das Ziel der Cross-Case-Analyse ist die Identifikation fallübergreifender Muster und weiterer Erkenntnisse sowie der Bestätigung, Detaillierung und Ergänzung der Ergebnisse aus der bestehenden Literatur[363] und den Einzelfalluntersuchungen der Fallstudien.[364]

Die Cross-Case-Analyse gewinnt zum einen Ergebnisse aus den sich verstärkenden Erkenntnissen, die die verschiedenen Fallstudien vom selben Aspekt wiedergeben, und zum anderen aus den Unterschieden, die zwischen den einzelnen Fallstudien bestehen. Auf der einen Seite beschäftigen sich alle Fallstudien mit der Strategischen Frühaufklärung eines Großunternehmens, das in einem Branchenumfeld mit hohem Veränderungs- und Entwicklungspotenzial aggiert.[365] Auf der anderen Seite unterscheiden sich die Fallstudien in verschiedenen Aspekten, insbesondere aber in den Punkten:

- *Top-down- und Bottom-up-Sicht*[366]: ‚Fallstudie 1 – Konzernaktivitäten' stellt die Top-down Sicht der Fallstudienanalyse auf die Strategische Frühaufklärung innerhalb von Siemens dar; die übrigen drei Fallstudien bilden im Gegenzug hierzu die Bottom-up-Perspektive anhand von konkreten Beispielen aus den Geschäftsbereichen.

- *Entwicklungsstand der jeweiligen Technologie bzw. des Markts:* ‚Fallstudie 2 – CO_2-Reduktion in der fossilen Energieerzeugung' dokumentiert den Fall einer Technologie, deren kommender Markt noch unsicher ist; ‚Fallstudie 3 – Offshore Wind Power' setzt sich mit einer etablierten Technologie / mit einem heute existierenden Markt auseinander, während sich ‚Fallstudie 4 – Hochspannungs-Gleichstrom-Übertragung Plus (HGÜ Plus)' am Beginn eines sich etablierenden Markts befindet.

- *Bereich / Unternehmens(teil) aus dem die Fallstudie stammt:* ‚Fallstudie 1 – Konzernaktivitäten' stammt aus der Siemens-Konzernebene, ‚Fallstudie 2 – CO_2-Reduktion in der fossilen Energieerzeugung' stammt aus dem ehemaligen Bereich Power Generation / aus der Division Fossil Power Generation,

---

[362] Vergleiche hierzu auch Abschnitt 3.1.2 zum Fallstudiendesign und Vorgehen.
[363] Vergleiche hierzu auch Abschnitt 2.4.
[364] Vergleiche hierzu auch die Abschnitte 3.2.2, 3.2.3, 3.2.4 und 3.2.5.
[365] Vergleiche hierzu auch die aufgestellten Kriterien zur Fallstudienauswahl in Abschnitt 3.1.2.1.
[366] Vergleiche hierzu auch Abschnitt 3.1.2.1.

‚Fallstudie 3 – Offshore Wind Power' stammt vom ehemaligen Mittelständler Bonus Energy A/S / der Division Renewable Energy und ‚Fallstudie 4 – Hochspannungs-Gleichstrom-Übertragung Plus (HGÜ Plus)' aus dem ehemaligen Bereich Power Transmission and Distribution / aus der Division Power Transmission.

Im Folgenden werden die wichtigsten Ergebnisse und Beobachtungen zusammengefasst:

Erkenntnisse zum Prozess

- Eine klare Prozessstruktur, wie sie sich im ‚Corporate Innovation Process'[367] wiederfindet, konnte in den Fallstudien 2, 3 und 4 nicht explizit identifiziert werden. Gleichwohl finden sich in diesen Fallstudien implizit vergleichbare Schritte; darüber hinaus wurde von allen Gesprächsteilnehmern eine Struktur zum Organisieren der Tätigkeiten, Informationen und beteiligten Personen als hilfreich und notwendig bezeichnet. *Ein Ansatz zur Strukturierung der Aktivitäten, Informationen und beteiligten Personen stellt somit ein wichtiges Element der Strategischen Frühaufklärung dar.*

- In den Fallstudien, insbesondere in den konkreten Praxisbeispielen, findet sich eine *starke Fokussierung auf das Treffen von Entscheidungen und deren Umsetzung.*

- Eine *regelmäßige, kritische Überprüfung der Annahmen, verwendeten Informationen und der Entscheidungen* sollte Bestandteil des Prozesses sein.

Erkenntnisse zu Methoden

- In den Fallstudien 2, 3 und 4 wurden keine aufwendigen Methoden zur unmittelbaren Identifikation des jeweiligen Themas genutzt, *viele Themen lassen sich mit gesundem Menschenverstand und kritischer Bewertung der Informationen identifizieren.*
  In den Fallstudien wurden jedoch *Methoden zur Klärung spezieller Fragestellungen verwendet*[368] oder auf deren Ergebnisse aus anderen Zusammenhängen zurückgegriffen.[369]

- Eine reine Methodenfixierung ist zu vermeiden, vielmehr sollten *alle Ergebnisse und Informationen von Personen mit Geschäftsverständnis und der Fähigkeit, sich vom Tagesgeschäft zu lösen, kritisch reflektiert werden.*

- Ein *konkreter Business Case* wird in allen Fallstudien als wichtig erachtet.

---

[367] Vergleiche hierzu auch Abschnitt 3.2.2.4.
[368] In Fallstudie 4 wurden z. B. verschiedene Methoden zur Identifizierung technischer Ansätze verwendet.
[369] In Fallstudie 3 wurden z. B. Ergebnisse zur Kohlevergasung und zur CO_2-Abscheidung aus dem früheren ‚Pictures of the Future – Energy'-Projekt verwendet.

Erkenntnisse zu Informationen und Wissen

- Eine *ganzheitliche Betrachtung* unter Berücksichtigung von marktseitigen, technologischen, politischen, juristischen und gesellschaftlichen Aspekten wird in allen Fallstudien als absolut wichtig erachtet.
- Wenn notwendig, muss die *ganzheitliche Betrachtung geografisch differenziert erfolgen.*[370]
- *Kunden (Top-Management)-Input wird als wichtigste Informationsquelle angesehen,* danach kommen erst Wettbewerberbeobachtung sowie Konferenzen / Gremien und Publikationen.
- Aus *langfristigen Trends und Marktbeobachtungen* lassen sich frühzeitig *Bedürfnisse von Kunden identifizieren* und hieraus notwendige Technologien ableiten.
- *Das intern vorhandene Wissen stellt ein riesiges Potenzial dar*; in allen Fallstudien wurde versucht, dieses besser zu erschließen.[371]

Erkenntnisse zur Umsetzung

- Das *Treffen von Entscheidungen und deren Umsetzung* wurden von allen Gesprächspartnern der Fallstudien 2, 3 und 4 als extrem wichtig beschrieben; darüber hinaus wird dies auch im ‚Corporate Innovation Process (CIP)' in Fallstudie 1 betont; erst durch diese beiden Punkte kann das Unternehmen von den Vorteilen der Strategischen Frühaufklärung profitieren.
- Die *frühzeitige Umsetzung der Erkenntnisse der Strategischen Frühaufklärung* erlaubt es nicht nur, den Markt / die Zukunft zu gestalten, sondern gibt auch einen konkreten First Mover Advantage.
- Während der Umsetzung müssen regelmäßig die gemachten Annahmen und die verwendeten Informationen auf Gültigkeit überprüft werden, sodass *Entscheidungen falls notwendig angepasst* werden können.[372]
- Bei der Umsetzung sollte versucht werden, Risiken zu mitigieren; Fallstudie 2 konnte verschiedene Strategien hierzu identifizieren:
    - *Zusammenarbeit mit externen Partnern* im Rahmen von gemeinsamen Pilot- / Demonstrationsanlagen oder Forschungskooperationen
    - *Beobachten und Verfolgen unterschiedlicher Technologiestränge*

---

[370] In Fallstudie 2 wurde z. B. verdeutlicht, dass sich die Bewertung und Bedeutung der Carbon-Capture-and-Storage-(CCS-)Technologie erheblich zwischen Deutschland und China unterscheidet.
[371] Die ‚Open Innvation'-Ansätze in Fallstudie 1 zielen ebenso hierauf ab wie der regelmäßige Austausch von Kollegen, auch über Abteilungsgrenzen hinweg in den anderen Fallstudien.
[372] In Fallstudie 4 wurde z. B. das Forschungsprojekt zur HGÜ-Plus-Technologie u. a. aufgrund des nicht kommenden Marktes gestoppt und dann später wieder neu gestartet.

– *Doppelverwendung von Technologien*

- Die *Entwicklung im Rahmen eines Kundenprojekts*[373] hat darüber hinaus weitere Vorteile:

    – Fokussieren auf das Wesentliche und kein ‚Am Markt vorbei'-Entwickeln bzw. Overengineeren.

    – Nutzung und Einbringen des Wissens und der Expertise beider Seiten.

    – Zusätzliche Finanzierungsquelle der Entwicklung.

    – Referenzprojekte und Reputationsaufbau.

- Die *gezielte Projektwahl*, insbesondere in der Frühphase einer Technologie, war in allen Fallstudien ein wichtiger Erfolgsfaktor.[374]

Erkenntnisse zu Organisation und Personen

- *Visionäre Personen mit Geschäftsverständnis* sind eine der wichtigsten Voraussetzungen für den Erfolg einer Idee; sie müssen die Ergebnisse kritisch reflektieren, das Potenzial einer Idee erkennen und diese dann vorantreiben.

- Die Personen benötigen die *Zeit und die Freiheit, kritisch zu denken* und sich vom Tagesgeschäft zu lösen.

- Die *Motivation der beteiligten Personen* ist extrem wichtig; in den Fallstudien konnten diese durch ein gemeinsames Ziel, gezollte Anerkennung und eine gute Kommunikation gesteigert werden.[375]

- Die *Strategische Frühaufklärung kann auf verschiedenen Ebenen eines Unternehmens durchgeführt werden*; hierbei muss aber sichergestellt sein, dass die *gesamten Geschäftsaktivitäten eines Unternehmens abgedeckt sind und keine weißen Flecken bestehen.* Eine organisatorische Verankerung auf der Ebene der Geschäftseinheiten hat den Vorteil eines guten Geschäftsverständnisses, gleichzeitig besteht aber die Gefahr, dass (disruptive) Themen, die zwischen zwei Geschäftsfeldern liegen, übersehen oder nicht ausreichend gewürdigt werden. Daher muss entweder der Fokus erweitert werden, ggf. auch gegen Widerstände der jeweiligen Geschäftseinheiten, die den unmittelbaren Nutzen nicht sehen, oder aber die Strategische Frühaufklärung muss auf einer höheren Ebene, z. B. auf Konzernebene, angesiedelt werden.[376]

---

373 Sowohl in Fallstudie 2 als auch in Fallstudie 4 wurde die Technik gemeinsam mit Kunden fertig entwickelt.
374 Das Gewinnen des Auftrags für den ersten dänischen Pilot-Windpark in Fallstudie 3 war ein wichtiger Faktor für den Erfolg des Offshore-Windgeschäfts.
375 Im Rahmen der Fallstudie 4 war das Top-Referenzprojekt ‚Trans Bay Cable' Ansporn und Motivation zugleich.
376 Im Rahmen der Überlegungen zur Absicherung des Bereichs Siemens Power Generation gegen künftige Veränderungen im Energie-Mix wurden nicht nur Maßnahmen zur Reduktion der CO_2-Emissionen (Fallstudie 2) angestoßen, sondern diese waren u. a. auch ein Faktor für den Einstieg von Siemens in den Bereich erneuerbare Energiequellen (Fallstudie 3).

- Die *organisatorische und räumliche Zusammenlegung von dedizierten Teams* steigert über ein ‚Wir'-Gefühl die Motivation, verbessert den Informationsaustausch und klärt auch besser Verantwortlichkeiten.

- Das *Top-Management sowie (spätere) Verantwortliche sollten frühzeitig eingebunden werden*; diese Maßnahmen hat in allen Fallstudien die Akzeptanz der Ergebnisse und deren Erfolg gestärkt.

Erkenntnisse zu Kultur und Umfeld

- Die Entwicklung neuer Ideen muss durch eine Kultur, die zum einen durch *unternehmerischen Mut und langfristiges Denken* geprägt ist und zum anderen die *Bereitschaft besitzt, auch Entscheidungen zu ändern*, unterstützt werden.

- Eine *Pionier- oder Intrapreneur-Kultur* sollte aktiv Veränderungen vorantreiben und die Zukunft gestalten.

- Die Langfristigkeit und die Möglichkeit von Fehlschlägen muss allen Beteiligten bewusst sein, d. h. es kann Jahre dauern, bevor sich ein Investment auszahlt,[377] und es besteht auch die Möglichkeit, dass ein Thema scheitert. *Die Langfristigkeit und die Akzeptanz eines möglichen Scheiterns müssen sich auch in Karrierepfaden, Incentives, ... widerspiegeln.*

- Die Wichtigkeit einer *zielgruppenorientierten Kommunikation* für die Akzeptanz von Entscheidungen und der Strategischen Frühaufklärung im Allgemeinen wurde von allen Gesprächsteilnehmern bestätigt.

---

[377] In Fallstudie 3 konnte erst elf Jahre nach der Entscheidung, in den Offshore-Windmarkt einzutreten und zehn Jahre nach dem ersten gewonnenen Offshore-Pilot-Windpark der Auftrag für den ersten kommerziellen Offshore-Windpark gewonnen werden;, danach nahm dann die Bedeutung dieses Geschäftszweiges immer mehr zu.

3.4 Fazit und Folgerungen

In dem vorliegenden Praxiskapitel wurde mithilfe verschiedener Fallstudien die Ausgestaltung der Strategischen Frühaufklärung in der Praxis analysiert. Ziel war es, Best Practices und Learnings zur Strategischen Frühaufklärung und zum Zusammenspiel von Prozessen, Methoden, Personen, ... aus den erfolgreichen Praxisbeispielen abzuleiten und so zum einen die Erkenntnisse aus der Analyse der bestehenden Literatur[378] zu verifizieren und zu präzisieren sowie zum anderen weitere Erkenntnisse zu gewinnen und die identifizierten Defizite zu schließen. Die gewonnenen Erkenntnisse fließen direkt in die Entwicklung des ganzheitlichen Ansatzes zur Strategischen Frühaufklärung[379] ein.

In Abschnitt 3.1 wurde aufbauend auf den Erkenntnissen und den identifizierten Defiziten aus der Literaturanalyse[380] das für das Forschungsvorhaben optimale Forschungsdesign abgeleitet und ausdefiniert. Hierzu wurden unterschiedliche Forschungsansätze und -strategien erläutert und im Hinblick auf ihre mögliche Verwendung in der vorliegenden Arbeit diskutiert und evaluiert. Im Anschluss wurde die Fallstudienuntersuchung, als geeignetster Ansatz, auf das konkrete Forschungsvorhaben angepasst. Dieser Abschnitt stellt die wissenschaftliche Basis der gesamten praktischen Untersuchung der Strategischen Frühaufklärung dar und zeigt, warum das gewählte Vorgehen besonders geeignet ist und wie die Qualität der Ergebnisse sichergestellt wird. Abschnitt 3.2 stellt den Kern des Praxiskapitels der vorliegenden Promotionsarbeit dar und umfasst die vier detaillierten Fallstudien[381] inklusive ihrer Beschreibungen, Analysen und Einzelfalluntersuchungen.[382] Zudem wurden in dem Abschnitt der Siemens-Konzern und der Siemens-Energy-Sektor[383] vorgestellt, um eine ganzheitliche Fallstudienuntersuchung und Interpretation vor diesem Hintergrund zu ermöglichen. Nach den Einzelfallschlussfolgerungen wurden in Abschnitt 3.3 die bereits gewonnenen Erkenntnisse durch die Cross-Case-Analyse und den Vergleich der Fallstudien untereinander bestätigt und weiter ausgebaut.

Die Fallstudienuntersuchung zur Strategischen Frühaufklärung im Unternehmensumfeld konnte viele Erkenntnisse aus der Analyse der bestehenden Literatur bestätigen und präzisieren sowie weitere Erkenntnisse gewinnen. Gleichwohl konnten auch Unterschiede in den Sichtweisen der Managementliteratur und der Praxis festgestellt werden. So hat sich in den Fallstudien gezeigt, dass der Erfolg der Strategischen Frühaufklärung viel mehr auf visionären Personen mit Geschäftsverständnis und der Fähigkeit, sich vom Tagesgeschäft zu lösen und das Potenzial

---
378 Vergleiche hierzu Abschnitt 2.4.
379 Vergleiche hierzu auch Kapitel 4.
380 Vergleiche hierzu auch Abschnitt 2.4.
381 Vergleiche hierzu auch Abschnitt 3.1.2.1 zur Auswahl der Fallstudien bzw. Abschnitt 3.1.2 zum Vorgehen in der Fallstudienanalyse.
382 Vergleiche hierzu auch Abschnitt 3.2.2 für ‚Fallstudie 1 – Konzernaktivitäten', Abschnitt 3.2.3 für ‚Fallstudie 2 – CO_2-Reduktion in der fossilen Energieerzeugung', Abschnitt 3.2.4 für ‚Fallstudie 3 – Offshore Wind Power' und Abschnitt 3.2.5 für ‚Fallstudie 4 – Hochspannungs-Gleichstrom-Übertragung Plus (HGÜ Plus)'.
383 Vergleiche hierzu auch die Abschnitte 3.2.1.1 und 3.2.1.2.

3.4 Fazit und Folgerungen

einer Idee zu bewerten, beruht, als dies in der Literatur berücksichtigt wird. Im Gegensatz hierzu findet sich der starke Prozess- und Methodenfokus der Managementliteratur in der Praxis nicht unbedingt wieder. Strukturen werden als sinnvoll und förderlich erachtet und auch genutzt, allerdings werden sie eher als grober Rahmen für die Strukturierung von Aktivitäten, Informationen und Entscheidungen angesehen; detaillierte Prozessschritte müssen dabei immer genügend flexibel sein, um sich den Besonderheiten eines Themas anpassen zu können. Das umfangreiche Methodenportfolio der Literatur wurde in der Praxis nur eingeschränkt ausgeschöpft; vielmehr werden Themen durch die Kombination von langfristigen Trends, Kundeninput und eigenem Wissen / ‚gesunden Menschenverstand' oder durch den Transfer ähnlicher Erkenntnisse abgeleitet. Methoden werden eher gezielt zur Klärung spezieller Fragestellung oder zur vertiefenden Analyse eingesetzt. Wie auch in der Managementliteratur identifiziert, erfolgt die Methodenwahl in der Praxis auch immer unter Berücksichtigung der Fragestellung, der gewünschten Ergebnisqualität, der Zeit-, Ressourcen- und Kostenrestriktionen sowie möglichen Alternativen. Darüber hinaus konnten in der Praxis ‚Softfaktoren' identifiziert werden, die für den Erfolg wichtig sind, aber in der Literatur wenig Beachtung gefunden haben; so müssen Themen wie zielgruppenorientierte Visualisierung und Kommunikation, die Motivation und Auswahl der beteiligten Personen und eine unterstützende Kultur viel stärker berücksichtigt und gefördert werden.

Allgemein lässt sich festhalten, dass die Ergebnisse aus der Literaturanalyse und der Fallstudienuntersuchung sich zu einem großen Teil bestätigen oder hervorragend ergänzen. Die Fallstudienergebnisse können somit direkt in der Entwicklung des ganzheitlichen Ansatzes zur Strategischen Frühaufklärung verwendet werden.[384]

Auf eine erneute Auflistung aller Erkenntnisse und Schlussfolgerungen sei aus Redundanzgründen verzichtet; für die Erkenntnisse und ausführlichere Erläuterungen sei auf die vorherigen Abschnitte und die jeweiligen Zusammenfassungen[385] verwiesen.

---

384 Vergleiche hierzu auch Kapitel 4.
385 Vergleiche hierzu auch die Abschnitte 3.2.2, 3.2.3, 3.2.4 und 3.2.5 sowie für die Cross-Case-Analyse Abschnitt 3.3.

4 Ganzheitlicher Ansatz zur Strategischen Frühaufklärung in Unternehmen

Die beiden vorherigen Kapitel haben die Notwendigkeit und die Vorteile einer Strategischen Frühaufklärung in Unternehmen verdeutlicht. Auf Basis der aus Theorie[386] und Praxis[387] gewonnenen Ergebnisse wird im vorliegenden Kapitel ein ganzheitlicher Ansatz zur Strategischen Frühaufklärung in Unternehmen entwickelt und vorgestellt.

Durch die Literaturanalyse und die Fallstudienuntersuchung konnten erste Erkenntnisse zur Beantwortung der Forschungsfragen[388] identifiziert, konkrete Anforderungen an die Strategische Frühaufklärung definiert, Erkenntnisse zum Prozess, zu Methoden, zur Organisation, ... abgeleitet und weitere Best Practices gewonnen werden. Gleichwohl haben beide Perspektiven noch keinen zufriedenstellenden Rahmen zur Verbindung der verschiedenen Einzelaspekte und zur praxisorientierten Umsetzung geliefert. Ziel dieses Kapitels ist daher die Ableitung und Entwicklung eines ganzheitlichen Ansatzes, der die gewonnenen Erkenntnisse miteinander verbindet und eine praxisorientierte Umsetzung der Strategischen Frühaufklärung in Unternehmen von der Identifikation bis zur Umsetzung ermöglicht.

Das vorliegende Kapitel unterteilt sich in drei Unterkapitel. Im ersten Unterkapitel wird der ganzheitliche Ansatz hergeleitet, begründet sowie in seiner grundlegenden Struktur vorgestellt. Das zweite Unterkapitel geht dann detailliert auf die verschiedenen Einzelaspekte des Ansatzes ein; so werden hier u. a. der Prozess, die strukturelle und organisatorische Verankerung sowie die unterstützende Wirkung der Unternehmenskultur vorgestellt. Das letzte Unterkapitel fasst den entwickelten Ansatz zusammen und würdigt ihn kritisch. Im Rahmen dieser Würdigung werden zudem die Einhaltung der aus Theorie und Praxis abgeleiteten Anforderungen sowie die Beantwortung der Forschungsfragen überprüft und bestätigt. Abbildung 4.1 fasst die Struktur des vorliegenden Kapitels zusammen.

---

386 Vergleiche hierzu auch Abschnitt 2.4.
387 Vergleiche hierzu auch Abschnitt 3.4.
388 Vergleiche hierzu auch Abschnitt 1.2.

4	Ganzheitlicher Ansatz	Einführung und Übersicht über den Ansatz	Detaillierte Darstellung des Ansatzes	Zusammenfassung, kritische Überprüfung und Würdigung
		Herleitung und Begründung	Strategische Ebene	Überprüfung der aufgestellten Anforderungen
		Übersicht und Aufbau	Normative Ebene	Überprüfung der aufgestellten Forschungsfragen
			Operative Ebene	Kritische Würdigung
			Strukturelle und organisatorische Verankerung	
			Unterstützende Unternehmenskultur	

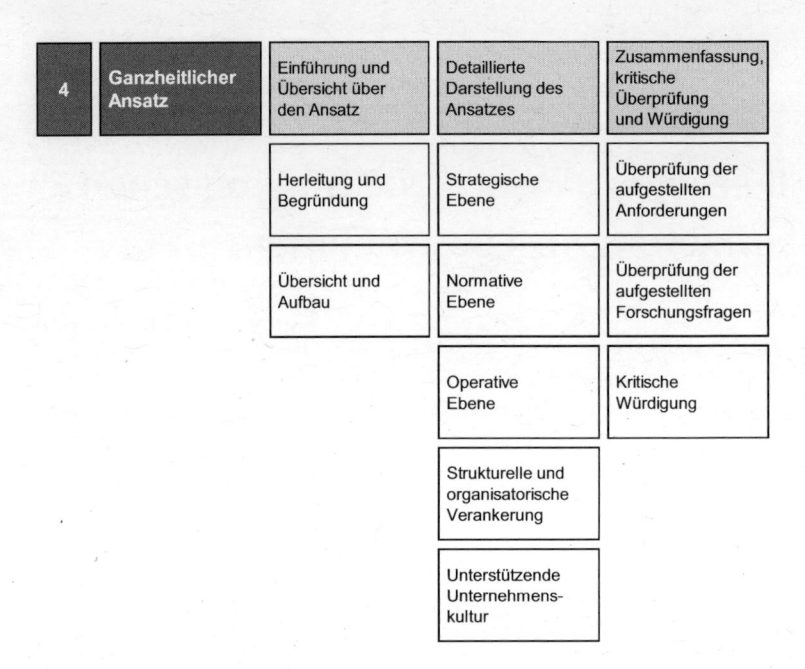

Abbildung 4.1: Übersicht der Struktur von Kapitel 4

4.1 Einführung und Übersicht über den ganzheitlichen Ansatz

Der vorliegende Abschnitt leitet den ganzheitlichen Ansatz zur Strategischen Frühaufklärung her und gibt eine erste Übersicht über den generellen Aufbau. Die ausführliche Vorstellung und Diskussion aller Einzelheiten des Ansatzes erfolgt in Abschnitt 4.2.

4.1.1 Herleitung und Begründung

Der ganzheitliche Ansatz zur Strategischen Frühaufklärung basiert auf unterschiedlichen, zuvor identifizierten Anforderungen, Erkenntnissen und Quellen. Für die Grundstruktur sind insbesondere die aus der Literaturanalyse[389] abgeleiteten *fünf Eckpunkte für die Entwicklung des ganzheitlichen Ansatzes*[390] sowie die Ansätze des Strategischen Managements[391] und des Innovationsmanagements.[392] Darüber

---

[389] Vergleiche hierzu auch Abschnitt 2.4.
[390] Die fünf Eckpunkte sind insbesondere das Ergebnis der Evaluierung der verschiedenen Strategy Schools und der Erkenntnisse des Innovationsmanagements; vergleiche hierzu auch die Abschnitte 2.1.1.3 und 2.1.3.3.
[391] Vergleiche hierzu auch Abschnitt 2.1.1.
[392] Vergleiche hierzu auch Abschnitt 2.1.3.

hinaus folgt der ganzheitliche Ansatz den anderen theoretischen Managementansätzen und ordnet sich in die *normativen, strategischen und operativen Strukturen des Unternehmens* ein.[393] Abschließend verbindet er als *ganzheitliche Lösung* Einzelaspekte und -erkenntnisse aus diesen und anderen Gebieten, um so der Hauptkritik an der bestehenden Literatur zu begegnen.[394] Des Weiteren wurden die Erkenntnisse aus Theorie[395] und Praxis[396] zu Prozess, zu Methoden, zur Implementierung, zu Organisation, ... oder zur Unternehmenskultur berücksichtigt und genutzt.

Der ganzheitliche Ansatz liefert entlang einer Prozessstruktur Schritt für Schritt alle wichtigen Punkte und Best Practices hinsichtlich der Nutzung, Einbindung und Abstimmung von Informationen, Personen und Aktivitäten.[397] Die Prozessstruktur folgt den vier Phasen ‚Identifikation', ‚Analyse', ‚Entscheidungsvorbereitung' und ‚Implementierung', die sowohl in der Theorie[398] als auch in der Praxis[399] identifiziert und bestätigt wurden; gleichzeitig differenziert sie zwischen inkrementellen und disruptiven Innovationen.

Aufbauend hierauf kann der Nutzer sicher sein, dass die notwendigen Schritte von der Identifikation über die Entscheidung bis hin zur Implementierung durchgeführt werden. Der Ansatz liefert somit einen Rahmen für die Umsetzung der Strategischen Frühaufklärung in Unternehmen, der dabei gewollt flexibel ist, sodass jedes Unternehmen, jeder Bereich oder jede Abteilung genügend Freiräume hat, um ihn an die eigenen Anforderungen, Bedürfnisse und Prozesse anzupassen. Darüber hinaus sieht der Ansatz eine kontinuierliche Selbstüberprüfung und Weiterentwicklung vor, sodass er an geänderte Anforderungen angepasst und neue Erkenntnisse aus Theorie und Praxis berücksichtigt werden können. Er erfüllt somit eine weitere Anforderung aus der Theorie.[400]

Der ganzheitliche Ansatz nimmt eine strategische Perspektive ein, fokussiert aber nicht nur auf die strategische Ebene des Unternehmens, sondern bindet sich ebenfalls in die normative und operative Strukturen ein[401] – ganz im Sinne eines ganzheitlichen und holistischen Ansatzes. Der Ansatz fügt sich so zum einen in die übergeordnete Strategie ein und überträgt zum anderen die Struktur der ‚Strategieformulierung' und der ‚Strategieimplementierung'[402] auf den Bereich der Strategischen Frühaufklärung, d. h. er identifiziert und analysiert Themen, unterstützt bei der Zielfestlegung und definiert den Weg dorthin.

---

393 Vergleiche hierzu auch die Abschnitte 2.1.1.1 und 2.1.2.3.
394 Vergleiche hierzu auch Abschnitt 2.4.
395 Vergleiche hierzu auch Abschnitt 2.4.
396 Vergleiche hierzu auch Abschnitt 3.4.
397 Auch wenn im Ansatz nicht alle in Theorie und Praxis identifizierten Erkenntnisse dargestellt werden können, so sind diese dennoch für die Umsetzung der Strategischen Frühaufklärung gültig.
398 Vergleiche hierzu auch Abschnitt 2.3.1.
399 Vergleiche hierzu auch die Abschnitte 3.2.2.4 und 3.4.
400 Vergleiche hierzu auch Abschnitt 2.4.
401 Vergleiche hierzu auch Abschnitt 2.1.1.1.
402 Vergleiche hierzu auch Abschnitt 2.1.1.3.

Abbildung 4.2 zeigt den grundlegenden Aufbau[403] des Ansatzes, der im folgenden Abschnitt 4.1.2 vorgestellt wird.

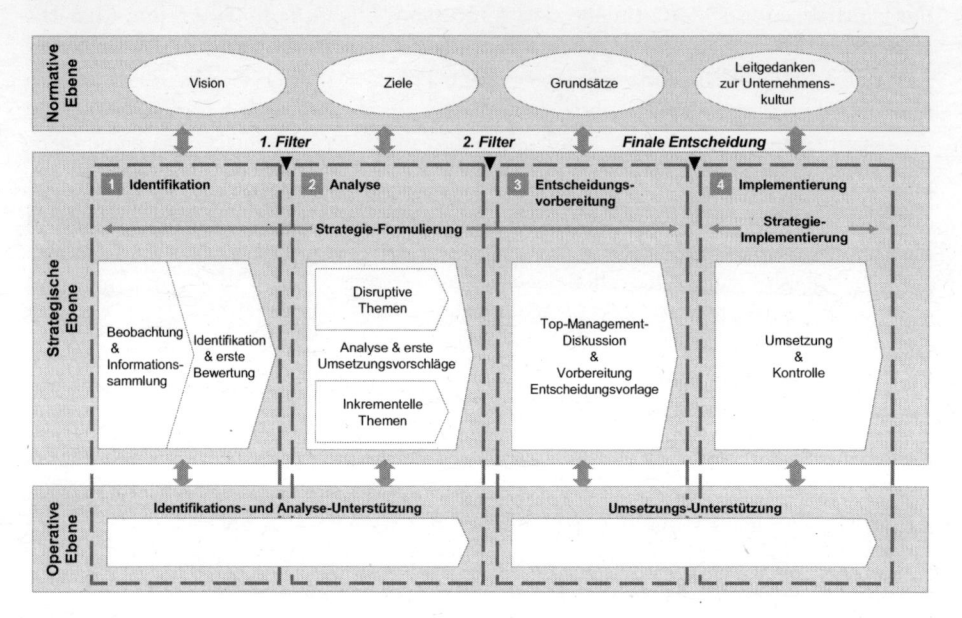

Abbildung 4.2: Aufbau des ganzheitlichen Ansatzes zur Strategischen Frühaufklärung

4.1.2 Übersicht und Aufbau

Wie bereits im vorherigen Abschnitt begründet, basiert die grundlegende Struktur des ganzheitlichen Ansatzes vor allem auf dem in der Literaturanalyse identifizierten ganzheitlichen Managementverständnis,[404] der vierphasigen Grundstruktur aus Theorie[405] und Praxis[406] und dem integrierten Prozessaufbau aus der Praxis[407].

Das *ganzheitliche Managementverständnis* wird durch die Berücksichtigung der normativen, strategischen und operativen Strukturen des Unternehmens und deren Interaktionen sichergestellt.[408] Die normative Ebene liefert den generellen Rahmen des Unternehmens mithilfe von Prinzipien, Normen und Spielregeln; dies umfasst u. a. die Unternehmensvision, die Unternehmensgrundsätze und die

---
403 Der Aufbau gleicht einem in ähnlicher Form bereits von Trauffler (2005) genutzten Aufbau.
404 Vergleiche hierzu auch Abschnitt 2.1.1.1.
405 Vergleiche hierzu auch Abschnitt 2.3.1.
406 Vergleiche hierzu auch die Abschnitte 3.2.2.4 und 3.4.
407 Vergleiche hierzu auch die Erkenntnisse zu Organisation und Personen in der Cross-Case-Analyse in Abschnitt 3.3.
408 Im Sinne der ganzheitlichen Managementbetrachtung sind die verschiedenen Ebenen nicht komplett voneinander trennbar, sondern sie durchdringen sich gegenseitig und weisen wechselseitige Abhängigkeiten auf; vergleiche hierzu auch Abschnitt 2.1.1.1.

4.1 Einführung und Übersicht über den ganzheitlichen Ansatz

Leitgedanken zur Unternehmenskultur sowie deren konkretere Ausprägungen in Bezug auf Innovation. All diese Elemente bilden den Rahmen für die Aktivitäten der strategischen Ebene. Basierend auf diesen Rahmenbedingungen umfasst die strategische Ebene die konkreten Schritte der Strategischen Frühaufklärung. Die Aktivitäten und Vorgaben der strategischen Ebene – im begrenzten Umfang auch die der normativen Ebene – werden von der operativen Ebene umgesetzt und unterstützt; so können z. B. Prozesse der operativen Ebene Informationen als Input für die verschiedenen Schritte der Strategischen Frühaufklärung auf der strategischen Ebene liefern.

Die aus der Theorie und Praxis abgeleitete *vierphasige Grundstruktur der Strategischen Frühaufklärung* strukturiert die strategische Ebene des Ansatzes. Die ersten drei Phasen ‚Identifikation', ‚Analyse' und ‚Entscheidungsvorbereitung' bilden zusammen die Strategieformulierung, während die vierte Phase ‚Implementierung' die Strategie-Implementierung darstellt. In der ausführlichen Diskussion des Ansatzes werden die Einzelschritte, die sich hinter den jeweiligen Phase verbergen, weiter ausdetailliert.[409] Darüber hinaus berücksichtigt der ganzheitliche Ansatz die unterschiedlichen Anforderungen inkrementeller und disruptiver Themenstellungen[410] durch die Zweiteilung der ‚Analyse'-Phase. Die vier Phasen sind im Folgenden kurz vorgestellt:

Phase 1 – Identifikation:

- Beobachtung, (Koordination der) Informationssammlung und Vertrautsein mit Entwicklungen im Unternehmensumfeld
- Identifikation und erstes Bewerten potenzieller Themen inkl. der Entscheidung, ob sie inkrementeller oder disruptiver Art sind

Phase 2 – Analyse:

- Ausführliche und ganzheitliche Analyse der potenziellen Themen
- Ausarbeitung erster Umsetzungsvorschläge inkl. Identifikation und Klärung der Verantwortlichkeiten und der organisatorischen Verankerung
- Parallele Struktur für inkrementelle und disruptive Themen, die sich im detaillierten Vorgehen unterscheiden (z. B. hinsichtlich Entscheidern und verantwortlicher Unternehmensebene)

Phase 3 – Entscheidungsvorbereitung:

- Ausführliche Diskussion der Themen mit CEO, CFO und CTO
- Vorbereitung der finalen Entscheidungsvorlage inklusive Priorisierung und Umsetzungsplan

Phase 4 – Implementierung:

---

[409] Vergleiche hierzu auch Abschnitt 4.2.
[410] Vergleiche hierzu auch Abschnitt 2.1.3.3.

- Umsetzung der beschlossenen Maßnahmen
- Regelmäßige Kontrolle der Umsetzung sowie der Gültigkeit der gemachten Annahmen und der getroffenen Entscheidungen

Die ersten beiden Übergänge zwischen den Phasen ‚Identifikation' und ‚Analyse' bzw. ‚Analyse' und ‚Entscheidungsvorbereitung' dienen der Vorselektion von Themen, d. h. dem Ausschluss unrelevanter oder bereits adressierter Themen; der dritte Übergang zwischen den Phasen ‚Entscheidungsvorbereitung' und ‚Implementierung' dient der finalen Entscheidung.

Die strategische Frühaufklärung kann auf verschiedenen Ebenen eines Unternehmens stattfinden,[411] wobei aber immer sicherzustellen ist, dass keine weißen Flecken entstehen. Vor diesem Hintergrund erlaubt der ganzheitliche Ansatz einen *hierarchischen und integrierten Prozessaufbau*. Dies bedeutet, dass Frühaufklärungsaktivitäten in einer pyramidalen Struktur stattfinden können und sich hierbei gegenseitig mit Informationen austauschen und überwachen. An der Basis können somit parallel pro Geschäftseinheit Frühaufklärungsaktivitäten stattfinden, während eine Ebene höher – in letzter Konsequenz auf Konzernebene – ebenfalls ein Strategischer Frühaufklärungsprozess stattfindet. Dieser adressiert zum einen Themen, die zwischen den Beobachtungsbereichen der nächsttieferen Ebene liegen, und zum anderen überwacht er deren Aktivitäten und übernimmt Themen, wenn sie von übergeordneter Bedeutung sind.[412]

---

[411] Vergleiche hierzu auch die Erkenntnisse zu Organisation und Personen in der Cross-Case-Analyse in Abschnitt 3.3.

[412] Das Übernehmen und Vorantreiben von Themen erfolgt vor allem, wenn sie disruptiver Art sind und die Gefahr einer unzureichenden Adressierung besteht. Diese Gefahr liegt u. a. vor, wenn das Thema von großer Wichtigkeit für die nächsthöhere Ebene ist (z. B. Erreichung einer Gesamtstrategie, von Wachstumszielen, ...) oder aber der Entwicklungsaufwand so groß ist, dass er von dem eigentlichen Geschäft nicht oder nicht ausreichend schnell durchgeführt werden kann.

4.2 Detaillierte Darstellung des ganzheitlichen Ansatzes

Nachdem in den vorherigen Abschnitten die Struktur und der Aufbau des ganzheitlichen Ansatzes zur Strategischen Frühaufklärung begründet, hergeleitet und kurz vorgestellt wurden, erläutert der vorliegende Abschnitt detailliert den Ansatz. Ziel ist die entsprechende Darstellung und Aufbereitung des Ansatzes, sodass dieses eine praxisorientierte Anleitung zur Umsetzung der Strategischen Frühaufklärung in einem Unternehmen liefert.

Der Ansatz liefert hierzu entlang einer Prozessstruktur Schritt für Schritt alle wichtigen Punkte und Best Practices und liefert somit die Klammer für die meisten der in der Theorie[413] und Praxis[414] gewonnenen Einzelerkenntnisse. Aufbauend hierauf kann der Nutzer sicher sein, dass die notwendigen Schritte von der Identifikation über die Entscheidung bis hin zur Implementierung durchgeführt werden. Der Ansatz stellt somit eine Blaupause dar, die aber noch so flexibel ist, dass jedes Unternehmen oder jeder Bereich, das oder der sie einsetzt, genügend Freiräume hat, um sie an die eigenen Anforderungen, Bedürfnisse und Prozesse anzupassen.

4.2.1 Strategische Ebene

Die strategische Ebene ist der Kern des Ansatzes; ihre Prozessstruktur zeigt Schritt für Schritt alle wichtigen Punkte und Best Practices der Strategischen Frühaufklärung auf. Die Interaktion und die wechselseitige Wirkung mit der normativen bzw. der operativen Ebene adressieren Abschnitt 4.2.2 und 4.2.3. Im Folgenden werden Phase für Phase die notwendigen Schritte und Best Practices zur Nutzung, Einbindung und Abstimmung von Prozess, Personen, Methoden, Informationen, ...eingeführt und in einen Zusammenhang zueinander gestellt. Mithilfe dieser Zusammenstellung ist es einem Nutzer möglich, erfolgreich Strategische Frühaufklärung in einem Unternehmen zu implementieren und durchzuführen. Soweit möglich, sollten hierbei bestehende Strukturen genutzt oder adaptiert werden, da dies eine schnellere Vertrautheit mit dem Prozess schafft und so die Akzeptanz erhöht.

Zum besseren Verständnis werden die verschiedenen Phasen nach den Aspekten ‚Allgemeiner Überblick', ‚Prozess und Personen', ‚Methoden', ‚Informationen und Wissen' sowie ‚Endergebnisse und Entscheidungen' unterteilt und beschrieben.

---

[413] Vergleiche hierzu auch Abschnitt 2.4.
[414] Vergleiche hierzu auch Abschnitt 3.4.

4.2.1.1 Phase 1 – Identifikation

Allgemeiner Überblick

Der Fokus der ersten Phase liegt auf der Beobachtung des Umfelds und der Identifikation potenzieller Themen; dies erfolgt in den zwei eng miteinander verzahnten Teilschritten ‚Beobachtung' und ‚Identifikation'.

Der Teilschritt *Beobachtung* umfasst alle Aktivitäten zum Monitoren des Unternehmensumfelds und zum Sammeln von Informationen, insbesondere deren Management und Koordination. Diese Aktivität findet kontinuierlich statt und sollte zentral koordiniert werden, wobei die eigentliche Informationssammlung auf allen Ebenen und in allen Bereichen des Unternehmens stattfinden kann. Der Teilschritt *Identifikation* umfasst die Identifikation potenzieller Themen in den gewonnenen Informationen und deren erste Bewertung; darüber hinaus findet hier auch die Vorentscheidung statt, ob ein Thema eher inkrementeller oder disruptiver Art ist, und bestimmt so den Ast in der Phase ‚Analyse', den das Thema weiter durchlaufen wird. Im Gegensatz zum Schritt ‚Beobachtung' findet die ‚Identifikation' nicht permanent statt, sondern in regelmäßigen Abständen.

Die enge Verzahnung und das Zusammenspiel der beiden Teilschritte werden in Abbildung 4.3 und den folgenden Erläuterungen deutlich.

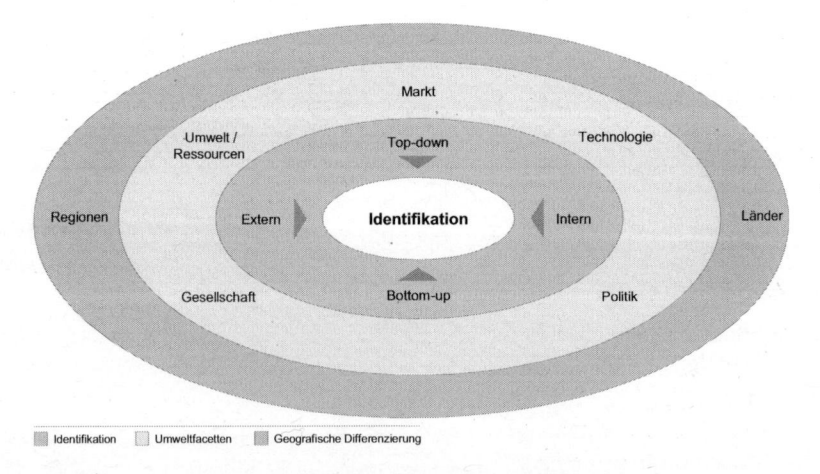

Abbildung 4.3: Interaktion Beobachtung und Identifikation

In der Mitte findet sich das zentrale Element *‚Identifikation'*, für das die beiden Gegensatzpaare ‚Top-down – Bottom-up' und ‚Extern – Intern' Ausgangspunkte darstellen. Die nächste Stufe umfasst die *fünf Umfeldfacetten* ‚Markt', ‚Technologie', ‚Politik', ‚Gesellschaft' und ‚Umwelt / Ressourcen'. Zum einen können Veränderungen oder Impulse für das Unternehmen von diesen Facetten ausgehen, zum anderen sollten diese Facetten alle im Rahmen der Strategischen Frühaufklärung analysiert

4.2 Detaillierte Darstellung des ganzheitlichen Ansatzes

und berücksichtigt werden. Die äußere Stufe ‚Region / Länder' stellt im engen Sinne keine weitere Stufe oder Dimension dar, sondern dient dazu, sicherzustellen, dass jede Facette in der zweiten Stufe auch geografisch differenziert – soweit notwendig – betrachtet wird.

Stufe 1 – Identifikation inklusive Ausgangspunkte

- Die Identifikation stellt das Kernstück der Strategischen Frühaufklärung dar. Aus den Erkenntnissen und den während der ‚Beobachtung' gewonnenen Informationen werden die potenziell relevanten Themen identifiziert und herausgearbeitet.

- Ausgangspunkte für die Identifikation stellen die folgenden Gegensatzpaare dar:
    - *Top-down – Bottom-up:*
      Top-down beinhaltet sowohl das Ableiten aus einer übergeordneten Strategie als auch Eingaben des Top-Managements; Bottom-up umfasst Beiträge / Informationen der operativen Ebene (Mitarbeiter, tägliche Arbeit, ...).
    - *Intern – Extern:*
      Eingaben können sowohl aus dem Unternehmen als auch von außerhalb stammen.

  Die Ausgangspunkte sind hierbei nicht klar abgrenzbar, sondern treten in beliebigen Kombinationen und Ausprägungen auf. So kann z. B. ein Kundengespräch eine wichtige Information liefern, die von extern stammt, intern aber entweder von einem Servicetechniker oder dem CEO eingebracht wird – abhängig davon, wer das Gespräch geführt hat.

- Detaillierte Informationen zum Vorgehen finden sich in den folgenden Abschnitten.

Stufe 2 – Umfeldfacetten für mögliche Veränderungen

- Veränderungen im Unternehmensumfeld, die für ein Unternehmen relevant werden können und die durch die Strategische Frühaufklärung erkannt werden müssen, dürfen nicht nur den Bereichen Markt oder Technologien entstammen; es ist für den Erfolg der Strategischen Frühaufklärung entscheidend, dass das Unternehmensumfeld ganzheitlich beobachtet wird.

- Im Sinne einer ganzheitlichen Strategischen Frühaufklärung sollten daher folgende Umfeldfacetten immer berücksichtigt werden:[415]
    - *Markt:* Anwendungsgebiete, Käufergruppen, Geschäftsmodelle, ...

---

[415] Die aufgezeigten Beispiele dienen nur der Verdeutlichung und Veranschaulichung; sie sind keineswegs vollständig. Für weitere Informationen sei hierzu immer auf die jeweilige Standardliteratur verwiesen.

- *Technologie:* Inkrementelle Weiterentwicklungen, Radikale / disruptive Technologien, ...

- *Politik:* Förderprogramme, Subventionskürzungen, Gesetzesänderungen, ...

- *Gesellschaft:* Akzeptanz, Tolerierung oder Ablehnung, Boykotte, ...

- *Umwelt / Ressourcen:* Umweltbelastungen, Umweltveränderungen, Ressourcenverfügbarkeit, ...

Stufe 3 – Geografische Differenzierung

- *Regionen / Länder:*
  Die Umfeldfacetten müssen – soweit notwendig – regional, ggf. sogar pro Land differenziert betrachtet werden; unterschiedliche Gesetze oder die gesellschaftliche Akzeptanz können regional unterschiedlich sein und zu unterschiedlichen Beurteilungen führen. [416]

Prozess und Personen

Auch wenn die beiden Teilschritte ‚Beobachtung' und ‚Identifikation' eng miteinander verzahnt sind, unterscheiden sie sich doch in der Frequenz der Durchführung. Die Umfeldbeobachtung findet kontinuierlich statt, während die Identifikation in regelmäßigen Abständen erfolgt. Die Abstände richten sich hierbei nach der jeweiligen Industrie, in der das Unternehmen aktiv ist, und den dortigen Entwicklungszyklen. In schnellzyklischen Industrien (z. B. Unterhaltungs- oder Telekommunikationsindustrie) sind halbjährlich durchgeführte Identifikationsschritte empfehlenswert, während in langzyklischen Industrien (z. B. Anlagenbau) ein Jahreszyklus ausreicht.[417] Darüber hinaus sind nach der erstmaligen Durchführung die darauffolgenden Identifikationsschritte nicht mehr so ressourcen- und zeitintensiv, da auf die vorherigen Ergebnisse aufgesetzt werden kann. Wichtig ist aber immer die regelmäßige Durchführung der Frühaufklärung; die Strategische Frühaufklärung muss Teil der regelmäßigen Prozesse im Unternehmen werden. Das zyklische Durchführen des Identifikationsschritts bedeutet aber nicht, dass in der verbleibenden Zeit die Aktivitäten ruhen; zum einen gilt es, die nächsten Phasen der Strategischen Frühaufklärung voranzutreiben, und zum anderen, das Unternehmensumfeld weiter zu beobachten und sich abzeichnende Themen zu verfolgen.

Die Strategische Frühaufklärung wird optimalerweise durch ein Kernteam koordiniert und vorangetrieben; dieses Kernteam wird dann fallspezifisch in den einzelnen Phasen durch Experten und Mitarbeiter anderer Abteilungen unterstützt und erweitert. Das Kernteam kann organisatorisch z. B. in der Strategie-

---

416 Beispielsweise werden die Themen Kernkraft, Carbon Capture and Storage (CCS) oder unkonventionelle Gasförderung (Fracking) von Land zu Land unterschiedlich bewertet.
417 Vergleiche hierzu auch Abschnitt 2.3.2.3 oder auch die Ausführungen von Lichtenthaler (2005) (2008).

4.2 Detaillierte Darstellung des ganzheitlichen Ansatzes

oder in der F&E-Abteilung verankert sein; wichtig ist vor allem, dass das Team gut im Unternehmen vernetzt ist und über ein entsprechendes Mandat verfügt. Soweit dies sichergestellt ist, sind andere organisatorische Strukturen, wie z. B. als eigenständige Abteilung, die an den CEO oder den CTO berichtet, auch möglich. Neben der starken Vernetzung zeichnet sich das Kernteam dadurch aus, dass die Mitglieder einen guten Überblick über die Aktivitäten des Unternehmens haben, mit Methoden der Frühaufklärung vertraut sind und vor allem Geschäftsverständnis besitzen, visionär sind und die notwendige Zeit und Freiheit haben, um kritisch zu denken und sich vom Tagesgeschäft zu lösen.

Die Umfeldbeobachtung profitiert davon, dass möglichst viele unterschiedliche Bereiche im Unternehmen und des Umfelds abgedeckt sind. Aus diesem Grund sollten soweit möglich alle Ebenen und Funktionen des Unternehmens in der einen oder anderen Art und Weise eingebunden werden. Das Vertrautsein mit Entwicklungen im unmittelbaren Arbeitsumfeld ist Bestandteil der Stellenbeschreibung eines jeden Mitarbeiters; von daher ist die Umfeldbeobachtung für die Mehrzahl der Mitarbeiter Teil ihrer normalen Tätigkeit. Aufgabe des Kernteams ist es, die Beobachtung im Unternehmen zu koordinieren, Informationen von den Mitarbeitern abzugreifen, zu verdichten, nachzuforschen sowie Zusammenhänge zu identifizieren. Viele Informationen liegen intern bereits vor,[418] daher ist ein wichtiger Aspekt des Beobachtungsschritts das interne Wissensmanagement. Zum Wissensmanagement zählt auch, die Voraussetzungen zu schaffen, dass Wissen aufgebaut und aktuell gehalten werden kann sowie dass Mitarbeiter die notwendige Zeit und Freiheit haben, sich mit Veränderungen und ihren Auswirkungen für das Unternehmen auseinanderzusetzen.[419]

Die Identifikation von potenziellen Themen findet im Kernteam statt; es kann aber um weitere visionäre Personen aus anderen Abteilungen ergänzt werden. Im Rahmen der Identifikation werden zuerst die unterschiedlichen Informationen zusammengetragen und strukturiert, bevor danach einzelne Themen identifiziert und selektiert werden. Das Zusammentragen der Informationen, z. B. durch Templates oder strukturierte Interviews, führt dazu, dass die Informationen zentral vorliegen und so zusammengefasst, hinterfragt und ergänzt werden können. Auf diese Weise können einzelne Aspekte zu einem Gesamtbild zusammengesetzt und neue Zusammenhänge generiert werden, die vorher nicht bekannt waren. Im Rahmen der intensiven Diskussion der Informationen und Erkenntnisse sollte immer darauf geachtet werden, dass zu den einzelnen Themen alle Umfeldfacetten sowie deren wechselseitigen Zusammenhänge und Abhängigkeiten abgedeckt werden. Nachdem so eine große Anzahl an Themen identifiziert wurden, folgt in einem weiteren Schritt deren Kategorisierung und Bewertung. Ziel ist es u. a., eindeutig nicht relevante Themen auszusortieren und festzulegen, in welchem Ast der Analysephase das Thema später behandelt wird; d. h. ob es sich um ein inkrementelles oder radikales Thema handelt. In die Bewertung sollten u. a. Faktoren wie Relevanz für

---

418 Vergleiche hierzu auch die Ergebnisse der Cross-Case-Analyse in Abschnitt 3.3.
419 Vergleiche hierzu auch Abschnitt 4.2.5 sowie die Standardliteratur zum Wissensmanagement.

das aktuelle / zukünftige Geschäft, Übereinstimmung mit der Unternehmensstrategie, Zeitpunkt, Art und Wahrscheinlichkeit der Veränderung und dominierende Umfeldkategorie berücksichtigt werden.

Das Kernteam, später dann auch die Projektteams zur Analyse einzelner Themen, sollte soweit möglich auch räumlich zusammenarbeiten. Dies erhöht die Motivation, verbessert das Schnittstellenmanagement und den Wissensaustausch und klärt auch besser Verantwortlichkeiten. Besonders gut arbeiten gemischte Teams, mit möglichst verschiedenen Hintergründen und Kompetenzen sowie der Fähigkeit, sich vom Alltagsgeschäft zu lösen und kreativ zu arbeiten.

Methoden

Im Rahmen des Theoriekapitels[420] wurde ein breites Methodenportfolio aufgezeigt, das zur Verwendung in der Strategischen Frühaufklärung herangezogen werden kann. Die Methoden können hierbei mithilfe verschiedenster Klassifikationen schnell für die verschiedenen Aufgabenstellungen ausgewählt werden. Anstatt an dieser Stelle nochmals alle Methoden aufzuführen, sei auf die entsprechenden Abschnitte dieser Arbeit referenziert;[421] der Szenario-Ansatz[422] sei exemplarisch dennoch erwähnt, da er auch integrierend für andere Methoden wirkt. Das Praxiskapitel[423] hat jedoch auch gezeigt, dass viele dieser Methoden in der Praxis nur eingeschränkt eingesetzt werden; viel mehr werden Themen durch die Kombination von langfristigen Trends, Kundeninput und eigenem Wissen / ‚gesunden Menschenverstand' oder durch den Transfer ähnlicher Erkenntnisse[424] abgeleitet.

Vor diesem Hintergrund eignen sich vor allem kognitiv-appellative Methoden als Einstieg in die Identifikation von potenziellen Themen. Kognitiv-appellative Methoden fördern insbesondere den Austausch zwischen (möglichst vielen) Personen; zu ihnen zählen u. a. Expertengespräche, Einzelinterviews oder Umfragen.[425] Darüber hinaus bieten Szenario-Methoden[426] einen hilfreichen Einstieg in die Auseinandersetzung mit Trends, Veränderungen und der Identifikation von Zusammenhängen und Dependenzen; zudem stellen Szenarien hilfreiche Informationen für die kognitiv-appellativen Methoden dar. Spezielle Methoden können vor allem zur Klärung einzelner Fragestellungen oder zur vertiefenden Analyse eingesetzt werden. Vor jeder Analyse sollte, basierend auf der Unsicherheit der Situation, der

---

[420] Vergleiche hierzu auch Abschnitt 2.3.2.
[421] Vergleiche Abschnitt 2.3.2 für einen allgemeinen Methodenüberblick und Klassifikationen; Abschnitt 2.3.2.2 für die konkrete Vorstellung einzelner Methoden und Abschnitt 2.3.2.3 Einflussfaktoren auf die Methodenwahl.
[422] Vergleiche hierzu auch Abschnitt 2.3.3.
[423] Vergleiche hierzu auch Abschnitt 3.4.
[424] Beispielsweise konnten Erkenntnisse aus küstennahen Windprojekten zur Abschätzung der Risiken von Offshore-Projekten genutzt werden; vergleiche hierzu auch Abschnitt 3.2.4.
[425] Vergleiche hierzu auch Abschnitt 2.3.2 und Abbildung 2.36.
[426] Vergleiche hierzu auch Abschnitt 2.3.2.2 und Abschnitt 3.2.2.3 zum ‚Picture of the Future'-Framework.

4.2 Detaillierte Darstellung des ganzheitlichen Ansatzes

Zielsetzung der Analyse und der Zeit-, Ressourcen- und Kostenrestriktionen, eine individuelle Methodenwahl durchgeführt werden.[427]

Abschließend sei noch angemerkt, dass eine reine Methodenfixierung zu vermeiden ist; vielmehr sollten alle Ergebnisse und Informationen von Personen mit Geschäftsverständnis und der Fähigkeit, sich vom Tagesgeschäft zu lösen und das Potenzial einer Idee zu bewerten, kritisch reflektiert werden.

Informationen und Wissen

Die eigentlichen Informationen, die für die Strategische Frühaufklärung notwendig sind, können aus unterschiedlichen Quellen stammen,[428] wie z. B.:

- Kunden- und Lieferantengespräche
- Wettbewerberbeobachtung
- Studien von Universitäten / Forschungsinstitutionen, Öffentlichen Institutionen / Behörden, Beratungsfirmen oder NGOs
- Konferenzen, Verbände oder Gremien
- (Wissenschaftliche) Publikationen und Patente (vor allem für technische Fragestellungen)
- Investments durch Venture-Capital-Firmen

Mithilfe dieser Informationen, langfristiger Trends und Marktinformationen lassen sich frühzeitig potenzielle Themen ableiten. Hierbei ist immer die ganzheitliche Betrachtung unter Berücksichtigung marktseitiger, technologischer, politischer / juristischer, gesellschaftlicher und ressourcentechnischer Aspekte sowie deren Wechselwirkungen notwendig – wenn notwendig sogar in einer geografisch differenzierten Betrachtung. Die Mehrzahl der benötigten Quellen ist meistens öffentlich verfügbar.[429]

In diesem Zusammenhang ist zu beachten, dass viele Informationen bereits im Unternehmen vorliegen, von daher kommt der Erschließung dieses Wissens eine entscheidende Bedeutung zu. Neben den internen Quellen sollten aber auch externe herangezogen werden, um die internen Ansichten kritisch zu hinterfragen und zu bestätigen bzw. zu widerlegen. Bei der Erschließung internen und externen Wissens können Open-Innovation-Ansätze[430] hilfreich sein.

---

427 Vergleiche hierzu auch Abschnitt 2.3.2.3.
428 Vergleiche hierzu auch die Erkenntnisse der Literaturanalyse in Abschnitt 2.3.1.1, die Ausführungen von Horton (1999) und Reger (2006) sowie die Erkenntnisse der Fallstudienuntersuchung in den Abschnitten 3.2.2 für ‚Fallstudie 1 – Konzernaktivitäten', Abschnitt 3.2.3 für ‚Fallstudie 2 – CO_2-Reduktion in der fossilen Energieerzeugung', Abschnitt 3.2.4 für ‚Fallstudie 3 – Offshore Wind Power' und Abschnitt 3.2.5 für ‚Fallstudie 4 – Hochspannungs-Gleichstrom-Übertragung Plus (HGÜ Plus)'.
429 Vergleiche hierzu auch Abschnitt 3.2.4.3.
430 Vergleiche hierzu auch Abschnitt 3.2.2.2.

Eine weitere wichtige Aufgabe des Wissensmanagement[431] ist es, das vorhandene Expertenwissen aktuell zu halten und weiterzuentwickeln. Regelmäßiger Austausch zwischen Personen innerhalb (über Abteilungsgrenzen hinweg) als auch außerhalb des Unternehmens ist besonders förderlich (insbesondere mit Kunden, Lieferanten und in Gremien).

Endergebnisse und Entscheidungen

Ziel der ersten Phase ist die Identifikation von potenziellen Themen, die dann im Verlauf des weiteren Prozesses eingehender analysiert und bewertet werden. Aus diesem Grund stellen dokumentierte, kategorisierte und bewertete potenzielle Themen das wichtigste Endergebnis der Identifikationsphase dar. Wichtig ist, dass alle Informationen, Überlegungen und Gründe für Entscheidungen gut dokumentiert sind, sodass zu einem späteren Zeitpunkt, z. B. im Rahmen einer erneuten Beurteilung eines Themas, auf dem vorhandenen Stand aufgesetzt werden kann. Entscheidungen hinsichtlich der Bewertung von Themen oder des Ausschlusses von nicht relevanten Themen erfolgen durch das Kernteam in Abstimmung mit Vertretern des Managements.

4.2.1.2 Phase 2 – Analyse

Allgemeiner Überblick

Nachdem in der vorherigen Phase erste potenzielle Themen identifiziert und bewertet wurden, sind Aufgabe und Ziel der Analysephase die ausführliche, ganzheitliche Analyse dieser Themen und die Ausarbeitung erster Vorschläge, wie hierauf reagiert werden kann.

Die Analysephase besteht aus zwei parallelen Ästen, einem für inkrementelle und einem für disruptive Themen.[432] Beide Äste sind vom Vorgehen, von den verwendeten Methoden, von den genutzten Informationen und von den Endergebnissen weitestgehend gleich; sie unterscheiden sich vor allem in der organisatorischen Ebene, in der die Analyse durchgeführt und die Entscheidungen gefällt werden. Detaillierte Informationen hierzu finden sich in Abschnitt 4.2.4 zur strukturellen und organisatorischen Verankerung des ganzheitlichen Ansatzes.

Prozess und Personen

Die Analysephase setzt dort an, wo die Identifikationsphase aufhört. Die zuvor identifizierten, potenziellen Themen werden nun einzeln detailliert analysiert. Hierzu werden die bereits zusammengetragenen und dokumentierten Informationen kontrolliert, präzisiert und hinsichtlich ihrer Auswirkungen auf das Unternehmen und möglicher Reaktionen hierauf diskutiert. Hierbei ist immer sicherzustellen,

---

431 Für weitere Informationen sei auf die einschlägige Literatur verwiesen.
432 Vergleiche hierzu auch Abschnitt 2.1.3.3.

4.2 Detaillierte Darstellung des ganzheitlichen Ansatzes 261

dass alle fünf Umfeldfacetten abgedeckt sind.[433] Die Analyse der verschiedenen Themen kann parallel verlaufen, sodass es nicht zu Verzögerungen bei einzelnen Themen kommt.

Zur eingehenderen Analyse der Themen oder einzelner Aspekte ist es ggf. notwendig, weitere Methoden der Strategischen Frühaufklärung[434] zusätzlich zu den bereits in der Identifikationsphase genutzten anzuwenden oder diese vertiefend einzusetzen. Wichtig ist jedoch in dieser Phase, dass der Transfer von der reinen Identifikation eines Themas hin zur konkreten Analyse der unternehmerischen Bedeutung erreicht wird. Im Rahmen der Analyse der Auswirkungen für das Unternehmen und erster Reaktionen ist die frühzeitige Berücksichtigung der wirtschaftlichen Bedeutung für das Unternehmen enorm wichtig; ein erfolgreicher Business Case – auch mit Hinblick auf ggfs. notwendige Investitionen – ist im weiteren Verlauf unabdingbar. Im Fall von disruptiven Veränderungen, für die aktuell noch kein kompletter Business Case existiert, können im Einzelfall ggf. reduzierte Anforderungen gemacht werden.

Das Kernteam, das bereits in der Identifikationsphase die Strategische Frühaufklärung koordiniert und vorangetrieben hat, ist auch in der Analysephase verantwortlich; dies vermeidet zum einen Brüche in der Analyse der Themen und sichert zum anderen die allgemeine Kontinuität der Strategischen Frühaufklärung. Ergänzt wird das Kernteam wieder um Experten und Mitarbeiter aus anderen Abteilungen, die gezielt in das Team aufgenommen werden. Neben dem Team, das operativ die Analyse vorantreibt, ist es auch wichtig, dass die Person, die möglicherweise später die Umsetzung verantworten wird, bereits eingebunden ist. Diese Einbindung erlaubt es, dass der Verantwortliche sich mit in die Analyse einbringen kann und sich so mit den Ergebnissen identifiziert; dies ist für die spätere Umsetzung besonders wichtig und hilfreich.

Methoden

Die Analyse der Themen stellt eine Intensivierung der bereits in der Identifikationsphase durchgeführten Aktivitäten dar. Aus diesem Grund gelten die dort gemachten Aussagen[435] auch in dieser Phase; ggf. ist es notwendig, weitere Methoden der Strategischen Frühaufklärung[436] zur eingehenderen Analyse zu nutzen oder bereits genutzte detaillierter anzuwenden. Aufbauend auf den ersten, in der Identifikationsphase gewonnenen Erkenntnissen und den in Abschnitt 2.3.2.3 vorgestellten Einflussfaktoren für die Methodenwahl können die Methoden hierbei gezielt gewählt werden.

Auch wenn die Erstellung eines Business Cases keine Methode im eigentlichen Sinne ist, so ist dessen Erstellung ein zwingend notwendiges Hilfsmittel dieser Phase.[437]

---

[433] Vergleiche hierzu auch Abschnitt 4.2.1.1.
[434] Vergleiche hierzu auch Abschnitt 2.3.2.
[435] Vergleiche hierzu auch Abschnitt 4.2.1.1.
[436] Vergleiche hierzu auch Abschnitt 2.3.2.
[437] Vergleiche hierzu auch Abschnitt 2.4; für weitere Informationen sei auf die einschlägige Literatur verwiesen.

Informationen und Wissen

Ausgangspunkte für Informationsquellen und notwendiges Wissen stellen die bereits genutzten Quellen aus der Identifikationsphase dar; aufbauend hierauf können weitere (fehlende) Informationen gezielt gesucht werden.

Eine der wichtigsten Quellen ist weiterhin das intern vorhandene Wissen; dieses ist nicht nur bedeutend für die Analyse, sondern auch für die Bewertung der Auswirkungen auf das Unternehmen und die Erarbeitung möglicher Reaktionen hierauf. Aus diesem Grund ist die interne Vernetzung im Unternehmen besonders wichtig.

Endergebnisse und Entscheidungen

Ziel der Analysephase ist die ausführliche und ganzheitliche Analyse der zuvor identifizierten Themen und die Ausarbeitung erster Umsetzungsvorschläge, wie hierauf im Unternehmen reagiert werden kann.

Die Analysephase hat damit zwei Hauptergebnisse: zum einen klar analysierte und dokumentierte potenzielle Veränderungen im Unternehmensumfeld und deren Auswirkungen auf das Unternehmen und zum anderen Umsetzungsvorschläge zur Reaktion hierauf. Der Schwerpunkt dieser Phase liegt aber auf der ganzheitlichen Analyse und noch nicht auf der vollständig durchgeplanten Reaktion hierauf; diese wird weiter in der Entscheidungsvorbereitungsphase ausdetailliert. Teil der Dokumentation der Ergebnisse sind u. a. die verwendeten Quellen und Informationen, die gemachten Annahmen sowie definierte Meilensteine oder Zeitpunkte in der Zukunft, an denen kontrolliert werden kann, ob die gemachten Annahmen eingetroffen sind.

Eine mögliche Unternehmensreaktion auf ein Thema kann auch die Entscheidung sein, nichts zu tun. Dieses wissentlich getroffene Nichtstun kann zwei Gründe haben: einmal die Entscheidung abzuwarten und das Thema weiter zu beobachten, weil es noch zu unsicher ist bzw. notwendige Informationen fehlen, um eine Entscheidung treffen zu können und zum anderen die Erkenntnis, dass ein Thema keine Relevanz für das Unternehmen hat. Diese Informationen sind auch ein Teil der Dokumentation, sowie zentraler Startpunkt, wenn ein zurückgestelltes Thema erneut diskutiert wird.

Während das Kernteam die Analyse operativ vorantreibt, sollte ein Gremium mit Vertretern des Managements die Ergebnisse und Erkenntnisse bestätigen und entscheiden, welche Themen als konkrete Entscheidungsvorlagen für das Top-Management aufbereitet werden. Dieses Gremium muss nicht ausschließlich mit Vertretern des Top-Managements (z. B. Vorstand) besetzt sein, die Leiter der Strategie- und Forschungsabteilung reichen aus; die Entscheidungen sollten dem Vorstand jedoch zur Kenntnis vorgelegt werden. Das Gremium erfüllt zwei Aufgaben: Zum einen stellt es eine weitere Instanz dar, die die zuvor gemachten Überlegungen und Schlussfolgerungen kritisch überprüft, und zum anderen wirkt es als Filter bzgl. der Themen, die final als Entscheidungsvorlage ausgearbeitet werden.

4.2.1.3 Phase 3 – Entscheidungsvorbereitung

Allgemeiner Überblick

Ziel der dritten Phase ist es, die Unternehmensreaktion auf die zuvor identifizierten und analysierten Themen final als Entscheidungsvorlage auszuarbeiten und dem Top-Management zur Entscheidung vorzulegen. Die Entscheidungsvorbereitung umfasst somit die finale Ausdetaillierung der Unternehmensreaktion inklusive Business- und Umsetzungsplan sowie die Herbeiführung der Entscheidung durch das Top-Management. Im Sinne des strategischen Managements[438] stellt die dritte Phase den Abschluss der Strategieformulierung und den Übergang zur Strategieimplementierung dar.

Prozess und Personen

Die Entscheidungsvorbereitungsphase schließt nahtlos an die Analysephase an; dies gilt sowohl für die Themen als auch für die beteiligten Personen. Aufbauend auf dem Business-Plan und den ersten Überlegungen zu Handlungsoptionen liegt der Fokus jetzt auf der Ausarbeitung des detaillierten Umsetzungsplans, der auf der einen Seite umfassend beschreibt, welche Maßnahmen zu treffen sind, und auf der anderen Seite Review- und Kontrollpunkte festlegt, an denen der spätere Implementierungsfortschritt kontrolliert und die ursprünglich gemachten Annahmen weiterhin auf ihre Gültigkeit überprüft werden können. Dieser Umsetzungsplan ist Teil der Entscheidungsvorlage, die dem Top-Management vorgelegt wird.

Im Rahmen der Überlegungen zur Umsetzung sollten die in der Praxis identifizierten Erkenntnisse[439] berücksichtigt werden; dies gilt insbesondere für die Ansätze zur Reduktion von Risiken und Untersicherheiten in der Umsetzung:

- Beobachten und Verfolgen unterschiedlicher Technologiestränge
- Doppelverwendung von Technologien
- Gemeinsame Pilot- / Demonstrationsanlagen und Forschungskooperationen mit externen Partnern

Die Entwicklung im Rahmen eines Kundenprojekts hat zudem weitere Vorteile:

- Fokussierung auf das Wesentliche und kein ‚am Markt vorbei'-Entwickeln bzw. Over-Engineeren
- Nutzung des Wissens und der Expertise beider Seiten

---

438 Vergleiche hierzu auch Abschnitt 2.1.1.3.
439 Vergleiche hierzu auch Abschnitt 3.4.

- Gewinnung einer zusätzliche Finanzierungsquelle der Entwicklung
- Schaffung eines Referenzprojekts und Reputationsaufbau

Für solche Pilotprojekte ist – wie im Praxiskapitel[440] beschrieben – die gezielte Projektwahl ein wichtiger Erfolgsfaktor. Bei all diesen Überlegungen gilt es, nicht nur auf die Erfolgsfaktoren zu fokussieren, sondern auch das Beseitigen und Verhindern von Hemmnissen und Risiken zu berücksichtigen.

Neben der inhaltlichen Erarbeitung des Umsetzungsplans ist die zielgruppengerechte Kommunikation und Abstimmung der Ergebnisse von großer Bedeutung. Teil der zielgruppengerechten Kommunikation ist auch die Visualisierung der Ergebnisse; diese entsprechend aufbereiteten Unterlagen können dann auch zur Abstimmung der Entscheidungsvorlage genutzt werden. Die Vorabstimmung der Entscheidungsvorlage – u. a. auch mit dem Top-Management wie CEO, CFO und CTO – stellt sicher, dass alle Aspekte ausreichend berücksichtigt sind und erhöht die Akzeptanz in der späteren Umsetzung.

Haupttreiber der Aktivitäten in der Entscheidungsvorbereitungsphase ist die Person, die auch später für die Umsetzung verantwortlich sein wird. Dieses Vorgehen hat sich in der Praxis bestätigt und weist mehrere Vorteile auf. Zuerst sorgt sie für die Identifikation der Person mit den Ergebnissen und den geplanten Maßnahmen, weil sie selber Einfluss auf die Ausgestaltung nehmen konnte. Weiterhin erhöht sie die interne und externe Akzeptanz, da sie zeigt, dass die Person von dem Thema überzeugt ist, da sie ihre ‚Zukunft' im Unternehmen mit dem Thema verknüpft, und abschließend wird die Kontinuität in der Implementierung sichergestellt. Der zukünftige Umsetzungsverantwortliche wird weiterhin durch das Kernteam der Strategischen Frühaufklärung unterstützt, wobei sukzessive die Planungen von den regulären Abteilungen wie z. B. Strategie, M&A, F&E übernommen werden. Das Kernteam stellt weiterhin sicher, dass das zuvor gewonnene Wissen in den Überlegungen präsent ist; zugleich sollen aber keine Parallelprozesse zu den existierenden Unternehmensprozessen geschaffen werden. Am Ende der Phase entscheidet das Top-Management (z. B. der Vorstand) über die Entscheidungsvorlage und die darin vorgeschlagenen Maßnahmen.

Methoden

In dieser Phase der Strategischen Frühaufklärung werden keine speziellen Frühaufklärungsmethoden mehr benötigt; vielmehr werden der begonnene Business-Plan und die Umsetzungsüberlegungen vorangetrieben und präzisiert.[441] Darüber hinaus sind in dieser Phase auch weichere Methoden wie Kommunikation und Visualisierung notwendig. Auch wenn solche Themen im Vergleich zu Methoden, die unmittelbar der Identifikation von Themen dienen, unwichtig erscheinen mögen, hat sich in der Praxis[442] gezeigt, dass sie insbesondere für die Herbeiführung einer

---

440 Vergleiche hierzu auch Abschnitt 3.4.
441 Für weitere Informationen hierzu sei auf die entsprechende Literatur verwiesen.
442 Vergleiche hierzu auch Abschnitt 3.4.

4.2 Detaillierte Darstellung des ganzheitlichen Ansatzes

Entscheidung und der späteren Implementierung ungemein hilfreich und wichtig sind.

Informationen und Wissen

Hinsichtlich Informationen und Wissen gelten in dieser Phase die gleichen Aussagen wie in den vorherigen Phasen; allerdings verschiebt sich der Fokus von der Analyse hin zur Umsetzungsplanung. Darüber hinaus sollte spätestens in dieser Phase auch ein Wissensrückfluss aus dem Kernteam zurück in die Organisation erfolgen – dies sollte unabhängig vom Ausgang der Entscheidung über das Thema erfolgen. Dieser Rückfluss dient nicht nur der Wissensbildung in der Organisation, sondern auch dem Sich-vertraut-Machen der Organisation mit den Ergebnissen und Methoden der Strategischen Frühaufklärung und damit der Vorbereitung auf die kommende Veränderung. Zusätzlich stellt dies eine Wertschätzung der jeweiligen Unterstützer dar, indem sie vom Fortgang des Themas erfahren und auch weiter für zukünftige Themen sensibilisiert werden.

Endergebnisse und Entscheidungen

Die gesamten bisherigen Aktivitäten der Strategischen Frühaufklärung münden in die Entscheidungsvorlage, die dem Top-Management zur Entscheidung vorgelegt wird. Diese Entscheidungsvorlage dokumentiert nicht nur die potenzielle Veränderung im Unternehmensumfeld und deren mögliche Auswirkungen auf das Unternehmen, sondern auch die gesamten Maßnahmen, die durchgeführt werden sollen, um das Unternehmen auf diese Veränderung vorzubereiten.

Während an den Übergängen der vorherigen Phasen einzelne Themen herausgefiltert wurden, erfolgt an diesem Übergang – dem Ende der Strategieformulierung im Sinne des Strategischen Managements – die finale Entscheidung darüber, wie das Unternehmen auf die mögliche Veränderung reagiert. Im Anschluss beginnt die Implementierung. Abbildung 4.4 verdeutlicht noch einmal, wie Themen über die ersten Stufen vorselektiert werden, bevor am Ende der Entscheidungsvorbereitungsphase final entschieden wird. Die hier getroffenen Entscheidungen können sehr unterschiedlicher Art sein: Sie können von der Neuausrichtung des Unternehmens über neue Geschäftsfelder bis hin zum Ausstieg aus bisherigen Märkten reichen; eine Entscheidung, nicht zu reagieren oder das Thema weiter zu beobachten,[443] ist ebenfalls eine Option.

Ggf. muss zusätzlich zu der individuellen Entscheidung zu einem Thema auch eine Priorisierung zwischen einzelnen Themen erfolgen. Zu dieser Situation kommt es, wenn die vorgeschlagenen Themen mit umfangreichen Ressourceninvestments (Budget, Personal, ...) verbunden sind und daher nicht alle Themen realisiert werden können. In diesem Moment müssen Themen und Ressourcen priorisiert werden, wie auch bei allen anderen unternehmerischen Entscheidungen.

---

[443] Die Option des ‚Weiterbeobachtens' sollte nur sehr selektiv genutzt werden, da sich sonst so eine einfache Möglichkeit ergibt, sich nicht mit einer Veränderung nicht auseinanderzusetzen.

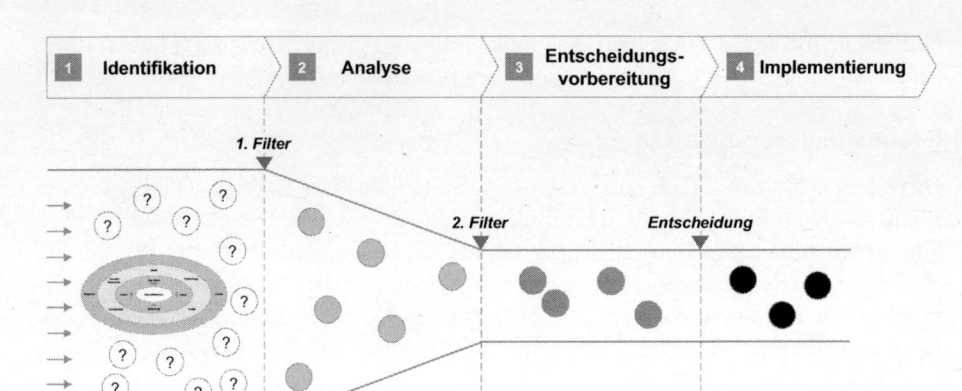

Abbildung 4.4: Selektionsprozess während der Phasen der Strategischen Frühaufklärung

4.2.1.4 Phase 4 – Implementierung

Allgemeiner Überblick

Neben dem Treffen von Entscheidungen ist deren Umsetzung[444] eines der wichtigsten Punkte der Strategischen Frühaufklärung; erst durch Handeln kann ein Unternehmen von den Erkenntnissen der Strategischen Frühaufklärung profitieren. Ohne die Umsetzung und Implementierung bliebe es bei theoretischen Überlegungen, die zwar einen Erkenntnisgewinn bewirken, aber keinen direkten Vorteil für das Unternehmen. Erst die frühzeitige Umsetzung von Erkenntnissen der Strategischen Frühaufklärung erlaubt es, rechtzeitig auf kommende Veränderungen zu reagieren und so die Zukunft zu gestalten.

Die Implementierungsphase verfolgt zwei Hauptaufgaben: die Umsetzung der beschlossenen Maßnahmen sowie die regelmäßige Überprüfung der Umsetzung und der Gültigkeit der ursprünglich gemachten Annahmen.

Neben diesen beiden Aufgaben sollte die Phase auch dazu genutzt werden, die generelle Strategische Frühaufklärung im Unternehmen zu reviewen und auf Verbesserungspotenzial hin zu überprüfen. Diese interne Qualitätskontrolle dient der kontinuierlichen Verbesserung der Strategischen Frühaufklärung und erlaubt es, Erkenntnisse aus der Durchführung zukünftig zu berücksichtigen und Fehler zu vermeiden. Neben Erkenntnissen aus dem gerade durchlaufenen Prozess können auch neue Erkenntnisse aus der Theorie oder der Praxis anderer Unternehmen

---

[444] Nachdem die ersten drei Phasen im Sinne des strategischen Managements die Strategieformulierung darstellen, stellt die vierte Phase die mindestens genauso wichtige Strategieimplementierung dar; vergleiche hierzu auch Abschnitt 2.1.1.3.

4.2 Detaillierte Darstellung des ganzheitlichen Ansatzes

einfließen. Auf diese Weise wird die Akzeptanz der Strategischen Frühaufklärung und ihrer Ergebnisse weiter erhöht.

Prozess und Personen

Die beschlossene Entscheidungsvorlage inklusive der dort definierten Umsetzungspläne stellt die Basis für alle Aktivitäten in der Implementierungsphase dar. Zum einen sind hier die umzusetzenden Maßnahmen beschrieben und zum anderen Review- und Kontrollpunkte festlegt, an denen der Implementierungsfortschritt kontrolliert und die ursprünglich gemachten Annahmen weiter auf ihre Gültigkeit hin überprüft werden.

Das genaue Vorgehen im Rahmen der Implementierungsphase richtet sich nach den jeweiligen Themen; abhängig vom jeweiligen Thema sei daher auf die entsprechende Literatur verwiesen. Die in der Praxis identifizierten Erkenntnisse zur Umsetzung[445] gelten ebenfalls. Die Umsetzung der beschlossenen Maßnahmen erfolgt unter Leitung des zuvor benannten Verantwortlichen und unter Einbeziehung der jeweiligen zentralen und operativen Abteilungen.

Die Überwachung der Umsetzung und die Überprüfung der gemachten Annahmen können z. B. durch die Strategieabteilung erfolgen. Die Strategieabteilung ist hierfür besonders gut geeignet, weil sie die Konsistenz mit der Gesamtstrategie des Unternehmens sicherstellt, das notwendige Mandat besitzt und auch schon in den vorherigen Phasen eingebunden war. Das Top-Management sollte regelmäßig durch den Verantwortlichen und – als ergänzende Meinung – durch die Strategieabteilung über die Fortschritte informiert werden. Gemeinsam mit den Informationen aus der Überprüfung der gemachten Annahmen können so, falls nötig, frühzeitig notwendige Anpassungen an den beschlossenen Maßnahmen durchgeführt werden.

Das Kernteam der Strategischen Frühaufklärung sollte bei der Überprüfung der gemachten Annahmen unterstützen, zum einen, um die notwendige Expertise beizusteuern, und zum anderen, um auch Rückschlüsse auf die zuvor gemachte Arbeit ziehen zu können. Diese Erkenntnisse tragen so ebenfalls zur Weiterentwicklung der zukünftigen Strategischen Frühaufklärung im Unternehmen bei. Darüber hinaus fließen natürlich auch Erkenntnisse, die direkt während der Identifikations-, Analyse- und Entscheidungsvorbereitungsphase gewonnen wurden, in die Verbesserung der Strategischen Frühaufklärung ein. Abbildung 4.5 zeigt den Rückkopplungs- / Qualitätsprozess der Strategischen Frühaufklärung.

Methoden

Die Methoden richten sich nach den jeweiligen Themen, sodass genaue Methoden schwer vorgeschlagen werden können. Spezielle Methoden der Strategischen Frühaufklärung sind nicht unmittelbar notwendig, sie können jedoch für die Überprüfung der gemachten Annahmen notwendig werden. Ansonsten sind auch in dieser Phase Kommunikations- und Visualisierungsmethoden vorteilhaft.

---

445 Vergleiche hierzu auch Abschnitt 3.4.

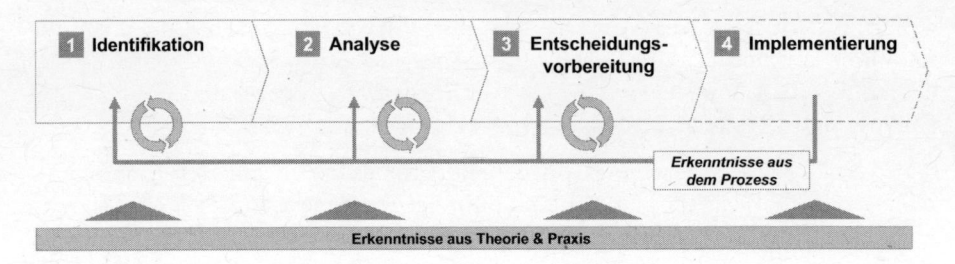

Abbildung 4.5: Rückkopplungs- und Qualitätsprozess der Strategischen Frühaufklärung

Informationen und Wissen

Die Quellen für notwendige Informationen und Wissen unterscheiden sich in dieser Phase nicht von den zuvor genutzten, sodass die Aussagen der vorherigen Phasen hier auch zutreffen. Allgemein werden aber in dieser Phase Informationen und Rückmeldungen seitens (potenzieller) Kunden oder anderer betroffener Anspruchsgruppen immer wichtiger.

Endergebnisse und Entscheidungen

Die Implementierungsphase unterscheidet sich von den vorherigen Phasen insoweit, als es hier keine vergleichbaren Endergebnisse und Entscheidungen gibt; es gilt, die zuvor erarbeiteten Entscheidungen und Maßnahmen umzusetzen. Die erfolgreiche Umsetzung der beschlossenen Entscheidung und damit die Vorbereitung des Unternehmens auf die potenzielle Veränderung ist die wichtigste Aufgabe und zugleich das Endergebnis. Im Rahmen der Umsetzung werden immer wieder Entscheidungen notwendig sein; diese sind aber nicht unmittelbar Teil der Strategischen Frühaufklärung, sondern der unternehmerischen Vorbereitung auf die Veränderung im Umfeld. Entsprechend den Anforderungen müssen die notwendigen Entscheidungen getroffen werden.

Sollte bei der Überprüfung der gemachten Annahmen festgestellt werden, dass diese nicht mehr gültig sind, muss die Umsetzung entsprechend angepasst oder sogar gestoppt werden; entsprechende Vorschläge müssen dann erneut vom (Top-)Management beschlossen werden. Das Top-Management besitzt zusätzlich noch weitere Eingreif- und Entscheidungsmöglichkeiten, und zwar dann, wenn es über den Fortschritt der Umsetzung informiert wird; so ist sichergestellt, dass die Umsetzung vorangeht und zugleich die neuesten Anforderungen berücksichtigt werden.

Verbesserungen an der generellen Strategischen Frühaufklärung im Unternehmen werden auf unterschiedlichen Ebenen im Unternehmen getroffen – vom Kernteam bis zum Top-Management – in Abhängigkeit von der jeweiligen Veränderung.

4.2.2 Normative Ebene

Die normative Ebene liefert mithilfe von Prinzipien, Normen und Grundsätzen den generellen Unternehmensrahmen für die Strategische Frühaufklärung. Hierzu gehören u. a. die Unternehmensvision, die Unternehmensziele, die Unternehmensgrundsätze und Leitgedanken zur Unternehmenskultur. Alle diese Elemente bilden den Rahmen für die strategische Ebene und für alle Aktivitäten der Strategischen Frühaufklärung. Abbildung 4.6 verdeutlicht noch einmal die Interaktion der normativen mit der strategischen Ebene des Ansatzes.

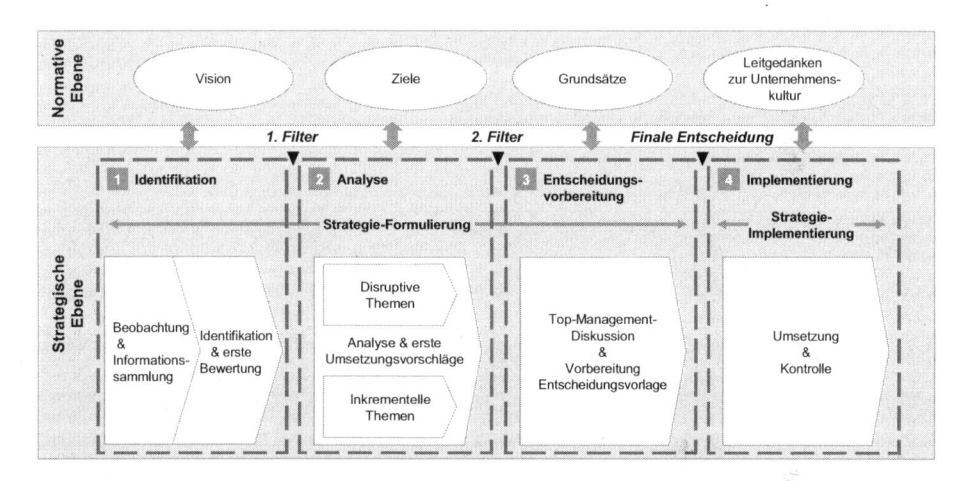

Abbildung 4.6: Interaktion der normativen und strategischen Ebene

Den größten Einfluss nimmt die normative Ebene auf die Identifikationsphase und damit auf den Beginn der Strategieformulierung. Vision, Grundsätze und Leitgedanken geben hier nicht nur eine Richtung vor, sondern sind auch Top-down- Inputgrößen in der Identifikation potenzieller Themen.[446] Ansonsten sind sie natürlich als Teil des unternehmerischen Grundverständnisses ebenfalls in allen anderen Phasen präsent.

4.2.3 Operative Ebene

Die operative Ebene interagiert eng mit der strategischen Ebene; sie unterstützt sowohl bei der Strategieformulierung als auch bei der Strategieimplementierung. Die strategische Ebene definiert Anforderungen an die operative Ebene und lenkt diese in Bezug auf Tätigkeiten der Strategischen Frühaufklärung. Die operative Ebene setzt diese dann um und führt sie aus. Zur operativen Ebene gehören vor

---

446 Vergleiche hierzu auch Abschnitt 4.2.1.1 und Abbildung 4.3.

allem die Abteilungen und Organisationseinheiten, die Teil der Geschäfts- und Unterstützungsprozesse[447] sind.

Die Interaktion kann z. B. gut an der Identifikationsphase verdeutlicht werden. Zum einen erfolgt die Umfeldbeobachtung mehrheitlich in den Abteilungen der operativen Ebene, sodass wichtige Erkenntnisse und Informationen – im Sinne eines Informations-Pushs – als Input in die Identifikation einfließen. Zum anderen können offene Fragen oder Analysen von der Strategischen Ebene definiert und dann – im Sinne eines Informations-Pulls – von der operativen Ebene abgefragt werden. Diese Unterstützung der Identifikation und Analyse stellt einen Teil der Interaktion dar; der zweite Teil ist die Umsetzungsunterstützung. So liefert die operative Ebene nicht nur wichtige Informationen für die Umsetzungsplanung, sondern ist als Teil, in dem später Teile der Implementierung stattfinden, auch direkt betroffen. Abbildung 4.7 verdeutlicht noch einmal die Interaktion zwischen strategischer und operativer Ebene. Die operative Ebene ist aufgrund ihrer beiden Hauptaufgaben zweigeteilt, zum besseren Verständnis sind die Geschäftsprozesse nur angedeutet; die übrigen Prozesse der operativen Ebene wurden aus Vereinfachungsgründen komplett weggelassen.

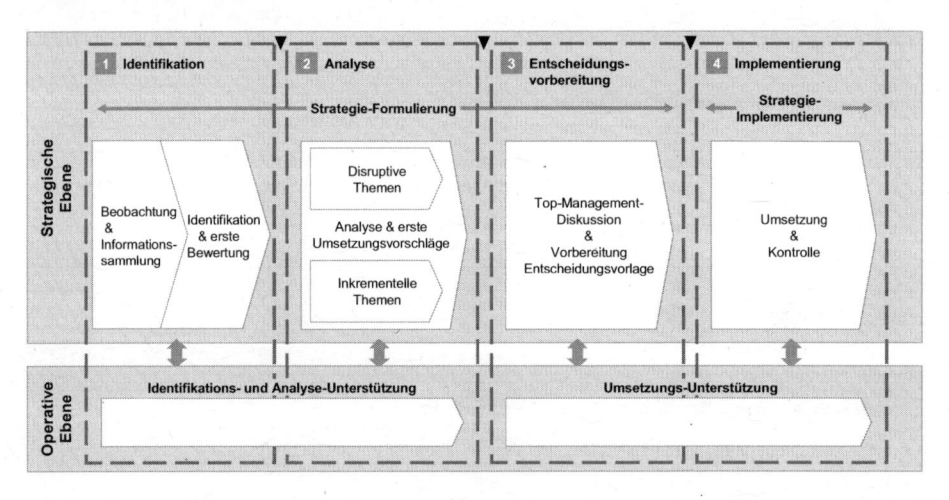

Abbildung 4.7: Interaktion der strategischen und operativen Ebene

Der Rückgriff auf existierende Informationen, Prozesse und Personen der operativen Ebene sorgt dafür, dass der ganzheitliche Ansatz der Strategischen Frühaufklärung schlank ausfällt und unnötige Parallelstrukturen vermieden werden. Außerdem

---

[447] Nach Rüegg-Stürm (2004) umfassen die Geschäftsprozesse die Kernaktivitäten des Unternehmens: das Management der Kundenbeziehungen, des Produktlebenszyklus und der Wertschöpfungskette. Zu den Unterstützungsprozessen gehören auch interne Dienstleistungen, die für das korrekte und effiziente Funktionieren der Geschäftsprozesse notwendig sind; hierzu zählen z. B. Personalwesen, Buchhaltung oder Qualitätsmanagement. Darüber hinaus gibt es noch die Managementprozesse, die für das Lenken und Steuern der Unternehmung verantwortlich sind. Für weitere Informationen vergleiche hierzu auch Rüegg-Stürm (2004).

4.2 Detaillierte Darstellung des ganzheitlichen Ansatzes

werden so die Akzeptanz der Ergebnisse erhöht und das organisatorische Lernen verbessert, da die jeweiligen Abteilungen / Personen direkt in die Strategische Frühaufklärung eingebunden sind.

4.2.4 Strukturelle und organisatorische Verankerung

Die Strategische Frühaufklärung kann auf verschiedenen Ebenen eines Unternehmens durchgeführt werden;[448] hierbei muss aber sichergestellt sein, dass die gesamten Geschäftsaktivitäten eines Unternehmens abgedeckt sind und keine weißen Flecken bestehen.

Vor diesem Hintergrund erlaubt der Ansatz einen hierarchischen und integrierten Prozessaufbau. Dies bedeutet, dass Frühaufklärungsaktivitäten in einer pyramidalen Struktur auf verschiedenen Unternehmensebenen stattfinden können und sich hierbei wechselseitig mit Informationen austauschen und überwachen. Abbildung 4.8 verdeutlicht diese pyramidale Struktur der Strategischen Frühaufklärung. An der Basis können somit parallel Frühaufklärungsaktivitäten stattfinden, je-

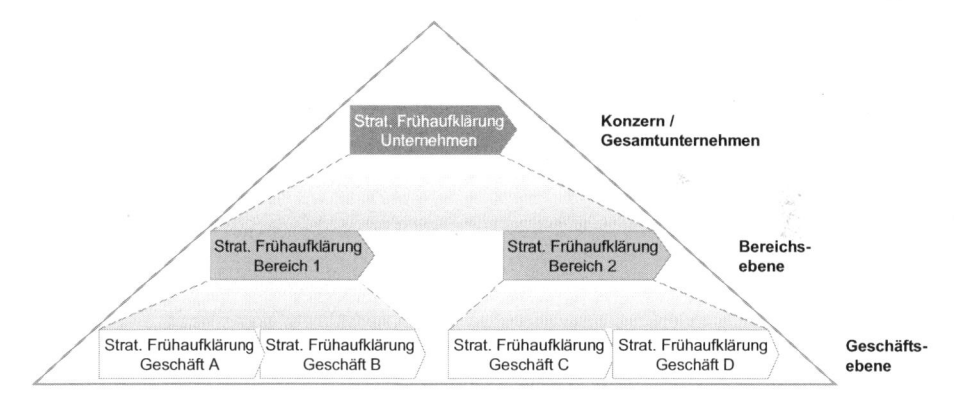

Abbildung 4.8: Pyramidale Struktur der Strategischen Frühaufklärung

weils einmal pro Geschäftseinheit. Eine Ebene höher – in letzter Konsequenz auf Konzernebene – findet ebenfalls ein Strategischer Frühaufklärungsprozess statt. Dieser adressiert zum einen Themen, die zwischen den Beobachtungsbereichen der nächsttieferen Ebene liegen, und zum anderen überwacht er deren Aktivitäten und übernimmt Themen, wenn sie von übergeordneter Bedeutung sind.

Die Durchführung auf einer tieferen Ebene hat den Vorteil des dort guten Geschäftsverständnisses, wobei gleichzeitig aber die Gefahr besteht, dass Strukturen geschaffen werden, die nicht ausreichend ausgelastet sind oder nicht die nötige Routine in der Durchführung besitzen. Daher empfiehlt sich die Implementierung des

---

448 Vergleiche hierzu auch die Erkenntnisse zu Organisation und Personen in der Cross-Case-Analyse in Abschnitt 3.3.

Modells der Strategischen Frühaufklärung auf verschiedenen Unternehmensebenen nur in besonders großen oder heterogenen Unternehmen. Darüber hinaus besteht die Gefahr, dass (disruptive) Themen, die zwischen zwei Geschäftsfeldern liegen, übersehen oder nicht ausreichend gewürdigt werden bzw., wenn sie disruptiver Art sind und eine Geschäftseinheit direkt bedrohen, dort ggf. starken Widerstand oder nicht die notwendige Aufmerksamkeit erfahren. Aus diesem Grund erfolgt eine Überwachung der Strategischen Frühaufklärungsaktivitäten durch die nächsthöhere Ebene.

Abbildung 4.8 hat bereits die Umfeldüberwachung der höheren Ebene zwischen den Aktivitäten der tieferen Ebene verdeutlicht; Abbildung 4.9 zeigt nun den Informationsaustausch zwischen zwei Ebenen und die Themenübernahme durch die höhere Ebene.

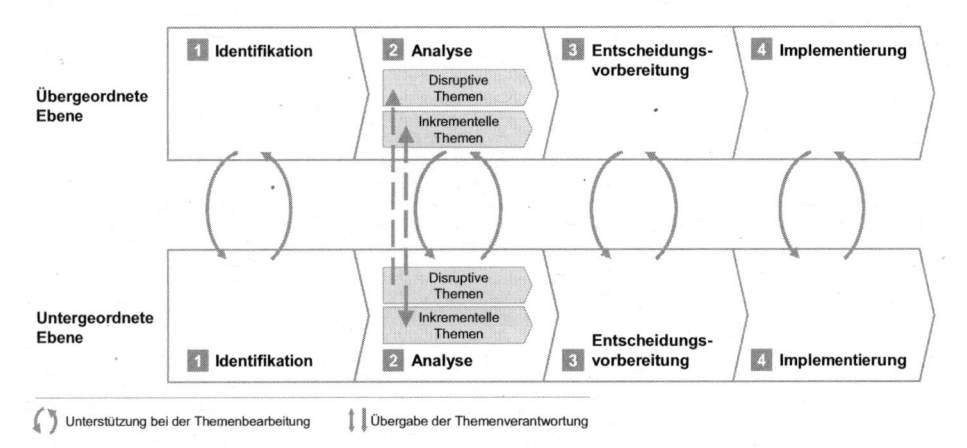

Abbildung 4.9: Interaktion zwischen zwei Ebenen der Strategischen Frühaufklärung

In allen Phasen der Strategischen Frühaufklärung erfolgt ein Austausch zwischen den Ebenen; dies kann die Meldung von Themen an die höhere Ebene bedeuten, die operative Unterstützung der höheren Ebene durch Analysen, Personen oder die Übergabe ganzer Themen zur weiteren Bearbeitung. Die höhere Ebene übernimmt Themen vor allem, wenn sie disruptiver Art sind und die Gefahr einer unzureichenden Adressierung besteht, wenn das Thema von großer Wichtigkeit für die nächsthöhere Ebene ist (z. B. zur Erreichung einer Gesamtstrategie, ...) bzw. der Investitionsaufwand so groß ist, dass er von dem eigentlichen Geschäft nicht oder nicht ausreichend schnell durchgeführt werden kann. Die höhere Ebene kann im Gegenzug Themen an die tiefere Ebene delegieren, wenn das Thema ausschließlich die jeweilige Geschäftseinheit betrifft und keine Widerstände bestehen; die obere Ebene beschränkt sich dann auf die Überwachung bzgl. der mit dem Themen verbundenen Aktivitäten.

4.2 Detaillierte Darstellung des ganzheitlichen Ansatzes 273

Die besondere Bedeutung disruptiver Themen wird durch den eindirektionalen Pfeil im Ast für disruptive Themen der Analysephase betont, der die Übergabe des Themas an die übergeordnete Ebene symbolisiert. Die bidirektionalen Pfeile in den übrigen Phasen symbolisieren den Austausch zwischen den Ebenen, d. h. die Übergabe an die andere Ebene (auch an die untergeordnete Ebene) oder nur die gegenseitige Unterstützung.

4.2.5 Unterstützende Unternehmenskultur

Der Erfolg der Strategischen Frühaufklärung hängt nicht nur von den individuellen Ergebnissen und deren Umsetzung ab, sondern auch von einem Umfeld, das dies unterstützt und offen für Innovationen und Veränderungen ist. Aus diesem Grund kommt der Unternehmenskultur eine starke, unterstützende Wirkung zu. Die Langfristigkeit zwischen der Identifizierung eines Themas und der wirtschaftlichen Nutzung verlangt visionäre Personen bei der Identifikation und Beurteilung von Themen, unternehmerischen Mut in der Implementierung aufgrund der langfristigen Investments und die Bereitschaft, Themen die notwendige Zeit zu geben bzw. auch Fehlschläge zu akzeptieren. Dies zu fördern und zu ermöglichen ist Aufgabe der Unternehmenskultur, was eine langwierige und schwierige, aber notwendige Aufgabe ist.

Weiterhin sind flankierende Maßnahmen in den Bereichen Organisation, Anreizsysteme und Personalauswahl zur Unterstützung der Strategischen Frühaufklärung und zur Überwindung der Implementierungsbarrieren notwendig. Ziel ist es, eine Umgebung zu schaffen, die sowohl durch Vertrauen als auch durch Accountability geprägt ist.[449] Die Wirkung der Unternehmenskultur hinsichtlich Akzeptanz und Unterstützung der Strategischen Frühaufklärung kann des Weiteren durch eine starke Auseinandersetzung mit Zukunftsthemen im Unternehmen[450] und umfangreicher und zielgruppenorientierter Kommunikation / Visualisierung der Erkenntnisse, Entscheidungen und Konsequenzen verstärkt werden. Für weitere Ausführungen sei auf die jeweiligen Abschnitte in der Theorie[451] und Praxis[452] verwiesen.

---

449 Vergleiche hierzu auch Abschnitt 2.2.2.4.
450 Vergleiche hierzu auch Abschnitt 2.2.2.3.
451 Vergleiche hierzu auch Abschnitt 2.4.
452 Vergleiche hierzu auch Abschnitt 3.4.

4.3 Zusammenfassung, kritische Überprüfung und Würdigung

Auf Basis der aus Theorie[453] und Praxis[454] gewonnenen Anforderungen und Ergebnisse wurde im vorliegenden Kapitel[455] der ganzheitliche Ansatz zur Strategischen Frühaufklärung auf Unternehmensebene entwickelt und vorgestellt. Abbildung 4.10 fasst noch einmal den gesamten Ansatz zusammen.

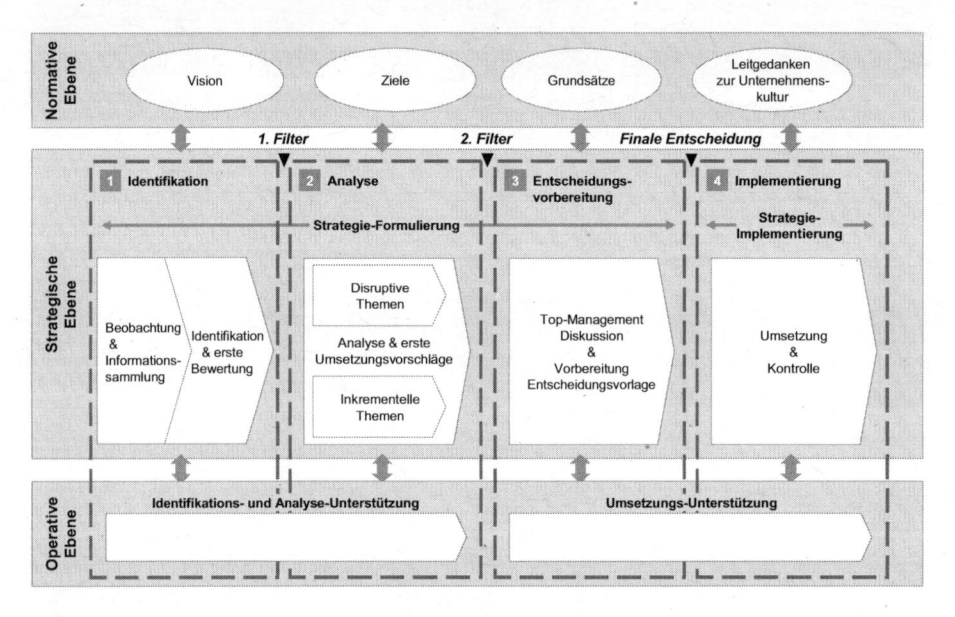

Abbildung 4.10: Ganzheitlicher Ansatz zur Strategischen Frühaufklärung

In den folgenden Abschnitten werden zuerst die Einhaltung der aus Theorie und Praxis abgeleiteten Anforderungen und dann die Beantwortung der aufgestellten Forschungsfragen überprüft und bestätigt. Abschließend wird der Ansatz kritisch gewürdigt.

4.3.1 Überprüfung der aufgestellten Anforderungen an den ganzheitlichen Ansatz

Ausgehend von der Evaluierung der verschiedenen Strategy-Schools sowie weiterer Ansätze des strategischen Managements und des Innovationsmanagements in der

---
[453] Vergleiche hierzu auch Abschnitt 2.4.
[454] Vergleiche hierzu auch Abschnitt 3.4.
[455] Vergleiche Abschnitt 4.1.1 für die Einführung, Herleitung und Begründung des Ansatzes Abschnitt 4.2 für ausführliche Erläuterungen.

Literaturanalyse[456] wurden *fünf Eckpunkte für die Entwicklung des ganzheitlichen Ansatzes* definiert:

- Strategische Perspektive
- Formalisierter Prozesscharakter
- Unterstützende Tools und Methoden
- Unterstützende organisatorische Strukturen
- Umfassende Innovationsperspektive

Darüber hinaus sollte sich der Ansatz in die *normativen, strategischen und operativen Strukturen des Unternehmens* einfügen[457] und basierend auf der an der bestehenden Literatur geübten Kritik[458] eine *ganzheitliche Lösung* darstellen, die die vielen Einzelaspekte miteinander verbindet und integriert.

Rückblickend lässt sich *klar festhalten, dass der entwickelte und vorgestellte Ansatz nicht nur die zuvor aufgestellten Eckpunkte erfüllt, sondern auch in der normativen, strategischen und operativen Ebene eines Unternehmens verankert ist und einen ganzheitlichen Rahmen geschaffen hat*, der Einzelergebnisse aus Theorie und Praxis einordnet, Zusammenhänge herstellt und weitere Erkenntnisse integriert. Der Ansatz liefert mit seiner vierphasigen Prozessstruktur einen verbindenden Rahmen für Erkenntnisse und Hilfestellungen bzgl. Prozess, Methoden, Informationsquellen, Personen und organisatorischer Verankerung, der zusätzlich zwischen inkrementellen und disruptiven Veränderungen differenziert.

4.3.2 Überprüfung der aufgestellten Forschungsfragen

Nachdem zuvor bereits die Erfüllung der aufgestellten fünf Eckpunkte sowie weiterer Anforderungen aus Theorie und Praxis bestätigt wurde, wird im Folgenden die Beantwortung der aufgestellten Forschungsfragen überprüft und nachgewiesen.

Ziel und Forschungsgegenstand der vorliegenden Arbeit waren die Analyse der Bedeutung der Strategischen Frühaufklärung für Unternehmen, die Identifikation von Erfolgsfaktoren und notwendigen Voraussetzungen sowie die Entwicklung eines ganzheitlichen Ansatzes für die Umsetzung in Unternehmen. Die zentralen Forschungsfragen[459] lauteten daher:[460]

---

456 Vergleiche hierzu auch Abschnitt 2.4.
457 Vergleiche hierzu auch die Abschnitte 2.1.1.1 und 2.1.2.3.
458 Vergleiche hierzu auch Abschnitt 2.4.
459 Vergleiche hierzu auch Abschnitt 1.2 für ausführlichere Erläuterungen zu den Forschungsfragen.
460 Vergleiche hierzu auch Abschnitt 1.1 für weitere Informationen hinsichtlich der Motivation, der Problemstellung und des allgemeinen Kontexts der vorliegenden Arbeit.

1. **Wie sollte die Strategische Frühaufklärung organisiert sein? Wie sollte das Zusammenspiel der verschiedenen Komponenten geregelt sein?**
2. **Gibt es Prozesse und Methoden, die besonders geeignet sind? Welche Personen sollten wann und wie eingebunden werden?**
3. **Gibt es Faktoren und Erkenntnisse, die ein Unternehmen besonders gut Veränderungen erkennen und hierauf reagieren lassen?**

Nach Abschluss der vorliegenden Arbeit lässt sich festhalten, dass der ganzheitliche Ansatz zur Strategischen Frühaufklärung sowohl die aufgestellten Forschungsfragen beantwortet als auch Unternehmen die notwendigen Informationen und Empfehlungen vermittelt, um die Strategische Frühaufklärung einzuführen und umzusetzen. Im Folgenden sind jeweils pro Fragenkomplex die wichtigsten Elemente des Ansatzes zusammengefasst, die diese beantworten.[461]

Wie sollte die Strategische Frühaufklärung organisiert sein? Wie sollte das Zusammenspiel der verschiedenen Komponenten geregelt sein?

Der erste Fragenkomplex zielte auf die generelle Einordnung der Strategischen Frühaufklärung und deren Zusammenspiel im Unternehmen.
Als wichtigste Elemente sind hier vor allem das *ganzheitliche Managementverständnis inklusive der Verankerung des Ansatzes in den normativen, strategischen und operativen Managementsystemen*,[462] die *prozessuale Grundstruktur*,[463] die als Rahmen für das Zusammenspiel von Prozessen, Methoden, beteiligten Personen, ... dient und der *hierarchische und integrierte Prozessaufbau*[464] zu nennen, der zum einen die komplette Abdeckung aller Unternehmensbereiche sicherstellt und zum anderen Strategische Frühaufklärungsaktivitäten auf verschiedenen Ebene erlaubt, die zu einem Gesamtbild zusammengestellt werden.

Gibt es Prozesse und Methoden, die besonders geeignet sind? Welche Personen sollten wann und wie eingebunden werden?

Der zweite Fragenkomplex fokussierte auf die operativen Aspekte, die für eine erfolgreiche Durchführung und Umsetzung notwendig sind.
Die *prozessuale Grundstruktur*[465] liefert Schritt für Schritt alle wichtigen Punkte hinsichtlich der Nutzung, Einbindung und Abstimmung von Prozessen, Informationen, Methoden, Aktivitäten und Personen[466] und stellt so den passenden Rahmen

---

[461] Für alle Erkenntnisse der vorliegenden Arbeit sei auf die detaillierte Darstellung des Ansatzes in Abschnitt 4.2 sowie auf die Zusammenfassungen der Erkenntnisse aus Theorie und Praxis in den Abschnitten 2.4 und 3.4 verwiesen.
[462] Vergleiche hierzu auch Abschnitt 4.2.
[463] Vergleiche hierzu auch Abschnitt 4.2.1.
[464] Vergleiche hierzu auch Abschnitt 4.2.4.
[465] Vergleiche hierzu auch Abschnitt 4.2.1.
[466] Auch wenn im Ansatz nicht alle in Theorie und Praxis identifizierten Erkenntnisse dargestellt werden, so sind diese dennoch für die Umsetzung einer Strategischen Frühaufklärung gültig. Vergleiche hierzu auch die Abschnitte 2.4 und 3.4.

4.3 Zusammenfassung, kritische Überprüfung und Würdigung

für das Zusammenspiel aller identifizierten Einzelaspekte dar. Aufbauend hierauf kann der Nutzer sicher sein, dass die notwendigen Schritte von der Identifikation über die Entscheidung bis hin zur Implementierung durchgeführt werden.

Gibt es Faktoren und Erkenntnisse, die ein Unternehmen besonders gut Veränderungen erkennen und hierauf reagieren lassen?

Der dritte und letzte Fragenkomplex beschäftigte sich mit Aspekten, die nicht direkt mit der Strategischen Frühaufklärung verbunden sind, sondern indirekt zu deren Erfolg beitragen.

In diesem Zusammenhang sind u. a. die verschiedenen Erkenntnisse zur *Unternehmenskultur*,[467] aber auch zu *weichen Erfolgsfaktoren*[468] zu nennen, wie z. B. Mitarbeiterauswahl und -führung, räumliche Nähe und enge Zusammenarbeit des Kernteams oder auch die entsprechende Kommunikation und Visualisierung der Ergebnisse. Diese Erkenntnisse verbessern nicht nur die Ergebnisse der Strategischen Frühaufklärung, sondern verbessern auch die Akzeptanz deren Ergebnisse, da das Vorgehen transparenter und nachvollziehbarer ist.

4.3.3 Kritische Würdigung

Abschließend lässt sich festhalten, dass der ganzheitliche Ansatz zur Strategischen Frühaufklärung keine schnelle Anleitung darstellt, die eins zu eins nur abgearbeitet werden muss, um automatisch fertige Ergebnisse und Erfolg zu haben. Eine solche Anleitung ist prinzipiell nicht möglich, da jedes Unternehmen und jedes Thema zu individuell ist und die Zukunft von Natur aus mit einer grundsätzlichen Unsicherheit verbunden ist, die dies nicht erlaubt. Vielmehr stellt der Ansatz bewusst und gewollt eine flexible Blaupause dar, die, individuell an ein Unternehmen angepasst, diesem die notwendigen Informationen und Hilfsmittel an die Hand gibt, um erfolgreiche Strategische Frühaufklärung durchzuführen.

Aufbauend hierauf kann der Nutzer sicher sein, dass die notwendigen Schritte von der Identifikation über die Entscheidung bis hin zur Implementierung durchgeführt werden. Gleichzeitig wird die Akzeptanz der Ergebnisse und der Strategischen Frühaufklärung durch das transparente und nachvollziehbare Vorgehen gestärkt. Darüberhinaus wird der Ansatz durch die eingebaute, regelmäßige Selbstüberprüfung und die Berücksichtigung neuer Erkenntnisse aus Theorie und Praxis kontinuierlich verbessert und weiterentwickelt.

Der ganzheitliche Ansatz zur Strategischen Frühaufklärung ist somit ein wichtiger Faktor für den Unternehmenserfolg, da er dem Nutzer dabei hilft, erfolgreich Strategische Frühaufklärung im Unternehmen zu implementieren, Zukunftsthemen zu identifizieren und mit der richtigen Umsetzung die gewonnenen Erkenntnisse in einen echten Wettbewerbsvorteil umzuwandeln.

---

467 Vergleiche hierzu auch Abschnitt 4.2.5.
468 Vergleiche hierzu auch Abschnitt 4.2.5.

5 Ausblick

Die vorliegende Promotionsarbeit hat untersucht, wie Unternehmen mithilfe der Strategischen Frühaufklärung besser auf Veränderungen in ihrem Umfeld reagieren können. Auf Basis der aus Theorie[469] und Praxis[470] gewonnenen Ergebnisse wurde ein ganzheitlicher Ansatz zur Strategischen Frühaufklärung auf Unternehmensebene entwickelt und vorgestellt.[471] Der Ansatz liefert dem Nutzer eine flexible Blaupause, die die gewonnenen Erkenntnisse zu Prozess, Methoden, Personen, Verankerung im Unternehmen, ... einordnet und dem Nutzer dabei hilft, erfolgreich Strategische Frühaufklärung im Unternehmen zu implementieren, Zukunftsthemen zu identifizieren und mit der richtigen Umsetzung die gewonnenen Erkenntnisse in einen echten Wettbewerbsvorteil umzuwandeln.

Die Bedeutung der Strategischen Frühaufklärung für Unternehmen wird vermutlich in der Zukunft noch weiter zunehmen. Gründe hierfür sind u. a. die steigende Komplexität und Dynamik des Unternehmensumfelds, was zu mehr Veränderungen führt, auf die die Unternehmen dann reagieren müssen.[472] Angesichts dieser in Zukunft wachsenden Bedeutung der Strategischen Frühaufklärung ist es daher notwendig, weitere Forschung in diesem Bereich durchzuführen.

Die vorliegende Arbeit, deren Ziel es war, Unternehmen die notwendigen Informationen und Empfehlungen zur Strategischen Frühaufklärung an die Hand zu geben und sie in die Lage zu versetzen, erfolgreich Strategische Frühaufklärung durchzuführen, bietet viele Ansatzpunkte für weitergehende und vertiefende Forschung. Für die zukünftige Forschung zur Strategischen Frühaufklärung werden im Folgenden sowohl aus Praxis- als auch aus Theoriesicht mögliche weitere Forschungsfelder aufgezeigt, die nicht Bestandteil dieses Promotionsprojekts waren:

- Der vorliegende ganzheitliche Ansatz zur Strategischen Frühaufklärung und die gewonnenen Erkenntnisse basieren auf multiplen Fallstudien mit induktiver, qualitativer und explorativer Ausrichtung.[473] Aufgrund der gering ausgeprägten wissenschaftlichen Basis in Bezug auf das Zusammenspiel der einzelnen Aspekte der Strategischen Frühaufklärung und der Komplexität des Untersuchungsgegenstands war dieses Forschungsdesign das passendste für dieses Promotionsvorhaben. Die Ergebnisse konnten insbesondere durch die Verwendung der multiplen Fallstudie zu einer theoretischen Aussage

---

469 Vergleiche hierzu auch Abschnitt 2.4.
470 Vergleiche hierzu auch Abschnitt 3.4.
471 Vergleiche hierzu auch Abschnitt 4.
472 Vergleiche hierzu auch Abschnitt 1.1.
473 Vergleiche hierzu auch Abschnitt 3.1 zur Begründung und Herleitung des Forschungsdesigns.

generalisiert werden (analytische Generalisierung), was sich mit dem Ziel des Promotionsvorhabens, Theorien zu erweitern und zu generalisieren, deckt. Das gewählte Forschungsdesign erlaubt aber noch keine Übertragung auf die komplette Population (statistische Generalisierung); vor diesem Hintergrund sollten nun der ganzheitliche Ansatz und die gewonnenen Erkenntnisse durch *weitere, quantitativ angelegte empirische Überprüfungen* verifiziert oder aber auch modifiziert werden.

- Ein aus Praxissicht wichtiger Aspekt stellt die *Überprüfung des ganzheitlichen Ansatzes in der Praxis* dar. Auch wenn der Ansatz und die Ergebnisse auf Erkenntnissen aus der Praxis basieren und die Ergebnisse mit ausgewählten Interviewpartnern nochmals diskutiert und für richtig befunden wurden, steht noch der ‚finale Beweis' der Anwendbarkeit aus. Aus diesem Grund sollte der Ansatz nun wissenschaftlich begleitet in mehreren Unternehmen eingeführt und angewendet werden.

- Auch wenn mit der Auswahl der Fallstudien versucht wurde, bereits möglichst viele unterschiedliche Aspekte abzudecken, sollten die gewonnenen Ergebnisse in einem nächsten Schritt durch *weitere Fallstudien mit zusätzlichen Hintergründen* auf eine breitere Basis gestellt werden. Diese weiteren Fallstudien sollten u. a. Aspekte wie geografische Herkunft, Industrie, Größe oder Geschäftsmodell der Unternehmen berücksichtigen, um so auch hinsichtlich dieser Aspekte den Ansatz weiter zu detaillieren.

- Die Strategische Frühaufklärung stellt für *kleine und mittlere Unternehmen* aufgrund deren Ressourcenverfügbarkeit eine besondere Herausforderung dar; vor diesem Hintergrund sollte die praktische Anwendbarkeit noch einmal besonders für diese Unternehmen überprüft und der ganzheitlichen Ansatz ggf. hinsichtlich geringerer Ressourcenverfügbarkeit weiter angepasst werden.

- Die *Implementierung und Anwendung der Strategischen Frühaufklärung* in Unternehmen ist noch weitestgehend unerforscht. In diesem Zusammenhang wäre es insbesondere interessant, verschiedene Ansätze zu untersuchen, wie die Akzeptanz der Strategischen Frühaufklärung und deren Ergebnisse in Unternehmen weiter verbessert werden können.

- Die Strategische Frühaufklärung interagiert – insbesondere auf der operativen Ebene – stark mit Geschäfts- und Unterstützungsprozessen des Unternehmens; Anknüpfungspunkte für weitere Forschung könnte die bessere *Einbindung und Abstimmung der Strategischen Frühaufklärung mit anderen Prozessen* des Unternehmens, wie z. B. dem Benchmarking oder der Wettbewerberbeobachtung, sein.

- Ziel der vorliegenden Arbeit war die Schaffung eines ganzheitlichen Ansatzes, der die unterschiedlichen Einzelerkenntnisse verbindet und in einen Gesamtkontext stellt; darüber hinausgehende Forschungsarbeit kann und muss natürlich auch weiter im Bereich der *Detaillierung der Einzelaspekte* erfolgen, die dann wiederum in den ganzheitlichen Ansatz einfließen können.

Die in der Einleitung aufgezeigte Notwendigkeit, sich mit Veränderungen auseinanderzusetzen, wurde durch die vorliegende Arbeit weiter betont, und mithilfe der Strategischen Frühaufklärung wurde ein hierfür hilfreicher und zielführender Ansatz geschaffen. Durch den ganzheitlichen Ansatz zur Strategischen Frühaufklärung sowie die weiteren gewonnenen Erkenntnisse hat die vorliegende Arbeit die gestellten Forschungsfragen beantwortet, neue Aspekte und Erkenntnisse zur Strategischen Frühaufklärung geschaffen und lädt nun ein, weiter im Umfeld der Strategischen Frühaufklärung den Erkenntnisgewinn voranzutreiben.

Mithilfe der Strategischen Frühaufklärung werden aus Risiken Chancen!

Abbildungsverzeichnis

1.1	Übersicht der Struktur der Dissertation	24
2.1	Übersicht der Struktur von Kapitel 2	26
2.2	Funktionen des Managements	28
2.3	Zusammenhang von normativem, strategischem und operativem Management in horizontaler und vertikaler Sicht	29
2.4	Strategieformulierung als ein Prozess	41
2.5	Evaluierung der zehn Strategieformulierungs-Schulen	43
2.6	Konzepte der technischen Entwicklung: Innovationsprozess	48
2.7	Konzepte der technischen Entwicklung: Technologielebenszyklus	48
2.8	Technologieentwicklungsprozess und Technologiewechsel (Doppel-S-Kurve)	49
2.9	Abgrenzung Technologie-, F&E- und Innovationsmanagement	50
2.10	Technologiemanagement als Koordinierungsaufgabe	51
2.11	Potenzial- und prozessorientiertes Konzept des Unternehmens	54
2.12	Integriertes Technologiemanagementkonzept	55
2.13	Innovationsprozess im weiteren Sinne	59
2.14	Wertschöpfungskette des Unternehmens	60
2.15	Technologie- und Innovationsmanagement als verbundene Bereiche der Wertschöpfungskette	61
2.16	Zusammenspiel Produkt- und Technologieinnovationsprozesse (Market-Pull und Technology-Push)	62
2.17	Integriertes Innovationsverständnis	63
2.18	Spektrum von Antwortstrategien in Abhängigkeit vom Konkretisierungsgrad der vorliegenden Informationen	74
2.19	Abgrenzung der Strategischen Frühaufklärung	82
2.20	Einsatzfelder der Zukunftsanalyse im Unternehmen	84
2.21	Vier mögliche Organisationstypen der Strategischen Frühaufklärung	87
2.22	Erhebung umweltbezogener Indikatoren	88
2.23	Zuständigkeit für Informationsauswertung	89
2.24	Erfahrungen europäischer Unternehmen mit einem eigenen Frühaufklärungsprozess	90
2.25	Veränderung der Akzeptanz der Strategischen Frühaufklärung im Unternehmen	90
2.26	Ziele strategischer Frühaufklärungsprozesse	91
2.27	Relevante Probleme der Frühaufklärung in Unternehmen	92
2.28	Kritische Erfolgsfaktoren der Frühaufklärung zur effizienten Unterscheidungsunterstützung	92

2.29 Beispiele für schwache Signale entlang des Technologieentwicklungsprozesses 97
2.30 Phasen der Frühaufklärung entlang des Technologieentwicklungsprozesses 98
2.31 Prozessmodell der Frühaufklärung nach Horton 101
2.32 Prozessmodell der Frühaufklärung nach Voros 102
2.33 Prozessmodell der Frühaufklärung nach Reger 103
2.34 Formale und informelle Informationsquellen für die Frühaufklärung 104
2.35 Klassifikation wichtiger Frühaufklärungsmethoden anhand der Merkmale Charakter und Zweck 108
2.36 Klassifikation wichtiger Frühaufklärungsmethoden anhand der konkreten Funktion 109
2.37 Einflussfaktoren auf die Wahl von Bewertungsform und Methode der Frühaufklärung 114
2.38 Methoden der Frühaufklärung und deren Eignung für die Analysefunktionen 115
2.39 Eignung der Methoden der Frühaufklärung für bestimmte Zeithorizonte 117
2.40 Einsatz von Frühaufklärungsmethoden in der Unternehmenspraxis 118
2.41 Kriterien zur Differenzierung von Szenarien 121
2.42 Die fünf Phasen des Szenariomanagements 123

3.1 Übersicht der Struktur von Kapitel 3 130
3.2 Übersicht über die Fallstudien und deren Zusammenspiel 142
3.3 Übersicht der Gesprächspartner der Fallstudienuntersuchung . . . 146
3.4 Wichtige (finanzielle) Kennzahlen der Siemens AG – GJ 2010 . . . 152
3.5 Weltweite Präsenz der Siemens AG – GJ 2010 153
3.6 Überblick Megatrends, organisatorische Grundsätze, Vision und Strategie 155
3.7 Ausgewählte Siemens-Innovationen von 1847 bis 2010 156
3.8 Übersicht über wichtige F&E-Standorte und geografische Verteilung der F&E-Mitarbeiter 157
3.9 Die Innovationsstrategie: Trends setzen und Märkte bestimmen . . 161
3.10 Die gegenwärtige Open Innovation Landscape @ Siemens 164
3.11 Neuere Open Innovation Landscape @ Siemens 165
3.12 Pictures of the Future (PoF) 169
3.13 Das Pictures-of-the-Future-(PoF-)Framework: detaillierter Ablauf . 170
3.14 Pictures of the Future (PoF): Energy (2003) – Vereinfachte Visualisierung der Energieversorgung der nächsten Jahrzehnte 171
3.15 Unterschiedliche Eigenschaften von Innovationen 174
3.16 Überblick Corporate-Innovation-Prozess (CIP) 177
3.17 Portfolio der Division Fossil Power Generation 183
3.18 Überblick über die Division Fossil Power Generation 184
3.19 Entwicklung der Stromerzeugung nach Energieträger (in TWh) . . 184
3.20 Technologieoptionen für einen künftigen CO_2-armen Energie-Mix . 185

3.21	Generelle Technologiepfade für Carbon Capture and Storage (CCS)	187
3.22	Status und Übersicht über die von Siemens bevorzugten CO_2-Abtrennungstechnologien	188
3.23	Marktübersicht für Luftreinhaltungstechnologien und Motivation für den Markteintritt	190
3.24	Geschäftsmöglichkeiten durch Vergasung von Brennstoffen	191
3.25	Motivation für den Kauf von Bonus Energy durch Siemens	200
3.26	Entwicklung von Siemens Wind Power 2008 – 2010	201
3.27	Entwicklung der Stromerzeugung 2005 bis 2030 (Prognose)	202
3.28	Entwicklung des Erneuerbare-Energie- und des Windmarkts 2007 bis 2010 (Prognose)	203
3.29	Übersicht möglicher europäischer Offshore-Windpark-Standorte	204
3.30	Übersicht der Entwicklung des Siemens-Offshore-Windgeschäfts (Stand Juli 2008)	212
3.31	Übersicht abgeschlossener und aktueller Offshore-Projekte (Stand Dezember 2010)	213
3.32	Überblick über die Division Power Transmission	219
3.33	Überblick über den Power-Transmission-Markt	220
3.34	Typische Verluste von HGÜ-Technologien in Abhängigkeit von der Schaltfrequenz	223
3.35	Platzeinsparung von HGÜ Plus im Vergleich zu HGÜ Classic	224
3.36	Arbeitsweise der Voltage-Sourced-Converter-(VSC-)Technologie mit Two-Level-Topologie	228
3.37	Überblick und Arbeitsweise des Modular-Multilevel-Converter-(MMC-)Ansatzes	228
3.38	Überblick über die verschiedenen Topologien (VSC und HGÜ Plus)	229
3.39	Überblick über das ‚Trans Bay Cable'-Projekt	232
3.40	Übersicht abgeschlossener und in der Abwicklung befindlicher HGÜ-Plus-Projekte (Stand Januar 2011)	234
4.1	Übersicht der Struktur von Kapitel 4	248
4.2	Aufbau des ganzheitlichen Ansatzes zur Strategischen Frühaufklärung	250
4.3	Interaktion Beobachtung und Identifikation	254
4.4	Selektionsprozess während der Phasen der Strategischen Frühaufklärung	266
4.5	Rückkopplungs- und Qualitätsprozess der Strategischen Frühaufklärung	268
4.6	Interaktion der normativen und strategischen Ebene	269
4.7	Interaktion der strategischen und operativen Ebene	270
4.8	Pyramidale Struktur der Strategischen Frühaufklärung	271
4.9	Interaktion zwischen zwei Ebenen der Strategischen Frühaufklärung	272
4.10	Ganzheitlicher Ansatz zur Strategischen Frühaufklärung	274

Tabellenverzeichnis

2.1	Mischansätze der Schulen zur Strategieformulierung	40
2.2	Hauptunterschiede zwischen Foresight und Forecasting	77
3.1	Hauptunterschiede zwischen deduktiven und induktiven Ansätzen	132
3.2	Situationsbezogene Kriterien zur Wahl der Foschungsstrategie	135
3.3	Auftragseingang, Umsatz, Ergebnis und Ergebnismarge des Energy-Sektors und seiner Divisionen – GJ 2010	159

Literatur

4C Offshore (2011a). *Horns Rev 1 Wind Farm.* URL: http://www.4coffshore.com/windfarms/horns-rev-denmark-dk03.html (besucht am 25.03.2011).

4C Offshore (2011b). *Hywind Wind Farm.* URL: http://www.4coffshore.com/windfarms/Hywind-Norway-N004.html (besucht am 25.03.2011).

4C Offshore (2011c). *North Hoyle Wind Farm.* URL: http://www.4coffshore.com/windfarms/North-Hoyle-United-Kingdom-UK16.html (besucht am 25.03.2011).

4C Offshore (2011d). *Nysted Wind Farm.* URL: http://www.4coffshore.com/windfarms/horns-rev-denmark-dk03.html (besucht am 25.03.2011).

4C Offshore (2011e). *Tunø Knob Wind Farm.* URL: http://www.4coffshore.com/windfarms/tuno-knob-denmark-dk05.html (besucht am 25.03.2011).

4C Offshore (2011f). *Vindeby Wind Farm.* URL: http://www.4coffshore.com/windfarms/ravnsborg-denmark-dk06.html (besucht am 25.03.2011).

ABB (19.11.2009). *Press release – ABB celebrates landmark power technology.* Zürich. URL: http://www.abb.com/cawp/seitp202/09af930fd267b278c125767200450180.aspx (besucht am 29.03.2011).

ABB (2005). *HVDC & SVC Light – Reference list.* URL: http://www05.abb.com/global/scot/scot267.nsf/veritydisplay/5d0bb83bb5e3a007852572e500540f9d/%5C$File/HVDC%20and%20SVC%20Light%20web.pdf (besucht am 29.03.2011).

ABB (2009). *Gotland: The first commercial HVDC Light project.* URL: http://www.abb.com/industries/ap/db0003db004333/a34c41e0fe23b18cc125774a0033abbe.aspx (besucht am 30.03.2011).

ABB (2010a). *Gotland HVDC Light project.* URL: http://search.abb.com/library/ABBLibrary.asp?DocumentID=POW-0034%5C&LanguageCode=en%5C&DocumentPartID=%5C&Action=Launch (besucht am 29.03.2011).

ABB (2010b). *It's time to connect with offshore wind supplement.* URL: http://www05.abb.com/global/scot/scot221.nsf/veritydisplay/fb4d15b402dc68c7c12577210040f853/%5C$File/Pow0038%20R6%20LR.pdf (besucht am 29.03.2011).

Abell, Derek F. (1999). „Competing Today While Preparing for Tomorrow". In: *Sloan Management Review* 40.3, S. 73–81.

Aguilar, Francis J. (1967). *Scanning the business environment.* 1. print. New York: Macmillan.

Ahuja, Gautam, Coff, Russell W. und Lee, Peggy M. (2005). „Managerial foresight and attempted rent appropriation: insider trading on knowledge of imminent breakthroughs". In: *Strategic Management Journal* 26.9, S. 791–808.

Albers, Sönke und Gassmann, Oliver, Hrsg. (2005). *Handbuch Technologie- und Innovationsmanagement: Strategie, Umsetzung, Controlling.* 1. Aufl. Wiesbaden: Gabler.

Allison, Graham T. (1971). *Essence of decision: Explaining the Cuban missile crisis.* 6. printing. Boston: Little Brown [and] Co.

Anderson, Joe (1997). „Technology foresight for competitive advantage". In: *Long Range Planning* 30.5, S. 665–677.

Andrews, Kenneth R. (1987). *The concept of corporate strategy.* 3. ed.. Homewood Ill.: Irwin.

Ansoff, H. Igor (1965). *Corporate strategy: An analytic approach to business policy for growth and expansion.* New York: McGraw-Hill.

Ansoff, H. Igor (1975). „Managing Strategic Surprise by Response to Weak Signals". In: *California Management Review* 18.2, S. 21–33.

Ansoff, H. Igor (1976). „Managing Surprise and Discontinuity – Strategic Response to Weak Signals". In: *Schmalenbachs Zeitschrift für betriebswirtschaftliche Forschung* 28.2, S. 129–152.

Ansoff, H. Igor (1980). „Strategic Issue Management". In: *Strategic Management Journal* 1.2, S. 131–148.

Ansoff, H Igor (1984). *Implanting strategic management.* Englewood Cliffs und NJ: Prentice-Hall.

Armstrong, Jon S. (1985). *Long-range forecasting: From crystal ball to computer.* 2. ed.. New York [u.a.]: Wiley.

Asplund, Gunnar, Carlsson, Lennart und Tollerz, Ove (2003a). „50 years HVDC: ABB – from pioneer to world leader: Part 1". In: *ABB Review* 4, S. 6–8.

Asplund, Gunnar, Carlsson, Lennart und Tollerz, Ove (2003b). „50 years HVDC: ABB – from pioneer to world leader: Part 2". In: *ABB Review* 4, S. 10–13.

Astley, W. Graham (1984). „Toward an Appreciation of Collective Strategy". In: *The Academy of Management Review* 9.3, S. 526–535.

Axselsson, Urban u. a. (1999). *Gotland HVDC Light Transmission – Word's first commercial small scale DC transmission: CIRED conference;* Nice. URL: http://search.abb.com/library/ABBLibrary.asp?DocumentID=1JNL100095-681%5C&LanguageCode=en%5C&DocumentPartID=%5C&Action=Launch (besucht am 29.03.2011).

Axselsson, Urban u. a. (2001). *The Gotland HVDC Light Project – Experiences from trial and commercial operation: CIRED conference.* Amsterdam. URL: http://search.abb.com/library/ABBLibrary.asp?DocumentID=1JNL100095-656%5C&LanguageCode=en%5C&DocumentPartID=%5C&Action=Launch (besucht am 29.03.2011).

Baisch, Friedemann (2000). *Implementierung von Früherkennungssystemen in Unternehmen.* Bd. 68. Reihe. Lohmar: Josef Eul Verlag.

Becker, Patrick (2002). *Corporate Foresight in Europe: A First Overview.* URL: ftp://ftp.cordis.europa.eu/pub/foresight/docs/st_corporate_foresight_040109.pdf (besucht am 18.01.2010).

Benkenstein, M. (1989). „Modelle technologischer Entwicklungen als Grundlage für das Technologiemanagement". In: *Die Betriebswirtschaft* 49, S. 497–512.

Birkenmeier, Beat (1998). „Verwertungsstrategien für Technologien". In: *Technologie-Management*. Hrsg. von Hugo Tschirky und Stefan Koruna. Technology, innovation and management. Zürich: Orell Füssli Verl. Industrielle Organisation, S. 477–501.

Blackman, Colin (2001). „Measuring the art of the long view". In: *Foresight* 3.1, S. 3–4.

Bleicher, Knut (1991). *Das Konzept integriertes Management*. Bd. 1. CampusManager-Magazin. Frankfurt / Main: Campus-Verl.

Blumberg, Boris, Cooper, Donald R und Schindler, Pamela S (2008). *Business research methods*. 2. European ed. London: McGraw-Hill Education.

Blumoser, Bernd (2009). *Open Innovation @ Siemens: State of the Art and Future Perspectives*. München.

Bommer, Jürgen (1969). „Methoden der Zukunftsforschung". In: *Analysen und Prognosen über die Welt von morgen* 5, 17ff.

Bortz, Jürgen und Döring, Nicola (2006). *Forschungsmethoden und Evaluation*. 4., überarbeitete Auflage. Berlin und Heidelberg: Springer Verlag.

Bower, Joseph L. und Christensen, Clayton M. (1995). „Disruptive Technologies: Catching the Wave". In: *Harvard Business Review* 73.1, S. 43–53.

Brauchlin, Emil (2006). *Die Anfänge des St. Gallener Management-Modells*. URL: http://www.sgmi.ch/download/htm/2295/de/Die-Anfaenge-des-St.-Galler-Management-Modells.pdf (besucht am 30.08.2010).

Braybrooke, David und Lindblom, Charles Edward (1963). *A strategy of decision: Policy evaluation as a social process*. London: Free Press of Glencoe Collier-Macmillan.

Brem, Alexander (2008). *The boundaries of innovation and entrepreneurship: Conceptual background and essays on selected theoretical and empirical aspects: Univ., Diss.-Erlangen-Nürnberg, 2007*. 1. ed. Gabler Edition Wissenschaft. Wiesbaden: Gabler.

Brenner, Merrill S. (1996). „Technology intelligence and technology scouting". In: *Competitive Intelligence Review* 7.3, S. 20–27.

Breuer, Wilfried (22.05.2007). *HGÜ – aktuelle Projekte und Benefits: Markteinführung HGÜ Plus*.

Brockhoff, Klaus (1997). *Forschung und Entwicklung: Planung und Kontrolle*. 4., erg. Aufl. München: Oldenbourg.

Brodbeck, Harald u.a. (2003). „Evaluating and Introducing Disruptive Technologies". In: *Technology and innovation management on the move*. Hrsg. von Hugo Tschirky, Hans-Helmuth Jung und Pascal Savioz. Bd. 8. Technology, innovation and management. Zürich: Verlag Industrielle Organisation und Orell Füssli Verl., S. 137–151.

Brown, Arnold und Weiner, Edith (1984). *Supermanaging: How to harness change for personal and organizational success*. New York: McGraw-Hill.

Bullinger, Hans-Jörg (1994). *Einführung in das Technologiemanagement: Modelle, Methoden, Praxisbeispiele*. Stuttgart: Teubner.

Bürgel, Hans Dietmar, Reger, Guido und Ackel-Zakour, René (2008). „Technologie-Früherkennung in multinationalen Unternehmen: Ergebnisse einer empirischen

Untersuchung". In: *Technologie-Roadmapping*. Hrsg. von Martin G. Möhrle und Ralf Isenmann. Springer-11774 /Dig. Serial]. Berlin und Heidelberg: Springer-Verlag Berlin Heidelberg, S. 31–55.

Burkhardt, Marlene E. und Brass, Daniel J. (1990). „Changing Patterns or Patterns of Change: The Effects of a Change in Technology on Social Network Structure and Power". In: *Administrative Science Quarterly* 35.1, S. 104–127.

Burmeister, Klaus, Neef, Andreas und Albert, Bernhard Glockner Holger (2002). *Zukunftsforschung und Unternehmen: Praxis, Methoden, Perspektiven*. Bd. 2. Z_dossier. Essen: Z_punkt.

Burmeister, Klaus, Neef, Andreas und Beyers, Bert (2004). *Corporate Foresight: Unternehmen gestalten Zukunft*. 1. Aufl. Murmann Business & Management. Hamburg: Murmann.

Chaffee, Ellen Earle (1985). „Three Models of Strategy". In: *The Academy of Management Review* 10.1, S. 89–98.

Chandler, Alfred D. (1962). *Strategy and structure: chapters in the history of the American industrial enterprise*. Reprint 2003. Washington: Beard Books.

Chandy, Rajesh K. und Tellis, Gerard J. (1998). „Organizing for Radical Product Innovation: The Overlooked Role of Willingness to Cannibalize". In: *Journal of Marketing Research (JMR)* 35.4, S. 474–487.

Christensen, Clayton M. (2008). *The innovator's dilemma: When new technologies cause great firms to fail*. [Rev. updated ed.], [Nachdr.] The management of innovation and change series. Boston und Massachusetts: Harvard Business School Press.

Christensen, Clayton M., Johnson, Mark W. und Rigby, Darrell K. (2002). „Foundations for Growth: How to Identify and Build Disruptive New Businesses". In: *MIT Sloan Management Review* 43.3, S. 22–31.

CIGRE (2011). *What ist CIGRE?* URL: http://www.cigre.org/gb/organizati on/organization.asp (besucht am 28.03.2011).

Clarke, Christopher J. und Varma, Suvir (1999). „Strategic risk management: the new competitive edge". In: *Long Range Planning* 32.4, S. 414–424.

Coates, Joseph Francis (1985). *Issues identification and management: the state of the art of methods and techniques*. Palo Alto.

Coburn, Mathias M (1999). *Competitive technical intelligence: A guide to design, analysis, and action*. New York: American Chemical Society und Oxford University Press.

Cole, Arthur H. (1959). *Business enterprise in its social setting*. Cambridge Mass.: Harvard Univ. Press.

Corporate Technology (2004). *Pictures of the Future – Ganzheitliche Zukunftsplanung bei Siemens*. München.

Cuhls, Kerstin (2003). „From forecasting to foresight processes – new participative foresight activities in Germany". In: *Journal of Forecasting* 22.2-3, S. 93–111.

Cyert, Richard Michael und March, James G. (1963). *A behavioral theory of the firm*. Englewood Cliffs N.J.: Prentice-Hall.

Daheim, Cornelia und Uerz, Gereon (2006). *Corporate Foresight in Europe: Ready for the next step?* Sevilla und Spanien.

Daheim, Cornelia und Uerz, Gereon (2008). „Corporate foresight in Europe: from trend based logics to open foresight". In: *Technology Analysis & Strategic Management* 20.3, S. 321–336.

D'Aveni, Richard A. (1995). *Hyperwettbewerb: Strategien für die neue Dynamik der Märkte*. Frankfurt/Main: Campus-Verl.

Day, George S. und Schoemaker, Paul (2004a). „Peripheral Vision: Sensing and Acting on Weak Signals". In: *Long Range Planning* 37.2, S. 117–121.

Day, George S. und Schoemaker, Paul J. H. (2004b). „Driving Through the Fog: Managing at the Edge". In: *Long Range Planning* 37.2, S. 127–142.

Day, George S. und Schoemaker, Paul J. H. (2005). „Scanning the Periphery". In: *Harvard Business Review* 83.11, S. 135–148.

Donaldson, Lex (1996). *For positivist organization theory: Proving the hard core*. London: Sage Publ.

Dorn, Jörg, Huang, Hartmut und Retzmann, Dietmar (2008). „A New Multilevel Voltage-Sourced Converter Topology for HVDC Applications". In: *CIGRE Paper*, B4-304.

Dosi, Giovanni (1982). „Technological paradigms and technological trajectories: A suggested interpretation of the determinants and directions of technical change". In: *Research Policy* 11.3, S. 147–162.

Drucker, Peter F. (1969). *The age of discounituity: Guidelines to our changing society*. London: Pan Books.

Duin, Patrick van der (2006). *Qualitative futures research for innovation*. Delft und The Netherlands: Eburon Academic Publishers.

Edler, Jakob, Meyer-Krahmer, Frieder und Reger, Guido (2002). „Changes in the strategic management of technology: results of a global benchmarking study". In: *R&D Management* 32.2, S. 149–164.

Ehrnberg, Ellinor und Jacobsson, Staffan (1993). „Technological discontinuity and competitive strategy–revival through FMS for the European machine tool industry?" In: *Technological Forecasting and Social Change* 44.1, S. 27–48.

Eisenhardt, Kathleen M. (1989). „Building Theories from Case Study Research". In: *The Academy of Management Review* 14.4, S. 532–550.

Eisenhardt, Kathleen M. und Graebner, Melissa E. (2007). „Theory Building from Cases: Opportunities and Challenges". In: *Academy of Management Journal* 50.1, S. 25–32.

Elenkov, Detelin S. (1997). „Strategic Uncertainty and Environmental Scanning: The case for institutional influences on scanning behaivior". In: *Strategic Management Journal* 18.4, S. 287–302.

E.ON AG (2009). *CO_2-Abtrennung und -Speicherung: CCS - Für den Weg in eine nachhaltige Energiezukunft*. Düsseldorf. URL: http://www.eon.com/de/downloads/090921_CCS_Broschuere_DE.pdf (besucht am 11.04.2011).

E.ON AG (2011a). *Oxyfuel-Combustion: Durch reinen Sauerstoff zu "reinem" $CO2$*. URL: http://www.eon.com/de/businessareas/35242.jsp (besucht am 11.04.2011).

E.ON AG (2011b). *Post-Combustion-Capture: Die große $CO2$-Wäsche*. URL: http://www.eon.com/de/businessareas/35245.jsp (besucht am 11.04.2011).

E.ON AG (2011c). *Pre-Combustion-Capture: Aus Kohle wird sauberer Wasserstoff.* URL: http://www.eon.com/de/businessareas/35243.jsp (besucht am 11.04.2011).

Eppler, Martin J. und Platts, Ken W. (2009). „Visual Strategizing: The Systematic Use of Visualization in the Strategic-Planning Process". In: *Long Range Planning* 42.1, S. 42–74.

European Commission (2010). *Climate Action – The EU climate and energy package.* URL: http://ec.europa.eu/clima/policies/package/index_en.htm (besucht am 12.04.2011).

Fahey, Liam und King, William R. (1977). „Environmental scanning for corporate planning". In: *Business Horizons* 20.4, S. 61–71.

Farrokhzad, Babak, Kern, Claus und Fritzhanns, Thilo (2008). „Innovation Business Plan im Hause Siemens - Portfolio-basiertes Roadmapping zur Ableitung Erfolgversprechender Innovationsprojekte". In: *Technologie-Roadmapping.* Hrsg. von Martin G. Möhrle und Ralf Isenmann. Springer-11774 /Dig. Serial]. Berlin und Heidelberg: Springer-Verlag Berlin Heidelberg, S. 325–351.

Feldenkirchen, Wilfried (2003). *Siemens: Von der Werkstatt zum Weltunternehmen.* 2., aktualisierte und erw. Aufl. München und Zürich: Piper.

Feldenkirchen, Wilfried (2005). *Die Siemens-Unternehmer: Kontinuität und Wandel 1847 – 2005; zehn Portraits.* München: Piper.

Fink, Alexander und Schlake, Oliver (2000). „Scenario management – An approach for strategic foresight". In: *Competitive Intelligence Review* 11.1, S. 37–45.

Fink, Alexander, Schlake, Oliver und Siebe, Andreas (2001). *Erfolg durch Szenario-Management: Prinzip und Werkzeuge der strategischen Vorausschau.* Frankfurt/Main: Campus-Verl.

Flick, Uwe (2008). *Triangulation: Eine Einführung.* 2. Bd. Bd. 12. Qualitative Sozialforschung. Wiesbaden: VS Verlag für Sozialwissenschaften / GWV Fachverlage GmbH Wiesbaden.

Flick, Uwe (2009). *Qualitative Sozialforschung: Eine Einführung.* Vollst. überarb. und erw. Neuausg., 2. Aufl. Bd. 55694. Rororo Rowohlts Enzyklopädie. Reinbek bei Hamburg: Rowohlt-Taschenbuch-Verl.

Floyd, Chris (1996). „Managing Technology Discontinuities for Competitive Advantage". In: *Prism (Arthur D Little)* 2, S. 1–7.

Foster, Richard (1986). *Innovation: Die technologische Offensive.* Wiesbaden: Gabler.

Foster, Richard und Kaplan, Sarah (2002). *Schöpfen und Zerstören: Wie Unternehmen langfristig überleben.* Frankfurt [Main]: Redline Wirtschaft bei Ueberreuter.

Fuller, Ted, De Smedt, Peter und Rothman, Dale S. (2006). *Advancing foresight methodology through networked conversation.* Sevilla und Spanien.

Garcia, Rosanna und Calantone, Roger (2002). „A critical look at technological innovation typology and innovativeness terminology: a literature review". In: *Journal of Product Innovation Management* 19.2, S. 110–132.

Gerdes, Gerhard, Tiedemann, Albrecht und Zeelenberg, Sjoerd (2007). *Case Study: European Offshore Wind Farms – A Survey for the Analysis of the Experiences and Lessons Learnt by Developers of Offshore Wind Farms.* Hrsg. von Deutsche

WindGuard GmbH, Deutsche Energie-Agentur GmbH (dena) und Universität Gronningen. URL: http://www.offshore-wind.de/page/fileadmin/offsho re/documents/Case_Study_European_Offshore_Wind_Farms.pdf (besucht am 26.03.2011).

Gerybadze, Alexander (1994). „Technology forecasting as a process of organisational intelligence". In: *R&D Management* 24.2, S. 131–140.

Geschka, Horst (1995). „Methoden der Technologiefrühaufklärung und der Technologievorhersage". In: *Handbuch Technologiemanagement*. Hrsg. von Erich Zahn. Stuttgart: Schäffer-Poeschel, S. 623–644.

Geus, Arie de (2002). *The living company: [habits for survival in a turbulent business environment]*. Boston und Mass.: Harvard Business School Press.

Gilbert, Clark (2003). „The Disruption Opportunity". In: *MIT Sloan Management Review* 44.4, S. 27–32.

Gilbert, Clark und Bower, Joseph L. (2002). „Disruptive Change: :When trying harder is part of the problem". In: *Harvard Business Review* 80.5, S. 95–100.

Glenn, Jerome C., Gordon, Theodore J. und Dator, James (2001). „Closing the deal: how to make organizations act on futures research". In: *Foresight* 3.3, S. 177–189.

Glinka, Martin und Marquardt, Rainer (2003). „A New Single Phase AC/AC-Multilevel Converter For Traction Vehicles Operating On AC Line Voltage". In: *EPE 2003*. Brussels und Belgium: EPE Association.

Göbel, Elisabeth (1995). „Der Stakeholderansatz im Dienste der strategischen Früherkennung". In: *Zeitschrift für Planung* 6.1, S. 55–67.

Gordon, Theodore J. (1994). *Methods Frontiers and Integration*. Hrsg. von UNDP/ African Futures.

Gruber, Marc und Venter, Claudia (2006). „"Die Kunst, die Zukunft zu erfinden" -Theoretische Erkenntnisse und empirische Befunde zum Einsatz des Corporate Foresight in deutschen Großunternehmen". In: *Zeitschrift für betriebswirtschaftliche Forschung*.

Grupp, Hariolf, Blind, Knut und Cuhls, Kerstin (1998). *Technology Foresight – Analytical Paper*. Hrsg. von Fraunhofer-Institut für System- und Innovationsforschung ISI. Karlsruhe.

Guey-Lee, Louise (1998). *Wind Energy Developments: Incentives In Selected Countries*. URL: http://tonto.eia.doe.gov/ftproot/features/wind.pdf (besucht am 24.03.2011).

Haeckel, Stephan H. (2004). „Peripheral Vision: Sensing and Acting on Weak Signals: Making Meaning out of Apparent Noise: The Need for a New Managerial Framework". In: *Long Range Planning* 37.2, S. 181–189.

Hamel, Gary und Prahalad, C K (1996). *Competing for the future*. Paperback [ed.] Boston und Mass.: Harvard Business School Press.

Hammer, Richard M. (1988). *Strategische Planung und Frühaufklärung*. 3., unwesentlich veränd. Aufl.. München [u.a.]: Oldenbourg.

Hannan, Michael T. und Freeman, John (1977). „The Population Ecology of Organizations". In: *The American Journal of Sociology* 82.5, S. 929–964.

Hannemann, Frank, Schingnitz, Manfred und Zimmermann, Gerhard (2007). *Siemens IGCC and Gasification Technology: Today's Solution and Developments: 2nd International Freiberg Conference on IGCC & XtL Technologies*. Freiberg. URL: http://www.tu-freiberg.de/~wwwiec/conference/conf07/pdf/2.3.pdf (besucht am 11.04.2011).

Hatten, Kenneth J. und Schendel, Dan E. (1977). „Heterogeneity Within an Industry: Firm Conduct in the U.S. Brewing Industry, 1952-71". In: *The Journal of Industrial Economics* 26.2, S. 97–113.

Hauschildt, Jürgen (2005). „Dimensionen der Innovation". In: *Handbuch Technologie- und Innovationsmanagement*. Hrsg. von Sönke Albers und Oliver Gassmann. Wiesbaden: Gabler, S. 23–40.

Hauschildt, Jürgen und Salomo, Sören (2007). *Innovationsmanagement*. 4., überarb., erg. und aktualisierte Aufl. Vahlens Handbücher der Wirtschafts- und Sozialwissenschaften. München: Vahlen.

Heijden, Kees der van (2007). *Scenarios: The art of strategic conversation*. 2. ed., reprinted. Chichester: Wiley.

Heiss, Michael (2.12.2010). *Open Innovation Networks – Crowdsourcing und interne Expertenvernetzung bei Siemens*. Frankfurt / Main.

Herstatt, Cornelius und Lettl, Christopher (2006). „Marktorientierte Erfolgsfaktoren technologiegetriebener Entwicklungsprojekte". In: *Management von Innovation und Risiko*. Hrsg. von Oliver Gassmann und Carmen Kobe. Springer-11775 /Dig. Serial]. Berlin und Heidelberg: Springer-Verlag Berlin Heidelberg, S. 145–170.

Herstatt, Cornelius und Lüthje, Christian (2005). „Quellen für Neuproduktideen". In: *Handbuch Technologie- und Innovationsmanagement*. Hrsg. von Sönke Albers und Oliver Gassmann. Wiesbaden: Gabler, S. 265–284.

Höller, Samuel, Vallentin, Daniel und Esken, Andrea (2010). „Da kocht was hoch: Wozu brauchen wir die CCS-Technologie?" In: *politische ökologie* 28.123, S. 11–14.

Horton, Averil (1999). „a simple guide to sucessful foresight". In: *Foresight* 1.1, S. 5–9.

Hunger, David J und Wheelen, Tom (2009). *Essentials of strategic management*. 4th int. ed, repr. Upper Saddle River und NJ: Prentice Hall.

IEEE (2011). *About IEEE*. URL: http://www.ieee.org/about/index.html (besucht am 28.03.2011).

Innovations Report (2004). *Siemens übernimmt dänische Bonus Energy A/S – Einstieg in Windenergie-Geschäft*. URL: http://www.innovations-report.de/html/berichte/energie_elektrotechnik/bericht-35131.html? (besucht am 18.11.2012).

IPCC, Hrsg. (2005). *IPCC special report on carbon dioxide capture and storage*. Cambridge: Cambridge Univ. Press.

IPCC, Hrsg. (2007a). *Klimaänderung 2007: Wissenschaftliche Grundlagen. Beitrag der Arbeitsgruppe I zum Vierten Sachstandsbericht des Zwischenstaatlichen Ausschusses für Klimaänderung (IPCC)*. Cambridge und United Kingdom: Cambridge University Press.

IPCC (2007b). "Zusammenfassung für politische Entscheidungsträger". In: *Klimaänderung 2007*. Hrsg. von IPCC. Cambridge und United Kingdom: Cambridge University Press. URL: http://www.ipcc.ch/pdf/reports-nonUN-translations/deutch/IPCC2007-WG1.pdf (besucht am 08.04.2011).

Jagadeesh, A. (2000). "Wind energy development in Tamil Nadu and Andhra Pradesh, India Institutional dynamics and barriers – A case study". In: *Energy Policy* 28.3, S. 157–168.

Jain, Subhash C. (1984). "Environmental scanning in U.S. corporations". In: *Long Range Planning* 17.2, S. 117–128.

Jantsch, Erich (1967). *Technological forecasting in perspective: A framework for technological forecasting its techniques and organisation; a description of activities and annotated bibliography*. Paris: OECD.

Jockenhövel, Tobias (2009). "Konventionelle Kraftwerkstechnik: CCS-Projekte im Aufwind". In: *BWK – Das Energie-Fachmagazin* 61.6, S. 28–29.

Jockenhövel, Tobias, Schneider, Rüdiger und Rode, Helmut (2008). *Development of an Economic Post-Combustion Carbon Capture Process*. Erlangen. URL: http://www.energy.siemens.com/hq/pool/hq/power-generation/power-plants/carbon-capture-solutions/post-combustion-carbon-capture/development-of-an-economic-carbon-capture-process.pdf (besucht am 11.04.2011).

Kahn, Herman (1967). *The year 2000: A framework for speculation on the next 33 years*. New York: Macmillan [u.a.]

Kanama, Daisuke, Kondo, Akio und Yokoo, Yoshiko (2008). "Development of technology foresight: integration of technology roadmapping and the Delphi method". In: *International Journal of Technology Intelligence and Planning* 4.2, S. 184–200.

Karg, Jürgen (2009). *IGCC experience and further developments to meet CCS market needs: COAL-GEN Europe*. Katowice und Poland. URL: http://www.energy.siemens.com/hq/pool/hq/power-generation/power-plants/integrated-gasification-combined-cycle/Igcc-experience-and-further-developments.pdf (besucht am 11.04.2011).

Keenan, Michael (2008). *UNIDO – Technological Foresight Initiative*. Hrsg. von Ricardo Seidl da Fonseca.

Kessler, E. H. und Bierly, P. E. III (2002). "Is faster really better? An empirical test of the implications of innovation speed". In: *Engineering Management, IEEE Transactions on DOI - 10.1109/17.985742* 49.1, S. 2–12.

Kessler, Eric H. und Chakrabarti, Alok K. (1996). "Innovation Speed: A Conceptual Model of Context, Antecedents, and Outcomes". In: *The Academy of Management Review* 21.4, S. 1143–1191.

Kim, W. Chan und Mauborgne, Renée (1997). "Value Innovation: The Strategic Logic of High Growth". In: *Harvard Business Review* 75.1, S. 103–112.

Kondratieff, Nikolai Dmitrijewitsch (1935). "The Long Waves in Economic Life". In: *The Review of Economics and Statistics* 17.6, S. 105–115.

Kostoff, Ronald N., Boylan, Robert und Simons, Gene R. (2004). „Disruptive technology roadmaps: Roadmapping: From Sustainable to Disruptive Technologies". In: *Technological Forecasting and Social Change* 71.1-2, S. 141–159.

Krampe, Gerd und Müller-Stewens, Günter (1981). „Diffusionsfunktionen als theoretisches und praktisches Konzept zur Strategischen Frühaufklärung". In: *Schmalenbachs Zeitschrift für betriebswirtschaftliche Forschung* 33.5, S. 384–401.

Kreibich, Rolf, Schlaffer, Alexandra und Trapp, Christian (2002). *Zukunftsforschung in Unternehmen: Eine Studie zur Organisation von Zukunftswissen und Zukunftsgestaltung in deutschen Unternehmen*. Bd. 33. WerkstattBerichte / SFZ, Sekretariat für Zukunftsforschung. Berlin: Sekretariat für Zukunftsforschung.

Krystek, Ulrich (2007). „Strategische Früherkennung". In: *Zeitschrift für Controlling & Management* 51.Ergänzungsheft 2, S. 50–58.

Krystek, Ulrich und Müller-Stewens, Günter (1992). „Grundzüge einer strategischen Frühaufklärung". In: *Strategische Unternehmungsplanung*. Hrsg. von Taylor of Mansfield Hahn, S. 337–364.

Krystek, Ulrich und Müller-Stewens, Günter (1993). *Frühaufklärung für Unternehmen: Identifikation und Handhabung zukünftiger Chancen und Bedrohungen*. Stuttgart: Schäffer-Poeschel.

Kunze, Christian W. (2000). „Competitive Intelligence: Ein ressourcenorientierter Ansatz strategischer Frühaufklärung". Diss. Wuppertal: Bergische Universität Wuppertal.

Lamnek, Siegfried (2005). *Qualitative Sozialforschung: Lehrbuch*. 4., vollst. überarb. Aufl. Weinheim: Beltz PVU.

Lang, Hans-Christoph (1998). „Gestaltung der Technology Intelligence in Abhängigkeit der Wettbewerbssituation". Diss. Zürich: Eidgenössische Technische Hochschule Zürich.

Langen, Manfred und Lackner, Thomas (6.10.2009). *CrowdInnovation: Open Innovation im Enterprise 2.0: Internes und externes Wissen vernetzen*. Bad Homburg v. d. Höhe. URL: http://www.knowtech.net/files/documents/F03_03_Langen_Siemens.pdf (besucht am 01.03.2011).

Langerak, Fred und Hultink, Erik Jan (2005). „The impact of new product development acceleration approaches on speed and profitability: lessons for pioneers and fast followers". In: *Engineering Management, IEEE Transactions on DOI - 10.1109/TEM.2004.839941* 52.1, S. 30–42.

Learned, Edmund P. u. a. (1965). *Business policy: Text and cases*. Homewood/Ill.: Irwin.

LED - Emotionalize your light (2009). URL: http://led-emotionalize.com/ (besucht am 01.03.2011).

Lee, Hun, Smith, Ken G. und Grimm, Curtis M. (2003). „The Effect of New Product Radicality and Scope on the Extent and Speed of Innovation Diffusion". In: *Journal of Management* 29.5, S. 753–768.

Leifer, Richard u. a. (2006). *Radical innovation: How mature companies can outsmart upstarts*. [Nachdr.] Boston und Mass.: Harvard Business School Press.

Lesnicar, Anton und Marquardt, Rainer (2003). „A new modular voltage source inverter topology". In: *EPE 2003*. Brussels und Belgium: EPE Association.

Levary, Reuven R. und Han, Dongchui (1995). „Choosing a technological forecasting method". In: *Industrial Management* 37.1, S. 14–18.

Lichtenthaler, Eckhard (2002). *Organisation der Technology Intelligence: Eine empirische Untersuchung der Technologiefrühaufklärung in technologieintensiven Grossunternehmen: Eidgenössische Technische Hochschule, Dissertation, Zürich, 2000.* Bd. 5. Technology, innovation and management. Zürich: Verl. Industrielle Organisation.

Lichtenthaler, Eckhard (2005). „The choice of technology intelligence methods in multinationals: towards a contingency approach". In: *International Journal of Technology Management* 32.3-4, S. 388–407.

Lichtenthaler, Eckhard (2008). „Methoden der Technologie-Früherkennung und Kriterien zu ihrer Auswahl". In: *Technologie-Roadmapping*. Hrsg. von Martin G. Möhrle und Ralf Isenmann. Springer-11774 /Dig. Serial]. Berlin und Heidelberg: Springer-Verlag Berlin Heidelberg, S. 59–84.

Liebl, Franz (1996). *Strategische Frühaufklärung: Trends – Issues – Stakeholders.* München: Oldenbourg.

Liebl, Franz (2000). *Der Schock des Neuen: Entstehung und Management von Issues und Trends.* München: Gerling-Akad.-Verl.

Liebl, Franz (2003). „«Tendenz: paradox» – Über den Status quo im Trendmanagement". In: *Thexis Fachzeitschrift für Marketing (Marketing Review St. Gallen)* 20.1, S. 2–9.

Linstone, Harold A. (2010). „On terminology: Strategic Foresight". In: *Technological Forecasting and Social Change* 77.9, S. 1426–1427.

Löscher, Peter (29.11.2007). *Neue Konzernstruktur für Siemens.* München. URL: http://www.siemens.com/press/pool/de/events/pressegespraech/pressegespraech-praesentation.pdf (besucht am 23.02.2011).

Löscher, Peter und Umlauft, René (15.10.2009). *Siemens verstärkt sich im Wachstumsmarkt Solarthermie.* Berlin. URL: http://www.siemens.com/press/pool/de/events/corporate/2009-10-PK/2009-10-PK-praesentation.pdf (besucht am 23.02.2011).

Lucas, Henry C. und Goh, Jie Mein (2009). „Disruptive technology: How Kodak missed the digital photography revolution". In: *The Journal of Strategic Information Systems* 18.1, S. 46–55.

Luhmann, Hans-Jochen (2009). „CO2-Abscheidung und -Lagerung bei Kohlekraftwerken: kein Beitrag zur Lösung des Klimaproblems". In: *Gaia* 18.4, S. 294–299.

Lynn, Gary S., Morone, Joseph G. und Paulson, Albert S. (1996). „Marketing and Discontinuous Innovation: The Probe and Learn Process". In: *California Management Review* 38.3, S. 8–37.

Manwell, James F, McGowan, Jon G und Rogers, Anthony L (2009). *Wind energy explained: Theory, design and application.* 2. ed. Chichester: Wiley.

March, James Gardner, Simon, Herbert Alexander und Guetzkow, Harold Steere (1958). *Organizations.* New York: Wiley [u.a.]

Marchetti, Cesare (1980). „Society as a learning system: Discovery, invention, and innovation cycles revisited". In: *Technological Forecasting and Social Change* 18.4, S. 267–282.

Marquardt, Rainer (24.01.2001). „Stromrichterschaltungen mit verteilten Energiespeichern". DE 10103031/24.01.2001.

Marquardt, Rainer und Lesnicar, Anton (2004). „New Concept for High Voltage – Modular Multilevel Converter". In: *Conference proceedings*. Hrsg. von IEEE. Piscataway und NJ: IEEE Service Center.

Marquardt, Rainer, Lesnicar, Anton und Hildinger, Jürgen (2002). „Modulares Stromrichterkonzept für Netzkupplungsanwendung bei hohen Spannungen". In: *Bauelemente der Leistungselektronik und ihre Anwendungen*. Hrsg. von Leo Lorenz. Bd. 88. ETG-Fachbericht. Berlin: VDE-Verl., S. 155–162.

Martin, Ben R. (1995). „Foresight in science and technology". In: *Technology Analysis & Strategic Management* 7.2, S. 139–168.

Martin, Ben R. (2010). „The origins of the concept of [']foresight' in science and technology: An insider's perspective: Strategic Foresight". In: *Technological Forecasting and Social Change* 77.9, S. 1438–1447.

Martin, Ben R. und Johnston, Ron (1999). „Technology Foresight for Wiring Up the National Innovation System: Experiences in Britain, Australia, and New Zealand". In: *Technological Forecasting and Social Change* 60.1, S. 37–54.

Martino, Joseph Paul (1983). *Technological Forecasting for Decision Making*. 2nd ed. Elsevier Science & Technology.

May, Graham H. (1996). *The future is ours: Foreseeing managing and creating the future*. Westport und Conn.: Praeger.

Mayer, Horst Otto (2008). *Interview und schriftliche Befragung: Entwicklung, Durchführung und Auswertung*. 4., überarb. und erw. Aufl. München: Oldenbourg.

Mayring, Philipp (2002). *Einführung in die qualitative Sozialforschung: Eine Anleitung zu qualitativem Denken*. 5., überarb. und neu ausgestattete Aufl. Beltz Studium. Weinheim: Beltz.

McDermott, Christopher M. und O'Connor, Gina Colarelli (2002). „Managing radical innovation: an overview of emergent strategy issues". In: *Journal of Product Innovation Management* 19.6, S. 424–438.

Meadows, Donella H u. a. (1972). *The Limits to growth: A report for the Club of Rome's project on the predicament of mankind*. New York: Universe Books.

Michaeli, Rainer (2006). *Competitive Intelligence: Strategische Wettbewerbsvorteile erzielen durch systematische Konkurrenz-, Markt- und Technologieanalysen*. Berlin: Springer.

Mietzner, Dana (2009). *Strategische Vorausschau und Szenarioanalysen: Methodenevaluation und neue Ansätze: Univ., Diss.–Potsdam, 2009*. 1. Aufl. Gabler ResearchInnovation und Technologie im modernen Management. Wiesbaden: Gabler.

Miles, Ian (2010). „The development of technology foresight: A review: Strategic Foresight". In: *Technological Forecasting and Social Change* 77.9, S. 1448–1456.

Miles, Raymond E., Snow, Charles C. und Meyer, Alan D. (1978). *Organizational strategy, structure, and process*. New York [u.a.]: McGraw-Hill.

Miller, Danny und Friesen, Peter H. (1984). *Organizations: A quantum view*. Englewood Cliffs N.J.: Prentice-Hall.

Mintzberg, Henry (1979). *The structuring of organizations: A synthesis of the research*. Englewood Cliffs: Prentice-Hall.

Mintzberg, Henry (1987a). „The Strategy Concept I: Five Ps For Strategy". In: *California Management Review* 30.1, S. 11–24.

Mintzberg, Henry (1987b). „The Strategy Concept II: Another Look at Why Organizations Need Strategies". In: *California Management Review* 30.1, S. 25–32.

Mintzberg, Henry, Ahlstrand, Bruce und Lampel, Joseph (1999). *Strategy Safari: Eine Reise durch die Wildnis des strategischen Managements*. Wirtschaftsverlag Carl Ueberreuter GmbH.

Mintzberg, Henry und Lampel, Joseph (1999). „Reflecting on the Strategy Process". In: *Sloan Management Review* 40.3, S. 21–30.

Mintzberg, Henry und Waters, James A. (1985). „Of Strategies, Deliberate and Emergent". In: *Strategic Management Journal* 6.3, S. 257–272.

Mishra, Somnath, Deshmukh, S. G. und Vrat, Prem (2002). „Matching of technological forecasting technique to a technology". In: *Technological Forecasting and Social Change* 69.1, S. 1–27.

Möhrle, Martin G. und Isenmann, Ralf (2008). „Grundlagen des Technologie-Roadmapping". In: *Technologie-Roadmapping*. Hrsg. von Martin G. Möhrle und Ralf Isenmann. Springer-11774 /Dig. Serial]. Berlin und Heidelberg: Springer-Verlag Berlin Heidelberg, S. 1–15.

Müller, Adrian W. (2008). „Strategic Foresight – Prozesse strategischer Trend- und Zukunftsforschung in Unternehmen". Diss. St. Gallen: Universität St. Gallen.

Müller, Adrian W. und Müller-Stewens, Günter (2009). *Strategic Foresight: Trend- und Zukunftsforschung in Unternehmen ; Instrumente, Prozesse, Fallstudien*. Stuttgart: Schäffer-Poeschel.

Müller-Stewens, Günter (1990). *Strategische Suchfeldanalyse: Die Identifikation neuer Geschäfte zur Überwindung struktureller Stagnation: Univ., Habil.-Schr.-Stuttgart, 1986*. 2., durchges. Aufl. Bd. 36. Neue betriebswirtschaftliche Forschung. Wiesbaden: Gabler.

Müller-Stewens, Günter und Lechner, Christoph (2005). *Strategisches Management: Wie strategische Initiativen zum Wandel führen ; der St. Galler General Management Navigator*. 3., aktualisierte Aufl. Stuttgart: Schäffer-Poeschel.

Musmann, H. G. (2006). „Genesis of the MP3 audio coding standard: IEEE Transactions on Consumer Electronics". In: *IEEE Transactions on Consumer Electronics* 52.3, S. 1043–1049.

National Research Council (1987). *Management of technology: The hidden competitive advantage*. Washington DC: National Academy Press.

Nick, Alexander (2008). *Wirksamkeit strategischer Frühaufklärung: Eine empirische Untersuchung*. 1. Aufl. Wiesbaden: Gabler.

Niehage, Udo (3.12.2009). *Netzausbau – Aber wie? Technologische Möglichkeiten ausschöpfen – zum Smart und Super Grid*. Berlin. URL: http://www.ptd.siemens.de/EUROFORUM_1209.pdf (besucht am 23.02.2011).

Niehage, Udo (29.06.2010). *Siemens Energy: Power Transmission Division: Siemens Capital Market Days*. Nürnberg. URL: http://www.siemens.com/investor/pool/en/investor_relations/financial_publications/speeches_and_presentations/cmd_energy_2010/100629_transmission_presentation_u_niehage.pdf (besucht am 22.03.2011).

Nijssen, Edwin J., Hillebrand, Bas und Vermeulen, Patrick A. M. (2005). „Unraveling willingness to cannibalize: a closer look at the barrier to radical innovation". In: *Technovation* 25.12, S. 1400–1409.

Nord, Walter R und Tucker, Sharon (1987). *Implementing Routine and radical innovations*. Lexington Books. Lexington und Mass.: Heath.

Normann, Richard (1977). *Management for Growth*. John Wiley und Sons Ltd.

O'Connor, Gina Colarelli (1998). „Market Learning and Radical Innovation: A Cross Case Comparison of Eight Radical Innovation Projects". In: *Journal of Product Innovation Management* 15.2, S. 151–166.

Ooi, Boon Teck und Wang, Xiao (1990). „Voltage angle lock loop control of the boost type PWM converter for HVDC application". In: *IEEE Transactions on Power Electronics* 5.2, S. 229–235.

Ooi, Boon Teck und Wang, Xiao (1991). „Boost Type PWM HVDC Transmission System". In: *IEEE Transactions on Power Electronics* 6.4, S. 1557–1563.

Parry, Mark E. u. a. (2009). „The Impact of NPD Strategy, Product Strategy, and NPD Processes on Perceived Cycle Time". In: *Journal of Product Innovation Management* 26.6, S. 627–639.

Peiffer, Stephan (1992). *Technologie-Frühaufklärung: Identifikation und Bewertung zukünftiger Technologien in der strategischen Unternehmensplanung*. Bd. 3. Duisburger betriebswirtschaftliche Schriften. Hamburg: S und W Steuer- und Wirtschaftsverlag.

Peréz Andrés, J. M. de u. a. (2007). *Prospects of VSC Converters for Transmission System Enhancement: Power Grid Europe*. URL: http://www.ptd.siemens.de/Paper_Prospects_of_Smart_Grid_Technologies_PowerGrid_07-06_V_1_H.pdf (besucht am 30.03.2011).

Perona, Marco und Miragliotta, Giovanni (2004). „Complexity management and supply chain performance assessment. A field study and a conceptual framework: Investment and Risk". In: *The Journal of Strategic Information Systems* 90.1, S. 103–115.

Pfeffer, Jeffrey und Salancik, Gerald R. (1978). *The external control of organizations: A resource dependence perspective*. New York [u.a.]: Harper & Row.

Pfeiffer, Werner und Dögl, Rudolf (1992). „Das Technologieportfolio zur Beherrschung der Schnittstelle Technik und Unternehmensstrategie". In: *Strategische Unternehmungsplanung – Strategische Unternehmungsführung*. Hrsg. von Dietger Hahn und Bernard Taylor of Mansfield. Heidelberg: Physica-Verl., S. 254–282.

Pillkahn, Ulf (2007). *Trends und Szenarien als Werkzeuge zur Strategieentwicklung: Wie Sie die unternehmerische und gesellschaftliche Zukunft planen und gestalten.* Siemens. Erlangen: Publicis Corp. Publ.

Pina e Cunha, Miguel (2004). „Time Traveling: Organizational Foresight as Temporal Reflexivity". In: *Managing the future.* Hrsg. von Haridimos Tsoukas und Jill Shepherd. Malden und Mass.: Blackwell, S. 133–148.

Pina e Cunha, Miguel und Chia, Robert (2007). „Using Teams to Avoid Peripheral Blindness". In: *Long Range Planning* 40.6, S. 559–573.

Porter, Alan L. (2004). „Technology futures analysis: Toward integration of the field and new methods". In: *Technological Forecasting and Social Change* 71.3, S. 287–303.

Porter, Alan L u. a. (1991). *Forecasting and management of technology.* Wiley series in engineering and technology management. New York: Wiley.

Porter, Michael E. (1985). *Competitive advantage: Creating and sustaining superior performance.* New York: Free Pr. [u.a.]

Porter, Michael E. (1987). „From competitive advantage to corporate strategy". In: *Harvard Business Review* 65.3, S. 43–59.

Porter, Michael E. (1999). *Wettbewerbsstrategie (competitive strategy): Methoden zur Analyse von Branchen und Konkurrenten.* 10., durchges. und erw. Aufl. Frankfurt: Campus-Verl.

Power Technology (2011). *Middelgrunden Offshore Wind Farm, Denmark.* URL: http://www.power-technology.com/projects/middelgrunden/ (besucht am 25.03.2011).

Prahalad, C. K. (2004). „The Blinders of Dominant Logic". In: *Long Range Planning* 37.2, S. 171–179.

Preuss, Alfred (2009). „Neue Horizonte". In: *watt KONTEXT – Das Unternehmermagazin* 03, S. 30–33.

Pugh, D. S. u. a. (1968). „Dimensions of Organization Structure". In: *Administrative Science Quarterly* 13.1, S. 65–105.

Punch, Keith F (2005). *Introduction to social research: Quantitative and qualitative approaches.* 2. ed. London: Sage Publ.

Qualls, William, Olshavsky, Richard W. und Michaels, Ronald E. (1981). „Shortening of the PLC – An Empirical Test". In: *Journal of Marketing* 45.4, S. 76–80.

Quinn, James Brian (1980). *Strategies for change: Logical incrementalism.* The Irwin series in management and the behavioral sciences. Homewood und Ill.: Irwin.

Rafii, Farshad und Kampas, Paul J. (2002). „How to Identify Your Enemies Before They Destroy You". In: *Harvard Business Review* 80.11, S. 115–123.

Rajsekhar, B., Hulle, F. van und Jansen, J. C. (1999). „Indian wind energy programme: performance and future directions". In: *Energy Policy* 27.11, S. 669–678.

Rammer, Christian (2011). *Bedeutung von Spitzentechnologien, FuE-Intensität und nicht forschungsintensiven Industrien für Innovationen und Innovationsförde-*

rung in Deutschland. Hrsg. von Zentrum für Europäische Wirtschaftsforschung (ZEW). Mannheim.

Reger, Guido (1997). *Koordination und strategisches Management internationaler Innovationsprozesse: Univ., Diss.–St. Gallen, 1997.* Bd. 25. Technik, Wirtschaft und Politik. Heidelberg: Physica-Verl.

Reger, Guido (2001). „Technology Foresight in Companies: From an Indicator to a Network and Process Perspective". In: *Technology Analysis and Strategic Management* 13.4, S. 533–553.

Reger, Guido (2006). „Technologie-Früherkenneung: Organisation und Prozess". In: *Management von Innovation und Risiko*. Hrsg. von Oliver Gassmann und Carmen Kobe. Springer-11775 /Dig. Serial]. Berlin und Heidelberg: Springer-Verlag Berlin Heidelberg, S. 303–329.

Rhenman, Eric (1973). *Organization Theory for Long Range Planning*. London: John Wiley und Sons Ltd.

Rice, Mark P. u. a. (1998). „Managing discontinuous innovation". In: *Research Technology Management* 41.3, S. 52–58.

Righter, Robert W. (1996). „Pioneering in wind energy: The California experience". In: *Renewable Energy* 9.1-4, S. 781–784.

Rohrbeck, René (2010). *Corporate foresight – Towards a maturity model for the future orientation of a firm*. Contributions to management science. Heidelberg: Physica und Springer.

Rohrbeck, René (28-29.08.2006). *Technology Scouting – Harnessing a Network of Experts for Competitive Advantage: 4th Seminar on project and innovation*. Turku und Finland.

Rohrbeck, René und Gemuenden, Hans G. (2010). „Corporate Foresight: Its Three Roles in Enhancing the Innovation Capacity of a Firm". In: *Technological Forecasting and Social Change, Forthcoming*.

Rohrbeck, René und Gemünden, Hans Georg (17.–20.06.2008). „Strategic Foresight in Multinational Enterprises: Building a Best-Practice Framework from Case Studies". In: *R&D Management Conference 2008*. Ottawa und Canada.

Rohrbeck, René und Mahdjour, Sarah (2010). „Strategische Frühaufklärung in der Praxis – Benchmarking der Praktiken von Großunternehmen". In: *Vorausschau und Technologieplanung*. Hrsg. von Jürgen Gausemeier. Paderborn: Heinz Nixdorf Institut Univ. Paderborn, S. 47–70.

Rollwagen, Ingo, Hofmann, Jan und Schneider, Stefan (2006). *Criteria for improving the business impact of foresight at Deutsche Bank: lessons learnt in mapping trends*. Sevilla und Spanien.

Ropohl, Günter (1979). *Eine Systemtheorie der Technik: Zur Grundlegung der allgemeinen Technologie*. München [u.a.]: Hanser.

Rüegg-Stürm, Johannes (2004). „Das neue St. Galler Management-Modell". In: *Einführung in die Managementlehre*. Hrsg. von Rolf Dubs. Bern: Haupt, S. 65–141.

Ruff, Frank (2003). „Beiträge der Zukunftsforschung zum Issues Management". In: *Chefsache Issues Management*. Hrsg. von Michael Kuhn, Gero Kalt und Achim

Kinter. Frankfurt am Main: Frankfurter Allgemeine Buch im F.A.Z.-Institut, S. 40–61.

Ruff, Frank (2006). „Corporate foresight: integrating the future business environment into innovation and strategy". In: *International Journal of Technology Management* 34.3/4, S. 278–295.

Salo, Ahti A. (2001). „Incentives in technology foresight". In: *International Journal of Technology Management* 21.7-8, S. 694–710.

Saunders, Mark, Lewis, Philip und Thornhill, Adrian (2007). *Research methods for business students*. 4. ed. Harlow: Financial Times Prentice Hall.

Schanz, Christian (2009). *Low-end Innovationen für China*. 1. Aufl. Köln: WiKu-Verlag Verlag für Wissenschaft und Kultur.

Schumpeter, Joseph (1912). *Theorie der wirtschaftlichen Entwicklung: Eine Untersuchung über Unternehmergewinn, Kapital, Kredit, Zins und den Konjunkturzyklus*. 1. Auflage. Leipzig: Duncker & Humblot.

Schwair, Thomas (2001). „Inventing the Future, Not Only Predicting the Future - Futures Research at Siemens AG, Corporate Technology". In: *Futures research quarterly* 17.3, S. 43–51.

Schwartz, Peter (2005). *The art of the long view: Planning for the future in an uncertain world*. Reprinted. Chichester West Sussex [u.a.]: Wiley.

Schwarz, Jan Oliver (2008). „Assessing the future of futures studies in management". In: *Futures* 40.3, S. 237–246.

Selznick, Philip (1957). *Leadership in administration: A sociological interpretation*. New York: Harper & Row.

Servatius, Hans-Gerd (1985). *Methodik des strategischen Technologie-Managements: Grundlage für erfolgreiche Innovationen: Univ., Diss.–Stuttgart, 1985*. Bd. 13. Technological economics. Berlin: E. Schmidt.

Siemens AG (11.11.2010). *Eckdaten Q4 und Geschäftsjahr 2010: Jahrespressekonferenz 2010*. München. URL: `http://www.siemens.com/press/pool/de/events/corporate/2010-q4/2010-q4-financial-statement-d.pdf` (besucht am 23.02.2011).

Siemens AG (2003). *Pictures of the Future: Energy – Executvie Summary: Interne Unterlage*.

Siemens AG (2008a). *Corporate Technology – Netzwerk der Kompetenzen: Partner für Innovationen: Knappe und anschauliche Darstellung der Forschungsabteilungen von Siemens*. München.

Siemens AG (2008b). *Energy efficiency and environmental care: Innovation for climate protection*. München. URL: `http://www.siemens.com/sustainability/pool/umweltmanagement/energy-brochure_2009_en.pdf` (besucht am 22.03.2011).

Siemens AG (2008, Frühjahr). *Pictures of the Future – Die Zeitschrift für Forschung und Innovation: Energie für Milliarden*. München. URL: `http://w1.siemens.com/innovation/de/publikationen/pof_fruehjahr_2008.htm` (besucht am 16.03.2011).

Siemens AG (2008, Herbst). *Pictures of the Future – Die Zeitschrift für Forschung und Innovation: Nachhaltige Gebäude*. München. URL: `http://w1.siemens.`

com/innovation/de/publikationen/pof_herbst_2008.htm (besucht am 16.03.2011).

Siemens AG (2009a). *Geschäftsbericht 2009*. München. URL: http://w1.siemens.com/investor/pool/de/investor_relations/d09_00_gb2009.pdf (besucht am 23.02.2011).

Siemens AG (2009b). *Synergien für den integrierten Technologiekonzern: Chief Technology Office*. URL: http://www.siemens.com/innovation/de/ueber_funde/corp_technology/technology_office.htm (besucht am 28.02.2011).

Siemens AG (2009, Frühling). *Pictures of the Future – Die Zeitschrift für Forschung und Innovation: Smarte Technologien*. München. URL: http://w1.siemens.com/innovation/de/publikationen/pof_fruehjahr_2009.htm (besucht am 16.03.2011).

Siemens AG (2009, Herbst). *Pictures of the Future - Die Zeitschrift für Forschung und Innovation: Energie der Zukunft*. München. URL: http://www.siemens.com/innovation/apps/pof_microsite/_pof-fall-2009/_html_de/index.html (besucht am 16.03.2011).

Siemens AG (2009, Special Edition). *Pictures of the Future – Die Zeitschrift für Forschung und Innovation: Special Edition: Green Technologies: Renewable Energy: Solutions for a Sustainable, Low-Carbon Future*. München. URL: http://w1.siemens.com/innovation/de/publikationen/pof_fruehjahr_2009.htm (besucht am 16.03.2011).

Siemens AG (2010a). *Geschäftsbericht 2010*. München. URL: http://www.siemens.com/investor/pool/de/investor_relations/siemens_gb_2010.pdf (besucht am 23.02.2011).

Siemens AG (2010b). *Siemens 2010: Das Unternehmen*. München. URL: http://www.siemens.com/press/pool/de/homepage/das_unternehmen_2010.pdf (besucht am 23.02.2011).

Siemens AG (2010, Frühling). *Pictures of the Future – Die Zeitschrift für Forschung und Innovation: Grüne Städte*. München. URL: http://www.siemens.com/innovation/de/publikationen/pof_fruehjahr_2010.htm (besucht am 16.03.2011).

Siemens AG (2010, Herbst). *Pictures of the Future – Die Zeitschrift für Forschung und Innovation: Nachhaltige Mobilität*. München. URL: http://www.siemens.com/innovation/apps/pof_microsite/_pof-fall-2010/_html_de/index.html (besucht am 16.03.2011).

Siemens AG (2011a). *Innovation@Siemens 2011*. München. URL: http://www.siemens.com/innovation/pool/de/2010/innovation_at_siemens_03_12_2010_de.pdf (besucht am 23.02.2011).

Siemens AG (2011b). *Open Innovation: Interne Unterlage*.

Siemens AG (2011c). *Pictures of the Future – Die Zeitschrift für Forschung und Innovation*. München. URL: http://www.siemens.com/pof (besucht am 16.03.2011).

Siemens AG (2011d). *Siemens 2011: Das Unternehmen*. München. URL: http://www.siemens.com/press/pool/de/homepage/das_unternehmen_2011.pdf (besucht am 23.02.2011).

Siemens AG (2011e). *Siemens History Portal*. URL: http://www.siemens.com/history/de/index.htm (besucht am 23.02.2011).

Siemens AG (25.01.2007). *Presseinformation – Siemens kooperiert mit finnischen Energieversorgern auf dem Gebiet der CO2-Abscheidung und -Speicherung*. Nürnberg. URL: http://www.siemens.com/press/pool/de/pr_cc/2007/01_jan/sc_upload_file_audbv2007011320_1431035.pdf (besucht am 17.11.2012).

Siemens AG (Oktober 2006). *Siemens Megatrend Report: Internes Dokument*. München.

Siemens Archiv (2008). *Unternehmensgeschichte: 1847-2008*. URL: http://www.siemens.com/history/pool/geschichte/unternehmensgeschichte_lang.pdf (besucht am 23.02.2011).

Siemens Energy (3.12.2010). *Presseinformation – Ausbau des internationalen Fertigungsnetzes im Windenergiegeschäft*. Erlangen. URL: http://www.siemens.com/press/pool/de/pressemitteilungen/2010/renewable_energy/ERE201012022d.pdf (besucht am 21.03.2011).

Siemens Energy (9.12.2009). *Pressegespräch: Siemens Wind Power weiter auf Wachstumskurs*. München. URL: http://www.siemens.com/press/pool/de/pressemitteilungen/2009/renewable_energy/ere200912024d.pdf (besucht am 21.03.2011).

Siemens Energy (10.06.2009). *Presseinformation – Hywind: Siemens und StatoilHydro installieren erste schwimmende Windenergieanlage*. Erlangen. URL: http://www.siemens.com/press/pool/de/pressemitteilungen/2009/renewable_energy/ERE200906064d.pdf (besucht am 26.03.2011).

Siemens Energy (11.06.2010). *Presseinformation – Siemens receives order from transpower to connect offshore wind farms via HVDC link*. Erlangen. URL: http://www.siemens.com/press/pool/de/pressemitteilungen/2010/power_transmission/EPT201006085e.pdf (besucht am 31.03.2011).

Siemens Energy (12.01.2011). *Presseinformation – Ready for the future: Siemens erects power converter stations for HVDC link between France and Spain as part of the Trans-European Network*. Erlangen. URL: http://www.energy.siemens.com/hq/pool/hq/power-transmission/HVDC/HVDC-PLUS/pm-pdf/INELFE_en.pdf (besucht am 31.03.2011).

Siemens Energy (14.03.2011). *Presseinformation – Neue getriebelose Siemens-Windturbine für niedrige Windgeschwindigkeiten*. Brüssel. URL: http://www.siemens.com/press/pool/de/pressemitteilungen/2011/renewable_energy/ERE201103050d.pdf (besucht am 22.03.2011).

Siemens Energy (14.10.2009). *Presseinformation – Siemens kooperiert mit finnischen Energieversorgern auf dem Gebiet der CO2-Abscheidung und -Speicherung*. Erlangen. URL: http://www.siemens.com/press/pool/de/pressemitteilungen/2009/fossil_power_generation/efp200910011d.pdf (besucht am 12.04.2011).

Siemens Energy (16.07.2010). *Presseinformation – Siemens wins another order from transpower for connecting up offshore wind turbines*. Erlangen. URL: http://www.siemens.com/press/pool/de/pressemitteilungen/2010/power_transmission/EPT201007106e.pdf (besucht am 31.03.2011).

Siemens Energy (18.09.2009). *Presseinformation – E.ON und Siemens nehmen Pilotanlage zur CO2-Abscheidung aus Kohlekraftwerken im Kraftwerk Staudinger in Betrieb*. Düsseldorf. URL: http://www.siemens.com/press/pool/de/pressemitteilungen/2009/fossil_power_generation/EFP200909089d.pdf (besucht am 12.04.2011).

Siemens Energy (19.02.2009). *Presseinformation – Siemens und E.ON Kraftwerke errichten Pilotanlage zur CO2-Abscheidung aus Kohlekraftwerken*. Erlangen / Hannover. URL: http://www.siemens.com/press/pool/de/pressemitteilungen/2009/fossil_power_generation/efp200902023d.pdf (besucht am 12.04.2011).

Siemens Energy (19.07.2010a). *Presseinformation – Förderung vom US-Energieministerium in Höhe von 8,9 Mio. USD: Siemens baut erste Pilotanlagen zur CO2-Abscheidung aus Kohlekraftwerken auf Basis von umweltfreundlichem Aminosäuresalz in USA*. Erlangen. URL: http://www.energy.siemens.com/hq/pool/hq/power-generation/power-plants/carbon-capture-solutions/post-combustion-carbon-capture/Downloads/5d_PR_PostCap-Pilot_Big-Bend_deutsch.pdf (besucht am 12.04.2011).

Siemens Energy (19.07.2010b). *Presseinformation – Siemens liefert Technologie zur Kohlevergasung für US-Kraftwerk*. Erlangen. (Besucht am 12.04.2011).

Siemens Energy (19.11.2010). *Presseinformation – Siemens erreicht Durchbruch bei Technologie zur CO2-Verminderung*. Erlangen. URL: http://www.siemens.com/press/pool/de/pressemitteilungen/2010/fossil_power_generation/EFP201011014d.pdf (besucht am 12.04.2011).

Siemens Energy (2004). *History of High Voltage Direct Current Transmission (HVDC): Welcome to Siemens – Highlights & Innovations in Transmission and Distribution*. URL: http://www.ptd.siemens.de/HVDC_History.pdf (besucht am 25.03.2011).

Siemens Energy (2009a). *High Voltage Direct Current Transmission: Proven Technology for Power Exchange*. URL: http://www.energy.siemens.com/hq/pool/hq/power-transmission/HVDC/HVDC_Proven_Technology.pdf (besucht am 25.03.2011).

Siemens Energy (2009b). *HVDC – High Voltage Direct Current Power Transmission from Siemens: Unrivaled practical experience*. URL: http://www.energy.siemens.com/hq/pool/hq/power-transmission/HVDC/HVDC_References.pdf (besucht am 25.03.2011).

Siemens Energy (2009c). *HVDC PLUS – Basics and Principle of Operation*. URL: http://www.energy.siemens.com/hq/pool/hq/power-transmission/HVDC/HVDC_Plus_Basics_and_Principle.pdf (besucht am 28.03.2011).

Siemens Energy (2009d). *The Efficient Way: SVC PLUS – Innovation meets experience*. URL: http://www.energy.siemens.com/hq/pool/hq/power-transmission/FACTS/SVC%20PLUS.pdf (besucht am 31.03.2011).

Siemens Energy (2009e). *The Smart Way: HVDC Plus – One Step Ahead*. URL: http://www.energy.siemens.com/hq/pool/hq/power-transmission/HVDC/HVDC%20PLUS_The%20Smart%20Way.pdf (besucht am 28.03.2011).

Siemens Energy (2010a). *Discover the World of FACTS Technology: Technical Compendium.* URL: http://www.energy.siemens.com/hq/pool/hq/power-transmission/FACTS/FACTS_Technology.pdf (besucht am 25.03.2011).

Siemens Energy (2010b). *Siemens Post-Combustion CO2 Capture Technology: for combined cycle and steam power plant applications.* Erlangen. URL: http://www.energy.siemens.com/hq/pool/hq/power-generation/power-plants/carbon-capture-solutions/post-combustion-carbon-capture/Downloads/2_Brochure_Siemens-PostCap-technology.pdf (besucht am 11.04.2011).

Siemens Energy (2010c). *The Bulk Way: UHV DC – the new dimension of efficiency in HVDC transmission.* URL: http://www.energy.siemens.com/hq/pool/hq/power-transmission/HVDC/UHVDC_BulkPower_800kV.pdf (besucht am 25.03.2011).

Siemens Energy (2010d). *The Sustainable Way – Grid access solutions from Siemens.* URL: http://www.energy.siemens.com/hq/pool/hq/power-transmission/grid-access-solutions/Grid%20access_The_sustainable_way.pdf (besucht am 25.03.2011).

Siemens Energy (2011a). *Fossil Power Generation.* URL: http://www.siemens.com/about/de/unser_geschaeft/energy/fossil_power_generation.htm (besucht am 04.04.2011).

Siemens Energy (2011b). *HVDC Plus (VSC Technology).* URL: http://www.energy.siemens.com/hq/en/power-transmission/hvdc/hvdc-plus/#content=References (besucht am 31.03.2011).

Siemens Energy (2011c). *Offshore wind power projects.* URL: http://www.energy.siemens.com/hq/pool/hq/power-generation/wind-power/Offshore%20wind%20power%20projects.pdf (besucht am 25.03.2011).

Siemens Energy (2011d). *Power Transmission.* URL: http://www.siemens.com/about/de/unser_geschaeft/energy/power_transmission.htm (besucht am 28.03.2011).

Siemens Energy (2011e). *Siemens' Carbon Capture Technology.* URL: http://www.energy.siemens.com/hq/pool/hq/power-generation/power-plants/carbon-capture-solutions/post-combustion-carbon-capture/Downloads/8_Overview%20presentation_CCS%20and%20PostCap.pdf (besucht am 11.04.2011).

Siemens Energy (2011f). *Wind Turbines Information Package.* URL: http://www.energy.siemens.com/hq/pool/hq/power-generation/renewables/wind-power/brochures-windpower-german.zip (besucht am 22.03.2011).

Siemens Energy (23.03.2009). *Presseinformation – Klimaverträgliche Stromerzeugung – Siemens entwickelt Technologie zur CO2-Abscheidung für GuD-Kraftwerke.* Erlangen. URL: http://www.siemens.com/press/pool/de/pressemitteilungen/2009/fossil_power_generation/EFP200903031d.pdf (besucht am 12.04.2011).

Siemens Energy (24.06.2009). *Presseinformation – Siemens und TNO vereinbaren Zusammenarbeit auf dem Sektor der CO2-Abscheidung bei fossil befeuerten Kraftwerken.* Erlangen / Delft. URL: http://www.siemens.com/press/pool/

de/pressemitteilungen/2009/fossil_power_generation/EFP200906066d.pdf (besucht am 12.04.2011).

Siemens Power Generation (2.06.2006). *Press release – Siemens Power Generation Acquires Advanced Burner Technologies.* Orlando. URL: http://www.siemens.com/press/pool/de/pr_cc/2006/06_jun/pg200606049e_1383215.pdf (besucht am 11.04.2011).

Siemens Power Generation (6.10.2005). *Presseinformation – Siemens Power Generation übernimmt Wheelabrator Air Pollution Control Inc. Lösungen für eine saubere und effiziente Stromerzeugung.* Erlangen. URL: http://www.siemens.com/press/pool/de/pr_cc/2005/10_oct/pg20051001d_1319617.pdf (besucht am 11.04.2011).

Siemens Power Generation (16.05.2006). *Presseinformation – Siemens übernimmt Kohlevergasungsgeschäft der Schweizer Sustec-Gruppe – Zukunftsweisende Lösungen für schadstoffarme Kohleverstromung.* Erlangen. URL: http://www.siemens.com/press/pool/de/pr_cc/2006/05_may/pg200605041_(fachpresse)_1378967.pdf (besucht am 11.04.2011).

Siemens Power Generation (21.10.2004). *Presseinformation – Siemens übernimmt dänische Bonus Energy A/S: Einstieg in Windenergie-Geschäft.* Erlangen. URL: http://www.innovations-report.de/html/berichte/energie_elektrotechnik/bericht-35131.html (besucht am 22.03.2011).

Siemens Power Transmission and Distribution (10.10.2007). *Presseinformation – Siemens to deliver new HVDC technology for low-loss power supply via submarine cable to San Francisco.* Erlangen. URL: http://www.siemens.com/press/en/pressrelease/?press=/en/pr_cc/2007/10_oct/ptdh200710476_tp_1465599.htm (besucht am 31.03.2011).

Siemens Power Transmission and Distribution (22.05.2007). *Presseinformation – Siemens HVDC transmission system based on new converter technology links offshore wind farms and oil platforms to the power grid on the mainland.* Erlangen. URL: http://www.siemens.com/press/en/pr_cc/2007/05_may/ptdh200705461e_1449117.htm (besucht am 26.03.2011).

Siemens Power Transmission and Distribution (26.09.2007). *Presseinformation – Siemens awarded order worth more than USD 150 million by Trans Bay Cable.* Erlangen. URL: http://www.siemens.com/press/en/pressrelease/?press=/en/pr_cc/2007/09_sep/ptdh200709476_1463817.htm (besucht am 31.03.2011).

Siemens Sustainability IDEA Contest (2010). URL: https://sustainability-idea-contest.siemens.com/ (besucht am 01.03.2011).

Simon, Herbert Alexander (1947). *Administrative behavior: A study of decision-making process in administrative organization.* 1. Aufl. New York: Macmillan.

Slaughter, Richard A (1996). „Foresight Beyond Strategy: Social Initiatives by Business and Government". In: *Long Range Planning* 29, S. 156–163.

Slaughter, Richard A (1997). „Developing and Applying Strategic Foresight". In: *ABN Report* 5.10.

Sood, Ashish und Tellis, Gerard J. (2005). „Technological Evolution and Radical Innovation". In: *Journal of Marketing* 69.3, S. 152–168.

Spath, Dieter und Renz, Karl-Christof (2005). „Technologiemanagement". In: *Handbuch Technologie- und Innovationsmanagement*. Hrsg. von Sönke Albers und Oliver Gassmann. Wiesbaden: Gabler, S. 229–246.

Specht, Dieter und Behrens, Stefan (2008). „Strategische Planung mit Roadmaps: Möglichkeiten für das Innovationsmanagement und die Personalbedarfsplanung". In: *Technologie-Roadmapping*. Hrsg. von Martin G. Möhrle und Ralf Isenmann. Springer-11774 /Dig. Serial]. Berlin und Heidelberg: Springer-Verlag Berlin Heidelberg, S. 145–164.

Specht, Günter, Santos, Amaro dos und Bingemeier, Stephan (2004). „Die Fallstudie im Erkenntnisprozess: Die Fallstudienmethode in den Wirtschaftswissenschaften". In: *Fundierung des Marketing*. Hrsg. von Klaus-Peter Wiedmann und Günter Silberer. Gabler Edition Wissenschaft. Wiesbaden: Dt. Univ.-Verl., S. 593–563.

Spickers, Jürgen (2010). *St. Gallener Management-Modell*. St. Gallen. URL: http://www.ifb.unisg.ch/org/IfB/ifbweb.nsf/wwwPubInhalteDruckGer/2B1E1A1BE163DC5BC1256A5B00512DD8 (besucht am 30.08.2010).

Steinmüller, Karlheinz (1997). *Grundlagen und Methoden der Zukunftsforschung*. Hrsg. von Sekretariat für Zukunftsforschung. Gelsenkirchen.

Steinmüller, Karlheinz (2008). „Methoden der Zukunftsforschung – Langfristorientierung als Ausgangspunkt für das Technologie-Roadmapping". In: *Technologie-Roadmapping*. Hrsg. von Martin G. Möhrle und Ralf Isenmann. Springer-11774 /Dig. Serial]. Berlin und Heidelberg: Springer-Verlag Berlin Heidelberg, S. 85–105.

Stubbart, Charles I. und Knight, Michael B. (2006). „The case of the disappearing firms: empirical evidence and implications". In: *Journal of Organizational Behavior* 27.1, S. 79–100.

Stuckenschneider, Heinrich (2008). „Pictures of the Future – Ein Modell zur Zukunftsgestaltung. Technologiemanagement bei Siemens". In: *Kulturethologie zwischen Analyse und Prognose*. Hrsg. von Hartmut Heller. Bd. 5. Schriftenreihe der Otto-Koenig-Gesellschaft, Wien. Wien: LIT Verl., S. 231–243.

Stuckenschneider, Heinrich und Schwair, Thomas (2005). „Strategisches Innovations-Management bei Siemens". In: *Handbuch Technologie- und Innovationsmanagement*. Hrsg. von Sönke Albers und Oliver Gassmann. Wiesbaden: Gabler, S. 763–780.

Suess, Michael (29.06.2010). *Siemens Energy: Fossil Power Generation Division: Siemens Capital Market Days*. Nürnberg. URL: http://www.siemens.com/investor/pool/en/investor_relations/financial_publications/speeches_and_presentations/cmd_energy_2010/100629_fossil_power_generation_presentation_m_suess.pdf (besucht am 04.04.2011).

Tellis, Gerard J. (2006). „Disruptive Technology or Visionary Leadership?" In: *Journal of Product Innovation Management* 23.1, S. 34–38.

Trans Bay Cable (2011). *What is TBC?* URL: http://www.transbaycable.com/the-project/ (besucht am 30.03.2011).

Trauffler, Gaston (2005). „Strategic management of discontinuous technologies and radical innovation: how to integrate radical and incremental innovation management". Diss. Zürich: Eidgenössische Technische Hochschule Zürich.

Trinczek, Rainer (2005). „Wie befrage ich Manager? Methodische und methodologische Aspekte des Experteninterviews als qualitativer Methode empirischer Sozialforschung". In: *Das Experteninterview.* Hrsg. von Alexander Bogner. Wiesbaden: VS Verl. für Sozialwiss., S. 209–222.

Tschirky, Hugo (1998). „Konzept und Aufgaben des Integrierten Technologie-Managements". In: *Technologie-Management.* Hrsg. von Hugo Tschirky und Stefan Koruna. Technology, innovation and management. Zürich: Orell Füssli Verl. Industrielle Organisation, S. 193–394.

Tschirky, Hugo und Koruna, Stefan, Hrsg. (1998). *Technologie-Management: Idee und Praxis.* Technology, innovation and management. Zürich: Orell Füssli Verl. Industrielle Organisation.

Tsoukas, Haridimos und Shepherd, Jill (2004). „Coping with the Future: Developing Organizational Foresightfulness". In: *Futures* 36.2, S. 137–144.

Tushman, Michael, Anderson, Philip und O'Reilly, Charles A. (2004). „Technology Cycles, Innovation Streams, and Ambidextrous Organizations: Organizational Renewal Through Innovation Streams and Strategic Change". In: *Managing strategic innovation and change.* Hrsg. von Michael Tushman und Philip Anderson. New York: Oxford University Press, S. 3–23.

Tushman, Micheal L. und Nadler, David (1986). „Organizing for Innovation". In: *California Management Review* 38.3, S. 74–92.

Tushman, Micheal L. und O'Reilly, Charles A. (1996). „Ambidextrous Organizations: MANAGING EVOLUTIONARY AND REVOLUTIONARY CHANGE". In: *California Management Review* 38.4, S. 8–30.

TÜV Nord Gruppe (2010). *Zertifizierung Ready for Carbon Capture.* URL: http://www.tuev-nord.de/de/Zertifizierung_Ready_for_Carbon_Capture_6661.htm (besucht am 12.04.2011).

Ulrich, Hans, Dyllick, Thomas und Probst, Gilbert J. B (1984). *Management.* Bd. 13. Schriftenreihe Unternehmung und Unternehmungsführung. Bern: Haupt.

Ulrich, Hans und Krieg, Walter (1972). *Die Unternehmung als produktives soziales System: Grundlagen der allgemeinen Unternehmenslehre.* Bern: Haupt.

Ulrich, Hans und Probst, Gilbert J. B (1990). *Anleitung zum ganzheitlichen Denken und Handeln: Ein Brevier für Führungskräfte.* 2. Aufl. Bern: Haupt.

Umlauft, René (1.07.2008). *Siemens Energy: Renewable Energy Division: Siemens Capital Market Days.* München. URL: http://www.siemens.com/investor/pool/de/investor_relations/finanzpublikationen/reden_prasentationen/cmd2008_energy/cmd_energy_2008_umlauft.pdf (besucht am 22.03.2011).

Umlauft, René (29.06.2010). *Siemens Energy: Renewable Energy Division: Siemens Capital Market Days.* Nürnberg. URL: http://www.siemens.com/investor/pool/en/investor_relations/financial_publications/speeches_and_presentations/cmd_energy_2010/100629_renewable_energy_presentation_r_umlauft.pdf (besucht am 22.03.2011).

UNIDO (2005a). *UNIDO TECHNOLOGY FORESIGHT MANUAL: Volume 1 – Organization and Methods*. Hrsg. von UNIDO - United Nations Industrial Development Organization. Wien.

UNIDO (2005b). *UNIDO TECHNOLOGY FORESIGHT MANUAL: Volume 2 – Technology Foresight in Action*. Hrsg. von UNIDO - United Nations Industrial Development Organization. Wien.

Vanhaverbeke, Wim und Peeters, Nico (2005). „Embracing Innovation as Strategy: Corporate Venturing, Competence Building and Corporate Strategy Making". In: *Creativity and Innovation Management* 14.3, S. 246–257.

Veryzer, Robert W. (1998). „Key Factors Affecting Customer Evaluation of Discontinuous New Products". In: *Journal of Product Innovation Management* 15.2, S. 136–150.

Viebahn, Peter, Fischedick, Manfred und Vallentin, Daniel (2009). „Klimaaspekte: CO2-Abscheidung und -Speicherung". In: *Ein Planet vor der Überhitzung*. Hrsg. von R. K. Pachauri und Annette Bus. Bd. 2009. Zur Lage der Welt. Münster: Verl. Westfälisches Dampfboot, S. 145–151.

Voges, Klaus (21.-22.06.2007). *Power Generation – Fit 4 2010: Siemens Capital Market Days*. Berlin. URL: http://www.siemens.com/investor/pool/en/investor_relations/downloadcenter/cmd_2007_pg_1452697.pdf (besucht am 06.04.2011).

Voges, Klaus (23.-24.02.2006). *Power Generation –Profitable Growth in Changing Markets: Siemens Capital Market Days*. URL: http://www.siemens.com/investor/pool/en/investor_relations/downloadcenter/06-02-22_cmd_pg_final_1357628.pdf (besucht am 16.03.2011).

Voros, Joseph (2001). „Reframing environmental scanning: an integral approach". In: *Foresight* 3.6, S. 533–551.

Voros, Joseph (2003). „A generic foresight process framework". In: *Foresight – The journal of future studies, strategic thinking and policy* 5.3, S. 10–21.

WBGU – Globale Umweltveränderungen (2009). *Kassensturz für den Weltklimavertrag - der Budgetansatz: Sondergutachten: Wissenschaftlicher Beirat der Bundesregierung*. Berlin: WBGU.

Weick, Karl E (1979). *The social psychology of organizing*. 2. ed. Topics in social psychology. New York: McGraw-Hill Inc.

Weimers, Lars (1998). *HVDC Light – a new technology for a better environment: IEEE Winter Meeting*. Tampa und USA. URL: http://search.abb.com/library/ABBLibrary.asp?DocumentID=1JNL100095-683%5C&LanguageCode=en%5C&DocumentPartID=%5C&Action=Launch (besucht am 29.03.2011).

Weyrich, Claus und Brodbeck, Harald (1998). „Innovation durch industrielle Forschung und Entwicklung". In: *Technologie-Management*. Hrsg. von Hugo Tschirky und Stefan Koruna. Technology, innovation and management. Zürich: Orell Füssli Verl. Industrielle Organisation, S. 721–726.

Wiedmann, Klaus-Peter (1984). *Frühwarnung, Früherkennung, Frühaufklärung: Zum Stand der Verwirklichung eines alten Wunsches im Sektor der Unternehmensführung*. Bd. 25. Arbeitspapier / Institut für Marketing, Universität Mannheim. Mannheim: Institut für Marketing, Universität Mannheim.

Winter, Sidney G. (2004). „Specialised Perception, Selection, and Strategic Surprise: Learning from the Moths and Bees". In: *Long Range Planning* 37.2, S. 163–169.

Wolfrum, Bernd (1992). „Technologiestrategien im strategischen Management". In: *Marketing ZFP* 14.1, S. 23–36.

Yin, Robert K (1994). *Case study research: Design and methods.* 2. ed. Bd. 5. Applied social research methods series. Thousand Oaks: Sage Publ.

Zahn, Erich und Weidler, Andreas (1995). „Integriertes Innovationsmanagement". In: *Handbuch Technologiemanagement.* Hrsg. von Erich Zahn. Stuttgart: Schäffer-Poeschel, S. 351–376.

Zedtwitz, Maximilian von und Gassmann, Oliver (2002). „Market versus technology drive in R&D internationalization: four different patterns of managing research and development". In: *Research Policy* 31.4, S. 569–588.

Nachhaltigkeit von A–Z →

V wie Vernetzung

Eine nachhaltige Entwicklung erfordert eine umfassende gesellschaftliche Transformation. Regionale Nachhaltigkeitsnetzwerke und Kooperationen sind dabei von zentraler Bedeutung – insbesondere zwischen Unternehmen und anderen gesellschaftlichen Gruppen. Hier können alle Akteure von gegenseitigem Vertrauen, emotionaler Bindung, spezifischer Vor-Ort-Kenntnis und konkreter Ergebnisorientierung profitieren.

C. Baedeker
Regionale Netzwerke
Gesellschaftliche Nachhaltigkeit gestalten – am Beispiel von
Lernpartnerschaften zwischen Schulen und Unternehmen
Wuppertaler Schriften zur Forschung für eine nachhaltige Entwicklung Band 3
304 Seiten, broschiert, 34,95 Euro, ISBN 978-3-86581-322-0

E wie Erfolgsrezepte

In den letzten zehn Jahren hat sich die weltweit installierte Windkraftleistung fast verzehnfacht. Gut fürs Klima – und lukrativ für Hersteller und Industrie. Während der bisherige Ausbau der Windenergie stark von deutschen und europäischen Unternehmen bestimmt wurde, sind inzwischen vor allem chinesische und amerikanische Unternehmen international führend. Zeit also, die Strategien und Erfolgsrezepte einer boomenden Branche zu prüfen.

S. Keller
**Die deutsche Windindustrie auf dem
internationalen Markt**
Erfolgsfaktoren für Unternehmen
Wuppertaler Schriften zur Forschung für eine nachhaltige Entwicklung Band 4
414 Seiten, broschiert, 39,95 Euro, ISBN 978-3-86581-659-7

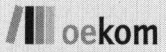

/III oekom

Bestellen Sie versandkostenfrei innerhalb Deutschlands unter www.oekom.de, oekom@verlegerdienst.de

Global Player auf dem Prüfstand

Nachhaltigkeitsberichte großer Unternehmen sind bunt und schön – doch wo steckt ernsthaftes Engagement dahinter und was ist nur »Greenwashing«? Die »grüne« Ratingagentur oekom research beurteilt seit 20 Jahren die Nachhaltigkeit von Unternehmen. Ihr Report definiert dafür sieben große Herausforderungen und zeigt, was die Global Player dazu beitragen, diese zu bewältigen. Er analysiert für verschiedene Branchen, welche Rolle soziale und ökologische Ziele spielen und benennt die jeweils besten Unternehmen.

oekom research (Hrsg.)
**Globale Geschäfte –
globale Verantwortung**
Wie die Global Player die großen
Herausforderungen einer nachhaltigen
Entwicklung meistern

148 Seiten, broschiert, 19,95 Euro,
ISBN 978-3-86581-418-0

/// oekom
Die guten Seiten der Zukunft

Bestellen Sie versandkostenfrei innerhalb Deutschlands unter www.oekom.de, oekom@verlegerdienst.de